Hilfreiche Satzanfänge beim Bearbeiten von Aufgaben

Beim Bearbeiten von Texten

Nennen:
Der vorliegende Text … ist am … von … geschrieben. Er trägt den Titel … und ist abgedruckt in … .
Bei dem Text (aus einem Sachbuch/ Zeitungsartikel/ Interview) handelt es sich um … .

Beschreiben:
Er beschäftigt sich mit … .
Der Text lässt sich gliedern in … .
Die Themen der Abschnitte lauten … .
Der Text handelt von … .
Es wird berichtet, wie … .
Er gibt Auskunft über … .
In dem Text geht es um … .
Wenn man den Text mit … vergleicht, ergibt sich … .
In der Einleitung (im ersten Teil/ am Ende) wird ausgeführt, dass … .

Erläutern:
Der Text erläutert … .
Damit hängt zusammen, dass … .
Im Text wird behauptet, dass … .
Außerdem ergibt sich, dass … .
Insbesondere im … Teil (Absatz) des Textes fällt auf, … .
Dieser Gedanke wird belegt im … .
Das lässt sich nachweisen, indem … .
Diese Gedanken werden vor allem im … Teil des Textes dargestellt.
Die Überlegungen zeigen, … .
Zu vermuten ist, … .
Allerdings gibt es keine Aussage für … .
Vergleicht man … .
Im Mittelpunkt des Textes steht … .
Vieles (manches/ nichts) weist darauf hin, … .
Vorrangig geht es um … .

Erklären:
Es geht im Text um … .
Der Text nennt Beispiele zu … .
Der Text begründet, … .
Der Text verdeutlicht, dass … .
Viele (einige/ wenige) Äußerungen lassen darauf schließen, … .
Zusammenfassend ist festzuhalten: … .
Der Autor begründet anhand von …, dass … .
Abschließend lässt sich feststellen, dass … .

Beurteilen:
Das bedeutet, dass … .
Die Absicht des Verfassers ist, … .
Der Autor möchte deutlich machen, dass … .
Der Autor behauptet, dass … .
Ich meine, dass … .
Das Wichtigste ist meiner Meinung nach … .
Ich stimme den Äußerungen zu, weil … .
Zu kritisieren ist, dass … .
Tatsache ist, dass … .
Meiner Ansicht nach … .
Bei der Bewertung darf nicht außer acht gelassen werden, … .
Es …
Da…
Ich …
Es …
Die … (ich nicht), weil … .
Es ergibt sich eindeutig, dass … .

Nützliche Satzanfänge zur Arbeit mit Diagrammen, Bildern und Zeichnungen sowie Tabellen findest du auf den beiden letzten Seiten des Buches.

Durchblick

Geschichte | Politik 9|10

Niedersachsen
Realschule

Moderator:
Martin Lücke

Autoren:
Matthias Bahr
Melanie Eßer
Uwe Hofemeister
Enrico Jahn
Martin Lücke
Ulrike Lüthgen-Frieß
Klaus Maiwald
Carmen Mucha

westermann

Durchblick
Geschichte/Politik 9/10

Niedersachsen
Realschule

Mit Beiträgen von:
Sonja Giersberg, Klaus Langer, Torsten Steinberg, Ralf Tieke

© 2016 Bildungshaus Schulbuchverlage
Westermann Schroedel Diesterweg Schöningh Winklers GmbH
Braunschweig, www.westermann.de

Das Werk und seine Teile sind urheberrechtlich geschützt. Jede Nutzung in anderen als den gesetzlich zugelassenen bzw. vertraglich zugestandenen Fällen bedarf der vorherigen schriftlichen Einwilligung des Verlages. Nähere Informationen zur vertraglich gestatteten Anzahl von Kopien finden Sie auf www.schulbuchkopie.de.

Für Verweise (Links) auf Internet-Adressen gilt folgender Haftungshinweis: Trotz sorgfältiger inhaltlicher Kontrolle wird die Haftung für die Inhalte der externen Seiten ausgeschlossen. Für den Inhalt dieser externen Seiten sind ausschließlich deren Betreiber verantwortlich. Sollten Sie daher auf kostenpflichtige, illegale oder anstößige Inhalte treffen, so bedauern wir dies ausdrücklich und bitten Sie, uns umgehend per E-Mail davon in Kenntnis zu setzen, damit beim Nachdruck der Verweis gelöscht wird.

Druck A^5 / Jahr 2021
Alle Drucke der Serie A sind im Unterricht parallel verwendbar.

Redaktion: form & inhalt verlagsservice Martin H. Bredol / Gabi Gumbel
Layout und Umschlaggestaltung: Janssen Kahlert Design & Kommunikation, Hannover
Druck und Bindung: Westermann Druck GmbH, Braunschweig

ISBN 978-3-14-110383-0

In diesem Buch findest du alles, was dir beim Lernen hilft und dir damit die Arbeit erleichtert:
- Auf den Seiten Methoden erlernen lernst du Schritt für Schritt Methoden und Arbeitsweisen kennen.
- Die Seiten Aktiv zeigen Beispiele, selbst etwas zu machen.
- Auf den Seiten mit der Überschrift Wissen und Können kannst du überprüfen und anwenden, was du gelernt hast. Die Grundbegriffe sind wichtige Begriffe des Kapitels. Lies noch mal nach und merke dir ihre Bedeutung.
- Im Anhang findest du Hilfen zur Bearbeitung schwieriger Aufgaben.
- Schlage im Minilexikon schwierige Begriffe nach.
- Auf dem vorderen und dem hinteren Innendeckel des Buches stehen hilfreiche Satzanfänge und weitere Infos.

Achte auf den Arbeitsseiten auf die Farben und Zeichen.

Bei den Texten:
- Alle nicht besonders hervorgehobenen Texte haben wir, die Autorinnen und Autoren dieses Buches, geschrieben.
- Die gelb hinterlegten Texte stammen aus früheren Zeiten.
- Die blau hinterlegten Texte stammen aus heutiger Zeit; sie erzählen, erläutern oder fassen etwas zusammen.

Bei den Aufgaben:
- Für diese Aufgaben findest du im Anhang Hilfe zur Bearbeitung.
- Diese Aufgaben sollten mit etwas Anstrengung alle bearbeiten können.
- Diese Aufgaben erfordern Aufwand; sie sind ein Zusatzangebot für alle, die sich sehr gut auskennen.
- Für diese Aufgaben brauchst du weitere Materialien, die du dir selbst beschaffen musst.
- Diese Aufgaben kannst du mit einem Partner bearbeiten.
- Diese Aufgaben kann man gut in der Gruppe bearbeiten.

Auf dem Rand:
- Worterklärungen in blauer Schrift
- Wenn du dieses Zeichen auf dem Rand siehst, findest du unter www.westermann.de/links/110383 weiterführende Informationen zum Thema.
- Karten und Zusatzmaterialien findest du, wenn du die Web-Codes auf der entsprechenden Internetseite eingibst.
- Diese Hinweise führen zu anderen Seiten im Buch, auf denen du noch einmal etwas nachlesen kannst.

Minilexikon

In der Volkskammer und den anderen Volksvertretungen saßen Abgeordnete

Die drei Regierungen haben die Frage in all ihren Aspekten beraten

31. 8. 1988: Regierung und Gewerkschaft Solidarność verständigen sich

Glasnost
Offenheit, Transparenz

www.heimatundwelt.de www.diercke.de
HW-NI-012 D3-101

→ Seite 58 – 60

Inhalt

Die nationalsozialistische Diktatur   8

Auf dem Weg zur totalen Macht 10
Methoden erlernen: Propagandatexte untersuchen 13
Alltag im Nationalsozialismus 14
Juden werden zu Feinden gemacht. 20
Methoden erlernen: Textquellen auswerten............. 23
Der Zweite Weltkrieg.......................... 24
Die „Endlösung": Völkermord 30
Methoden erlernen: Fotos auswerten 31
Methoden erlernen: Im Archiv recherchieren 33
Widerstand, Terror und Verfolgung. 34
Das Ende des Zweiten Weltkrieges 36
Die Alliierten regieren 38
Rechtsextremismus – Neonazis heute 40
Wissen und können: Die nationalsozialistische Diktatur 42

Geteilte Welt und Kalter Krieg   44

Die Spaltung der Welt 46
Konflikte im Kalten Krieg 50
Deutschland zur Stunde null 52
Deutschland wird geteilt 58
Methoden erlernen: Filme analysieren................ 59
Aktiv: Zeitzeugen befragen 65
Entspannungspolitik 66
Stationen der Entspannungspolitik 68
Wissen und können: Geteilte Welt und Kalter Krieg 70

Der Weg zur deutschen Einheit   72

Zwei Staaten in Deutschland: zwei Staatsformen........... 74
Alltag in beiden deutschen Staaten 76
Der Ostblock im Wandel........................ 84
Der Niedergang der DDR 86
Der Weg zur deutschen Einheit.................... 92
Methoden erlernen: Schaubilder analysieren............ 96
Aktiv: Wir erstellen eine Wandzeitung 97
Methoden erlernen: Eine schriftliche Arbeit verfassen....... 98
Wissen und können: Der Weg zur deutschen Einheit 100

Begegnung der Kulturen in Europa — 102

Christen und Muslime begegnen sich 104
Methoden erlernen: Karten auswerten 104
Gewalt im Namen der Religion – die Kreuzzüge 108
Die Juden: eine Minderheit in Europa. 110
Von Feinden zu Freunden: Deutsche und Franzosen 116
Aktiv: Wir führen eine Meinungsumfrage in der Schule durch. . . 119
Wissen und können: Begegnung der Kulturen in Europa 120

Demokratie in Deutschland — 122

Unsere Demokratie 124
Die Parteien 126
Bundestagswahlen 128
Der Bundestag 132
Aktiv: Wir führen ein Experteninterview durch 135
Die Bundesregierung 138
Die Arbeit der Verfassungsorgane 140
Methoden erlernen: Gruppenpuzzle 140
Interessenverbände nehmen Einfluss 144
Gefahren für die Demokratie 146
Wissen und Können: Demokratie in Deutschland 148

Europa – das sind wir — 150

Europa und wir 152
Europa wächst zusammen 154
Mach was in Europa! 158
Europa und die Nationalstaaten – wer hat Vorrang? 160
Aktiv: Im Internet recherieren 161
Die politische Organisation der EU 162
Methoden erlernen: Ein Placemat erstellen 169
Die wirtschaftliche Organisation der EU 170
Die Zukunft Europas 176
Wissen und können: Europa – das sind wir 178

Umwelt und Wirtschaft im Widerstreit?   180

Erdgas in Bollhausen – ein Konflikt entwickelt sich 182
Belastete Umwelt 184
Nachhaltig handeln für die Zukunft 188
Methoden erlernen: Eine Pro- und Kontra-Diskussion führen . . 190
Umweltpolitik in Deutschland. 192
Verantwortung für die Umwelt. 196
Aktiv: Wir entwickeln eine Schulagenda 204
Wissen und können: Umwelt und Wirtschaft im Widerstreit? . . . 206

Internationale Sicherheit   208

Kriege und gewaltsame Konflikte heute 210
Methoden erlernen: Einen gewaltsamen Konflikt analysieren . . . 213
Konflikte im Nahen Osten 218
Ein Konflikt in Europas Nachbarschaft 220
Aktiv: Eine themengebundene Medienrecherche 221
Akteure der Sicherheitspolitik 222
Wissen und können: Internationale Sicherheit 234

Methoden erlernen – auf einen Blick

Propagandatexte untersuchen 13
Textquellen auswerten. 23
Fotos auswerten 31
Im Archiv recherchieren 33
Filme analysieren 59
Schaubilder analysieren 96
Eine schriftliche Arbeit verfassen 98
Karten auswerten 104
Gruppenpuzzle 140
Ein Placemat erstellen 169
Eine Pro- und Kontra-Diskussion führen 190
Einen gewaltsamen Konflikt analysieren 213

Aktiv – auf einen Blick

Zeitzeugen befragen. 65
Wir erstellen eine Wandzeitung. 97
Wir führen eine Meinungsumfrage in der Schule durch 119
Wir führen ein Experteninterview durch 135
Im Internet recherchieren 161
Wir entwickeln eine Schulagenda. 204
Eine themengebundene Medienrecherche. 221

Hilfen auf einen Blick

Hinweise zur Bearbeitung von Aufgaben
Hilfreiche Satzanfänge beim Bearbeiten
der Aufgaben. . . . . Vorderer Innendeckel
Hilfen bei der Bearbeitung von Aufgaben 236
Minilexikon 242
Hilfreiche Satzanfänge beim Bearbeiten
von Aufgaben . . . . Hinterer Innendeckel

Anhang

Textquellenverzeichnis 251
Bildquellenverzeichnis 255

Die nationalsozialistische Diktatur

Zeitfenster: 1933 – 1945

Die nationalsozialistische Diktatur

M2 Die Teilnehmer eines Sommerferienlagers der Hitlerjugend sind in einer Formation angetreten (Sommer 1934)

M3 Die von Bomben zerstörte Stadt Hildesheim im März 1945

→ Wie gelang es den Nationalsozialisten, in Deutschland eine Diktatur zu errichten?
→ Warum hat Hitler den Zweiten Weltkrieg entfesselt?
→ Waren alle Deutschen Nazis?
→ Wie erging es jüdischen Mitbürgern und anderen Minderheiten während der Zeit des Nationalsozialismus?

M1 Großkundgebung der Nationalsozialisten im Berliner Sportpalast am 5. Juni 1943

Auf dem Weg zur totalen Macht

Gegner der Demokratie gewinnen die Oberhand

Am 30. Januar 1933 war Adolf Hitler von Reichspräsident Paul von Hindenburg zum Reichskanzler ernannt worden. Er besaß nun Regierungsgewalt. Umgehend drängte er den Reichspräsidenten dazu, Neuwahlen auszuschreiben. Er hoffte, dass die NSDAP die absolute Mehrheit im Reichstag erringen könne. Hindenburg beugte sich Hitlers Willen und setzte Neuwahlen für den 5. März 1933 an.

Am Abend des 27. Februar 1933 brannte das Reichstagsgebäude nach einer Brandstiftung nieder. Hitler vermutete dahinter eine Aktion von Kommunisten. Er nahm dieses Ereignis zum Vorwand, die in der Weimarer Verfassung garantierten Grundrechte mit der „Verordnung zum Schutze von Volk und Staat" außer Kraft zu setzen und brutal gegen seine politischen Gegner vorzugehen. SA-Hilfspolizisten und Polizei verhafteten ohne richterlichen Beschluss etwa 10 000 Kommunisten und Sozialdemokraten und verschleppten sie ohne Gerichtsverfahren in Gefängnisse und neu eingerichtete Konzentrationslager.

Die Menschen in Deutschland waren von nun an schutz- und rechtlos der nationalsozialistischen Gewalt ausgeliefert.

Reichstagsbrand → www

ⓘ Konzentrationslager

wurden von den Nationalsozialisten ab 1933 eingerichtet, um politische Gegner und Menschen, die zu Gegnern erklärt wurden (Juden, Sinti und Roma), gefangen zu halten, sie als Zwangsarbeiter einzusetzen, zu foltern und zu ermorden.

M1 SS-Männer stürmen am 9. März 1933 ein Gebäude der SPD in Braunschweig. Ein SPD-Mann wird erschossen, Akten auf offener Straße verbrannt.

> *Auf Grund des Artikels 48 Absatz 2 der Reichsverfassung wird zur Abwehr kommunistischer staatsgefährdender Gewaltakte angeordnet: ... Es sind ... Beschränkungen der persönlichen Freiheit, des Rechts der freien Meinungsäußerung einschließlich der Pressefreiheit, des Vereins- und Versammlungsrechts, Eingriffe in das Brief-, Post-, Telegraphen- und Fernsprechgeheimnis, Anordnungen von Haussuchungen und von Beschlagnahmen sowie Beschränkungen des Eigentums auch außerhalb der sonst hierfür bestimmten gesetzlichen Grenzen zulässig.*

M2 Aus der „Verordnung zum Schutze von Volk und Staat" (28. Februar 1933)

1. Nennt Hitlers Mittel zur Ausschaltung seiner Gegner (Text, M2).
2. Beschreibt die Folgen der „Verordnung zum Schutze von Volk und Staat" für Hitlers politische Gegner (Text, M1, M2).
3. Wiederholt, was ihr über den Inhalt des Artikels 48 der Weimarer Verfassung erfahren habt und berichtet.
4. Erkläre, worin nach Hitlers Auffassung die Störung oder Gefährdung der öffentlichen Sicherheit und Ordnung bestand.
5. Beurteile, ob Hitlers Handeln gegen die Verfassung verstieß.

Weimarer Verfassung → www

Das Parlament schafft sich selbst ab

Bei der Reichstagswahl am 5. März 1933 hatte die NSDAP mit 43,9 % der Stimmen die absolute Mehrheit verfehlt. Dennoch wollten die Nationalsozialisten die Macht für sich allein. Bereits am 23. März 1933 ließ Hitler den Reichstag über das sogenannte Ermächtigungsgesetz abstimmen. Mit Versprechungen überredete Hitler die bürgerlichen Parteien zur Zustimmung. Mit diesem Gesetz verzichteten die Abgeordneten des Reichstages auf ihr Recht, Gesetze zu beschließen. Dieses Recht wurde der Reichsregierung übertragen. Die Gewaltenteilung war damit zum Teil aufgehoben.

Die KPD-Abgeordneten konnten nicht mit abstimmen. Sie waren zum Teil verhaftet worden, andere waren auf der Flucht. Nur die SPD stimmte gegen das Gesetz.

> Noch niemals, seit es einen Deutschen Reichstag gibt, ist die Kontrolle der öffentlichen Angelegenheiten in solchem Maße ausgeschaltet worden, wie es jetzt geschieht und wie es durch das Ermächtigungsgesetz noch mehr geschehen soll. Eine solche Allmacht der Regierung muss sich umso schwerer auswirken, als auch die Presse jeder Bewegungsfreiheit entbehrt. Wir deutschen Sozialdemokraten bekennen uns in dieser geschichtlichen Stunde feierlich zu den Grundsätzen der Menschlichkeit und Gerechtigkeit, der Freiheit und des Sozialismus. Kein Ermächtigungsgesetz gibt Ihnen die Macht, Ideen, die ewig und unzerstörbar sind, zu vernichten.

M3 Otto Wels (SPD) in der Reichstagsdebatte am 23. März 1933

Bereits im Februar 1933 hatten die Nationalsozialisten mit der sogenannten Gleichschaltung begonnen: In allen gesellschaftlichen Bereichen wie Arbeitswelt, Kultur oder Massenmedien wurden nationalsozialistische Organisationen geschaffen.

> 28.2.33: Polizeivollmacht für SA und SS.
> 13.3.33: Bildung eines Ministeriums für Volksaufklärung und Propaganda.
> 7.4.33: „Gesetz zur Wiederherstellung des Berufsbeamtentums": Jeder Beamte muss nachweisen, dass er kein Jude ist und eine nationale Gesinnung besitzt.
> 2.5.33: Die Gewerkschaften werden zerschlagen, ihre Führer verhaftet.
> 4.5.33: Schaffung der „Deutschen Arbeitsfront" (DAF). Arbeitnehmer und Arbeitgeber sind in einer Organisation zwangsweise zusammengeschlossen.
> 10.5.33: Die SA verbrennt in Berlin und anderen Städten Bücher, die nicht der NS-Ideologie entsprechen.
> 22.6.33: Verbot der SPD, „freiwillige" Auflösung der Parteien.
> 22.9.33: Gründung der Reichskulturkammer, die dem Propagandaministerium untersteht. Sie kontrolliert Musik, Literatur, bildende Kunst, Theater, Film, Rundfunk und Presse. Was mit der NS-Ideologie nicht übereinstimmt, wird verboten.

M4 Zeittafel zur Gleichschaltung

ⓘ Hitlergruß

Von 1933 bis 1945 war er der offizielle Gruß. Man hob den rechten Arm und sagte „Heil Hitler!". Wer „Guten Tag" wünschte, machte sich verdächtig, ein Gegner Hitlers zu sein.

Gewaltenteilung Exekutive (Regierungsgewalt), Legislative (Gesetzgebungsgewalt) und Judikative (richterliche Gewalt) sind in einer Demokratie voneinander getrennt. In einer Diktatur liegen sie in einer Hand und ermöglichen Machtmissbrauch.

M5 Otto Wels, SPD (1873–1939)

Ermächtigungsgesetz → www

M6 Eine Lehrerin verabschiedet sich von ihren Schülern mit dem Hitlergruß (1933).

---

6 👥 Nehmt Stellung dazu, welche Veränderungen das Ermächtigungsgesetz bewirkte (Text) und wie es sich auf Gewaltenteilung und Demokratie in Deutschland auswirkte.

7 Nenne die Gefahren, auf die Otto Wels in seiner Rede hinwies (M3), und nimm Stellung zu seiner Haltung. Berücksichtige auch, in welcher Situation die Rede gehalten wurde.

8 Notiere zu jedem Ereignis in M4, welche Absicht die Nationalsozialisten mit der jeweiligen Maßnahme verfolgten.

Abgebildet sind von links nach rechts: die SPD-Politiker Ernst Heilmann und Friedrich Ebert jun., daneben die bekannten Rundfunkgrößen Alfred Braun, Heinrich Giesecke, Kurt Magnus und Hans Flesch.

M1 NS-Gegner werden in das KZ Oranienburg eingewiesen (August 1933).

Die letzten Schritte zur totalen Macht

1934 kam es zwischen SA-Chef Ernst Röhm und Hitler zu einem Konflikt. Hitler fürchtete, dass Röhm und die SA zu mächtig werden könnten. Deshalb beschuldigte er die SA, einen Umsturz zu planen und ließ Röhm, sämtliche SA-Führer und Politiker anderer Parteien von der SS festnehmen und ohne ein Gerichtsverfahren erschießen. Hitler hatte damit den Befehl zum vielfachen Mord gegeben. Er hatte nun keine innerparteilichen Gegner mehr.

Stationen auf dem Weg in die Diktatur
30. Januar 1933
24. März 1933
3. Juli 1934
2. August 1934

Gestapo Abkürzung für Geheime Staatspolizei; Politische Polizei der Nationalsozialisten zur Ausschaltung aller Gegner

> Die Reichsregierung hat folgendes Gesetz beschlossen ...
> Die zur Niederschlagung hoch- und landesverräterischer Angriffe am 30. Juni, 1. und 2. Juli 1934 vollzogenen Maßnahmen sind als Staatsnotwehr rechtens.

M2 Aus dem Gesetz über Maßnahmen der Staatsnotwehr vom 3. Juli 1934

Röhm-Putsch → www

Die SS unter Heinrich Himmler wurde am 20. Juli 1934 zu einer eigenständigen Organisation innerhalb der NSDAP mit besonderen Machtbefugnissen. Ihr unterstanden verschiedene Ämter, ab 1936 gehörte dazu auch die Gestapo. Die SS wurde zu Hitlers schlimmstem Terrorinstrument; sie war z. B. für die Konzentrationslager zuständig.

> Wenn mir jemand den Vorwurf entgegenhält, weshalb wir nicht die ordentlichen Gerichte zur Aburteilung herangezogen hätten, dann kann ich ihm nur sagen: In dieser Stunde war ich verantwortlich für das Schicksal der deutschen Nation und damit des deutschen Volkes oberster Gerichtsherr.

M3 Auszug aus Hitlers Reichstagsrede am 13. Juli 1934, in der er sich zum sogenannten Röhm-Putsch äußerte

Nach Hindenburgs Tod am 2. August 1934 übernahm Hitler das Amt des Reichspräsidenten. Damit war er nun auch Staatsoberhaupt und Oberbefehlshaber der Wehrmacht. Die Soldaten wurden auf ihn vereidigt und mussten ihm unbedingten Gehorsam leisten.

> Unter die Zuständigkeit der Gestapo fiel die systematische Bekämpfung von ... Gegnern des NS-Regimes. Bis 1939 waren dies ... Kommunisten und Sozialdemokraten, die in „Schutzhaft" genommen wurden. (Ohne richterlichen Beschluss) ... konnten die Gestapo-Beamten Aussagen oder Geständnisse von Häftlingen auch durch Folter erwirken. Vor allem die Gestapo-Zentrale in der Berliner Prinz-Albrecht-Straße war ... ein Ort staatlichen Terrors und Durchgangsstation in die Konzentrationslager (KZ).

M4 Gestapo (Informationstext des Deutschen Historischen Museums)

1. Berichtet, wie die SS und die Gestapo die Menschen terrorisierten (M1, M4, Text).
2. Erklärt, wie Hitler die richterliche Gewalt übernahm (Text, M2, M3).
3. Stellt die „Stationen auf dem Weg in die Diktatur" in einer Übersicht zusammen.
4. Erläutert den Begriff „Nationalsozialistische Diktatur" anhand von Hitlers Vorgehen, indem ihr zur Machtverteilung, Machtkontrolle und Bürgerrechten Stellung nehmt.
5. Beschafft euch Informationen über Goebbels, Himmler, Göring und Heß. Stellt die Personen in Kurzreferaten vor.

→ Seiten 10–12

Propagandatexte untersuchen

Eine Propagandaschrift will Menschen in ihrem Denken und Handeln beeinflussen. Sie dient dem Kampf gegen einen politischen oder auch militärischen Gegner und nicht der Information.

In Propagandatexten wird die eigene Position immer positiv geschildert. Kritik an dieser ist ausgeschlossen und gibt es nicht. Der politische Gegner oder andere Staaten jedoch werden geringschätzig, abwertend oder als Feinde dargestellt. Sachverhalte werden dabei verfälscht oder sogar in ihr Gegenteil verkehrt.

So gehst du vor:

Schritt 1 ●

Den geschichtlichen Hintergrund erforschen

→ Informiere dich über die allgemeine Situation zur Entstehungszeit des Textes.
→ Um welche Textsorte handelt es sich (Plakat, Flugblatt, Zeitungsbericht …)?
→ Wer hat den Text geschrieben?
→ An wen richtet er sich?
→ Warum hat der Autor ihn geschrieben?
→ Wann und wo wurde er verfasst?
→ Um was geht es im Text?

Schritt 2 ●●

Den Inhalt analysieren

→ Kläre dir unbekannte Begriffe mithilfe eines Lexikons.
→ Wer wird im Text als Gegner oder als Feind dargestellt?
→ Was wird dem Gegner unterstellt oder vorgeworfen?
→ Wird die Wirklichkeit verfälscht, übertrieben oder verzerrt?

> Jetzt wird rücksichtslos
> durchgegriffen
> Kommunistische Brandstifter zünden das Reichstagsgebäude an – Der Mitteltrakt mit dem großen Sitzungssaal vernichtet – Kommunistischer Brandstifter verhaftet – Das Zeichen zur Entfesselung des kommunistischen Aufruhrs – Schärfste Maßnahmen gegen die Terroristen – Alle kommunistischen Abgeordneten in Haft – Alle marxistischen Zeitungen verboten

M5 Titelseite der NS-Zeitung „Völkischer Beobachter" vom 1. März 1933; im Textkasten unten steht der Text neben dem Foto in heutiger Schrift.

Schritt 3 ●●●

Die Sprache untersuchen

→ Wer soll mit dem Text angesprochen werden?
→ Welche Absichten sind damit verbunden?
→ Welche Ausdrücke werden benutzt, um das Feindbild zu verstärken (Sprache des Militärs oder der Gerichte)?
→ Welche Begriffe sind aggressiv oder diffamierend?

ⓘ Propaganda

Totalitäre Regierungen versuchen, Meinungen und Verhaltensweisen in ihrem Sinn systematisch zu beeinflussen; dies geschieht durch Wort, Schrift, Bild, Musik oder Veranstaltungen mithilfe von Vereinfachungen, Schlagworten und Schwarz-Weiß-Malerei.

Alltag im Nationalsozialismus

Die nationalsozialistische Ideologie

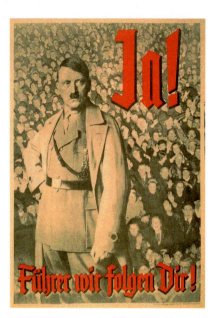

M1 NS-Propagandaplakat über die Vereinigung der Ämter von Reichskanzler und Reichspräsidenten (August 1934)

Während er im Gefängnis saß, verfasste Hitler 1924 das Buch „Mein Kampf". Darin beschrieb er seine Weltanschauung. Die Gesellschaft sollte nach dem Führerprinzip organisiert werden. Hitler war der Ansicht, dass das stärkste Volk das Recht habe, andere Völker zu unterwerfen. Dazu vertrat er die Meinung, dass es unterschiedlich wertvolle Menschenrassen gebe. Die wertvollste Rasse waren für ihn die Arier, zu denen er auch die Deutschen zählte. Die Juden sah er als „minderwertige" Rasse an. Dieser Antisemitismus und das Ziel, „Lebensraum" durch Krieg gegen Russland zu erobern, bildeten die Grundlagen nationalsozialistischer Politik.

Antisemitismus rassistisch begründete Judenfeindlichkeit

ⓘ Ideologie

Weltanschauung, die Vorstellungen vom Aufbau eines Staates oder einer Gesellschaft beschreibt. Oft erhebt sie Anspruch auf Allgemeingültigkeit und vertritt unwahre und einseitige Gedanken. Um eine Ideologie durchzusetzen, wird häufig Gewalt gegen Andersdenkende angewandt.

„Mein Kampf" erschien 1925. Ab 1936 erhielten Brautpaare das Buch bei der standesamtlichen Trauung geschenkt. Die Gesamtauflage lag 1943 bei fast zehn Millionen Exemplaren.

> Mit Stolz sehen wir: Einer bleibt von aller Kritik ausgeschlossen, das ist der Führer. Das kommt daher, dass jeder fühlt und weiß: Er hatte immer recht, und er wird immer recht haben. In der kritiklosen Treue, in der Hingabe an den Führer, die nach dem Warum im Einzelfall nicht fragt, in der stillschweigenden Ausführung seiner Befehle liegt unser aller Nationalsozialismus verankert. Wir glauben daran, dass der Führer einer höheren Berufung zur Gestaltung des deutschen Schicksals folgt. An diesem Glauben gibt es keine Kritik.

M2 Rudolf Heß, Stellvertreter Hitlers in der NSDAP, im Kölner Rundfunk 1934

> Die völkische Weltanschauung glaubt keineswegs an eine Gleichheit der Rassen, sondern erkennt mit ihrer Verschiedenheit auch ihren höheren oder minderen Wert …

M3 Völkische Weltanschauung (Auszug aus Hitlers „Mein Kampf")

> Würde man die Menschen in … Kulturbegründer, Kulturträger und Kulturzerstörer (einteilen), dann kämen als Vertreter der ersten wohl nur die Arier infrage. (Der Arier) … liefert die … Pläne zu allem Fortschritt … Den gewaltigsten Gegensatz zum Arier bildet der Jude. Die feindliche Haltung des Judentums gegenüber dem deutschen Volke und Reich … erfordert entschiedene Abwehr und harte Sühne.

M4 „Herrenmenschen" (Auszug aus Hitlers „Mein Kampf")

M5 Deutsche Soldaten greifen ein russisches Dorf an (1941).

M8 Verbrennungsöfen im KZ Majdanek nach der Befreiung durch die Rote Armee (1944). In diesem KZ starben mindestens 250 000 Menschen.

Euthanasie
Mit diesem Begriff, der wörtlich übersetzt so viel wie „schöner Tod" bedeutet, verschleierten die Nazis die Ermordung unheilbar Kranker und Behinderter.

Deutschland wird entweder Weltmacht oder überhaupt nicht sein ... Wenn wir ... von neuem Grund und Boden reden, können wir ... nur an Russland ... denken. Wenn uns der Ural mit seinen unermesslichen Rohstoffschätzen und die sibirischen Wälder zur Verfügung stehen und wenn die endlosen Weizenfelder der Ukraine zu Deutschland gehören, wird unser Land im Überfluss schwimmen.

M6 „Ein Volk ohne Raum" (Auszug aus Hitlers „Mein Kampf")

Behinderte und unheilbar Kranke wurden aus der ... Volksgemeinschaft – ähnlich den Juden – ... ausgegrenzt. Ihr Tod bedeutete eine Einsparung für jeden gesunden „Volksgenossen". Mit den ... Forschungen der „Rassenhygieniker" wurde ab Herbst 1939 der als „Euthanasie" bezeichnete Mord an den Menschen gerechtfertigt, deren Leben nach NS-Ideologie „nicht lebenswert" war.

M7 „Euthanasie" (Informationstext des Deutschen Historischen Museums)

M9 Aus der Diaserie „Blut und Boden" für den Schulunterricht (um 1935)

1. Nimm Stellung zu M2. Berücksichtige auch unser Demokratieverständnis (GG Art. 20).
2. Beschreibe Hitlers Bodenpolitik und die Mittel zu ihrer Durchsetzung (Text, M5, M6).
3. Recherchiere, wie die Väter und Mütter des Grundgesetzes mit Blick auf die Zeit des Nationalsozialismus den Einsatz der Bundeswehr geregelt haben (GG Art. 87a).
4. Beschreibe, wie Hitler die Juden charakterisiert, und beurteile seine Aussagen (Text, M4).
5. a) Erkläre, was „Euthanasie" wörtlich (Infotext) und nach dem Verständnis der Nationalsozialisten (Infotext, M7, M9) bedeutet.
   b) Zeige den Gegensatz zwischen beiden Bedeutungen auf.
6. Weise anhand von M1 bis M9 das Menschenverachtende der NS-Ideologie nach.

Aufgaben 1 und 2 → www

M1 Eintopfessen vor dem Berliner Rathaus, Foto, um 1938

Eintopfsonntag wurde in Deutschland am 1. Oktober 1933 vom NS-Regime als ein Zeichen der Solidarisierung mit der Volksgemeinschaft eingeführt.

„Ein Volk, ein Reich, ein Führer"

Die alljährlichen Reichsparteitage in Nürnberg oder auch die Erntedankfeste auf dem Bückeberg bei Hameln organisierten die Nationalsozialisten als riesige Propagandaveranstaltungen. Mehrere Hunderttausend Mitglieder von NS-Organisationen marschierten jeweils dort auf. So sollte bei den Menschen der Wunsch geweckt werden, zu einer großen Gemeinschaft zu gehören.

Propaganda – → Seite 13

Reichsparteitagsgelände heute → www

> Der Nationalsozialismus ... rückt bewusst in den Mittelpunkt seines ganzen Denkens das Volk. Dieses Volk ist für ihn eine blutsmäßig bedingte Erscheinung, in der er einen von Gott geweihten Baustein der menschlichen Gesellschaft sieht. Das einzelne Individuum ist vergänglich, das Volk ist bleibend. Wenn die liberale Weltanschauung in ihrer Vergötterung des einzelnen Individuums zur Zerstörung des Volkes führen muss, so wünscht dagegen der Nationalsozialismus das Volk zu schützen, wenn nötig auf Kosten des Individuums.

M3 Hitler am 1. Oktober 1933 beim Erntedankfest auf dem Bückeberg bei Hameln

> Während ... des Reichsparteitages ist Nürnberg eine Stadt, in der nur Freude herrscht, eine Stadt, die unter einem Zauber steht. Diese Atmosphäre und die Schönheit der Darbietungen und einer großzügigen Gastfreundschaft beeindruckten die Ausländer stark; und das Regime vergaß nie, sie zu dieser jährlichen Tagung einzuladen. Es ging davon eine Wirkung aus, der nicht viele widerstehen konnten; wenn sie heimkehrten, waren sie verführt und gewonnen.

M2 Erinnerungen des französischen Botschafters A. Francois-Poncet (1947, bearbeitet)

M4 Werbung für den günstig angebotenen „Volksempfänger". 1933 besaßen 25 % der Haushalte ein Radio, 1941 waren es 65 %.

[1] Beschreibt M1 und M4. Erklärt, was die Bilder mit Führerkult und Propaganda zu tun haben.

[2] Berichtet, wie der französische Botschafter die Reichsparteitage erlebte und welche Gefahren seiner Meinung nach von diesen Veranstaltungen ausgingen (M2).

[3] Nehmt Stellung zu M3, indem ihr Hitlers Auffassung über Volk und Individuum und die Aufgabe der Propaganda untersucht.

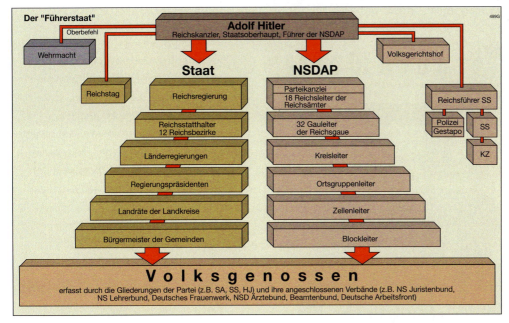

M5 Der Aufbau des Führerstaates

> Soweit ich es beurteilen konnte, hat man es eben als eine unerfreuliche Begleiterscheinung der sogenannten nationalen Revolution gesehen, und hat eigentlich die, die verhaftet wurden ... insoweit bedauert, als sie eben vorsichtiger sein sollten, oder wie man auf schwäbisch sagt: Die hättet die Gosch halte könne, wie es die Anderen auch gemacht haben, da wäre ihnen ja ... nichts passiert.

M6 Herbert K. über Verhaftungen von NS-Gegnern

Adolf Hitler bezeichnete sich als „Werkzeug der göttlichen Vorsehung". Jeder Einzelne musste ihm gehorchen. Die Nationalsozialisten wollten eine große „Volksgemeinschaft" aufbauen. Dazu wollten sie alle Lebensbereiche kontrollieren und so ihr Ziel erreichen. Wer sich nicht einfügen wollte, wurde öffentlich gedemütigt. Ausgeschlossen aus der Volksgemeinschaft und verfolgt wurden nach der Ideologie der Nationalsozialisten z. B. Juden, Sinti und Roma sowie politische Gegner der NSDAP.

M7 Die 31-jährige Martha V. wird auf dem Marktplatz von Altenberg kahl geschoren. Auf dem Schild steht „Ich bin aus der Volksgemeinschaft ausgestoßen!". Die Frau war von der Gestapo verhaftet worden, weil ihr intime Kontakte zu einem Polen (Fremdarbeiter) vorgeworfen wurden (1941).

4 *Erläutere den Aufbau des Staates, der NSDAP und Hitlers Stellung in diesem Gefüge (M5).*
5 *Nimm Stellung dazu, wie die Nationalsozialisten sich gegenüber politischen Gegnern verhielten und wie Teile der Öffentlichkeit dies beurteilten (M6).*
6 *Beschreibe, wie die NS-Ideologie in das Alltagsleben der Menschen eindrang (M7).*

Frauen im NS-Staat: Gebären für Führer, Volk und Vaterland

M1 Titelbild der NS-Frauenzeitschrift zum Tag der Arbeit am 1. Mai 1940

> Erst in unserer Zeit ist Klarheit darüber entstanden, dass Gleichberechtigung nur möglich ist, wenn die Frau ihrem naturgesetzten Leben in Freiheit und Selbstständigkeit folgt wie der Mann dem seinen. Das naturgesetzte Leben der Frau aber ist das Reich des Hauses, der Innenwelt, des Muttertums, der liebenden und helfenden Kameradin des Mannes.

M2 Auszug aus einem Ehe- und Familienratgeber (1940)

Zur Stellung der Frau im NS-Staat 1933–1938

- Nur 5 % der NSDAP-Mitglieder dürfen Frauen sein.
- Nur 10 % der Studierenden dürfen Frauen sein.
- Ehestandsdarlehen gibt es nur, wenn die Frau ihre Arbeit aufgibt. Bei Geburt des vierten Kindes gilt das Darlehen als getilgt.
- Es gibt finanzielle Hilfe für kinderreiche Familien.
- Alle verheirateten Beamtinnen werden entlassen.
- Frauen verlieren das passive Wahlrecht, also das Recht, gewählt zu werden.
- Frauen dürfen nicht mehr als Richterinnen, Staatsanwältinnen oder Rechtsanwältinnen arbeiten.
- Berufstätigkeit ist für Frauen erst nach einem Pflichtjahr in Haus- oder Landwirtschaft möglich.
- Ab 1939 müssen auch Frauen zum Reichsarbeitsdienst.

NS-Frauenpolitik → www

Planmäßig verdrängten die Nationalsozialisten Frauen weitgehend aus der Berufs- und Arbeitswelt. Sie sollten künftig nur noch in ihrer Rolle als Hausfrau und Mutter wirken. Kinderreichtum wurde belohnt: Für Frauen mit mehr als drei Kindern gab es ab 1938 sogar einen Orden: das Mutterkreuz.

1. Beschreibt das Titelbild der Frauenzeitschrift (M1) und erklärt, wie in dem Bild die Vorstellungen der Nationalsozialisten zur Rollenverteilung zwischen Mann und Frau deutlich werden.
2. Belegt, welche Bereiche der Frau zugeordnet und welche Rechte ihr verweigert wurden (Infotext).
3. Überprüft, ob auf das Bild M1 der Begriff „Gleichberechtigung" zutrifft.
4. Nehmt Stellung zur Rolle der Frau im Nationalsozialismus (M2, Infotext).
5. Erläutert die Chancen von Frauen auf dem Arbeitsmarkt (Infotext).
6. a) Während des Zweiten Weltkrieges arbeiteten Frauen auch in typischen Männerberufen, z. B. in der Rüstungsindustrie. Vergleiche mit dem Infotext, beschreibe die Veränderungen und nimm zu den Ursachen Stellung.
   b) Erläutere, welche Schlussfolgerungen sich über die nationalsozialistische Frauenpolitik ziehen lassen.

Gleichgeschaltete Jugend

Hitler wollte mithilfe der Jugend die Zukunft des Nationalsozialismus sichern. Deshalb mussten alle Jugendlichen Mitglied in der Hitlerjugend (HJ) oder dem Bund deutscher Mädel (BDM) sein. 1936 wurde die HJ zur Staatsjugend erklärt. Damit gab es nur noch die NS-Jugendorganisation. Jugendverbände mit anderen Vorstellungen und Zielen waren verboten.

Durch Freizeitangebote wie Zeltlager, Lagerfeuer, Geländespiele, Sport und Heimabende gewannen HJ und BDM die Jugendlichen für sich und erzogen sie im Geist des Nationalsozialismus. Die Mädchen wurden auf ihre Rolle als Frau und Mutter vorbereitet; die Jungen lernten, mit Waffen umzugehen.

M4 HJ marschiert (1938).

M5 BDM-Zeltlager (1938)

> Die Jungen wurden von Anfang an zu Helden erzogen, zu Tapferkeit, zu Soldaten, zur Fahne und Treue und so. Und wir Mädchen, wir wurden als Mutter erzogen: Kinder haben, sauber und ehrlich sein. Als ich noch in der Volksschule war in Haverlah, da kam von Salzgitter die BDM-Gruppe und hat in einer Scheune so ein Lager gemacht, die (Mädchen) übernachteten im Stroh. Das war während der Ferien, da musstest du einfach dran teilnehmen. Ja, und diese Marschkolonnen und dieses Gruppenbewusstsein, das wurde ja sehr unterstützt. Besonders bei den Jungens, die wurden ja direkt gedrillt, in 3er-Reihen zu marschieren. Wir (Mädchen) haben auch gelernt, in Marschkolonnen zu marschieren. (Sich einer solchen Sache zu verweigern), hängt auch von der Erziehung im Elternhaus ab.

M3 Zeitzeugin Lotte Mannel berichtet über den BDM (bearbeitet).

> Diese Jugend, die lernt ja nichts anderes als deutsch denken, deutsch handeln. Und wenn so diese Knaben, diese Mädchen mit ... zehn Jahren in unsere Organisationen hineinkommen und dort ... zum ersten Mal überhaupt eine frische Luft bekommen, dann kommen sie vier Jahre zum Jungvolk und dann in die Hitlerjugend, und da behalten wir sie wieder vier Jahre. Und wenn sie dort noch nicht ganze Nationalsozialisten geworden sein sollten, dann kommen sie in den Arbeitsdienst und werden da weitere drei Jahre geschliffen ... und sie werden nicht mehr frei ihr ganzes Leben.

M6 Hitler in einer Rede am 2. Dezember 1938

7 Erklärt anhand von M3–M5, weshalb die HJ und der BDM für Jugendliche so interessant waren.

8 Beschreibt M4 und M5 und erläutert, welchen Eindruck die Fotos vermitteln sollen.

9 Erörtert, auf welche Art und Weise und mit welcher Absicht Hitler die Jugend für den Nationalsozialismus gewinnen wollte (Text, M6).

M2 Anzeige in der „Göttinger Zeitung" vom 1. August 1934

M3 Praxisschild eines deutschen jüdischen Arztes (Foto, um 1938)

Juden werden zu Feinden gemacht

Entrechtet, ausgegrenzt und ausgebeutet

Im April 1933 riefen die Nationalsozialisten erstmals zum Boykott jüdischer Geschäfte auf. SA-Leute zogen vor die Geschäfte und hielten Menschen vom Einkauf ab. Dem widersetzten sich nur wenige Menschen. Dies bestärkte die Nazis, in kurzen Zeitabständen weitere Maßnahmen gegen die Juden zu ergreifen. Sie sprachen Berufsverbote gegen jüdische Ärzte, Apotheker, Rechtsanwälte, Künstler und Wissenschaftler aus. Eine Folge dieser Maßnahmen war, dass 1933 von den 540 000 in Deutschland lebenden Juden (0,8 % der Gesamtbevölkerung) 33 000 ins Ausland gingen, unter ihnen auch berühmte Deutsche wie der Physiker Albert Einstein, die Schriftsteller Elias Canetti, Alfred Döblin und Stefan Zweig, der Komponist Kurt Weill, der Psychoanalytiker Erich Fromm, der Philosoph Max Horkheimer oder der Schachweltmeister Emanuel Lasker.

M1 NS-Aufkleber (1934)

Boykott Zwangs- oder Druckmittel, durch das eine Person, ein Unternehmen oder ein Staat vom regelmäßigen Geschäftsverkehr ausgeschlossen wird

Hannover: Der Klempnermeister Jahnke auf der Celler Straße 10a zu Hannover bedient sich des jüdischen Rechtsanwalts Berkowitz.

M4 Anzeige aus der NS-Wochenzeitung „Der Stürmer" (1934)

(Mir wurde mitgeteilt), dass der Pfarrer Hering sich in einem Kirchengebet besonders für das Volk der Juden eingesetzt habe. Diese nicht alltägliche Stellungnahme des Pfarrers für das Judentum, die den heutigen Staatsgrundsätzen vollkommen zuwiderläuft, ist meines Erachtens so ungeheuerlich, dass ich hiermit Anzeige gegen den Pfarrer Hering erstatte.

M5 Anzeige eines NSDAP-Ortsgruppenleiters aus Hüttenrode im Harz (1936)

1. Listet tabellarisch auf, wer Vor- und wer Nachteile vom Boykott hatte (Text, M2–M4).
2. Beschreibt, wie die Nationalsozialisten die Bevölkerung unter Druck setzten, damit sie die Maßnahmen gegen die Juden unterstützte (M1, M3–M5).
3. Erklärt, was die Nationalsozialisten mit diesem Boykott bei allen Beteiligten erreichen wollten.
4. Erörtert, welche Folgen die Auswanderung der jüdischen Mitbürger für Staat und Gesellschaft hatte.
5. Recherchiere zu einem der ins Exil gegangenen Auswanderer und berichte (Text).

Die nationalsozialistische Diktatur

Verbannung aus dem öffentlichen Leben

Um die Juden schrittweise aus der Gesellschaft auszugrenzen, erließen die Nationalsozialisten 1935 die „Nürnberger Gesetze" und weitere Maßnahmen, die die Diskriminierung rechtlich absicherten.

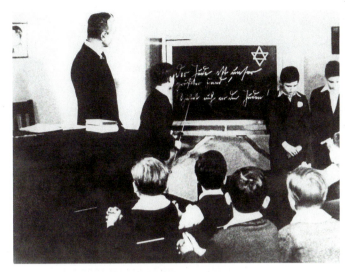

> „Gesetz zum Schutze des deutschen Blutes und der deutschen Ehre"
> § 1 (1) Eheschließungen zwischen Juden und Staatsangehörigen deutschen und artverwandten Blutes sind verboten. Trotzdem geschlossene Ehen sind nichtig …
> § 2 Außerehelicher Verkehr zwischen Juden und Staatsangehörigen deutschen oder artverwandten Blutes ist verboten.
>
> „Reichsbürgergesetz"
> § 2 (1) Reichsbürger ist nur der Staatsangehörige deutschen oder artverwandten Blutes, der durch sein Verhalten beweist, dass er gewillt und geeignet ist, in Treue dem deutschen Volk und Reich zu dienen.

M6 Auszüge aus den Nürnberger Gesetzen von 1935

M7 An der Tafel einer Wiener Schule ist 1938 zu lesen: „Der Jude ist unser größter Feind! Hütet euch vor den Juden!"

Auch das Schulwesen wurde nach der NS-Ideologie ausgerichtet. Es gab nun das Fach „Rassenkunde", in dem die Überlegenheit der „arischen Rasse" mit vermeintlich wissenschaftlichen Methoden demonstriert wurde. Viele Lehrer zwang man zur Mitgliedschaft in der NSDAP. Jüdische Lehrer wurden entlassen. Fanatische Schulleiter legten Wert darauf, ihre Schule „judenfrei" zu melden. Ab November 1933 mussten jüdische Schülerinnen und Schüler immer öfter auf gesonderte Judenschulen gehen.

> Anfang Juli 1935 wurde ich von sechs SA-Männern aus der Wohnung meiner Mutter geholt, weil ich mit einem Juden, Wolff, verlobt war. Man hat uns zusammen durch die Straßen geführt, jeder ein Plakat um den Hals: Rasseschänder. Auf offener Straße hat man mich geschlagen und die Haare aus dem Kopf gerissen und dann ins Gefängnis gebracht. Von dort bin ich ins KZ Moringen (bei Göttingen) gekommen. Mein Arbeitgeber … musste mich entlassen. Ende August kam ich aus dem Lager, wurde (1936) abermals ins Gefängnis Oldenburg gebracht, weil ich gesagt hätte, die Gestapo hätte mich misshandelt. Ich war staatsfeindlich gesinnt und bekam neun Wochen Gefängnis.

M8 Christine Neemann (Aussage, Februar 1946)

M9 Straßenschild am Ortseingang von Braunschweig (1935)

6 Notiere stichwortartig die Geschichte Christine Neemanns (M8).
7 Erläutere, gegen welches Gesetz Christine Neemann und Julius Wolff verstoßen haben (M6).
8 Zeigt anhand der Quellen (M1 bis M9) auf dieser Doppelseite, wie die Juden immer stärker aus der Gesellschaft ausgegrenzt wurden.
9 Recherchiert in eurem Schularchiv das Schicksal jüdischer Schülerinnen und Schüler und überlegt, wie ihr heute an sie erinnern könnt (Text, M7). →Seite 33

M1 Verhaftete Juden nach den Novemberpogromen in Stadthagen (10. November 1938)

M3 Die 8-jährige Josepha Salmon bei ihrer Ankunft in Harwich in England. Sie war das erste von 5000 jüdischen Kindern, die aus Deutschland ins sichere Ausland gebracht wurden (Dezember 1938).

Von den Novemberpogromen zur Deportation

Am 7. November 1938 erschoss der 17-jährige polnische Jude Herschel Grynszpan einen deutschen Diplomaten in Paris. Seine Familie gehörte zu den 17 000 Juden polnischer Nationalität, die in besonders rücksichtsloser Weise aus Deutschland ausgewiesen worden waren. Angeblich aus Rache brannten SA- und SS-Männer daraufhin in Deutschland über 250 Synagogen nieder und zerstörten mehr als 7000 jüdische Geschäfte.

Die Bilanz dieser Novemberpogrome vom 9. und 10. November 1938, von den Nazis verharmlosend „Reichskristallnacht" genannt, war erschütternd: Hunderte Menschen verloren durch Mord oder als Folge von Misshandlungen ihr Leben.

Novemberpogrome Bezeichnung für die von den Nationalsozialisten organisierten Gewaltmaßnahmen gegen Juden im Deutschen Reich am 9./10. November 1938

> Dass es Menschen gibt, die eine solche Verwüstung anrichten können, hielt ich nicht für möglich, es müssen Bestien gewesen sein, die in ihrem Hass keine Grenzen mehr sahen ... Im Wohnzimmer lagen die Scherben so hoch, dass man kaum zu gehen vermochte ... Dr. Weinstock konnte es nicht überwinden, dass man ihn ... wie einen Verbrecher behandelte, einzig und allein seiner Abstammung wegen. Er nahm sich das Leben.

M4 Augenzeugenbericht über das Schicksal einer Nürnberger Arztfamilie

M2 Die Synagoge in Frankfurt am Main, 10. November 1938

> §1 (1) Juden ist vom 1. Januar 1939 ab der Betrieb von Einzelhandelsverkaufsstellen, Versandgeschäften oder Bestellkontoren sowie der selbstständige Betrieb eines Handwerkes untersagt.
> (2) Ferner ist ihnen mit Wirkung vom gleichen Tage verboten, auf Märkten aller Art, Messen oder Ausstellungen Waren oder gewerbliche Leistungen anzubieten, dafür zu werben oder Bestellungen darauf anzunehmen.

M5 „Verordnung über die Ausschaltung der Juden aus dem Wirtschaftsleben" vom 12. November 1938

Das „Gesetz über Mietverhältnisse mit Juden" vom 30. April 1939 erleichterte die Kündigung jüdischer Mieter. Die Nationalsozialisten begannen damit, jüdische Familien in sogenannten Judenhäusern unterzubringen. Viele jüdische Bürger flohen. Als der Krieg am 1. September 1939 ausbrach, war dadurch fast jeder Fluchtweg abgeschnitten. Ab 1941 wurden den jüdischen Deutschen die deutsche Staatsangehörigkeit und ihre Vermögen entzogen, dann wurden sie in Vernichtungslager deportiert.

ⓘ Judendeportationen in Wunstorf

Im Oktober 1941 wurde den Juden in Deutschland die Ausreise untersagt. Im gleichen Monat begann die massenhafte Deportation deutscher Juden in die Vernichtungslager im Osten. Die Wunstorfer Juden hatten nach Erhalt der in M6 abgedruckten Verfügung nur wenige Tage bis zum Abtransport, durften in dieser Zeit aber ihre Wohnungen nicht verlassen. Ihr gesamtes Vermögen wurde beschlagnahmt und versteigert. Alle 41 Juden, die aus Wunstorf deportiert wurden, kamen in Vernichtungslagern ums Leben.

*Judenstern
Ab dem
1. September 1941
mussten jüdische
Bürger ab sechs
Jahren in der
Öffentlichkeit
einen Judenstern
tragen.*

*Deportation
zwangsweise
Verschickung*

> 1 Sie haben zu der bevorstehenden
>   Evakuierung sofort einen Koffer ... mit
>   Bekleidungs- und Ausrüstungsstücken wie
>   Anzüge, Kleider, Mäntel, Wäsche, Bettzeug
> 5 mit Decken (ohne Federbett)
>   fertig zu packen (Höchstgewicht 50 kg
>   insgesamt), Essgeschirr mit Löffel (ohne
>   Messer und Gabel). Vollständige Bekleidung
>   und gute Schuhe ... Für 6 Tage Verpflegung
> 10 ... Außerdem haben Sie Ihre sämtlichen
>   Lebensmittel ... zur Mitnahme bereitzuhalten. Weiter haben Sie Ihr sämtliches
>   Bargeld, Wertpapiere ... Schmucksachen,
>   Ringe ... bei der Evakuierung ... mit einer
> 15 Aufstellung doppelter Ausfertigung bei sich
>   zu führen.

M6 Deportationsverfügung an die Wunstorfer Juden (1942)

M7 Judenstern

⚙ Methoden erlernen: Textquellen auswerten

Schriftliche Quellen gehören zu den wichtigsten Zeugnissen der Vergangenheit.

So gehst du vor, um sie sinnvoll auszuwerten:

Schritt 1 ●

Die Quelle beschreiben

→ Schlage dazu alle Textstellen nach, die dir unbekannt sind.

→ Gliedere längere Quellen, indem du für die einzelnen Abschnitte Zwischenüberschriften formulierst.

→ Fasse abschließend den Inhalt der Quelle in eigenen Worten zusammen.

Schritt 2 ● ●

Textquellen auswerten

Um eine Textquelle richtig beurteilen zu können, ist es sehr hilfreich, zusätzliche Informationen zusammenzutragen. Dies können Kenntnisse über den Verfasser, über den bzw. die Adressaten der Quelle oder auch über den Abstand zwischen Entstehungszeit und berichtetem Ereignis sein.

Schritt 3 ● ● ●

Die Quelle beurteilen

Abschließend bewertest du die Quelle hinsichtlich der Absicht des Autors und seiner Haltung zum berichteten Geschehen. Gehe dazu auch auf den historischen Zusammenhang ein, in dem die Quelle steht.

---

1. *Fasst die Ereignisse der Novemberpogrome zusammen und beschreibt die Folgen für die Betroffenen (Text, M1–M5).*
2. *Werte M6 mithilfe der Arbeitsschritte oben aus; beachte dabei den Infotext.*
3. *Nutze die Materialien der Seiten 20–23, um zu beurteilen, ob Deutsche während der NS-Herrschaft von den Judenverfolgungen etwas wissen konnten.*

M1 Reichsarbeitsdienst auf Neuwerk (1934)

M2 Militärkolonne auf der Autobahn (1937)

Der Zweite Weltkrieg

Schritt für Schritt in den Krieg

Von Anfang an wollte Hitler Deutschland auf einen Krieg vorbereiten. Darauf zielten alle wirtschaftspolitischen Maßnahmen ab. Frauen wurden planmäßig aus der Arbeitswelt verdrängt und machten Arbeitsplätze für Männer frei. Arbeitslose Männer wurden im Reichsarbeitsdienst (RAD) zusammengefasst. So wurde die Arbeitslosenstatistik geschönt. Die Männer des RAD sanierten Straßen und öffentliche Gebäude und bauten die ersten Autobahnen. Dabei waren diese Verkehrswege für den damaligen Personen- und Gütertransport nicht notwendig. Für Militärtransporte im Krieg jedoch waren sie äußerst wichtig. Maschinen wurden beim Bau kaum eingesetzt, um möglichst vielen Menschen Arbeit zu geben.

Darüber hinaus vergab das NS-Regime Großaufträge zum Bau von Panzern und schweren Waffen an die Rüstungsindustrie. Für die Aufrüstung mussten Metalle, Erdöl, Textilfasern und Gummi eingeführt werden. Deshalb forderte Hitler, dass die deutsche Wirtschaft die Rohstoffeinfuhren drastisch senken, von Einfuhren unabhängig werden und sich selbst versorgen müsse (Autarkie). Diese Wirtschaftspolitik führte zur totalen Überschuldung des Staates und einer neuerlichen Geldentwertung. Diese neue Inflation wollte Hitler ausgleichen, indem er nach einem Krieg die eroberten Länder ausbeuten wollte.

Ziel der NS-Regierung war es, die Bestimmungen des Versailler Vertrages auch mit Gewalt umzukehren. Sie konnte dabei mit breiter Unterstützung in der Bevölkerung rechnen. Die Saarabstimmung im Januar 1935 verlief noch vertragsgemäß. Dabei folgten die Saarländer der Parole „Heim ins Reich" mit 91 Prozent.

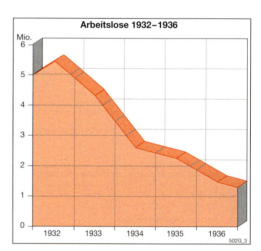

M3 Arbeitslosenstatistik 1932–1936

> Ähnlich der militärischen und politischen Aufrüstung hat eine wirtschaftliche zu erfolgen. Wir sind übervölkert und können uns auf der eigenen Grundlage nicht ernähren. Die endgültige Lösung liegt in einer Erweiterung des Lebensraumes bzw. der Rohstoff- und Ernährungsbasis unseres Volkes. Ich stelle folgende Aufgabe: I. Die deutsche Armee muss in vier Jahren einsatzfähig sein. II. Die deutsche Wirtschaft muss in vier Jahren kriegsfähig sein.

M4 Geheime Denkschrift Hitlers (gekürzt, 1936)

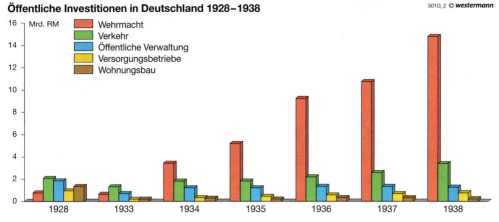

M5 Staatliche Investitionen in Deutschland

Am 7. März 1936 besetzte die deutsche Wehrmacht unter dem Jubel der Bevölkerung auf Befehl Hitlers das entmilitarisierte Rheinland. Das war der Beginn einer Reihe von Verletzungen des Versailler Vertrages, gegen welche Frankreich, Belgien und Großbritannien aus Sorge um den Frieden nichts unternahmen.

> Meldungen aus dem Rheinland: Alles hat herrlich geklappt. Am ganzen Rhein ein Rausch der Begeisterung … Auslandsstimmen glänzend. Frankreich will Völkerbund befassen. Recht so! Es wird also nicht handeln. Das ist die Hauptsache … Abgehörte Telefonate ergeben: die Diplomatie ist ganz ratlos. Und das Rheinland ein Freudenmeer. Der Einmarsch planmäßig verlaufen. Dem Mutigen gehört die Welt … England bleibt passiv. Frankreich handelt nicht allein, Italien ist enttäuscht und Amerika uninteressiert. Wir haben wieder die Souveränität über unser eigenes Land.

M6 Aus dem Tagebuch von Joseph Goebbels (8. März 1936)

> 7.3.36: Deutsche Truppen besetzen das entmilitarisierte Rheinland.
> 12.3.38: In einer Blitzaktion wird Österreich von deutschen Truppen besetzt. Hitler verkündet den Anschluss Österreichs an das Deutsche Reich.
> Sommer 1938: Hitler fordert unter Androhung militärischer Gewalt von der Tschechoslowakei die Abtretung des Sudetenlandes, wo ca. 3 Mio. Deutsche leben.
> 29.9.38: Auf der Münchener Konferenz beschließen Großbritannien, Frankreich – um Hitler zu beschwichtigen – sowie Italien und Deutschland in einem Abkommen, dass die Tschechoslowakei die sudetendeutschen Gebiete abtreten muss.
> 1.10.38: Beginn des Einmarsches in das Sudetenland.
> 15.3.39: Deutsche Truppen besetzen die restliche Tschechoslowakei. – Verletzung des Versailler Vertrages

M7 Zeittafel mit Verletzungen des Versailler Friedensvertrages

1. „Hitler hat die Arbeitslosen von der Straße geholt." – Entlarve dieses Vorurteil, indem du Ursachen und Wege von Hitlers „Wirtschaftsaufschwung" beschreibst (M1, M2, M3, M5).
2. Hitler verfolgte mit der Autarkie zwei Ziele. Erläutere diese mithilfe von M4 und dem Text.
3. Fertige mithilfe des Geschichtsatlas eine Skizze an, die Deutschland, Österreich, Polen und die Tschechoslowakei im Jahr 1933 zeigt. Schraffiere in unterschiedlichen Farben die Gebiete, die Hitler von 1936 bis Juli 1939 besetzen ließ (M7). – Beschreibe das Ergebnis.
4. Begründe, warum England und Frankreich nicht gegen NS-Deutschland vorgingen (Text).
5. Das Verhalten des Auslandes gegenüber der NS-Politik wird Appeasement genannt. Diskutiert, ob das Verhalten der europäischen Staaten aus damaliger Sicht richtig war.

M1 „Someone is taking someone for a walk" – Karikatur des Briten D. Low (1939)

M3 „End of act I" – Karikatur des US-Amerikaners D. R. Fitzpatrick (1939)

Vom Überfall auf Polen zum Vernichtungskrieg in Russland

Generalgouvernement
Bezeichnung für Gebiete in Polen, die im Zweiten Weltkrieg von deutschen Truppen besetzt waren und nicht dem Deutschen Reich angegliedert wurden

Die Umstände haben mich gezwungen, jahrzehntelang fast nur vom Frieden zu reden. Nur unter der fortgesetzten Betonung des deutschen Friedenswillens und der Friedensabsichten war es mir möglich, dem deutschen Volk Stück für Stück die Freiheit zu erringen und ihm die Rüstung zu geben, die immer wieder für den nächsten Schritt als Voraussetzung nötig war ... Es war nunmehr notwendig, das deutsche Volk psychologisch allmählich umzustellen und ihm langsam klarzumachen, dass es Dinge gibt, die nicht mit friedlichen Mitteln durchgesetzt werden können, (die) mit den Mitteln der Gewalt durchgesetzt werden müssen ...

M2 Hitler vor Zeitungsredakteuren am 10. November 1938

Überfall auf Polen → [www]

Am 1. September 1939 überfiel die deutsche Wehrmacht auf Hitlers Befehl das Nachbarland Polen. Sofort erfüllten Frankreich und England ihre Zusage vom 31. März 1939, dass sie Polen schützen würden, wenn es von Deutschland angegriffen werde. Sie erklärten Deutschland den Krieg, eröffneten aber keine Kampfhandlungen gegen Deutschland, wozu sie militärisch in der Lage gewesen wären. Die USA verhielten sich neutral.
In einem fünfwöchigen Blitzkrieg besiegten die deutsche Truppen Polen und teilten es auf.

Der Westteil wurde dem Deutschen Reich angegliedert. Das restliche von der Wehrmacht besetzte Gebiet wurde unter der Bezeichnung „Generalgouvernement" wie eine Kolonie behandelt. Im Gegenzug besetzte die UdSSR Ostpolen. So hatten es Hitler und Stalin im August 1939 in einem Geheimvertrag, dem sogenannten Hitler-Stalin-Pakt, vereinbart.
Der Erfolg der Wehrmacht entfesselte in Deutschland eine Welle der Begeisterung für Hitlers Kriegspolitik. Kritik an Hitler oder Widerstand gegen die Politik des NS-Regime hatten keine Chance.

31.03.1939: Frankreich und Großbritannien versprechen Polen, Rumänien, Griechenland und der Türkei ihren militärischen Schutz bei einem Angriff des Deutschen Reichs.
28.04.1939: Hitler kündigt den Nichtangriffspakt mit Polen und das Flottenabkommen mit England.
23.08.1939: Abschluss des Hitler-Stalin-Pakts – Der Nichtangriffspakt zwischen Deutschland und der UdSSR sieht in einem geheimen Zusatzprotokoll die Aufteilung Polens zwischen den beiden Ländern vor.
01.09.1939: Mit dem deutschen Überfall auf Polen beginnt der Zweite Weltkrieg.

M4 Zeittafel zum Weg in den Zweiten Weltkrieg

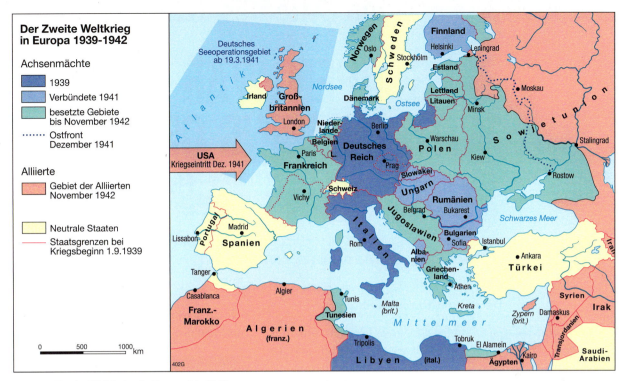

M5 Der Zweite Weltkrieg in Europa bis 1942

1940 besetzten deutsche Truppen Dänemark, Norwegen, die Beneluxstaaten und Teile Frankreichs. Danach griff die deutsche Luftwaffe in England militärische Ziele an, sie flog aber auch Einsätze gegen Städte wie London und Coventry. Da Großbritannien die Luftangriffe erfolgreich abwehrte, musste Hitler die Pläne für eine Invasion aufgeben.

Mit dem Angriff auf die UdSSR am 22. Juni 1941 wollten die Nationalsozialisten „Lebensraum im Osten" gewinnen und den Kommunismus bekämpfen. Wehrmacht und Waffen-SS führten einen brutalen Vernichtungskrieg: Zivilisten wurden willkürlich ermordet, politische Kommissare der Roten Armee sofort erschossen. SS und Wehrmachtseinheiten begannen mit dem Massenmord an Juden.

Massenmord an Juden → S. 30–33

> *Politische Kommissare ... sind aus den Kriegsgefangenen sofort, d. h. noch auf dem Gefechtsfelde abzusondern ... Diese Kommissare werden nicht als Soldaten anerkannt; der für Kriegsgefangene völkerrechtlich geltende Schutz findet auf sie keine Anwendung. Sie sind nach durchgeführter Absonderung zu erledigen.*

M6 Der sogenannte Kommissarbefehl für die Wehrmacht vom 6. Juni 1941

Invasion
Einfall von militärischen Einheiten in ein anderes Land

1. Hitler redet vom Frieden und will Krieg. Belegt dies anhand von Textstellen aus M2.
2. Beschreibt und deutet die Karikaturen von D. Low und D. R. Fitzpatrick (M1, M3).
3. Erläutert die Absichten der jeweils Beteiligten für die Maßnahmen vom 31. 3. 1939, 28. 4. 1939 und 23. 8. 1939 (M4).
4. Fertigt eine Zeittafel der wichtigsten Ereignisse des Krieges von 1939 bis 1941 an.
5. Nehmt dazu Stellung, wie sich die anfänglichen Kriegserfolge Deutschlands bis Mitte 1941 (Text und M5) auf die Position der Kritiker Hitlers auswirkten.
6. Erklärt den Zusammenhang zwischen der NS-Ideologie (vgl. S. 15, M6) und dem Russlandfeldzug.
7. Politkommissare waren Offiziere. Weise nach, wie mit dem Kommissarbefehl (M6) Völkerrecht gebrochen wurde. Recherchiere dazu im Internet.

M1 Titelseite der „Los Angeles Times" vom 8. Dezember 1941

Der Krieg wird zum Weltkrieg

Pearl Harbor
→ www

Japan strebte die Vorherrschaft im Fernen Osten und im Pazifik an. Um Rohstoffe und „Lebensraum" zu erbeuten, besetzte Japan ab 1937 Korea, Teile Chinas sowie Inseln im Westpazifik und beutete diese Länder brutal aus. Seit 1940 war Japan mit Deutschland und Italien verbündet. Als am 7. Dezember 1941 japanische Bomber den US-Stützpunkt Pearl Harbor im Pazifik überfielen, erklärte US-Präsident Roosevelt dem japanischen Kaiserreich den Krieg. Deutschland erklärte kurz darauf den USA den Krieg. Der europäische Krieg war zum Weltkrieg geworden.

Kriegsbündnisse im Zweiten Weltkrieg

Alliierte
– Frankreich
– Großbritannien
– USA
– UdSSR
– und weitere Staaten

Achsenmächte
– Deutsches Reich
– Italien
– Japan

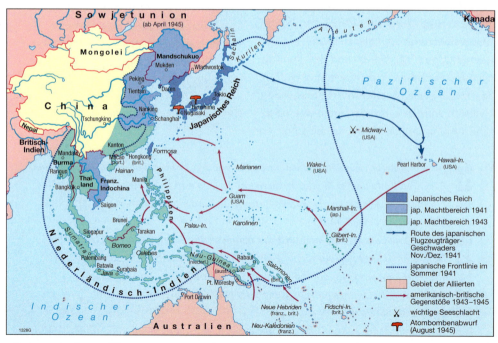

M2 Der Krieg im Pazifik

M3 Verwundete Flakhelfer bei einer NS-Feier in München (November 1943)

M4 Stalingrad: Sowjetischer Stoßtrupp in Wintertarnung stürmt einen zerstörten Häuserblock (Januar 1943)

Der „totale Krieg"

Im November 1942 schlossen sowjetische Truppen die deutsche 6. Armee in Stalingrad ein. Bald war die Lage aussichtslos, weil es keinen Nachschub mehr gab. Hitler befahl dennoch, die Stellungen zu halten und verbot einen Ausbruch der 280 000 deutschen Soldaten aus der Umzingelung. Im Winter 1942/43 herrschten grauenhafte Zustände. Zehntausende kamen im Kampf, durch Verhungern und Erfrieren um. Nach der Kapitulation der 6. Armee rief Propagandaminister Goebbels im Berliner Sportpalast am 18. Februar 1943 den „totalen Krieg" aus.

Aber die Alliierten rückten vor. Amerikanische und britische Luftstreitkräfte verstärkten die Bombardierung deutscher Städte.

Die Menschen lebten in steter Angst vor Bombenangriffen. In ihren Wohnungen standen Koffer mit den lebensnotwendigsten Dingen, die sie bei Alarm in den Luftschutzkeller mitnahmen. Die Versorgung der Bevölkerung brach zusammen. Lebensmittel und Brennstoffe wurden rationiert. Schüler und ältere Männer, die nicht mehr kriegstauglich waren, mussten die Flugabwehrkanonen (Flak) gegen die alliierten Bombenflugzeuge bedienen oder wurden zum letzten Aufgebot des Volkssturms befohlen.

Völkischer Beobachter nationalsozialistische Parteizeitung, erschien von 1923 bis 1945 täglich.

> Der Heldenkampf um Stalingrad hat sein Ende gefunden. In mehrtägiger Trauer wird das deutsche Volk seiner tapferen Söhne gedenken, die bis zum letzten Atemzug und bis zur letzten Patrone ihre Pflicht getan und damit die Hauptkraft ... gegen die Ostfront gebrochen haben. Der Heldenkampf um Stalingrad wird nunmehr zum Heldenlied der deutschen Geschichte werden.

M5 Aus dem „Völkischen Beobachter" (4.2.1943)

1. *Vergleiche die Außenpolitik Deutschlands in Europa (S. 15, M6 und S. 24/25) mit der Politik Japans in Ostasien (Text). Nenne den Verursacher des dortigen Krieges.*
2. *Recherchiere im Internet, welche Staaten außer den im Infotext genannten im Zweiten Weltkrieg miteinander verbündet waren.*
3. *Weise nach, dass der Krieg ab 1941 ein Weltkrieg war (M2, Info-Text, Atlas).*
4. *Notiert mögliche Gedanken und Gefühle eines Jungen, der als Flakhelfer eingesetzt ist (M3).*
5. *Fotos eigener Niederlagen wurden von der NS-Propaganda zensiert. – Erklärt.*
6. *Untersucht M5 und verfasst dann einen Bericht über den Ausgang der Schlacht von Stalingrad aus sowjetischer Sicht.*

M1 In Lemberg wurden unmittelbar nach der Einnahme durch die Wehrmacht am 7. Juli 1941 Massenerschießungen jüdischer Bürger durchgeführt. Männer und Frauen suchen unter den Toten nach Angehörigen.

M3 Aus Bremen deportierte jüdische Frauen bei der Zwangsarbeit am Bahnhof in Minsk (1942)

Die „Endlösung": Völkermord

Von der Wannseekonferenz zum Völkermord

Auf der Wannseekonferenz in Berlin am 20. Januar 1942 beschlossen SS-Angehörige und NSDAP-Funktionäre die „Endlösung der Judenfrage". Einen schriftlichen Befehl Hitlers dazu gibt es nicht, doch es ist undenkbar, dass eine so weitreichende Entscheidung ohne seine Zustimmung erfolgte.

Euthanasie → S. 15

Mehr als elf Millionen Juden Europas sollten systematisch ermordet werden. Zum Zeitpunkt der Konferenz lief die Judenvernichtung bereits auf Hochtouren. Dieser Massenmord an einem Volk konnte auch aufgrund der Erfahrungen mit Massentötungen aus dem Euthanasie-Programm verwirklicht werden. Bei diesen Aktionen hatten SS-Angehörige und Polizisten auf Befehl Hitlers etwa 100 000 Behinderte, Geisteskranke und Schwererziehbare durch Giftgase und in umgebauten Lastkraftwagen mit Abgasen getötet.

> Unter entsprechender Leitung sollen nun im Zuge der Endlösung die Juden in geeigneter Weise im Osten zum Arbeitseinsatz kommen. In großen Arbeitskolonnen, unter Trennung der Geschlechter, werden die arbeitsfähigen Juden Straßen bauend in diese Gebiete geführt, wobei zweifellos ein Großteil durch natürliche Verminderung ausfallen wird. Der allfällig verbleibende Restbestand wird, da es sich bei diesem zweifellos um den widerstandsfähigsten Teil handelt, entsprechend behandelt werden müssen, da dieser, eine natürliche Auslese darstellend, bei Freilassung als Keimzelle eines neuen jüdischen Aufbaus anzusprechen ist.
> Im Zuge der praktischen Durchführung wird Europa von Westen nach Osten durchkämmt. Das Reichgebiet wird … vorweggenommen werden müssen.

M2 Auszug aus dem Protokoll der Wannseekonferenz (1942)

1 Zählt auf, welche Maßnahmen auf der Wannseekonferenz beschlossen wurden (Text, M2).

2 Beschreibt die Sprache, die in M2 verwendet wird, und versucht, ihre Wirkung zu erklären.

Hinter der Armee folgten ab September 1939 spezielle Mordkommandos, die sogenannten Einsatzgruppen. Sowohl diese als auch Angehörige der Wehrmacht ermordeten nach dem Überfall auf die Sowjetunion bis April 1942 fast 560 000 Menschen; die meisten waren Juden.

ⓘ Vernichtungslager

Ab 1941 richtete die SS in Polen Vernichtungslager ein, die allein der Ermordung von Menschen dienten (Auschwitz, Treblinka, Belzec, Lublin-Majdanek, Sobibor). Insgesamt wurden 5 bis 6 Millionen Juden und etwa 500 000 nicht jüdische Menschen getötet (Roma, Sinti, Zeugen Jehovas, Kommunisten, Geistliche, Homosexuelle).

> *Die Juden mussten sich mit dem Gesicht zur Erde an den Muldenwänden hinlegen. Dort befanden sich drei Gruppen mit Schützen ... Gleichzeitig sind ... von oben her laufend Juden zugeführt worden. Die nachfolgenden Juden mussten sich auf die Leichen der zuvor erschossenen Juden legen. Die Schützen standen jeweils hinter den Juden und haben diese mit Genickschüssen getötet ... Man kann sich nicht vorstellen, welche Nervenkraft es kostete, diese schmutzige Tat auszuführen.*

Einsatzgruppen Zusammengestellt wurden diese aus Angehörigen der Waffen-SS, der Gestapo, der Kriminalpolizei und anderen Sicherheitsorganen.

M4 Aussage eines Mitglieds eines Einsatzkommandos in der Ukraine (30. 09. 1949)

⚙ Methoden erlernen: Fotos auswerten

Fotografien können die historische Wirklichkeit oft besonders eindrücklich wiedergeben.

So gehst du vor, wenn du ein Foto auswerten willst:

Schritt 1 ●

Beschreiben
Gib die Details des Fotos möglichst genau wieder. Achte dabei darauf, dass du eine einmal gewählte Beschreibungsrichtung einhältst. Wenn es eine Originalfotografie ist, betrachte auch die Rückseite des Fotos. Oft finden sich dort Angaben, die bei der Auswertung helfen.

Schritt 2 ●●

Einordnen
Versuche Einzelheiten herauszufinden:
→ Aus welchem Anlass ist das Foto entstanden?
→ Gab es einen Auftraggeber?
→ Wenn ja: Welche Gründe hatte dieser für seinen Auftrag?

Diese Informationen helfen dir, darüber zu entscheiden, ob das Foto die Wirklichkeit abbildet oder den Betrachter beeinflussen soll.

Schritt 3 ●●●

Deuten
Erläutere abschließend, welche Erkenntnisse durch das Foto vermittelt werden. Prüfe dabei auch, welche Fragen mit dem Foto allein nicht beantwortet werden können.

M5 Massenhinrichtung der jüdischen Bevölkerung von Liepaja in Lettland durch Angehörige der deutschen Einsatzgruppe A (Foto, 15. Dezember 1941)

3 Werte M5 nach den Arbeitsschritten des Methodenkastens aus.

4 „Die Wehrmacht ist im Krieg sauber geblieben. Die Ermordung der Juden war Sache der SS." Nimm Stellung zu dieser Behauptung (Text, M1, M4, M5).

M1 Selektion ungarischer Juden, die aus den Eisenbahnwaggons ausgestiegen sind, an der Rampe in Auschwitz (1942)

Deutschen Großkonzernen wurden jüdische Häftlinge zu Billigstpreisen zur Verfügung gestellt, um sie hier in ihren Zweigwerken oder in der Rüstungsindustrie im Deutschen Reich einzusetzen.

> Unser Lager liefert allein 10 000 Arbeitskräfte, die aus allen Nationen kommen. Wir sind die Sklaven der Sklaven, denen jedermann befehlen kann; unser Name ist die Nummer, die wir auf den Arm tätowiert und auf die Brust genäht haben.

M3 Primo Levi, italienischer Jude und Auschwitz-Häftling

Massenmord in Auschwitz

> Die zur Vernichtung bestimmten Juden wurden möglichst ruhig – Männer und Frauen getrennt – zu den Krematorien geführt. Nach der Entkleidung gingen die Juden in die Gaskammern, die, mit Brausen und Wasserleitungsröhren versehen, völlig den Eindruck eines Baderaumes machten. Zuerst kamen die Frauen mit den Kindern hinein, dann die Männer. Die Tür wurde nun schnell zugeschraubt und das Gas sofort ... in die Einwurfluken durch die Decke der Gaskammer in einen Luftschacht bis zum Boden geworfen. Nach spätestens zwanzig Minuten regte sich keiner mehr.

M2 Aussage des Auschwitz-Kommandanten Rudolf Höß (1946)

> Mengele war einer der gefürchtetsten Lagerärzte von Auschwitz. Neben allem anderen, was SS-Lagerärzte ... verbrochen haben, hat er an Krüppeln und Zwillingen Versuche unternommen. Auch meine Cousinen, die Zwillinge waren, dienten ihm als „Versuchskaninchen".
> Nachdem er an ihnen verschiedene Messungen und Injektionen vorgenommen hatte, wurden sie vergast.

M4 Bericht einer Inhaftierten im „Zigeunerlager" in Auschwitz aus dem Jahr 1943

In Auschwitz errichteten die Nationalsozialisten die größte Ausbeutungs- und Todesfabrik. Bis 1945 wurden hier schätzungsweise 2,5 bis 4 Millionen Menschen umgebracht. Alles war bis ins Kleinste organisiert, von der Tötung durch Gas bis zur „Verwertung" der letzten Habseligkeiten der Ermordeten (Zahngold, Haare, Schuhe, Kleidung, Brillen).
Nach Ankunft im Lager sortierte die SS die arbeitsfähigen Menschen aus, die übrigen – etwa 90 Prozent – ermordete sie sofort in den Gaskammern.

M5 Ein überlebender Sinto mit eintätowierter KZ-Nummer (Foto von 1981)

Im Herbst 1944 sprengte die SS in Auschwitz Gaskammern und Krematorien, um die Spuren ihrer Verbrechen vor der heranrückenden sowjetischen Armee zu beseitigen.
Im Januar 1945 trieb die SS die Häftlinge von Konzentrationslager zu Konzentrationslager. Auf diesen Todesmärschen starben Zehntausende der entkräfteten Menschen.
Bei der Befreiung von Auschwitz am 27. Januar 1945 trafen die Sowjets nur noch auf wenige Überlebende.

M6 Jugendliche in Lagerkleidung am Zaun des Lagers Auschwitz nach der Befreiung.

Methoden erlernen: Im Archiv recherchieren

Archive gehören neben den Gerichten zu den ältesten Behörden, die es überhaupt gibt. In erreichbarer Nähe eurer Schule findet ihr z. B. ein Stadt- oder ein Kirchenarchiv, vielleicht auch ein Landesarchiv. Der Besuch eines Archivs kann euch helfen, vieles über die Vergangenheit zu erfahren, insbesondere Informationen zu bekommen, die man entweder gar nicht oder nur schwer in Büchern findet. So geht ihr vor:

Schritt 1 •

Planung und Vorbereitung des Besuchs
→ Klärt ab, für welches Thema ihr welches Archiv besuchen wollt. Beachtet, welche Zeit euch insgesamt zur Verfügung steht.
→ Beschafft euch Informationen vorab (Internet, Büchereien, Medien).
→ Nehmt Kontakt mit der Einrichtung auf und klärt die Öffnungszeiten ab. Fragt, ob die Möglichkeit zum Gespräch mit Mitarbeitern der Einrichtung besteht, die euch über die Arbeit im Archiv informieren und euch bei Bedarf helfen (Ausfüllen eines Benutzerantrages, Umgang mit dem Findbuch, Herausschreiben der Signaturen, Ausfüllen der Bestellzettel, Datenschutzhinweise).
→ Bereitet Fragen und Arbeitsaufträge zu eurem Thema vor und verteilt sie auf Gruppen.
→ Überlegt, wie ihr die Recherchergebnisse sichern wollt (handschriftliche Notizen, Fotos, Videos ...); beschafft die nötigen Materialien.

Tipp: In Landesarchiven besteht die Möglichkeit, Archivalien per E-Mail vorzubestellen.

Schritt 2 ••

Durchführung des Besuchs
→ Bearbeitet eure Gruppenaufgaben.
→ Dokumentiert eure Arbeit.

Schritt 3 •••

Ergebnisse auswerten und präsentieren
→ Jede Gruppe stellt ihre Ergebnisse in der Klasse vor. Diskutiert darüber.
→ Bewertet die historischen Ereignisse, über die ihr Näheres erfahren habt.
→ Macht eure Ergebnisse einer größeren Öffentlichkeit zugänglich (z. B. Schulhomepage, Ausstellung).

Archive in Niedersachsen → [www]

M7 Schüler im Landesarchiv Hannover

1 „Vom Namen zur Nummer" – beschreibt das System Auschwitz mithilfe von M1 bis M6.
2 Begründet, warum Auschwitz oft stellvertretend für alle Vernichtungslager genannt wird (Text, M1 bis M6).
3 Der 27. Januar ist der „Tag des Gedenkens für die Opfer des Nationalsozialismus". Bereitet einen Projekttag vor. Folgendes könnt ihr dabei machen: eine Lesung, eine Ausstellung, eine Zeitzeugenbefragung, einen Stadtrundgang auf den Spuren der NS-Opfer eurer Stadt, einen Gedenkstättenbesuch. Ladet zu eurem Projekt auch die örtliche Presse ein.

Widerstand, Terror und Verfolgung

Der Widerstand hat viele Gesichter

Weite Teile der Bevölkerung waren regimetreu. Dennoch gab es in allen gesellschaftlichen Schichten Menschen, die mit den Nationalsozialisten und ihrer Politik nicht einverstanden waren. Zwischen 1933 und 1945 verschleppten Gestapo und SS ohne Gerichtsverfahren rund 1,1 Millionen Menschen als Regimegegner vorübergehend oder auf Dauer in die Konzentrationslager.

Von 1933 bis 1944 ließen deutsche Gerichte insgesamt 11881 Todesurteile vollstrecken, viele davon an Widerstandskämpfern.

Gestapo → Seite 12

> 1938 wurde ich bei der Allgemeinen Ortskrankenkasse (AOK) in Hildesheim eingestellt. Da kamen einige Kollegen sogar in brauner Uniform zum Dienst, andere trugen das Parteiabzeichen am Jackett. Kurz darauf wollte mich mein Chef zum Eintritt in die Partei bewegen. „Das wird auch Ihr beruflicher Schaden nicht sein", meinte er und legte mir eine Eintrittserklärung für die NSDAP auf den Schreibtisch. Ich habe das Formular beiseitegelegt und nicht reagiert. In der Folgezeit wurde ich wegen meiner ablehnenden Haltung zunehmend unter Druck gesetzt. Darum habe ich dann auch gekündigt und bis Kriegsbeginn in einer Druckerei gearbeitet. In die Partei bin ich nie eingetreten.

M1 Alfred Lücke (1909–1989) über die Arbeit bei der AOK

Volksgerichtshof Er wurde 1934 als Sondergericht für Fälle von Hoch- und Landesverrat eingerichtet und war ein politisches Gericht zur Ausschaltung der Gegner des Nationalsozialismus. 1942–1945 saß ihm Roland Freisler vor.

> Wenn ich heute auf mein Leben zurückblicke, so waren es … diese Frauen aus der Kolonie „Dreieinigkeit", deren Hilfe es mir bis heute möglich gemacht hat, nach dieser für uns jüdische Menschen so furchtbaren Zeit unbefangen in Deutschland zu leben … Denn diese Frauen haben ihr Leben für mich gewagt.

M2 Der frühere ZDF-Showmaster Hans Rosenthal über die Frauen, die ihn in einer Kleingartenkolonie vor den Nationalsozialisten versteckten

> Unsere Aufgabe als Widerstandskämpfer war ein gut verfasstes Flugblatt, eine illegale Zeitung, die dem Hitler die Maske herunterriss, seine Diktatur darstellte, die ganze Unterdrückung zeigte, das haben wir gemacht.

M3 Adolf Maislinger (KPD) saß 1934–1942 im Gefängnis, dann im KZ Dachau (bearbeitet).

1942 hatten in München Studenten um die Geschwister Scholl die Widerstandsgruppe „Weiße Rose" gegründet. Mit Wandparolen und Flugblättern protestierten sie gegen Krieg, Judenverfolgung und Diktatur. Als die Studenten am 18. Februar 1943 Flugblätter in den Lichthof des Universitätsgebäudes warfen, entdeckte sie der Hausmeister. Dieser denunzierte sie bei der Gestapo und sie wurden verhaftet. Die Geschwister Scholl und drei weitere Mitglieder der „Weißen Rose" wurden am 22. Februar 1943 vor dem Volksgerichtshof wegen Hochverrats zum Tod verurteilt und hingerichtet.

M4 Hans und Sophie Scholl (Foto vom 22. Juli 1942)

M5 Briefmarken erinnern an die Widerstandskämpfer Bonhoeffer und von Galen.

Die Kirchen suchten zunächst den Ausgleich mit Hitler, um ihre Interessen zu schützen. Kritische Geistliche beider Konfessionen wandten sich aber schon sehr früh gegen den Naziterror. Die evangelischen Theologen Martin Niemöller und Dietrich Bonhoeffer gründeten die „Bekennende Kirche". Sie kritisierten die NS-Regierung und den Ausschluss von Menschen jüdischen Glaubens aus dem öffentlichen Leben. Niemöller wurde 1937 verhaftet, ins KZ verschleppt und erst 1945 befreit. Bonhoeffer wurde 1943 verhaftet und 1945 im KZ Flossenbürg ermordet.

Der katholische Bischof von Münster, Clemens August Graf von Galen, predigte gegen die Ermordung von psychisch Kranken (Euthanasie) und erstattete Strafanzeige gegen die Gestapo. Wegen seiner großen Beliebtheit trauten die Nazis sich nicht, ihn zu verhaften.

> Nach mir zugegangenen Nachrichten soll ... eine große Anzahl Pfleglinge der Provinzialheilanstalt bei Mariental in Münster als sogenannte unproduktive Volksgenossen nach der Heilanstalt Eichberg überführt werden, um dann alsbald ... vorsätzlich getötet zu werden.

M6 Aus der Anzeige des Bischofs von Galen

Als deutlich wurde, dass Deutschland den Krieg verlieren würde, planten führende Offiziere um die Generäle von Witzleben und Beck sowie Oberst Graf Schenk von Stauffenberg, Hitler umzubringen und die Diktatur zu beseitigen. Die von Stauffenberg am 20. Juli 1944 gelegte Bombe verletzte Hitler nur leicht. Kurz nach dem gescheiterten Attentat wurden die beteiligten Offiziere, die Mitglieder des „Kreisauer Kreises" und anderer Widerstandsgruppen verhaftet, vom Volksgerichtshof zum Tod verurteilt und hingerichtet.

> 1. Das zertretene Recht muss wieder aufgerichtet ... werden ...
> 2. Die Glaubens- und Gewissensfreiheit wird gewährleistet ...
> 3. Brechung des totalitären Gewissenszwangs und Anerkennung der unverletzlichen Würde der menschlichen Person

M7 Grundsätze des „Kreisauer Kreises" (1943)

> ... entscheidend ist die Unerträglichkeit, dass ... im Namen des deutschen Volkes Verbrechen auf Verbrechen und Mord auf Mord gehäuft wird, und dass es sittliche Pflicht ist, mit allen verfügbaren Mitteln diesen Verbrechen Einhalt zu tun.

M8 Generaloberst Beck, Mitverschwörer des 20. Juli 1944

ⓘ Träger des Widerstands

Widerstand Einzelner, sozialdemokratischer, gewerkschaftlicher und kommunistischer, militärischer Widerstand, Kirchenvertreter

M9 Generaloberst Ludwig Beck (1880–1944)

M10 Claus Schenk Graf von Stauffenberg (1907–1944)

Euthanasie → Seite 15

---

1. Beschreibe Formen des Widerstands gegen den Nationalsozialismus (M1–M10, Text).
2. Nenne die Rechte, die der Kreisauer Kreis zurückforderte (M7). Stelle fest, wann sie außer Kraft gesetzt wurden (vgl. Seiten 10–12).
3. Nenne die Gründe des Widerstandskämpfers Beck (M8) für den Attentatsplan gegen Hitler.
4. Recherchiert im Internet über verschiedene Widerstandsgruppen im Nationalsozialismus. Wählt eine Gruppe aus und stelle eure Ergebnisse der Klasse vor.
5. Sucht in eurem Heimatort nach Quellen über Menschen, die Widerstand gegen den Nationalsozialismus geleistet haben. Dokumentiert und berichtet.
6. Viele Widerstandskämpfer starben für ihre Ideale. Nenne Argumente für ihr Vorgehen.

Aufgabe 4 → www

M1 Die Innenstadt von Frankfurt bei Kriegsende (1945)

Das Ende des Zweiten Weltkrieges

Der Sieg der Alliierten

Kapitulation der deutschen Streitkräfte
→ www

Atombombe Massenvernichtungsmittel; durch eine atomare Kettenreaktion wird eine gewaltige Explosion erzeugt, die große Flächen völlig zerstört; die dabei entstehende Radioaktivität verseucht die betroffene Gegend.

1. Wir, die hier Unterzeichneten, handelnd in Vollmacht für und im Namen des Oberkommandos der deutschen Wehrmacht, erklären hiermit die bedingungslose Kapitulation aller am gegenwärtigen Zeitpunkt unter deutschem Befehl stehenden oder von Deutschland beherrschten Streitkräfte auf dem Lande, auf der See und in der Luft gleichzeitig gegenüber dem Obersten Befehlshaber der alliierten Expeditionsstreitkräfte und dem Oberkommando der Roten Armee ...
Unterzeichnet zu Berlin am 8. Mai 1945
gez. v. Friedeburg
gez. Keitel
gez. Stumpff ...

M2 Aus der Kapitulationsurkunde vom 8. Mai 1945

Nach der Landung britischer und amerikanischer Truppen in der Normandie (Frankreich) im Juni 1944 drängten die alliierten Truppen Deutschland an allen Fronten zurück. Im März 1945 erreichten alliierte Truppen den Westen Deutschlands. Während der Schlacht um Berlin beging Hitler am 30. April 1945 Selbstmord. Admiral Dönitz, den Hitler zu seinem Nachfolger bestimmt hatte, ließ am 4., 7. und 9. Mai die bedingungslose Kapitulation gegenüber Briten, Amerikanern und Russen unterzeichnen. Damit war der Krieg in Europa beendet. Obwohl Japans Lage aussichtslos war, weigerte sich die japanische Führung, zu kapitulieren. Da gab US-Präsident Truman den Befehl zum Einsatz von Atombomben. Im August 1945 warfen US-Flugzeuge je eine dieser neuen Bomben über den japanischen Städten Hiroshima und Nagasaki ab. 150 000 Menschen wurden dadurch sofort getötet. Zehntausende starben später an den Folgen. Japan kapitulierte am 2. September 1945.

Plötzlich erschreckte mich ein jäh aufblitzender Lichtschein ... Instinktiv versuchte ich zu fliehen ... Was war ... geschehen? Die ganze Seite meines Körpers war zerschnitten und blutete ... Ich traf viele ..., die von den Hüften aufwärts verbrannt waren. Die Haut hatte sich abgeschält, ihr Fleisch war nass und schwammig ... Und – sie hatten keine Gesichter! Ihre Augen, Nasen und Münder waren weggebrannt, und die Ohren schienen förmlich abgeschmolzen zu sein. Kaum konnte ich die Vorderseite vom Rücken unterscheiden.

M3 Ein Überlebender über die Folgen des Atombombenabwurfs auf Hiroshima

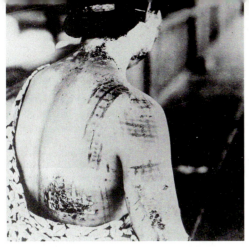

M4 Die Hitze der Explosion der Atombombe hat einer Frau auf der Haut das Muster des Kimonos eingebrannt. Aufnahme aus Hiroshima oder Nagasaki (1945)

M6 Bewohner vor ihrem von Bomben zerstörten Haus in Berlin (Mai 1945)

> Ich frage die Frau (die in München gewesen war), ob sie etwas von Hitler und den anderen Großen der NSDAP gehört habe; nein, danach zu fragen hatte sie gar keine Zeit gehabt, anders ausgedrückt: Das interessierte sie nicht mehr. Das „Dritte Reich" ist schon so gut wie vergessen, jeder ist sein Feind gewesen, „immer" gewesen.

M5 Tagebucheintrag vom 11. Mai 1945 von Victor Klemperer, der von den Nationalsozialisten verfolgt wurde, weil er jüdischer Herkunft war. Er schrieb den Text auf der Flucht in Aichach.

M7 Flüchtlinge in Dresden (Foto, Pfingsten 1945)

Am Ende des Krieges hatten viele Menschen in den Städten durch die Bombardierungen ihre Wohnungen, Möbel und Bekleidung verloren. Eine große Zahl von Menschen war unterwegs: Aus den deutschen Ostgebieten flohen rund 14 Millionen Menschen vor der russischen Armee oder sie wurden vertrieben. Dabei wurden auch Familien auseinandergerissen.

Die Menschen in Deutschland erlebten den Tag der Kapitulation durchaus unterschiedlich. Für die einen war es der Tag der Befreiung von der Diktatur. Der Sieg der Alliierten bedeutete für sie, dass Entrechtung, Verfolgung, Zwangsarbeit, Folter, Mord und systematische Vernichtung ein Ende hatten. Andere waren zutiefst enttäuscht und verzweifelt angesichts der vollständigen Niederlage Deutschlands.

Insgesamt hatte der Zweite Weltkrieg, der nun zu Ende gegangen war, über 55 Millionen Menschen das Leben gekostet. Davon waren 29,2 Millionen Zivilisten und ca. 25,8 Millionen Soldaten.

1. *Vervollständige deine Zeitleiste zum Zweiten Weltkrieg ab 1941.*
2. *Beschreibt und kommentiert die Bilder M1, M4, M6 und M7.*
3. *Erklärt, worauf der Tagebucheintrag von Klemperer anspielt (M5).*
4. *Begebt euch auf Spurensuche in eurem Ort und findet Quellen oder Überreste von Vertreibung und Zerstörungen sowie Gedenktafeln für getötete Soldaten und Zivilisten.*
5. *Befragt Zeitzeugen nach ihren Erinnerungen an den 8. Mai 1945.*

M1 Auf der Potsdamer Konferenz 1945 hatten die vier Siegermächte die vier D's beschlossen.

Die Alliierten regieren

Entnazifizierung

Deutschland war jetzt in eine amerikanische, eine britische, eine französische und eine sowjetische Besatzungszone geteilt. Sofort begannen die Siegermächte mit der Entnazifizierung: Alle erwachsenen Deutschen mussten über ihre Rolle im NS-Staat Auskunft geben. Ehemalige Nationalsozialisten, Mitglieder von SA, SS und anderen NS-Organisationen wurden aus politischen und wirtschaftlichen Positionen entfernt, zur Rechenschaft gezogen und bestraft. 1949 war dieses Verfahren abgeschlossen.

In der Bundesrepublik wurden die Strafen bald gemildert oder aufgehoben, weil Fachleute für den Neuanfang gebraucht wurden. Richter und Staatsanwälte, die in der NS-Zeit sogar an Todesurteilen gegen Widerstandskämpfer beteiligt waren, kehrten in ihren Beruf zurück. Auch hohe Beamte und führende Männer der Wirtschaft mit NS-Vergangenheit bekleideten bald wieder führende Positionen. Die Alliierten förderten den politischen Neubeginn: Gemeinderäte und Landtage wurden gewählt und neue Zeitungen als Zeichen der neuen Pressefreiheit zugelassen. In der SBZ dagegen verloren fast ein Drittel der ehemaligen NS-Parteimitglieder ihren bisherigen Arbeitsplatz.

Entnazifizierung → www

Entnazifizierung Maßnahmen der USA, Großbritanniens, Frankreichs und der UdSSR nach dem Zweiten Weltkrieg, um Deutschland vom Nationalsozialismus zu befreien

SBZ Abkürzung für: Sowjetische Besatzungszone

> a) Es muss den Deutschen klar gemacht werden, dass Deutschlands rücksichtslose Kriegsführung und der fanatische Widerstand der Nazis die deutsche Wirtschaft zerstört und Chaos und Leiden unvermeidlich gemacht haben, und dass sie nicht der Verantwortung für das entgehen können, was sie selbst auf sich geladen haben …
> c) Das Hauptziel der Alliierten ist es, Deutschland daran zu hindern, je wieder eine Bedrohung des Weltfriedens zu werden …

M2 Richtlinien für die US-Besatzungstruppen in Deutschland (1945)

Ergebnisse der Entnazifizierung in den Westzonen	
Gruppe	Anteil
I und II: Hauptschuldige und Belastete	0,7 %
III: Minderbelastete	4,1 %
IV: Mitläufer	27,5 %
V: Entlastete	33,2 %
Verfahren eingestellt	34,5 %

M3 Ergebnisse der Entnazifizierung

1. Erklärt den Sinn der vier D's der Entnazifizierung (M1).
2. Gebt die Richtlinien für die US-Besatzungstruppen mit eigenen Worten wieder (M2).
3. Ehemalige NS-Anhänger gelangten nach 1949 wieder in Führungspositionen. Erklärt.
4. Untersucht M3 und nehmt zum Ergebnis der Entnazifizierungsverfahren Stellung.

1 Dönitz (Kriegsmarine),
2 Göring (Innenminister, Luftwaffen-Chef),
3 Heß (Hitlers Stellvertreter),
4 von Ribbentrop (Außenminister),
5 Keitel und
6 Jodl (Wehrmacht),
7 Rosenberg (NS-Ideologe),
8 Speer (Architektur, Rüstung),
9 Streicher (Herausgeber des „Stürmers", SA-General).
Vorne: die Verteidiger.

M4 Die Anklagebank beim Hauptkriegsverbrecherprozess in Nürnberg

Kriegsverbrecherprozesse

Von 1945 bis 1946 zogen die Alliierten in einem Prozess in Nürnberg die Hauptverantwortlichen des NS-Staates zur Rechenschaft. Dazu verständigten sich die Alliierten auf eine gemeinsame Satzung zur Aburteilung der Kriegsverbrecher.

Im Nürnberger Prozess wurden zwölf Angeklagte zum Tode verurteilt, sieben Haftstrafen zwischen zehn Jahren und lebenslänglich verhängt. Drei Männer wurden freigesprochen. NSDAP, SS und Gestapo erklärte das Gericht zu verbrecherischen Organisationen.

> Art. 6: Der Gerichtshof hat das Recht, alle Personen abzuurteilen, die eines der folgenden Verbrechen begangen haben:
> a) Verbrechen gegen den Frieden: ... Planen, Vorbereitung, Einleitung oder Durchführung eines Angriffskrieges oder eines Krieges unter Verletzung internationaler Verträge oder Zusicherungen ...
> b) Kriegsverbrechen: nämlich Verletzungen der Kriegsgesetze oder -gebräuche. Solche Verletzungen umfassen Mord, Misshandlungen oder Deportation zur Sklavenarbeit ...
> c) Verbrechen gegen die Menschlichkeit: nämlich: Mord, Ausrottung, Versklavung, Deportation oder andere unmenschliche Handlungen, Verfolgung aus politischen, rassischen oder religiösen Gründen ...

M5 Aus dem Statut des Internationalen Militärgerichtshofs (1945)

> LÜNEBURG Zu vier Jahren Freiheitsstrafe hat (das Lüneburger Landgericht) den früheren SS-Unterscharführer Gröning verurteilt, wegen Beihilfe zum Mord in mindestens 300 000 Fällen. „Er war ein Rad im Getriebe der Tötungsmaschinerie", sagte der Vorsitzende Richter Franz Kompisch. „Ob es notwendig war, darauf kommt es nicht an." Sowohl mit seinem Dienst an der Rampe in Auschwitz-Birkenau als auch mit dem Zählen des Geldes der Opfer und dem Transport der Münzen und Scheine nach Berlin habe er ... die Ermordung der ungarischen Juden im Jahr 1944 unterstützt. „Was Sie als moralische Schuld ansehen", sagte Kompisch zu Gröning, „ist genau das, was der Gesetzgeber Beihilfe zum Mord nennt."

M6 Meldung der Hildesheimer Allgemeinen Zeitung vom 16. Juli 2015 (bearbeitet)

5 Informiere dich über einen der Angeklagten (M4). Berichte der Klasse über seinen Werdegang und welcher Anklagepunkte er sich schuldig gemacht hat (M5).

6 Sühne für Kriegsverbrechen auch noch nach über 70 Jahren oder alles vergessen (M6)? Nimm Stellung und begründe deine Meinung.

7 Auch Hitler wäre, hätte er nicht Selbstmord verübt, angeklagt worden. Erstelle anhand von M5 und den Informationen aus diesem Kapitel eine Anklageschrift gegen ihn.

M1 Gedenktafel für die NSU-Mordopfer auf dem Halitplatz in Kassel

M3 Haus der Familie Genç in Solingen. Darin kamen bei einem Brandanschlag am 29. Mai 1993 fünf Angehörige einer türkischstämmigen Familie ums Leben.

Rechtsextremismus – Neonazis heute

Rechtsextremismus und Gewalt

Trotz der Schrecken des Nationalsozialismus gibt es auch heute noch Menschen, die NS-Gedanken vertreten und Gewalttaten verüben. Sie haben sich in Jugendgruppen, politischen Parteien oder Gruppen zusammengeschlossen. Bei Brandanschlägen rechtsradikaler Täter 1992 in Mölln und 1993 in Solingen kamen insgesamt acht Menschen aus türkischstämmigen Familien ums Leben. Einer Mordserie der rechtsextremistischen Terrorgruppe „Nationalsozialistischer Untergrund" (NSU) fielen zwischen 2000 und 2007 neun Menschen mit Migrationshintergrund sowie eine Polizistin zum Opfer.

Rechtsextreme Parteien NPD, Junge Nationaldemokraten, pro NRW, Ring Nationaler Frauen, Die Rechte und weitere Kleinstgruppierungen

Menschen, die Extremisten sind, lehnen die Regeln ab, nach denen unser demokratischer Staat funktioniert. Sie wollen sie sogar abschaffen. Wer extremistisch ist, will keine Toleranz und Offenheit gegenüber Menschen, die anderer Meinung sind. Rechtsextremisten wollen den Staat mit Gewalt verändern. Sie treten meistens in kleinen Gruppen auf, sind sehr oft gewalttätig, tragen Kleidung und Frisuren, die nach Stärke und Macht aussehen sollen (Glatzen, Springerstiefel) und schreien ausländerfeindliche Parolen ... Vorbilder für diese menschenverachtende Einstellung sind häufig der Nationalsozialismus ... Daher spricht man bei rechtsextremistischen Gruppen heute oft von Neonazis (neuen Nationalsozialisten).

M2 Lexikonartikel zu „Rechtsextremismus"

Bereits seit den 1990er-Jahren waren Uwe Böhnhardt, Uwe Mundlos und Beate Zschäpe in der Neonazi-Szene Thüringens aktiv. Sie gehörten zum Thüringer Heimatschutz (THS), einer Kameradschaft, die unter anderem Kontakte zur NPD pflegte ... Erst im November 2011 flog der NSU auf, die rassistische Terrorserie wurde erst jetzt als solche erkannt, zuvor war in den Medien von „Döner-Morden" die Rede. Nach und nach wurde deutlich, wie die Sicherheitsbehörden, Wissenschaft und Medien beim Rechtsterrorismus geschlafen hatten. Seit Monaten wird die Terrorserie aufgearbeitet, bislang sind vier Untersuchungsausschüsse damit beschäftigt, mehrere Bücher wurden bereits zum NSU-Skandal veröffentlicht.

M4 Ein Bericht der Tagesschau über den NSU

Aufgabe 2

1. Berichtet, wie sich Rechtsextremismus in Deutschland zeigt (Text, M1–M4).
2. Recherchiert über eine von Rechtsradikalen verübte Tat oder eine rechtsradikale Partei (M1–M4) im Internet und berichtet der Klasse.
3. Versucht zu begründen, warum NS-Ideen heute immer noch Anhänger finden.

Nationalsozialistische Ideen heute

M5 Die Sprüche der „Ewiggestrigen"

4 *Auf dieser Seite findest du Aussagen von Menschen, die auch heute noch der NS-Diktatur „positive Seiten" zuschreiben. Widerlege die Parolen mit Gegenbeispielen. Verwende dazu z. B. die Seiten 10–12, 14/15, 18/19, 24, 30–33, 36/37.*

Die nationalsozialistische Diktatur

1 Der Weg in die Diktatur
Übertrage die Tabelle in deine Geschichtsmappe und ergänze die freien Felder.

Adolf Hitler		
30.01.1933		02.08.1934
Reichskanzler		
Regierungsgewalt		Richterliche Gewalt
EXEKUTIVE	LEGISLATIVE	

2 Ein Schaubild zeichnen
Bereits ab 1933 und in den Folgejahren begann Hitler mit der planmäßigen Vorbereitung des Krieges. Bestimme zu den nachfolgenden Ereignissen Jahreszahlen oder genaue Daten und ordne sie in chronologischer Reihenfolge auf einer ansteigenden Kurve an (vgl. S. 66).

Zerschlagung der Tschechoslowakei – Anschluss des Sudetenlandes – Aufrüstung – Besetzung des entmilitarisierten Rheinlandes – Einführung der allgemeinen Wehrpflicht – Anschluss Österreichs

3 Werte das Bild aus.

A. Paul Weber: Deutsches Verhängnis (1931/1932)

30.01.1933 Hitler wird Reichskanzler
28.02.1933 Reichstagsbrandverordnung
23.03.1933 Ermächtigungsgesetz
01.04.1933 Boykott jüdischer Geschäfte

29.09.1938 Münchener Abkommen
09./10.11.1938 Pogromnacht

Januar 1935 Saarland zu Deutschland
1935 Nürnberger Gesetze

02.07.1934 Röhm-Putsch
02.08.1934 Hitler wird Reichspräsident

23.08.1939 Hitler-Stalin-Pakt
01.09.1939 Deutscher Überfall auf Polen

Wissen und Können

4 Einen Text untersuchen

Werte den Text aus.

> Seit dem Kriegsausbruch (1. September 1939) zeichneten sich indessen die nationalsozialistischen Ziele Schritt für Schritt deutlicher ab: Nach dem Aufbau „Großdeutschlands" ging es zunächst um die Liquidierung Polens, begleitet von den ersten völkischen Ausrottungsmaßnahmen; sodann setzte der Kampf um die Vormachtstellung des Reiches in Mitteleuropa ein, der mit den militärischen Erfolgen von April bis Juni 1940 (Norwegen- und Westfeldzug) siegreich beendet zu sein schien. Aber als Hitler sich außerstande sah, England zur Anerkennung seiner politischen und militärischen Eroberungen zu zwingen und eine Kontinentalkoalition gegen Großbritannien im Sinne seiner Zielsetzung aufzubauen, fasste er den Entschluss, die „Konsolidierung" Europas, das heißt die von ihm und seinen engsten politischen Mitarbeitern geplante Neuordnung des Kontinents im Geiste der nationalsozialistischen Ideologie, mittels Gewalt zu „vollenden". ... Nach allen bis heute vorliegenden Zeugnissen ist aber festzuhalten: Der seit Juli 1940 geplante und im Juni 1941 ausgelöste deutsche Angriff gegen die Sowjetunion war kein Präventivkrieg; Hitlers Entschluss zur Offensive entsprang nicht der tiefen Sorge vor einem drohenden, bevorstehenden sowjetischen Angriff, sondern war letzten Endes Ausdruck seiner Aggressionspolitik, wie sie seit 1938 immer deutlicher zum Ausdruck gekommen war.

Der Historiker Hans-Adolf Jacobsen über die nationalsozialistische Politik (1967)

5 Eine Tabelle analysieren

Werte die folgende Tabelle aus. Sie verzeichnet die Kriegsopfer ausgewählter Staaten.

	gefallene Soldaten	zivile Opfer
China	6 400 000	5 400 000
Deutschland	4 750 000	500 000
Japan	1 200 000	600 000
Polen	5 700 000	350 000
Frankreich	340 000	470 000
Sowjetunion	14 600 000	7 000 000

Insgesamt kostete der Zweite Weltkrieg 55 Millionen Menschen das Leben.

ab 1941 Vernichtungslager
22.06.1941 Deutscher Überfall auf die Sowjetunion
1942/1943 Kampf um Stalingrad
20.01.1942 Wannseekonferenz
08.05.1945 Kapitulation Deutschlands

Grundbegriffe:

Antisemitismus
Deportation
Entnazifizierung (Denazifizierung)
Gleichschaltung
Hitler-Stalin-Pakt
Konzentrationslager
Machtergreifung
Münchener Abkommen
Nürnberger Prozesse
Rassenlehre
Reichspogromnacht
Widerstand
Wannseekonferenz
Zweiter Weltkrieg

Wissen und Können

Zeitfenster: 1917 – 1973

Geteilte Welt und Kalter Krieg

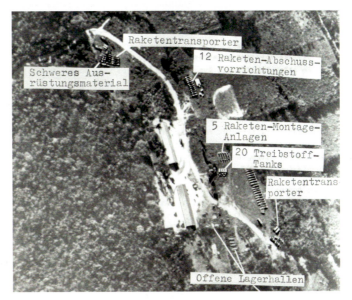

M2 Sowjetische Mittelstreckenraketen auf Kuba 1962 (Foto der US-Aufklärung, Oktober 1962)

→ Was bedeutet „Kalter Krieg"?
→ Wer waren die Gegner im Kalten Krieg?
→ Gab es einen Sieger im Kalten Krieg?
→ Welche Rolle spielte Deutschland im Kalten Krieg?

M1 Amerikanische und sowjetische Panzer stehen sich am 25. Oktober 1961 am Kontrollpunkt „Checkpoint Charlie" in Berlin gegenüber.

Die Spaltung der Welt

Weltmacht USA

Folgende Wahrheiten erachten wir als selbstverständlich: dass alle Menschen gleich sind; dass sie von ihrem Schöpfer mit gewissen unveräußerlichen Rechten ausgestattet sind und dass dazu Leben,[5]*die Freiheit und das Streben nach Glück gehören; dass zur Sicherung dieser Rechte Regierungen unter den Menschen eingesetzt werden, die ihre rechtmäßige Gewalt aus der Zustimmung der Regierten*[10]*herleiten; dass, wann immer eine Regierungsform diesen Zielen zu schaden droht, es das Recht des Volkes ist, sie zu ändern oder abzuschaffen und eine neue Regierung einzusetzen.*[15]

M1 Aus der Unabhängigkeitserklärung der USA von 1776

Die Vereinigten Staaten von Amerika waren die erste Demokratie der Neuzeit. 1776 hatten sich die 13 britischen Kolonien als von England unabhängig erklärt, die Menschenrechte in ihrer Unabhängigkeitserklärung verkündet und damit ein Vorbild für viele europäische Verfassungen gegeben.

Im 19. Jahrhundert dehnten die USA ihr Staatsgebiet bis zur Pazifikküste aus. Millionen von Menschen kamen in dieser Zeit aus politischen Gründen oder wirtschaftlicher Not als Einwanderer aus Europa nach Nordamerika. In dem rohstoffreichen Land entstanden große Industriegebiete. Dies führte zu einem gigantischen Wirtschaftsaufschwung, sodass die USA bereits vor dem Ersten Weltkrieg die stärkste Wirtschaftsmacht der Welt wurden.

In den 1920er-Jahren konnten sich die Amerikaner immer mehr leisten, zum Beispiel Autos, Kühlschränke und Staubsauger. Mit dem Zusammenbruch der amerikanischen Aktienkurse 1929 begann die Weltwirtschaftskrise. Millionen Menschen wurden arbeitslos. Armut, soziales Elend und Hunger verbreiteten sich.

Erst ab 1933 erreichte US-Präsident Roosevelt mit einem staatlichen Hilfsprogramm, dass sich die Wirtschaft langsam erholte.

Im Ersten und Zweiten Weltkrieg war die Wirtschaftskraft der USA kriegsentscheidend. Die US-Industrie lieferte den Alliierten moderne Waffensysteme, Transportmittel und Versorgungsgüter. Mit dem Abwurf zweier Atombomben auf die japanischen Städte Hiroshima und Nagasaki durch US-Bomber im August 1945 endete der Zweite Weltkrieg auch in Ostasien. Die USA besaßen als einziger Staat diese Massenvernichtungswaffe und beanspruchten für sich den Rang einer Weltmacht. Seither wollen die USA der Idee von wirtschaftlicher und politischer Freiheit in möglichst vielen Staaten der Welt Geltung verschaffen.

Diese Politik führte zu Konfrontation und Konflikten mit der anderen Weltmacht, der UdSSR, die andere politische Ziele verfolgte.

Das Gesetz des Wettbewerbs ... mag zwar[1]*für den Einzelnen gelegentlich hart sein, für die Menschheit ist es jedoch zum Besten, weil es auf jedem Gebiet das Überleben der Tüchtigen sicherstellt. Daher ... begrüßen wir große Ungleichheit*[5]*der Lebensbedingungen, die Konzentration von Industrie und Handel in den Händen von wenigen.*

M2 Der Industrielle Andrew Carnegie über das US-Wirtschaftssystem (1889)

Angaben in Mrd. Dollar	1897	1914	1970
gesamt	0,68	3,51	71,00
davon			
Europa	0,15	0,69	21,60
Asien	0,02	0,25	3,30
Süd- und Mittelamerika	0,31	1,65	13,80
Kanada	0,19	0,87	21,10

M3 Auslandsinvestitionen der US-Wirtschaft in anderen Weltregionen

Weltmacht UdSSR

Das russische Zarenreich reichte um 1900 von der Grenze zu Deutschland im Westen bis an den Pazifik, vom Nordmeer bis zum Schwarzen Meer im Süden. Die Menschen arbeiteten in der Landwirtschaft, waren oftmals noch Leibeigene von Großgrundbesitzern und lebten in ärmlichsten Verhältnissen. Ende des 19. Jahrhunderts begann in Russland die Industrialisierung. Aber von diesem Fortschritt profitierten nur die Unternehmer. Arbeiter und Bauern lebten in Armut. Diese Missstände führten zu Unruhen vor und während des Ersten Weltkrieges. Nach der Oktoberrevolution von 1917 übernahmen die Kommunisten unter Lenin die Macht und errichteten ein kommunistisches System.

> *Kommunismus – das ist Sowjetmacht plus Elektrifizierung des ganzen Landes. Wir sind schwächer als der Kapitalismus. Erst dann, wenn die Industrie, die Landwirtschaft und das Verkehrswesen eine moderne großindustrielle technische Grundlage erhalten, werden wir endgültig gesiegt haben. Dann wird unser kommunistischer Wirtschaftsaufbau zum Vorbild für das kommende sozialistische Europa und Asien werden.*

M4 Aus einer Rede Lenins im Dezember 1920

Lenins Nachfolger Stalin führte als Regierungschef der UdSSR (Union der sozialistischen Sowjetrepubliken) die Planwirtschaft ein, verstaatlichte die Landwirtschaft und trieb die Industrialisierung voran. Seine innerparteilichen Gegner und andere Kritiker ließ er verhaften. Viele wurden in Schauprozessen zum Tode verurteilt, andere mussten in Straflagern Zwangsarbeit leisten. Stalin gelang es im Zweiten Weltkrieg zusammen mit den Westalliierten, Deutschland zu besiegen. Er unterstrich damit den Anspruch der UdSSR, neben den USA als zweite Weltmacht zu gelten. Der Kommunismus würde sich nach der Überzeugung der Sowjets letztlich in der ganzen Welt als das überlegene System durchsetzen.

> *Wir arbeiten und bauen unter den Bedingungen der kapitalistischen Einkreisung. Das ist der Rahmen, innerhalb dessen der Kampf der beiden Systeme vor sich gehen muss, des sozialistischen Systems und des kapitalistischen Systems. Wir müssen unsere Wirtschaft so aufbauen, dass unser Land nicht zu einem Anhängsel des kapitalistischen Weltsystems wird.*

M5 Stalin vor dem 14. Parteitag der KPdSU (1925)

Kommunismus Ideologie mit der Forderung nach der Gleichheit aller Menschen, erreichbar durch die Abschaffung des Privateigentums an Produktionsmitteln

M6 Militärparade auf dem Roten Platz in Moskau anlässlich des 50. Jahrestages der Oktoberrevolution (Foto, 1967)

1. Beschreibe die unterschiedlichen Wege der USA (M1–M3) und der UdSSR (M4–M6) auf dem Weg zur Weltmacht.
2. Informiere dich über die Grundideen des Kommunismus und seine Umsetzung in der Sowjetunion und berichte der Klasse.

M1 Entwurf für ein Siegerdenkmal – Karikatur: von links: Stalin, Truman und Churchill; Schlangenkopf: Hitler (11. April 1945)

Machtblöcke entstehen

Nach der Kapitulation Deutschlands bestätigten die „Großen Drei", der britische Premierminister Churchill, US-Präsident Truman und der sowjetische Staats- und Parteichef Stalin, auf der Potsdamer Konferenz am 2. August 1945 die Aufteilung Deutschlands und Berlins in vier Besatzungszonen. Jede Besatzungsmacht sollte in ihrer Zone die im Alliierten Kontrollrat beschlossenen Maßnahmen umsetzen. Gemeinsam sollten Fragen geklärt werden, die Deutschland als Ganzes betreffen.

Auf der Potsdamer Konferenz einigten sich die Alliierten auch auf ein gemeinsames Abkommen, aber erste politische Gegensätze waren bereits erkennbar. Fortan wuchs das Misstrauen zwischen den Verbündeten von einst, den Westmächten USA, Frankreich und Großbritannien auf der einen und der UdSSR auf der anderen Seite. Beide Seiten fühlten sich vom jeweils anderen militärisch bedroht und betrieben ein immer schnelleres Wettrüsten. Die Westmächte befürchteten eine Ausbreitung des Kommunismus und die Errichtung kommunistischer Diktaturen in den Nachbarstaaten der UdSSR; die UdSSR ihrerseits fürchtete die ständig wachsende Wirtschaftskraft der USA, die den sowjetischen Einfluss in der Welt zurückdrängen wollte.

*Imperialismus
Die kommunistischen Staaten sahen im Imperialismus einen Baustein im Gesamtsystem kapitalistischer Unterdrückung. Als bedeutendsten kapitalistischen Staat sahen sie die USA an.*

> Während der Krieg im Gang war, marschierten die Alliierten im Kampf gegen Deutschland und Japan zusammen und bildeten ein einziges Lager. Nichtsdestoweniger bestanden sogar während des Krieges … Meinungsverschiedenheiten … Dieser Unterschied in der Definition der Kriegsziele und der Aufgaben der Nachkriegsregelung begann in der Nachkriegsperiode deutlich zu werden. So sind zwei Lager entstanden: das imperialistische, antidemokratische Lager, dessen Hauptziel darin besteht, die Weltvormachtstellung des amerikanischen Imperialismus zu erreichen und die Demokratie zu zerstören, und das antiimperialistische, demokratische Lager, dessen Hauptziel es ist, den Imperialismus zu überwinden, die Demokratie zu konsolidieren und die Überreste des Faschismus zu beseitigen.

M2 Andrej Shdanow, ein enger Mitarbeiter Stalins, über die Lage im September 1947

> Ich bin der Ansicht, dass es die Politik der Vereinigten Staaten sein muss, die freien Völker zu unterstützen, die sich der Unterwerfung durch bewaffnete Minderheiten oder durch Druck von außen widersetzen … Ich bin der Ansicht, dass unsere Hilfe in erster Linie in Form wirtschaftlicher und finanzieller Unterstützung gegeben werden sollte … Die Saat der totalitären Regimes gedeiht in Elend und Mangel … Sie wächst sich vollends aus, wenn in einem Volk die Hoffnung auf ein besseres Leben ganz erstirbt. Wir müssen diese Hoffnung am Leben erhalten. Die freien Völker blicken auf uns und erwarten, dass wir sie in der Erhaltung der Freiheit unterstützen. Wenn wir in unserer Führung zögern, können wir den Frieden der Welt gefährden und werden mit Sicherheit die Wohlfahrt unserer Nation gefährden.

M3 US-Präsident Truman über die Politik der USA in einer Rede am 12. März 1947

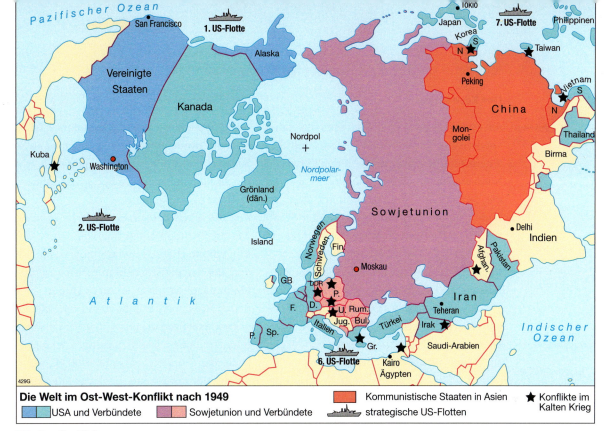

M4 Geteilte Welt

Unter der Führung der USA schlossen sich zunächst zwölf westliche Staaten, darunter Großbritannien, Frankreich, die Beneluxstaaten, Portugal, Island, Norwegen, Dänemark, Italien und Kanada, ab 1949 zur Nordatlantischen Verteidigungsgemeinschaft (NATO) zusammen. Heute umfasst die NATO 28 Mitgliedsstaaten, darunter auch die Bundesrepublik. Als militärisches Gegenbündnis entstand unter der Führung der UdSSR im Jahre 1955 der Warschauer Pakt mit Polen, Ungarn, Bulgarien, Rumänien, Albanien, der DDR sowie der Tschechoslowakei.

ⓘ NATO

(North Atlantic Treaty Organization, Nordatlantikpakt) 1949 gegründetes Militärbündnis der USA und weiterer, meist westeuropäischer Staaten. Wichtigster Zweck waren gegenseitiger Beistand und gemeinsame Verteidigung bei einem Angriff der Sowjetunion.

ⓘ Warschauer Pakt

1955 in Warschau gegründetes Militärbündnis osteuropäischer Staaten unter Führung der Sowjetunion.

1 Klärt die Zuständigkeiten der Besatzungsmächte für Gesamtdeutschland und für die Besatzungszonen gemäß dem Potsdamer Abkommen (Text).

2 Beschreibt M1 und erläutert die Aussage der Karikatur.

3 Beschreibt die zwei Lager, die sich nach dem Zweiten Weltkrieg bildeten.

4 Erläutere die Attribute „imperialistisch und antidemokratisch" sowie „antiimperialistisch und demokratisch" aus Sicht des Verfassers (M2).

5 a) Präsident Truman spricht von Völkern, die sich gegen „Unterwerfung durch bewaffnete Minderheiten oder Druck von außen" widersetzen. Erklärt, wer damit gemeint ist (M3).
   b) Beschreibt die Mittel, mit denen die USA diesen Völkern helfen wollen (M3).

6 Erläutert den Führungsanspruch der USA und nehmt dazu Stellung (M3).

7 Beurteile das Gefühl wechselseitiger Bedrohung von West und Ost im Kalten Krieg (M4).

Konflikte im Kalten Krieg

Der Koreakrieg

Koreakrieg → www

Am Ende des Zweiten Weltkrieges besetzten sowjetische Truppen den Norden und US-amerikanische Truppen den Süden Koreas. In Nordkorea entstand ein kommunistischer, mit der UdSSR und China verbündeter Staat, im Süden ein mit den USA befreundeter Staat. Wie in Deutschland standen sich in Korea die beiden großen Machtblöcke gegenüber.

Nach drei Jahren Krieg wurde 1953 ein Waffenstillstand zwischen Nord- und Südkorea geschlossen. Bis heute gibt es keinen Friedensvertrag zwischen beiden Ländern. Südkorea ist noch eng mit den USA verbündet und Nordkorea ein kommunistischer Staat.

Vietcong Bezeichnung für die Guerillakämpfer der „Nationalen Befreiungsfront"

Napalmbomben Napalm ist eine Brandwaffe, die stark brennt. Am 8. Juni 1972 wurde das Dorf Trang Bang mit Napalm bombardiert (M2). Nackt und verbrannt floh die damals 9-jährige Kim Phúc – und wurde fotografiert. Der Fotograf brachte sie in ein Krankenhaus, wo sie gerettet wurde.

> Was Korea heute ist, entstand als Zufallsprodukt nach dem Zweiten Weltkrieg. Truman und Stalin legten den 38. Breitengrad als die Trennlinie ihrer Besatzungszonen fest ...
> Am 25. Juni 1950 brach der Krieg aus. Der Norden ... überfiel den Süden. Die ruhmreiche Sowjetunion stellte Ausbilder, Panzer, Granaten, Flugzeuge, Gewehre. China war damals schon die Schutzmacht, bereit zum Eingreifen, falls der Süden sich erfolgreich wehren oder das ganze Land unter seiner Vorherrschaft vereinigen würde ...
> Von nun an ging es um Prestige ... und den Kampf der Ideologien. Da standen sie sich gegenüber, Amerika und die Sowjetunion, dazu (das ebenfalls kommunistische) China: die Avantgarde des Kapitalismus gegen die Avantgarde des Kommunismus.

M1 Der Journalist Gerhard Spörl im SPIEGEL über Korea (18. Mai 2009)

Der Vietnamkrieg

Auch Vietnam war in einen kommunistischen Staat im Norden und einen prowestlichen im Süden geteilt. Ende der 1950er-Jahre versuchten die Kommunisten ihre Herrschaft auf ganz Vietnam auszudehnen.

Ab 1964 führte der kommunistische Vietcong aus dem Norden einen Guerillakrieg im undurchdringlichen Dschungel gegen den Süden. Die Truppenstärke betrug bis zu 248 000 Mann. Dagegen setzten die USA den Luft-Boden-Krieg mit der Entlaubung von Wäldern unter Einsatz von dioxinhaltigem Gift und von Napalmbomben. Der Höchststand der amerikanischen Truppen betrug 543 000 Mann.

Als die USA erkannten, dass der Krieg nicht zu gewinnen war und es in den USA eine breite Protestbewegung gegen die Weiterführung des Krieges gab, zogen sich die Amerikaner ab 1968 allmählich zurück. Der Sicherheitsberater von Präsident Nixon, Henry Kissinger, handelte 1973 mit Nordvietnam ein Waffenstillstandsabkommen aus. Nach dem Abzug der US-Soldaten eroberte die Nordvietnamesische Volksarmee bis 1975, unterstützt von der Sowjetunion und der Volksrepublik China, nach und nach Südvietnam.

M2 Kinder fliehen vor dem Angriff südvietnamesischer Truppen (Foto, 8. Juni 1972).

---

1. Beschreibt den Verlauf des Koreakrieges (M1, Text) und des Vietnamkrieges (Text, M2).
2. Ordnet den Koreakrieg und den Vietnamkrieg in die Ost-West-Konfrontation ein.
3. Begründet, warum der Koreakrieg auch als Stellvertreterkrieg bezeichnet wird.
4. Informiere dich im Internet und berichte a) über die Auswirkungen des Vietnamkrieges auf die USA und die Bundesrepublik und b) die heutige Lage in Korea sowie das Verhältnis beider Staaten; erwähne dabei das Atomprogramm Nordkoreas.

Vor der Haustür der USA: die Kubakrise

Im Jahr 1959 wurde Fidel Castro Staatschef Kubas, nachdem er mit seinen Revolutionären den Diktator Battista gestürzt hatte. Castro verbündete sich mit der UdSSR. Mit großem Misstrauen beobachteten die USA diese Vorgänge. Am 16. Oktober 1962 entdeckten US-Aufklärungsflugzeuge, dass die UdSSR auf Kuba Atomraketen stationierte, die fast jedes Ziel in den USA erreichen konnten. Eine Woche später verhängte US-Präsident Kennedy eine totale Seeblockade gegen Kuba und verlangte, dass die UdSSR binnen 24 Stunden diese Raketen abbaut. Andernfalls würden die USA militärisch eingreifen. Die Welt stand am Rand eines dritten, atomaren Weltkrieges.

In zähen Verhandlungen wurde diese Gefahr abgewendet und folgender Kompromiss gefunden: Die UdSSR baut die Raketen auf Kuba ab; im Gegenzug ziehen die USA ihre Raketen aus der Türkei ab, mit denen sie die UdSSR bedrohen konnten. Zusätzlich wurde für den Fall künftiger Krisen eine direkte Telefonverbindung zwischen Moskau und Washington eingerichtet.

M4 „Einverstanden, Herr Präsident, wir wollen verhandeln!" (britische Karikatur, 1962)

> Was hätte sich ereignen können, wenn wir nicht gegenseitige Zugeständnisse gemacht hätten. Das hätte eine Situation geschaffen wie in jenem Märchen, in dem sich zwei Ziegenböcke auf einer kleinen Brücke über einem Abgrund begegnen und die Hörner gegeneinander stemmen, weil jeder sich weigert, dem anderen Platz zu machen. Bekanntlich stürzen beide in den Abgrund. Ist es vernünftig, dass Menschen so handeln?

M5 Chruschtschow im Dezember 1962 über die Kubakrise (bearbeitet)

M3 Reichweiten der sowjetischen Atomraketen auf Kuba

M6 Reichweiten der amerikanischen Atomraketen in der Türkei

5 Finde Gründe für die Raketenaufrüstung der USA und der UdSSR (Text, M3, M6).
6 Beschreibe und erkläre die Karikatur (M4).
7 Erläutere, was Chruschtschow mit der Fabel aussagen wollte (M5).
8 Der ausgehandelte Kompromiss gestattete beiden Seiten, ihr Gesicht zu wahren. – Erkläre.

M1 Dr. Saunders, ein leitender Mitarbeiter von „CARE", übergibt Pakete mit Lebensmitteln an Berliner Kinder (1948).

M3 Ein Zug mit Hamsterern kehrt nach Berlin zurück (1945).

CARE
Um die Not im zerstörten Europa zu lindern, gründeten 22 US-amerikanische Wohlfahrtsverbände am 27. November 1945 in Washington die private Hilfsorganisation CARE, „Cooperative for American Remittances to Europe".

Deutschland zur Stunde null

Hunger überall

M2 Lebensmittelkarte für Kinder und Jugendliche, Januar 1950 (Ausschnitt)

Stunde null
→ www

Am 8. Mai 1945 war der Zweite Weltkrieg in Deutschland beendet. Das öffentliche Leben war zum Stillstand gekommen. Die Versorgung der Menschen mit Lebensmitteln war zusammengebrochen. Überall herrschte Hunger, weil die Landwirte, bedingt durch den Krieg, kaum noch Getreide anbauen oder Schlachtvieh erzeugen konnten. Die Alliierten verteilten Lebensmittelrationen. Diese konnten jedoch den täglichen Bedarf nicht decken. Deshalb unternahmen die Städter Fahrten in die Dörfer und tauschten bei Bauern Wertgegenstände gegen Lebensmittel ein (Hamsterfahrten). Für die Kinder gab es kostenlose Schulspeisungen. Auf diese Weise wollte man Unterernährung und Mangelkrankheiten vorbeugen. Die Notlage der deutschen Bevölkerung in den Jahren 1945 bis 1947 führte in den USA zu einer Welle der Hilfsbereitschaft. Millionen von CARE-Paketen aus den USA mit Nahrungsmitteln und Bekleidung wurden von dort nach Deutschland geschickt und sollten die schlimmste Not lindern.

> Der Völkerbund hatte 1936 Richtlinien festgelegt, nach denen ein Mensch, der 8 Stunden arbeitete, 3000 Kalorien pro Tag und bei völliger Ruhe immer noch 1600 Kalorien zum Leben brauchte. Die Briten setzten die tägliche Minimalration auf 1150 Kalorien fest, auch sie wurde in der Praxis weit unterschritten. Im Juli 1945 ... erhielt zum Beispiel jeder Erwachsene in Essen nur 700–800 Kalorien pro Tag; ... zwei Scheiben Brot, einen Löffel Milchsuppe, zwei kleine Kartoffeln. In Köln litten Ende 1946 88 % der Kinder unter Untergewicht.

M4 Der Historiker Rolf Steininger zur Versorgungslage 1945–1946 (1983)

1 *Beschreibt die Hungersnot der Jahre 1945/1946 (Text, M1–M3).*
2 *Berichtet über die schlechte Versorgungslage 1945/1946 (Text, M1–M4).*
3 *Vergleicht den Kalorienbedarf eines Menschen mit der Zuteilung nach dem Krieg (M4).*

M5 Trümmerfrauen im Einsatz (Foto um 1948)

M7 Die Innenstadt von Nürnberg (Foto, Ende März 1945)

Zerbombte Städte und wertloses Geld

In den zerbombten Städten hausten die Menschen in Notunterkünften; dort lebten zum Teil vier bis sechs Personen in einem Raum zusammen. Frauen verrichteten Schwerstarbeiten als Trümmerfrauen beim Wiederaufbau. Zusätzlich mussten sie ihre Familien versorgen, weil viele Männer gefallen oder in Kriegsgefangenschaft waren.

Hitlers Wirtschaftspolitik und der Krieg hatten in Deutschland zu einer Geldentwertung geführt. Güter des täglichen Bedarfs waren nicht frei zu kaufen, man erhielt sie nur gegen Lebensmittelkarten. Auf dem Schwarzmarkt aber bekam man im Tausch gegen amerikanische Zigaretten fast alles.

M8 Schwarzmarkt – Zigaretten als Ersatzwährung (Berlin, Januar 1949)

Stadt	zerstörte Wohnungen insgesamt	in %
Emden	7 000	74 %
Braunschweig	27 000	52 %
Hannover	75 400	51 %
Hildesheim	8 700	43 %
Osnabrück	16 875	55 %
Wilhelmshaven	17 700	60 %

M6 Kriegsschäden in niedersächsischen Städten

> In Hannover lag die Zahl der völlig unbeschädigten Häuser unter 1 %. Nicht nur die Großstädte, auch kleinere Städte wie Hildesheim, Heilbronn, Paderborn hatten schwer gelitten … Obdachlosigkeit wurde zum Massenproblem. Im Trümmerhaufen Deutschland standen 14 Millionen Haushaltungen nur 8 Millionen Wohnungen gegenüber. Das bedeutete Überbelegung des Wohnraumes oder Lagerleben.

M9 Der Historiker Rolf Steininger über die Lage in den Städten (1983)

4 Beschreibt die Auswirkungen der Zerstörungen auf das Leben der Menschen (M5–M9).

5 a) Berechnet, wie viele Wohnungen es in den Städten vor der Zerstörung gab (M6).
b) Erstellt zu den Städten vergleichende Säulendiagramme (Wohnungen vor der Zerstörung – zerstörte Wohnungen).

6 Nennt Ursachen des Schwarzmarkthandels (Text).

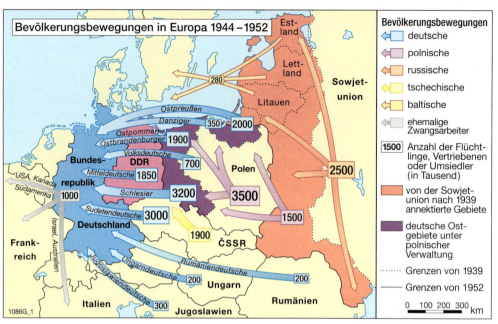

M1 Folgen des Zweiten Weltkrieges – Bevölkerungsverschiebungen in Europa

Flucht und Vertreibung

Flucht und Vertreibung
→ www

Oder-Neiße-Linie
Grenze zwischen Deutschland und Polen, die überwiegend entlang der Flüsse Oder und Lausitzer Neiße verläuft. Sie wurde im Potsdamer Abkommen festgelegt und später von Deutschland und Polen als Grenze anerkannt.

Bereits in den letzten Kriegsmonaten waren viele Menschen aus den Ostgebieten vor der nahenden Front nach Westen geflüchtet. Im Potsdamer Abkommen waren die deutschen Gebiete östlich der Oder-Neiße-Linie unter polnische Verwaltung gestellt und Ostpolen dem Gebiet der UdSSR zugeschlagen worden. Damit hatte eine Westverschiebung Polens stattgefunden.

Für die in den Gebieten östlich der Oder-Neiße-Linie, im Sudetenland und anderen Staaten Osteuropas verbliebenen Deutschen bestimmte das Potsdamer Abkommen, dass diese ihre Heimat verlassen mussten. Bis 1950 wurden etwa zwölf Millionen Menschen aus ihrer Heimat vertrieben. Entgegen den Vertragsbestimmungen gingen diese Umsiedlungen in vielen Fällen nicht „ordnungsgemäß" und „human" vonstatten. Zwei Millionen Menschen überlebten ihre Flucht oder Vertreibung nicht.

Die vertriebenen und geflohenen Deutschen suchten in den vier Besatzungszonen eine neue Bleibe, die meisten davon in den drei Westzonen. Neben den Ausgebombten brauchten jetzt auch diese Menschen Wohnraum. Familien, deren Wohnungen im Krieg nicht beschädigt worden waren, mussten zwangsweise Flüchtlinge aufnehmen.

Wut und Zorn der Russen, Polen oder Tschechen richteten sich jetzt gegen die Deutschen, die während des Krieges als „Herrenmenschen" großes Leid über diese und andere Völker gebracht hatten.

> Die drei Regierungen haben die Frage in all ihren Aspekten beraten und erkennen an, dass die Überführung der deutschen Bevölkerung oder Bestandteile derselben, die in Polen, der Tschechoslowakei und Ungarn zurückgeblieben sind, nach Deutschland durchgeführt werden muss. Sie stimmen darin überein, dass jede derartige Überführung, die stattfinden wird, in ordnungsgemäßer und humaner Weise erfolgen soll.

M2 Aus dem Potsdamer Abkommen (2. August 1945)

Im August des Jahres 1947 versuchten wir nicht zu flüchten – wir wurden vertrieben. Innerhalb einer guten Stunde hatten wir mit einem Handgepäck das Haus zu verlassen. Das Ziel war unsere Kreisstadt Regenwalde, ca. 20 km von Pinnow entfernt. Alte gebrechliche Leute wurden gefahren, alle übrigen gingen zu Fuß. In Regenwalde wurden wir sofort in Güterwagen verfrachtet: ca. 15 Personen in einem Waggon. Transporte, wie sie auch aus der Judendeportation bekannt sind. Eine menschenunwürdige Unterbringung für 14 Tage. Das Ziel der Reise erfuhren wir erst kurz vor unserer Ankunft. Der Zug fuhr über Stettin—Posen—Wittenberg nach Magdeburg.
Verpflegung gab es nur unregelmäßig durch das DRK, wenn der Zug auf einem Bahnhof anhielt. Es kam auch vor, dass wir für 1 oder 2 Tage von der Lok abgekoppelt wurden. Kam der Zug unterwegs vor einem Haltsignal mal zum Stehen, sprangen die Menschen aus den Waggons, um auf den Feldern etwas Essbares zu ergattern oder um auch ihren natürlichen Bedürfnissen nachzukommen. Es kam auch öfter vor, dass einzelne Wagen verschlossen wurden, um Fluchtversuche zu vereiteln. Wo bleibt der Unterschied zu einem Gefangenentransport? Geschlafen haben wir auf unserem Gepäck, notdürftig in Decken, soweit vorhanden, gehüllt. ... In Magdeburg angekommen, wurden wir ... in Barackenlagern untergebracht ... Das Leben war erträglicher geworden, gemessen daran, was wir in den vergangenen 2 Wochen im Viehwaggon erdulden mussten.

M3 Vertreibung aus Pommern, das heute zu Polen gehört (Zeitzeugenbericht)

M4 Flüchtlinge in Ostpreußen (Anfang 1945).

M5 Sudetendeutsche werden unter Bewachung tschechischer Milizen in Böhmen zur Grenze geführt (Mai 1945).

ⓘ Integration der Vertriebenen

Obwohl für viele Vertriebene der Anfang in der neuen Heimat schwierig war und sie zunächst z. B. in Lagern oder Behelfsunterkünften wohnen mussten, gelang im Lauf der Jahre die Integration in die neue Umgebung. Durch das Lastenausgleichsgesetz von 1952 wurden die Vertriebenen für ihre Schäden und Verluste finanziell entschädigt. Die Integration der Vertriebenen in die Gesellschaft gilt als große Leistung der jungen Bundesrepublik.

1. *Nenne Ursachen (Text, M2) und Folgen (Text, M1) der Flüchtlingsströme und der Vertreibung.*
2. *Berichte über Völkerrechtsverletzungen, die im Augenzeugenbericht (M3) angesprochen werden.*
3. *Schreibe auf, was du, wenn du nur eine Stunde Zeit zum Packen hättest, in ähnlicher Situation aus deiner Wohnung mitnehmen würdest.*

Der politische Neubeginn in den Westzonen

Bereits im Spätsommer 1945 begann die britische Militärregierung damit, in ihrer Zone politische Aktivitäten zu erlauben. Die Deutschen sollten an demokratische Strukturen herangeführt werden. Bürgermeister, Landräte, Gemeinde-, Stadt- und Kreisverwaltungen wurden von den Briten eingesetzt. Sie hatten zunächst nur die Aufgabe, die Anweisungen der Besatzungsmacht auszuführen.

1946 verfügte die Militärregierung die Bildung folgender Länder: Land Niedersachsen, bestehend aus den ehemaligen Ländern Braunschweig, Hannover, Freistaat Oldenburg und Schaumburg-Lippe, Land Nordrhein-Westfalen, bestehend aus der Provinz Westfalen und dem Nordteil der Rheinprovinz und dem Land Lippe, Land Schleswig-Holstein, bestehend aus Schleswig und Holstein, sowie der Stadtstaaten Bremen und Hamburg. In ähnlicher Weise verfuhren die Siegermächte USA und Frankreich in ihren Besatzungszonen. Im Zuge des Neubeginns wurde die Gründung von politischen Parteien in den Zonen der Westalliierten und in der SBZ ab 1945 erlaubt.

Parteienbildung und Gründung zweier deutscher Staaten → www

Im Ergebnis entstand so ... eine Parteien-Vierergruppe im Gebiet der späteren Bundesrepublik:
1. Die „Christlich-Demokratische Union" (CDU), in Bayern „Christlich-Soziale Union" (CSU): Sie verstand sich ... als überkonfessionelle christliche Partei („Union") und zugleich als Partei aller sozialen Schichten ... Der Vorsitzende der Partei in der britischen Zone (war) der ehemalige Kölner Oberbürgermeister Dr. Konrad Adenauer ...
2. Die „Sozialdemokratische Partei Deutschlands" (SPD): Sie war die Wiederbegründung der Weimarer SPD unter Einschluss einiger sozialistischer Splittergruppen. Die Partei fand in Kurt Schumacher rasch ihren unbestrittenen Vorsitzenden ... ihre Politik zielte auf sofortige Sozialisierungen der Großindustrie und eine Rahmenplanung der Wirtschaft.
3. Die „Freie Demokratische Partei" (FDP) ... Die FDP vertrat als liberale Partei zunächst allein konsequent eine freie Marktwirtschaft auf der Grundlage des Privateigentums ... Erster Bundesvorsitzender wurde der ehemalige Reichstagsabgeordnete der DDP, Prof. Theodor Heuss.
4. Die „Kommunistische Partei Deutschlands" (KPD): Die KPD führte die Weimarer Partei gleichen Namens fort. Sie überraschte zunächst durch die Mäßigung, mit der sie ihre Forderungen nach sozialer und wirtschaftlicher Neuordnung vortrug. Ihre uneingeschränkte Unterstützung der sowjetischen Politik und der Entwicklung in der sowjetischen Zone isolierte sie allerdings zunehmend von allen anderen politischen Kräften.

Gründung des Landes Niedersachsen 1946
Im Land Niedersachsen aufgegangene ehemalige Länder: Braunschweig, Freistaat Oldenburg, Schaumburg-Lippe, Hannover

M1 Das am 1. November 1946 durch eine Verordnung der britischen Militärregierung begründete Land Niedersachsen

M2 Der Politikwissenschaftler Wolfgang Rudzio über die in den Westzonen neu entstandenen Parteien (1977)

1 *Nennt die Ursprungsländer Niedersachsens (Text, M1).*
2 *Legt mithilfe von M2 eine Tabelle an (Name der Partei, Kürzel, Ziele, ggf. Vorsitzender).*

Kommunistische Ausrichtung der SBZ

Als am 2. Mai 1945 die letzten Teile der Wehrmacht kapitulierten, traf die sogenannte „Gruppe Ulbricht" in Berlin ein. Hierbei handelte es sich um deutsche Kommunisten um Walter Ulbricht, die während der NS-Zeit in die UdSSR emigriert waren und die nun im Auftrag der UdSSR in der sowjetischen Besatzungszone (SBZ) die Errichtung eines kommunistischen Staates vorbereiten sollten.

Wegen der engen Zusammenarbeit der KPD mit den sowjetischen Besatzern verlor die KPD an Rückhalt, während die SPD an Zustimmung gewann. Eine Vereinigung von KPD und SPD bot sich den Kommunisten als Lösung des Problems an; diese Idee fand Zustimmung, u. a. weil beide Parteien in der NS-Zeit unter der Verfolgung durch die Nationalsozialisten gelitten hatten. Am 21./22. 04. 1946 verbündeten sich unter dem Druck der UdSSR die KPD und die SPD in der SBZ zur „Sozialistischen Einheitspartei Deutschlands" (SED). Dieser Vorgang wurde von der SPD in den Westzonen und Westberlin verurteilt.

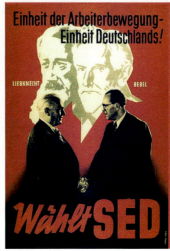

M4 Plakate zum Zusammenschluss von SPD und KPD zur Sozialistischen Einheitspartei Deutschlands (SED) in der SBZ

M5 Die Länder in der sowjetischen Besatzungszone bis 1952

> Es sollten ein Bürgermeister für jeden Bezirk, zwei Stellvertreter und dann Dezernenten für Ernährung, Wirtschaft, Soziales, Gesundheit, Verkehr, Arbeit, Volksbildung … ausfindig gemacht werden. Und davon sollten nur der stellvertretende Bürgermeister, der gleichzeitig für Personalfragen zuständig war, der Dezernent für Volksbildung sowie der Chef der Bezirkspolizei unbedingt und überall in Händen der Kommunisten sein …Walter Ulbricht gebrauchte (dafür) den berühmten Satz: „Es muss demokratisch aussehen, aber wir müssen alles in der Hand haben."

M3 Der ehemalige Kommunist Wolfgang Leonhard erinnert sich (1968).

> Die Parteibeschlüsse haben … für alle Parteimitglieder Gültigkeit … Die Duldung von Fraktionen und Gruppierungen (mit abweichenden Meinungen) innerhalb der Partei ist unvereinbar mit ihrem marxistisch-leninistischen Charakter. (Die SED) erkennt die führende Rolle der Sowjetunion und der KPdSU … an.

M6 Entschließung auf der 1. Parteikonferenz der SED (1949)

3. Erklärt Ulbrichts Ausspruch: „Es muss demokratisch aussehen, aber wir müssen alles in der Hand haben." (M3).
4. Erklärt, wie es um Meinungsvielfalt und Unabhängigkeit in der SED stand (M6).
5. Nimm Stellung zu den Vorgängen um die Gründung der SED (Text, M4).

M1 Schaufenster in Westberlin nach der Währungsreform (1948)

M3 Plakat in Leipzig zum Marshallplan (1948)

Deutschland wird geteilt

Marshallplan und Währungsreform

Deutschland haftete als Verursacher des Zweiten Weltkrieges für die Kriegsfolgen und musste an die Alliierten Reparationen leisten. Diese wurden in den Besatzungszonen aufgebracht. Die Sowjetische Besatzungszone (SBZ) musste an die UdSSR 66,4 Milliarden Reichsmark zahlen, die Westzonen brachten etwa 16 Milliarden Mark auf.

Reparationen Wiedergutmachungszahlungen und Schadenersatz für Kriegsschäden

Marshallplan/ERP Im Rahmen des European Recovery Program leisteten die USA Zahlungen in Höhe von 13,1 Milliarden Dollar an europäische Staaten.

Marshallplan → www

> Außer den Fabriken wurden auch öffentliche Einrichtungen wie Telefonämter ..., Eisenbahnwerkstätten, Transporteinrichtungen und Kabelleitungen, ja auch Universitätslaboratorien ... abgebaut. Beherrschender Gesichtspunkt war ... der Bedarf der Sowjetunion. Das scheint ... für einen großen Teil der Schwerindustrie, insbesondere für den Maschinenbau, die Eisenerzeugung und die Fahrzeugindustrie zuzutreffen.

M2 Ein Historiker über Demontagen in der sowjetischen Zone (1993)

Ab 1945 hatte die UdSSR in ihrem europäischen Einflussbereich kommunistische Diktaturen errichtet und so ihre Macht ausgedehnt.

US-Präsident Truman wollte die europäischen Staaten durch Wirtschaftshilfen an die USA binden und den Aufbau von Demokratien fördern (Trumandoktrin). US-Außenminister Marshall kündigte im Juni 1947 in einer Rede das Aufbauprogramm für Europa an, das später nach ihm benannt wurde. Die drei Westzonen wurden am amerikanischen Wiederaufbauprogramm für Europa (Marshallplan/ERP) beteiligt. Die UdSSR lehnte den Marshallplan ab und untersagte der SBZ und den osteuropäischen Staaten die Teilnahme am ERP.

Die Reichsmark war wertlos geworden und wurde nicht mehr als Tauschmittel akzeptiert. Mit der Einführung der D-Mark in den drei Westzonen und Westberlin am 20. Juni 1948 wurde die deutsche Wirtschaft in Schwung gebracht. Im Gegenzug führte die UdSSR am 24. Juni 1948 in der SBZ die Ostmark ein.

Weil die Westalliierten die D-Mark eingeführt hatten und in ihren Zonen einen Staat planten, blockierte die UdSSR alle Zufahrtswege nach Westberlin. Zwei Millionen Westberliner wurden über eine Luftbrücke der Westalliierten mit allem Lebensnotwendigen versorgt. Am 12. Mai 1949 hob die UdSSR auf Druck der UNO die Berlinblockade auf.

1. Beschreibt die Folgen der Reparationen für den Wiederaufbau in der SBZ (Text, M2).
2. Erläutert die Ziele des Marshallplanes und beurteilt das Vorgehen der USA (Text, M3).
3. Nennt Ziele und Folgen der Währungsreform (Text, M1).
4. Erläutert und bewertet die politische Bedeutung Berlins im Kalten Krieg.

Filme analysieren

Filme mit historischen Themen gibt es in großer Anzahl. Dabei unterscheidet man zwischen zwei Arten: Spielfilme handeln von einem historischen Ereignis oder einer Person. Das Drehbuch ist so gestaltet, dass die Handlung weitgehend die historischen Umstände wiedergibt. Dabei können jedoch Drehbuchautor und Regisseur erfundene Personen und Handlungsstränge sowie eigene Interpretationen einfließen lassen.

Für Dokumentarfilme wird nur originales Filmmaterial verwendet. Die historischen Bilder werden erläutert oder kommentiert. Allerdings findet auch hier eine Deutung durch die Auswahl des Materials statt.

M4 Szenenfoto aus „Rosen für den Staatsanwalt" (1959)

> Während des Zweiten Weltkriegs kauft der Soldat Kleinschmidt auf dem Schwarzmarkt Schokolade. Dafür wird er von einem Kriegsgericht unter Kriegsgerichtsrat Schramm zum Tode verurteilt. Ein Fliegerangriff verhindert die Exekution und Kleinschmidt überlebt.
> Nach dem Krieg trifft Kleinschmidt seinen einstigen Ankläger Schramm wieder, der im „entnazifizierten" Deutschland Karriere als Oberstaatsanwalt gemacht hat …

M5 Kurzinformation zum Spielfilm „Rosen für den Staatsanwalt" von Wolfgang Staudte, Bundesrepublik Deutschland (1959)

So gehst du vor:

Schritt 1 ●

Sich über Entstehung des Films anhand von Leitfragen informieren
→ Um welche Filmgattung handelt es sich?
→ Wie lange dauerten die Dreharbeiten zum Film?
→ An welchen Orten wurde der Film gedreht?
→ Wer war an der Herstellung des Films beteiligt? (Namen von Drehbuchautor, Regisseur, Schauspieler und Schauspielerinnen)
→ Wie hoch waren die Produktionskosten?
→ Hatten die Beteiligten eine besondere Beziehung zum Thema des Films?

Schritt 2 ●●

Analyse von Handlung und Gestaltung
→ Untersuche, wie die Handlung in das historische Geschehen einbettet ist.
→ Schätze den Anteil fiktiver Handlung zu historisch belegten Szenen.
→ Belege, ob die Handlung als Drama, Komödie oder Satire gestaltet ist.
→ Überprüfe, ob Kulisse, Requisiten und Kostüme zeitgenössisch detailgerecht gestaltet sind.
→ Stelle fest, ob die Filmmusik auch zeitgenössische musikalische Anteile aufweist.
→ Halte fest, welche Wirkung die Filmmusik jeweils auf dich ausübt.
→ Prüfe den Film im Hinblick auf Besonderheiten beim Einsatz filmischer Mittel: Szene in der Totalen (Übersicht über das gesamte Geschehen), Halbtotalen oder in Nahaufnahmen, Kamerawinkel (frontal, von oben, von unten) und beschreibe die Wirkung auf den Betrachter.

Schritt 3 ●●●

Bewertung des Films
→ Bezieht der Film Stellung zu einem historischen Ereignis oder einer Person? Wenn ja, wie?
→ Untersuche die Absicht des Films (Information? Unterhaltung? Propaganda?) und seine Aussage.

M1 Deutschland 1949

Am 23. Mai 1949 wurde für das Gebiet der Trizone das Grundgesetz verkündet und damit die Bundesrepublik Deutschland mit einer demokratischen Verfassung nach westlichem Vorbild gegründet. Bonn wurde Bundeshauptstadt.

Die UdSSR reagierte binnen weniger Monate auf diese von den Westmächten betriebene Staatsgründung. Sie gab den Weg frei für die Gründung der Deutschen Demokratischen Republik (DDR) auf dem Gebiet der Sowjetischen Besatzungszone am 7. Oktober 1949. Ostberlin wurde Hauptstadt des zweiten deutschen Staates, der eng mit der UdSSR verbündet war und sich zu einer kommunistischen Einparteiendiktatur der SED entwickelte.

Zwei Staaten auf deutschem Boden

Gründung der beiden deutschen Staaten → www

1945 hatten die Alliierten im Potsdamer Abkommen vereinbart, dass die endgültige Umgestaltung des politischen Lebens in Deutschland auf demokratischer Grundlage und eine eventuelle friedliche Mitarbeit Deutschlands am internationalen Leben vorzubereiten sei. Diese Vereinbarung ließ unterschiedliche Deutungen zu. Sie wurde von den USA, Großbritannien und Frankreich einerseits und der UdSSR andererseits in unterschiedlicher Weise in die Tat umgesetzt.

Im Jahre 1947 waren die britische und amerikanische Besatzungszone zur Bizone vereinigt worden. Durch den Beitritt der französischen Zone wurde diese im April 1949 zur Trizone erweitert.

Trizone einheitlicher Wirtschaftsraum, seit März 1948 bestehend aus der amerikanischen, britischen und französischen Besatzungszone

Seit dem 1. September 1948 tagte in Bonn der Parlamentarische Rat. Er bestand aus 65 gewählten Abgeordneten der Westzonen und fünf nicht stimmberechtigten Vertretern aus Berlin (West). Der Parlamentarische Rat arbeitete im Auftrag der Westalliierten eine Verfassung für einen deutschen Staat auf dem Gebiet der Trizone aus.

> *Die grundlegenden politischen Weichenstellungen waren bereits Ende der vierziger Jahre, vor und mit der Gründung der Bundesrepublik Deutschland, vorgenommen worden. Im Grundgesetz, das am 23. Mai 1949 nach Genehmigung durch die Westalliierten in Kraft trat, finden sich die Prinzipien der neuen bundesstaatlichen parlamentarisch-demokratischen Republik. Schon zuvor, mit der Währungsreform in den Westzonen und Westberlin am 20. Juni 1948, war die Entscheidung für ein marktwirtschaftliches System gefallen und mit dem Marshallplan hatte die Einbeziehung in die westliche Weltwirtschaft begonnen ...*
>
> *Der neue westliche Teilstaat beanspruchte, alleiniger Rechtsnachfolger des Deutschen Reiches zu sein. In der Präambel der als provisorisch bezeichneten Verfassung hieß es, man habe „auch für jene Deutschen gehandelt, denen mitzuwirken versagt war. Das gesamte Deutsche Volk bleibt aufgefordert, in freier Selbstbestimmung die Einheit und Freiheit Deutschlands zu vollenden".*

M2 Der Historiker Axel Schildt über die Gründungsphase der Bundesrepublik Deutschland (2009)

Konrad Adenauer (1876–1967). Ab 1917 war er Oberbürgermeister von Köln, ab 1920 Präsident des Preußischen Staatsrates. 1933 wurde er von den Nationalsozialisten aus allen Ämtern entlassen, 1944 war er vorübergehend in Haft. Nach dem Krieg wurde er Vorsitzender der CDU und 1949–1963 erster deutscher Bundeskanzler.

Kurt Schumacher (1895–1952). Er war Mitglied des Reichstages (SPD) von 1930–1933. 1933–1943 und 1944–1945 wurde er von den Nationalsozialisten ins Konzentrationslager verschleppt. Die Zeit dort hatte ihm gesundheitlich sehr zugesetzt. Schumacher war ab 1949 SPD-Vorsitzender und Oppositionsführer der SPD-Bundestagsfraktion.

Walter Ulbricht (1893–1973). Er war seit 1928 Mitglied des Reichstags für die KPD, wanderte 1933 nach Prag bzw. Moskau aus. Kehrte mit der „Gruppe Ulbricht" zurück und organisierte die Neugründung der KPD. Als Mitbegründer der SED, dann als Generalsekretär (1950) und Erster Sekretär des SED-Zentralkomitees (1953–1971) war er der mächtigste Mann der DDR.

M3 Maßgebliche deutsche Politiker des Jahres 1949 aus West und Ost

Die DDR wurde in den Herrschaftsbereich der UdSSR eingebunden. Damit verlief die Grenze zwischen den Machtblöcken des Kalten Krieges mitten durch Deutschland.

Das Verhältnis zwischen beiden deutschen Staaten war gekennzeichnet durch gegenseitige Vorwürfe und Unterstellungen sowie die Frage, welcher von beiden Staaten ganz Deutschland repräsentieren und für das ganze Deutschland sprechen durfte.

> In der Sowjetzone gibt es keinen freien Willen der deutschen Bevölkerung. Die Bundesrepublik Deutschland stützt sich ... auf die Anerkennung durch den frei bekundeten Willen von rund 23 Millionen stimmberechtigter Deutscher ... (Sie) fühlt sich auch verantwortlich für das Schicksal der 18 Millionen Deutschen, die in der Sowjetzone leben. (Die Bundesrepublik) ist allein befugt, für das deutsche Volk zu sprechen.

M4 Bundeskanzler Konrad Adenauer am 21. Oktober 1949 über die DDR

> Die Bildung der Deutschen Demokratischen Republik bedeutet einen Wendepunkt für ganz Deutschland.
> Durch die Bildung der Republik und die Schaffung der großen Nationalen Front des demokratischen Deutschland wurde den anglo-amerikanischen Imperialisten und ihren deutschen Helfershelfern ein für allemal der Weg zur Versklavung Deutschlands versperrt ... Sie haben Deutschland gespalten und die Bonner Protektoratsverwaltung als ihr deutsches Werkzeug eingesetzt ... Sie wollen aus Westdeutschland eine Kolonie machen, einen strategischen Aufmarschplatz für den verbrecherischen amerikanischen Welteroberungsplan. Von Westdeutschland aus planen sie den Krieg zur Vernichtung Europas. Zu diesem Zwecke treiben sie eine wilde Hetze gegen die von der Deutschen Demokratischen Republik als Friedensgrenze anerkannte Oder-Neiße-Linie.

M5 Aus dem Programm der Nationalen Front der DDR 1950 (Auszug)

Alleinvertretungsanspruch Seit ihrer Gründung bis zum Jahr 1969 erhob die Bundesrepublik diesen Anspruch, weil sie sich als einzige rechtmäßige Vertretung des deutschen Volkes betrachtete.

Nationale Front Die politischen Parteien und Massenorganisationen waren in der DDR zur „Nationalen Front" zusammengeschlossen. Es war gut für die berufliche Karriere, Mitglied der SED, einer anderen Partei oder Massenorganisation zu sein.

1. Erkläre den Begriff „Alleinvertretungsanspruch" (M2, M4, Text).
2. Informiere dich über Adenauer, Schumacher und Ulbricht und berichte.
3. Nimm Stellung zu den Argumenten von Bundeskanzler Adenauer (M4) und zu dem Konflikt, der sich zwischen der DDR und der Bundesrepublik damit zwangsläufig ergab.
4. Nenne sechs Vorwürfe, die die „Nationale Front" gegen die Bundesrepublik und die Westalliierten richtete (M5), und beurteile sie.

M1 Der Mauerbau beginnt: Stacheldraht trennt den Potsdamer Platz ab (13. August 1961).

M2 Mauerbau in Berlin an der Harzer Straße (18. August 1961)

Flüchtlingsstrom und Mauerbau

Berliner Mauer → www

Schon ab 1952 hatte die DDR die innerdeutsche Grenze zur Bundesrepublik abgeriegelt. Nach und nach wurde sie durch Stacheldraht und Minenfelder unüberwindbar gemacht. Das Verlassen des Landes war den Bürgern der DDR seit 1957 bei Strafandrohung verboten. Nur in Berlin, das mitten in der DDR lag, konnten täglich etwa 50 000 Menschen aus Ostberlin die Sektorengrenze ungehindert passieren, um in Westberlin zu arbeiten. Hier sahen sie ein reichhaltiges Warenangebot in den Kaufhäusern und erlebten die Vorzüge der Freiheit in einer Demokratie.

Den einzigen offenen Übergang von Ost nach West nutzten bis 1961 immer mehr DDR-Bürger zur Flucht. Zumeist junge und gut ausgebildete Menschen verließen die DDR. Dort fehlten sie beim Aufbau der Wirtschaft.

Bis Anfang August 1961 schwoll der Flüchtlingsstrom aus der DDR nach Westberlin so stark an, dass die DDR-Regierung den wirtschaftlichen Zusammenbruch ihres Staates befürchtete. Daher beschloss sie zusammen mit den anderen Regierungen des Warschauer Paktes die totale Abgrenzung der DDR gegenüber dem Westen.

Am 13. August 1961 wurden die drei Westsektoren Berlins durch den Bau einer Betonmauer von Ostberlin und der DDR abgeriegelt. Damit war die letzte Fluchtmöglichkeit für DDR-Bürger verbaut.

Jahr	Anzahl
1949	129 245
1950	197 788
1951	165 648
1952	182 393
1953	331 390
1954	184 198
1955	252 870
1956	279 189
1957	261 622
1958	204 092
1959	143 917
1960	199 188
1961	155 402

M3 Flüchtlinge, die aus der DDR in die Bundesrepublik kamen

1. *Stellt die Entwicklung der Flüchtlingszahlen in einem Säulendiagramm dar (M3).*
2. *Erklärt die Ursachen der Flüchtlingszahlen des Jahres 1953. Berücksichtige S. 79.*
3. *Beschreibt, welche Folgen die Flüchtlingsströme für die DDR-Wirtschaft hatten (Text).*

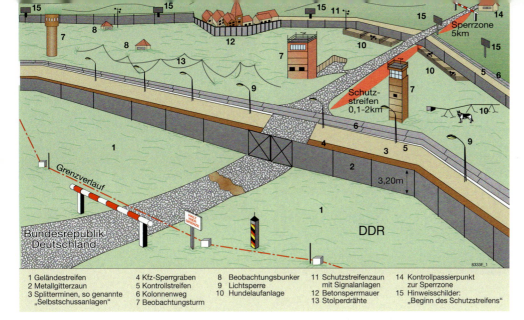

1 Geländestreifen
2 Metallgitterzaun
3 Splitterminen, so genannte „Selbstschussanlagen"
4 Kfz-Sperrgraben
5 Kontrollstreifen
6 Kolonnenweg
7 Beobachtungsturm
8 Beobachtungsbunker
9 Lichtsperre
10 Hundelaufanlage
11 Schutzstreifenzaun mit Signalanlagen
12 Betonsperrmauer
13 Stolperdrähte
14 Kontrollpassierpunkt zur Sperrzone
15 Hinweisschilder: „Beginn des Schutzstreifens"

M4 Die Grenzanlagen an der innerdeutschen Grenze bis 1989

Wenige Monate nach dem Bau der Berliner Mauer wurde im November 1961 die „Zentrale Beweismittel- und Dokumentationsstelle der Landesjustizverwaltungen" in Salzgitter eingerichtet. Hier wurden alle Todesfälle und vereitelte Fluchtversuche von DDR-Bürgern an der innerdeutschen Grenze dokumentiert. Insgesamt kamen 872 Menschen ums Leben.

> Ich beobachtete, wie Betonpfeiler und Fertigteile abgeladen wurden. Dabei sagte ein Kamerad, dass jetzt wohl eine Mauer gebaut würde. Ich dachte: „Jetzt mauern die uns ein. Wenn du in den Westen fliehen willst, dann jetzt." Ich sah die anderen Wachposten und wartete einen günstigen Moment ab. Mit dem Fuß drückte ich an einer Stelle den Stacheldraht so weit runter, dass er nur noch kniehoch war ... In der Sekunde, bevor ich losrannte, fühlte ich, wie meine Knie weich wurden, ich habe gezittert. Da sprang ich und rannte auf die Westberliner Polizisten zu. Einer von ihnen klopfte mir auf die Schulter und sagte: „Willkommen im Westen, junger Mann."

M5 DDR-Soldat C. Schumann über seine Flucht am 13. August 1961

M6 Die Flucht des DDR-Soldaten Schumann

4 Wertet M2, M5 und M6 aus. Beschreibt mögliche Beweggründe, Gedanken und Gefühle von DDR-Flüchtlingen.

5 Erläutert die Maßnahmen, mit denen die DDR-Regierung ein Verlassen des Landes unmöglich machen wollte (M1, M2, M4).

6 „Am 13. August 1961 wurde das Schlupfloch Berlin verschlossen." – Erkläre.

M1 Hochzeitsgesellschaft an der Berliner Mauer (1962)

M3 In der Passierscheinstelle Berlin-Wilmersdorf nehmen Ostberliner Postbeamte Anträge entgegen (Foto 15. 12. 1963).

Leben im geteilten Berlin

Durch den Mauerbau am 13. August 1961 wurden von einem Tag auf den anderen Familien auseinandergerissen. Erstmals zu Weihnachten 1963 durften Westberliner mit Passierscheinen Verwandte im Osten der Stadt besuchen. Für die Menschen aus Ostberlin und der DDR blieben Mauer und innerdeutsche Grenze unüberwindbar. Wer die Flucht riskierte, musste damit rechnen, von DDR-Grenzsoldaten verhaftet oder gar erschossen zu werden.

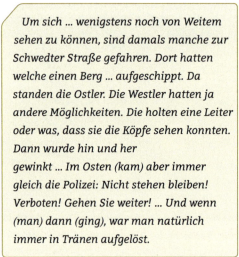

M4 Der 18-jährige Peter Fechter wird am 17. 8. 1962 bei der Flucht von DDR-Grenzsoldaten angeschossen; er verblutet, weil die Grenzer nicht zu Hilfe kommen.

Schießbefehl Anordnung der DDR-Regierung (gültig bis 1989), dass auf jeden, der die Grenzanlagen überwinden will, zu schießen ist

    Um sich ... wenigstens noch von Weitem sehen zu können, sind damals manche zur Schwedter Straße gefahren. Dort hatten welche einen Berg ... aufgeschippt. Da standen die Ostler. Die Westler hatten ja andere Möglichkeiten. Die holten eine Leiter oder was, dass sie die Köpfe sehen konnten. Dann wurde hin und her gewinkt ... Im Osten (kam) aber immer gleich die Polizei: Nicht stehen bleiben! Verboten! Gehen Sie weiter! ... Und wenn (man) dann (ging), war man natürlich immer in Tränen aufgelöst.

M2 Eine Ostberlinerin berichtet über die Zeit nach dem 13. August 1961 (1992).

    Mit dem Passierscheinabkommen vom 17. Dezember 1963 gelingt es in Berlin erstmals, die Mauer durchlässiger zu machen. 28 Monate nach dem Mauerbau können Westberliner über Weihnachten 1963 wieder ihre Verwandten im Ostteil der Stadt besuchen. Vom 19. Dezember bis zum 5. Januar kommen etwa 1,2 Millionen Besuche von insgesamt über 700 000 Westberlinern zustande. Insgesamt handeln Vertreter des Westberliner Senats und der DDR vier Passierscheinabkommen aus, die teilweise noch größere Besucherzahlen zur Folge haben.

M5 Ein Text des Hauses der Geschichte der Bundesrepublik (2009)

1 *Beschreibe die Folgen des Mauerbaus auf das Leben der Berliner (Text, M1–M5).*

2 *Berechne anhand der ausgegebenen Passierscheine, wie viele Westberliner (Westberlin hatte ca. 2,1 Mio. Einwohner) mindestens von der Teilung familiär betroffen waren (M5).*

Zeitzeugen befragen

Bei einer Zeitzeugenbefragung erfahrt ihr, wie Menschen Vergangenes erlebt, wie sie dies damals bewertet haben und es heute beurteilen. So geht ihr vor:

Schritt 1 ●
Eingrenzung des Themas und Vorbereitung
→ Verständigt euch auf ein Thema (z. B. Mauerbau).
→ Beschafft möglichst viele Informationen zum Thema. (Was ist wann, wo, wie, warum geschehen?)

Schritt 2 ●●
Zeitzeugen finden
→ Sucht nach Zeitzeugen: im Bekanntenkreis, in der Familie usw.
→ Wenn ihr Probleme bei der Suche habt, bittet Museen, Geschichtsvereine oder Kirchen um Hilfe bei der Kontaktaufnahme zu einem Zeitzeugen.

Schritt 3 ●●●
Fragen an den Zeitzeugen
→ Erarbeitet euch vor dem Interview Fragen und ordnet sie (z. B.: An welche Einzelheiten erinnern Sie sich? Waren Sie Beteiligter oder Beobachter? Wo hielten Sie sich zur Zeit des Geschehens auf? Wie erlebten Sie das Geschehen? Welches waren Ihre Gedanken und Gefühle? Wie war Ihre Meinung zum Geschehen damals, und wie ist sie heute?).
→ Vereinbart einen Termin mit dem Zeitzeugen.
→ Tipp: Zeichnet das Interview mit einem Smartphone oder einer Kamera auf.

Schritt 4 ●●●●
Auswertung der Aussagen
→ Hört oder seht euch eure Aufzeichnung an.
→ Spürt Übereinstimmungen oder Widersprüche auf.
→ Respektiert die Berichte trotz möglicher Widersprüche.

→ Fertigt eine Dokumentation an, z. B. als Wandzeitung oder als Reader. (Achtung: Für eine solche Veröffentlichung benötigt ihr vom Zeitzeugen eine schriftliche Genehmigung.)

Welche Erinnerungen verbinden Sie mit dem 13. 08. 1961?
Am Freitag, dem 11. August feierten wir mit meiner Freundin Marianne meinen 13. Geburtstag. Sie wohnte im Ostteil der Stadt und ich im Westteil. Marianne war für das Wochenende zu Besuch gekommen, und wir spielten auch in einem Waldstück. Genau dort verlief später die Grenze.

Was haben Sie am 13. 08. erlebt?
Der 13. August war ein Sonntag. Die Unruhe auf den Straßen verstanden Marianne und ich nicht so genau. Es hieß, eine Stacheldraht-Grenze wird um Westberlin gezogen. Wir fuhren mit den Rädern zur Grenze. Da sahen wir die Militärwagen mit riesigen Rollen von Stacheldraht. Alles wurde ausgerollt, sodass kein Mensch mehr durchkonnte. Dann hörten wir, alle „Ost-Besucher" müssen eilig zurück, die Züge halten nicht mehr an den Bahnhöfen in Ostberlin.

Und was tat ihre Freundin?
Marianne packte hektisch alles zusammen. Ich brachte sie noch zur Bahnstation. Damals wussten wir noch nicht, dass wir uns nie wiedersehen werden. Zwei Briefe schrieb mir Marianne noch, und seitdem habe ich bedauerlicherweise nie mehr etwas von ihr gehört.

M6 Die Zeitzeugin, Frau Ginzel, berichtet Schülerinnen und Schülern der Klasse 10a der Renataschule Hildesheim über den 13. August 1961.

M7 Auszug aus dem Interview mit der Zeitzeugin Frau Ginzel

Entspannungspolitik

Die neue Ostpolitik der Regierung Brandt

M1 Bundeskanzler Brandt am Fenster des Hotels Erfurter Hof (19. März 1970); oben links ein vergrößerter Ausschnitt

Entspannungspolitik → [www]

Die CDU-geführten Regierungen unter Adenauer und Erhard hatten auf dem Alleinvertretungsanspruch und einer Politik der Unnachgiebigkeit gegenüber der DDR beharrt. Dagegen forderte Egon Bahr von der SPD einen „Wandel durch Annäherung", um das Verhältnis zwischen den beiden deutschen Staaten und zum Ostblock zu verbessern. Ab 1969 wurde diese Politik von der Regierung unter Bundeskanzler Willy Brandt (SPD) und Außenminister Walter Scheel (FDP) umgesetzt.
Am 19. März 1970 trafen Bundeskanzler Brandt und DDR-Ministerpräsident Stoph in Erfurt und am 21. Mai 1970 in Kassel zusammen. Es wurden gegenseitige Erklärungen des guten Willens abgegeben, konkrete Ergebnisse wurden aber noch nicht erreicht.

> Wir sind bereit, einen Vertrag über völkerrechtliche Beziehungen unverzüglich zu unterzeichnen. Das wäre der gangbare Weg, um solche Beziehungen zwischen unseren Staaten zu ermöglichen, die zu einem Verhältnis der friedlichen Koexistenz zwischen DDR und BRD führen können …

M2 Willy Stoph bei seinem Gegenbesuch in Kassel (21. Mai 1970)

> 19. 03. 1970: Treffen von Bundeskanzler Brandt und DDR-Ministerpräsident Stoph in Erfurt
> 21. 05. 1970: Gegenbesuch von DDR-Ministerpräsident Stoph in Kassel
> 17. 12. 1971: Transitabkommen I zwischen der DDR und der Bundesrepublik: Die DDR garantiert den ungehinderten Verkehr zwischen der Bundesrepublik und Westberlin durch die DDR.
> 20. 12. 1971: Transitabkommen II: Westberliner können nach Ostberlin und in die DDR reisen.
> 21. 12. 1972: Grundlagenvertrag: Das Verhältnis zwischen den beiden deutschen Staaten wird grundsätzlich neu geregelt. Die Bundesrepublik Deutschland und die DDR verpflichten sich, zueinander normale, gleichberechtigte und gutnachbarschaftliche Beziehungen auf der Grundlage der Gleichberechtigung aufzubauen. Die Unverletzlichkeit der bestehende Grenzen, die Unabhängigkeit und Selbstständigkeit beider Staaten werden gegenseitig ausdrücklich anerkannt.
> 18. 09. 1973: Aufnahme der Bundesrepublik Deutschland und der DDR in die UNO.

M3 Entspannungspolitik (Zeittafel)

> Die Bundesregierung bietet dem Ministerrat der DDR erneut Verhandlungen beiderseits ohne Diskriminierungen auf der Ebene der Regierungen an, die zu vertraglich vereinbarter Zusammenarbeit führen sollen. Die völkerrechtliche Anerkennung der DDR durch die Bundesrepublik kann nicht in Betracht kommen. Auch wenn zwei Staaten in Deutschland existieren, sind sie füreinander nicht Ausland.

M4 Bundeskanzler Willy Brandt vor dem Bundestag (28. Oktober 1969)

M5 „Die Unterschrift des Jahres" – die Karikatur von Hanns Erich Köhler zeigt Willy Brandt (1970).

M6 Karikatur von Wolfgang Hicks zur Unterzeichnung des Grundlagenvertrages zwischen der Bundesrepublik Deutschland und der DDR; links Willy Brandt, daneben Egon Bahr (1972)

Entspannung durch Verträge

Vor einem Vertragsabschluss mit der DDR musste sich die Regierung von Bundeskanzler Brandt und Außenminister Scheel zunächst mit der UdSSR einigen, da diese immer noch Besatzungsmacht in der DDR war.

Am 12. August 1970 wurde der Moskauer Vertrag geschlossen, in dem die Bundesrepublik die seit 1945 in Osteuropa bestehenden Grenzen anerkannte; beide Seiten vereinbarten den Verzicht auf Gebietsansprüche und auf die Anwendung militärischer Gewalt.

Im Warschauer Vertrag vom 7. Dezember 1970 zwischen der Bundesrepublik Deutschland und Polen erkannte die Bundesrepublik die Unverletzlichkeit der polnischen Westgrenze entlang der Oder-Neiße-Linie an.

Am 3. September 1971 schlossen die vier Siegermächte ein Abkommen über Berlin: Verantwortlichkeiten und Rechte der vier Siegermächte werden bestätigt, die Zufahrtswege von der Bundesrepublik nach Westberlin von der UdSSR garantiert.

In den folgenden Jahren schlossen die beiden deutschen Staaten mehrere Verträge. Gleichzeitig konnte sich die DDR international als souveräner Staat profilieren.

> *Der Bundesausschuss der CDU, das höchste Beschlussgremium zwischen den Parteitagen, hat am Montag einstimmig entschieden, die Verträge mit Moskau und Warschau abzulehnen. Damit hat sich die CDU in dieser Frage jetzt auch formell festgelegt. Als Begründung für den Beschluss gab der CDU-Vorsitzende Barzel an, es sei der Bundesregierung mit den Verträgen nicht gelungen, die Anerkennung des Selbstbestimmungsrechts aller Deutschen durch Moskau und Warschau unmissverständlich durchzusetzen und größere Freizügigkeit in ganz Deutschland zu erreichen.*

M7 Aus einem Artikel in DIE ZEIT vom 28. Januar 1972

1. *Die neue Ostpolitik war in der Bundesrepublik heftig umstritten. Nennt die zwei Gründe, mit denen die CDU die Ostpolitik der Regierung Brandt/Scheel ablehnt (M7).*
2. *Erläutert die unterschiedlichen Erwartungen von Bundesrepublik und DDR an die innerdeutschen Verhandlungen (M2, M4).*
3. *Erklärt, warum viele Bundesbürger mit dem Warschauer Vertrag von 1970 nicht einverstanden waren.*
4. *Nehmt Stellung zur Entwicklung der Annäherung zwischen der Bundesrepublik und der DDR durch Verträge (M3).*
5. *Beschreibe und interpretiere die Karikaturen (M5, M6).*
6. *Ziehe eine Bilanz der Ostpolitik der Regierung Brandt, indem du zusammenstellst, was sie erreicht, und was sie nicht erreicht hat.*

Aufgabe 3
→ Seite 54, M1

Stationen der Entspannungspolitik
Willy Brandt in Warschau

Kniefall vor der Geschichte

M1 Der Kniefall von Willy Brandt in Warschau

Kniefall vor der Geschichte → [www]

Es war eine Geste, die die Welt bewegte. Vor vierzig Jahren kniete Bundeskanzler Willy Brandt in Warschau vor dem Mahnmal für die Opfer des Aufstandes im Warschauer Getto. Für seinen Mut wurde der Sozialdemokrat von der Welt gefeiert – nur die Deutschen reagierten skeptisch.
Ein feuchter, grauer Tag ist es, als Willy Brandt am 7. Dezember in der Hauptstadt Polens das Mahnmal für die Opfer des Aufstands im Warschauer Getto besucht. Mit ernstem, fast maskenhaftem Gesichtsausdruck schreitet er zu dem expressionistischen Bronzedenkmal und legt einen großen Kranz mit weißen Nelken nieder. Brandt zupft die Schleife zurecht, tritt ein paar Schritte zurück, dann sinkt er unvermittelt auf die Knie. Bundesaußenminister Walter Scheel, der rechts hinter ihm steht, ist ebenso überrascht wie der polnische Ministerpräsident Jozef Cyrankiewicz; selbst Brandts engster Vertrauter, Staatssekretär Egon Bahr, ist irritiert.
Brandts Blick geht in die Ferne. Er wirkt wie versteinert. Etwa eine halbe Minute kniet er vor dem Mahnmal. Die Fotografen und Kameramänner wissen, dass sie Bilder machen, die um die Welt gehen werden. „Brandt braucht Sekunden", so Hans Ulrich Kempski, damals Chefreporter der „Süddeutschen Zeitung", „die den Zeugen der Szene endlos erscheinen, bis er wieder steht. Es sieht aus, als brauche er alle Kraft, um Tränen niederzukämpfen."
Die Bilder des auf dem Platz der Helden des Gettos knienden Bundeskanzlers, des Deutschen, der sich vor den Opfern der Deutschen verneigt, bergen eine Dramatik, die in der Politik selten ist. Es ist kein Zufall, dass es Willy Brandt war, der diese aufwühlende Geste der Empathie wählte. Kein Politiker hat die westdeutsche Republik so polarisiert, aber auch so viele Menschen begeistert wie Willy Brandt …
Ein Jahr später bekam er … den Friedensnobelpreis verliehen.

M2 Michael Sontheimer auf Spiegel.de in der Reihe „Eines Tages" über den 7. Dezember 1970

1. *Informiere dich im Internet über das Warschauer Getto und berichte.*
2. *Erklärt, warum die umstehenden Politiker beim Kniefall Brandts irritiert und überrascht sind. Denkt daran, wie sonst die üblichen Kranzniederlegungen ablaufen.*
3. *Beschreibt, was Willy Brandt mit dieser Geste ausdrücken wollte.*
4. *„Die Fotografen und Kameramänner wissen, dass sie Bilder machen, die um die Welt gehen werden." – Nimm Stellung zu dieser Aussage.*

Das Transitabkommen von 1971

Ein Vertrag des Übergangs

Es war der erste Vertrag zwischen der Bundesrepublik und der DDR – ermöglicht durch die neue Ostpolitik der Regierung Willy Brandts. Das Transitabkommen erleichterte Bundesbürgern die Reise nach Westberlin und den Westberlinern einen Besuch in Ostberlin.

17. Dezember 1971: Reporter aus der ganzen Welt beobachten Egon Bahr (rechts) und Michael Kohl (links). Die beiden Staatssekretäre unterzeichnen das Transitabkommen im Palais Schaumburg in Bonn. Zähe Vertragsverhandlungen finden endlich ihren Abschluss. 15 Monate hatten sie gedauert, mehr als 75 Treffen waren der Unterzeichnung vorausgegangen. Und mehrmals standen die Verhandlungen auf der Kippe – schließlich saßen hier eher Gegner als Partner am Verhandlungstisch. Ein Streitpunkt war beispielsweise, ob die Bonner Regierung überhaupt für Westberlin verhandeln dürfe. Streit gab es auch über die Frage der aus der DDR Geflohenen: Durften sie, die sich in den Augen der DDR strafbar gemacht hatten, die Transitwege durch das DDR-Gebiet benutzen? Bundesaußenminister Walter Scheel bestand persönlich darauf, dass nur Gewaltverbrecher von der Benutzung der Transitwege ausgeschlossen werden. Die DDR-Führung stimmte schließlich zu. Flüchtlinge, die während ihrer Flucht kein Verbrechen begangen hatten, konnten die Transitwege ungehindert nutzen. Die mit dem Abkommen für die Bundesbürger erzielten Erleichterungen galten allerdings nur für den „spezifischen" Transitverkehr von und nach Westberlin. Wurde die DDR als Durchreiseland genutzt, etwa um nach Polen oder in die Tschechoslowakei zu reisen, kontrollierten die DDR-Grenzer nach wie vor mit der ihnen eigenen Strenge. Insgesamt betrafen die Regelungen des Abkommens über 1000 Kilometer Straße, gut 1200 Kilometer Zugstrecken und knapp 600 Kilometer Flüsse. Am 3. Juni 1972 trat das Abkommen in Kraft ...

Viele Bundesbürger nutzten die neuen Freiheiten und reisten in die DDR – meist, um dort Verwandte zu besuchen. Die Statistiken verzeichnen etwa zehn Millionen Besuchsreisen jährlich.

M4 Egon Bahr (rechts) und Michael Kohl (links) unterzeichnen das Transitabkommen.

Transitabkommen → [www]

M3 Ein Artikel auf mdr.de zur Reihe „Damals im Osten" über den 17. Dezember 1971

5 Stellt die wichtigsten Fakten über den Abschluss des Transitabkommens vom 17.12.1971 zusammen (beteiligte Politiker, Dauer der Verhandlungen, Anzahl der Sitzungen).

6 Berichtet über die beiden Hauptstreitfragen im Laufe der Verhandlungen.

7 Erklärt den Unterschied zwischen „spezifischem Reiseverkehr" und „anderem Durchreiseverkehr" sowie die damit verbundenen Formen der unterschiedlichen Kontrollen.

8 Kritiker des Abkommens sahen „nur eingeschränkte Erleichterungen". – Nimm begründet dazu Stellung, wer vom Transitabkommen profitierte und wer keinen Nutzen daraus zog.

Geteilte Welt und Kalter Krieg

1 Eine Karte auswerten
Bearbeite die Karte nach der Anleitung für die Interpretation von Geschichtskarten (siehe S. 104).

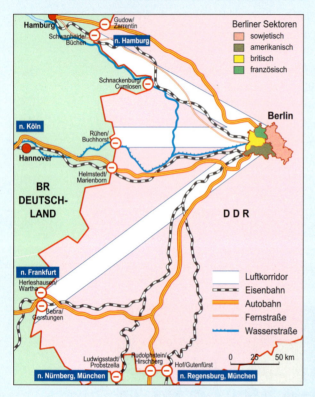

2 Zusammenhänge herstellen
1 Suche jeweils den Begriff, der nicht zu den andern passt, und begründe deine Wahl.

2 Finde jeweils eine Überschrift, die zu den anderen Begriffen passt.

a) *Moskauer Vertrag – Wandel durch Annäherung – Alleinvertretungsanspruch – UNO-Mitgliedschaft der beiden deutschen Staaten – Warschauer Vertrag – Grundlagenvertrag*

b) *Schwarzmarkt – Hamsterfahrten – Trümmerfrauen – Atombombe – Vertreibung – Schulspeisung – Trizone*

c) *Koreakrieg – Berlin-Blockade – Eiserner Vorhang – Vietnamkrieg – Marshallplan – Kubakrise*

3 Politikerrätsel
Ordne die nachfolgenden Politiker dem westlichen oder östlichen Einflussbereich zu:

John F. Kennedy – Walter Ulbricht – Konrad Adenauer – Josef Stalin – Kurt Schumacher – Nikita Chruschtschow – Harry S. Truman – Willy Brandt – Winston Churchill – George C. Marshall – Willi Stoph – Walter Scheel – Andrej Shdanow

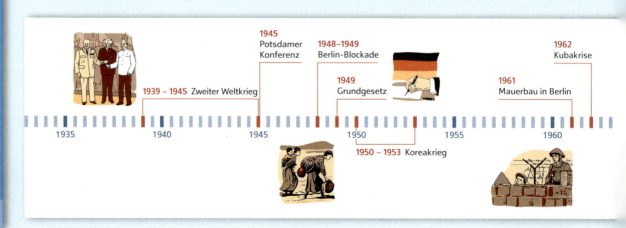

4 Eine Tabelle erstellen

Entspannungspolitik – Ordne den jeweils in Klammern stehenden Daten Verträge und Inhalte in einer Tabelle nach dem folgenden Muster in zeitlicher Reihenfolge einander zu.

Daten	Verträge	Inhalte

a) (18.09.1973) – (03.09.1971) – (20.12.1971) – (17.12.1971) – (21.12.1972) – (12.08.1970) – (07.12.1970)

b) (Transitabkommen II) – (Grundlagenvertrag) – (Aufnahme von Bundesrepublik und DDR in die UNO) – (Viermächteabkommen über Berlin) – (Transitabkommen I) – (Warschauer Vertrag) – (Moskauer Vertrag)

c) (Anerkennung der Grenzen in Osteuropa, Verzicht auf Gebietsansprüche und auf militärische Gewaltanwendung) – (Verpflichtung zu gut nachbarschaftlichen und gleichberechtigten Beziehungen zueinander sowie zur Unverletzlichkeit der bestehenden Grenzen) – (Reisemöglichkeit für Westberliner nach Ostberlin und in die DDR) – (Bestätigung der Rechte der Siegermächte über Berlin und Garantie der Zufahrtswege seitens der UdSSR) – (Anerkennung der Unverletzlichkeit der polnischen Westgrenze) – (Garantie des ungehinderten Verkehrs von der Bundesrepublik nach Westberlin und umgekehrt durch die DDR) – (Bundesrepublik und DDR als gleichberechtigte Mitglieder der internationalen Völkergemeinschaft)

5 Einen Bericht schreiben

Bringe die einzelnen Blöcke in die richtige Reihenfolge, sodass sie die Ereignisse um den Bau der Berliner Mauer wiedergeben.

Alle Verbindungen von Ost nach West sind unterbrochen.	Die innerdeutsche Grenze wird von der DDR unüberwindbar gemacht.	Am 13.08.1961 beginnt die DDR-Regierung mit dem Bau der Berliner Mauer.	Republikflucht wird als Verbrechen ins Strafgesetzbuch der DDR aufgenommen.
Die DDR befürchtet ein wirtschaftliches „Ausbluten".	Der Übergang von Ost- nach Westberlin ist noch frei.		Flüchtlingsströme aus der DDR über Berlin steigen an.

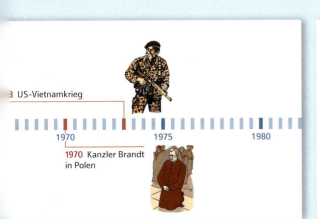

Grundbegriffe:

Berlin-Blockade
Berliner Mauer
Kommunismus
Koreakrieg
Kubakrise
Luftbrücke
Marshallplan (ERP)
NATO
Ostblock
Ostverträge
UNO
Vietnamkrieg
Warschauer Pakt

Der Weg zur deutschen Einheit

Zeitfenster: 1949 – 1990

Der Weg zur deutschen Einheit

M2 Das Brandenburger Tor im Jahr 1988

M3 Das Brandenburger Tor im Jahr 1998

→ Wie entwickelten sich zwei deutsche Staaten?
→ Wie kam es zum Fall der Berliner Mauer?
→ Welche Rolle spielte dabei die Bevölkerung der DDR?
→ Warum hat die UdSSR die Entwicklung in der DDR nicht gestoppt?
→ Wie kam es zur deutschen Wiedervereinigung?

M1 Das Brandenburger Tor am 10. November 1989

Zwei Staaten in Deutschland: zwei Staatsformen

Das Grundgesetz der Bundesrepublik Deutschland

M1 Der zukünftige Bundespräsident Theodor Heuss unterzeichnet das Grundgesetz (23. Mai 1949).

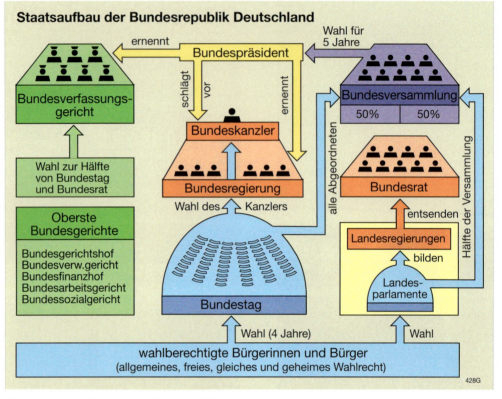

M2 Der Staatsaufbau der Bundesrepublik Deutschland

Parlamentarischer Rat
Die Mitglieder des Parlamentarischen Rates wurden aus dem Kreis der Abgeordneten der elf Landtage der Trizone gewählt.

Im September 1948 trat in Bonn der Parlamentarische Rat zusammen. Er hatte von den westlichen Besatzungsmächten den Auftrag erhalten, eine demokratische Verfassung nach westlichem Vorbild für einen deutschen Staat auf dem Gebiet der Trizone auszuarbeiten. Am 23. Mai 1949 wurde diese Verfassung, das Grundgesetz, feierlich verkündet; damit war die Bundesrepublik Deutschland gegründet. Kennzeichen des Grundgesetzes sind die besondere Stellung der Grund- und Menschenrechte im ersten Abschnitt mit den Artikeln 1 bis 19, die Errichtung eines Mehrparteiensystems sowie die Festschreibung der Gewaltenteilung und der gegenseitigen Kontrolle von Legislative, Exekutive und Judikative. Bundespräsident wurde Theodor Heuss, erster Bundeskanzler Konrad Adenauer.

Grundgesetz
→ www

> Im Bewusstsein seiner Verantwortung vor Gott und den Menschen, von dem Willen beseelt, seine nationale und staatliche Einheit zu wahren und als gleichberechtigtes Glied in einem vereinten Europa dem Frieden der Welt zu dienen, hat sich das Deutsche Volk ... um dem staatlichen Leben für eine Übergangszeit eine neue Ordnung zu geben, kraft seiner verfassungsgebenden Gewalt dieses Grundgesetz der Bundesrepublik Deutschland beschlossen.
> Es hat auch für jene Deutsche gehandelt, denen mitzuwirken versagt war.

M3 Präambel des Grundgesetzes in der Fassung vom 23. Mai 1949 (Auszug)

1 Erkläre den Satz in den Zeilen 13 und 14 der Grundgesetz-Präambel von 1949 (M3).

Die Verfassung der DDR

Die Entwicklung in der Sowjetischen Besatzungszone (SBZ) wurde seit 1945 von einer Gruppe deutscher Kommunisten unter Leitung von Walter Ulbricht geprägt. Dabei galt Ulbrichts Leitsatz: „Es muss demokratisch aussehen, aber wir müssen alles in der Hand haben." So wurden in der SBZ 1949 die Wahlen zum Volkskongress, der eine Verfassung beschließen sollte, gefälscht. Mit der Annahme der Verfassung am 7. Oktober 1949 war die DDR gegründet.

In der DDR wurde der gesamte Staatsaufbau von der Sozialistischen Einheitspartei Deutschlands (SED) beherrscht. Obwohl die DDR vorgab, eine Demokratie zu sein, war sie in Wirklichkeit eine Einparteiendiktatur mit der SED als Staatspartei. Von den verschiedenen Organen der SED wurden Weisungen oder Beschlüsse zur Ausführung an die Regierungsgremien gegeben.

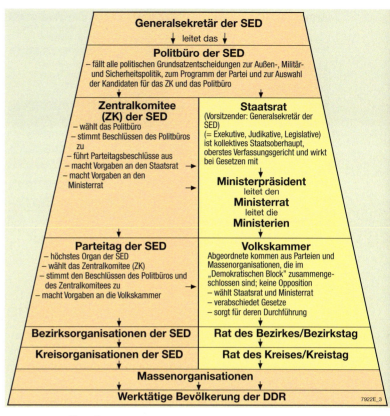

M5 Staatsaufbau der DDR

In der Volkskammer und den anderen Volksvertretungen saßen Abgeordnete verschiedener Parteien und Massenorganisationen der DDR. Sie wurden nach einem festgelegten Schlüssel entsandt; das Sagen hatte allerdings in allen Gremien die SED.

SED:	127 Abgeordnete
CDU:	52 Abgeordnete
DBD: (Demokratische Bauernpartei Deutschlands)	52 Abgeordnete
LDPD: (Nationaldemokratische Partei Deutschlands)	52 Abgeordnete
FDGB: (Freier Deutscher Gewerkschaftsbund)	68 Abgeordnete
FDJ: (Freie Deutsche Jugend)	40 Abgeordnete
DFD: (Demokratischer Frauenbund Deutschlands)	35 Abgeordnete
KB: (Kulturbund)	22 Abgeordnete

M4 Die Zusammensetzung der Volkskammer der DDR

ⓘ Verfassung der DDR

Am 15. April 1948 begann in der SBZ ein Verfassungsausschuss die Arbeit an einer deutschen Verfassung. Die SED gab auch in diesem Gremium den Ton an. Nach der Zustimmung der sowjetischen Besatzungsmacht konstituierte sich am 7. Oktober 1949 eine Provisorische Volkskammer und erklärte die „Verfassung der Deutschen Demokratischen Republik" zu geltendem Recht.

Wahlfälschungen
Nach dem Ende der DDR fanden sich in Archiven Hinweise auf wiederholte Fälschungen bei Wahlen, so auch bei den Wahlen 1949.

Verfassung der DDR → [www]

---

2 Beschreibt, wie
   a) die Gründung der Bundesrepublik Deutschland und
   b) die Gründung der DDR jeweils verlief (Text).

3 „Vom Volk ausgehende Staatsgewalt", „Mehrparteiensystem", „Gewaltenteilung", „Unabhängigkeit der Gerichte" und „Wirksame Opposition" sind wichtige Grundsätze eines demokratischen Rechtsstaates. Untersucht, ob diese Grundsätze im Staatsaufbau der beiden deutschen Teilstaaten verwirklicht waren (Text, M2 und M5).

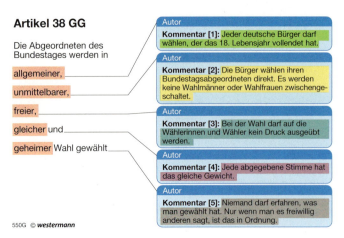

M1 Wahlgrundsätze in der Bundesrepublik Deutschland

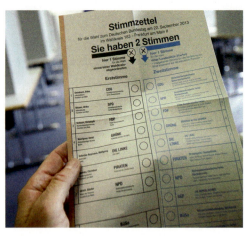

M3 Stimmzettel für die Bundestagswahl 2013 in einem Frankfurter Wahlbezirk

Alltag in beiden deutschen Staaten

Wahlen in der Bundesrepublik

Wahlsystem in der Bundesrepublik → [www]

In der Bundesrepublik Deutschland können die Bürgerinnen und Bürger bei Wahlen in den Gemeinden, Ländern und auf Bundes- oder Europaebene politisch mitbestimmen. Die für vier oder fünf Jahre gewählten Abgeordneten der Parteien setzen sich in den verschiedenen Parlamenten für die Interessen ihrer Wählerschaft ein. Die Wähler wiederum üben die Kontrolle aus, indem sie bei der nächsten Wahl die Abgeordneten wiederwählen oder sich für andere Kandidaten entscheiden. Die Teilnahme an den Wahlen ist grundsätzlich freiwillig. Eine Wahlpflicht besteht nicht. Kommunal-, Landtags-, Bundestags- und Europawahlen müssen nach den Bestimmungen der Artikel 28 und 38 des Grundgesetzes durchgeführt werden.

M2 Wählerinnen bei der Stimmabgabe in einem Wahllokal in Hamburg

Seit vielen Jahren werde ich bei den verschiedensten Wahlen als Wahlvorsteher eingesetzt. Ich muss dafür sorgen, dass die Wahlhandlung im Wahllokal streng nach Vorschrift verläuft. Noch vor Öffnung des Wahllokals muss ich darauf achten, dass in unmittelbarer Nähe keine Wahlplakate der Parteien hängen. Im Wahllokal selbst dürfen sich weder die Wahlhelfer noch Wähler politisch äußern. Dies alles wäre Wahlbeeinflussung und gegen den Grundsatz der Wahlfreiheit gerichtet. Dann müssen die Wahlkabinen so aufgestellt sein, dass niemand die Stimmabgabe beobachten kann. Es darf sich immer nur ein Wähler in der Wahlkabine aufhalten und niemand außerhalb der Kabine seinen Stimmzettel ausfüllen. Dies verstieße gegen den Grundsatz der geheimen Wahl. Nach Schließung des Wahllokals müssen alle Stimmen gezählt und deren Anzahl mit den Vermerken im Wählerverzeichnis abgeglichen werden. Jede Stimme wird berücksichtigt: Das garantiert der Grundsatz der Gleichheit.

M4 Zeitzeugenbericht über die Wahlen in der Bundesrepublik (2009)

M5 Stimmzettel für die Einheitsliste bei der Kommunalwahl im Mai 1989 (Ausschnitt)

M7 Der Staatsratsvorsitzende Erich Honecker und weitere hochrangige Politiker der SED geben ihre Stimme zur Volkskammerwahl 1981 ab.

Wahlen in der DDR

In der DDR stellte die SED die Kandidaten für die Wahlen auf. Es bestand Wahlpflicht. Als Wähler erhielt man im Wahlraum einen Wahlschein, den man dann in die Wahlurne einwarf. Eine Entscheidung zwischen verschiedenen Parteien und Kandidaten war nicht möglich. Die Einheitsliste der „Nationalen Front" erhielt auf diese Weise immer etwa 99 % der Stimmen.

Nationale Front → Seite 61.

> Ich trug mich mit der festen Absicht, mich ... der Stimme zu enthalten. „Entschuldigen Sie, ich möchte mich der Stimme enthalten, was soll ich denn da mit diesen (Wahl-)Zetteln machen?" Wahlhelfer Nr. 2 nahm die Brille ab. „Wie bitte? Ich verstehe Sie wohl nicht richtig?" Wahlhelfer Nr. 3: „Sie müssen die Zettel jetzt zusammenfalten und in die Wahlurne stecken!" „Nein, ich möchte mich doch der Stimme enthalten, ich hab doch die Kandidaten gar nicht kennenlernen können." (Ein) scharfer Typ von Wahlhelfer zeckte los. „Auf unsere Kosten studieren und sich dann der Stimme enthalten! Das werden wir mal der Schule schreiben, wie dieser Bürger sich hier gegen seinen Staat stellt!"
> Am Nachmittag (kamen) zwei Herren. Der eine trug ... die Wahlurne. „Wir zwei sind von der Ortsparteileitung der SED! Sie sollten zur Staatsmacht mehr Vertrauen haben! Unsere Kandidaten sind doch alle vorher geprüft und ausgesucht worden. Sie sollten ihnen Ihr Vertrauen einfach schenken."

Wahlsystem in der DDR → www

M6 Zeitzeugenbericht über die Wahlen in der DDR (1981)

1. Erläutert die Wahlgrundsätze der Bundesrepublik (M1, M2, M3, M4).
2. Vergleicht die Wahlverfahren und nennt Unterschiede zwischen den Wahlmöglichkeiten in der Bundesrepublik und der DDR (Text, M2–M7).
3. Stellt die Wahlvorgänge in der Bundesrepublik und der DDR nach (M2, M7) und beurteilt sie anhand von M1.
4. DDR-Bürger bezeichneten das Wählen ironisch als „Falten gehen". – Erkläre.

M1 Der Kurfürstendamm in Berlin (um 1959)

M3 Titelseite einer Kundenzeitschrift (1955)

Wirtschaftswunder im Westen

Ludwig Erhard, der erste Wirtschaftsminister der Bundesrepublik, führte die soziale Marktwirtschaft ein. In diesem System sind Fabriken, Handwerks- und Handelsbetriebe im Privatbesitz und die Wahl des Arbeitsplatzes ist frei. Es werden möglichst alle Güter hergestellt und angeboten, für die ein Kaufinteresse besteht. Nach dem Motto „Konkurrenz belebt das Geschäft" herrscht ein freier Wettbewerb, in dem das Verhältnis von Angebot und Nachfrage die Preise bestimmt. Der Staat greift mit Regelungen in das Wirtschaftsgeschehen ein, um die Bürger gegen existenzielle Risiken, wie z. B. Arbeitslosigkeit, abzusichern.

Wirtschaftswunder → www

Angekurbelt und unterstützt durch Hilfen aus dem Marshallplan, führte die soziale Marktwirtschaft in den 1950er-Jahren zu einem wirtschaftlichen Aufschwung, der auch im Ausland als „Wirtschaftswunder" bezeichnet wurde. Immer mehr Menschen konnten sich nach und nach nicht nur mit den wichtigsten Gütern des täglichen Lebens versorgen, sondern auch bis dahin unerfüllbaren Luxus leisten: einen eigenen Pkw oder eine Urlaubsreise, bisweilen sogar ins Ausland.

> 1 Das westliche Deutschland sollte so schnell wie möglich in das westliche Wirtschaftssystem Europas eingegliedert werden … Der einzig mögliche Weg, auf dem
> 5 man Deutschland einen kann, ist der, im Westen Europas einen Zustand zu schaffen, der so attraktiv ist, der für den Osten eine solche Anziehungskraft hat, dass die Sowjets nicht in der Lage sind, den Osten
> 10 Deutschlands einzubehalten.

M2 Der US-Politiker J. F. Dulles (1948)

> 1 1953: Fünf Jahre harter Arbeit liegen hinter uns. Das graue Gespenst der Arbeitslosigkeit wurde gebannt. Fast drei Millionen neue Arbeitsplätze wurden geschaffen. Wohnungen für über fünf Millionen
> 5 wurden gebaut. Die D-Mark ist heute so kerngesund wie der Dollar. Der deutsche Export ist in vier Jahren um das Siebenfache gestiegen. In Deutschland ist der Mensch nicht verstaatlicht, sondern Staat
> 10 und Wirtschaft sind dem Menschen dienstbar gemacht worden!

M4 Der Historiker Werner Abelshauser über die „langen 50er-Jahre" (Auszug)

1 Erkläre mit eigenen Worten die Funktionsweise der sozialen Marktwirtschaft (Text).
2 Erläutert die politischen Ziele der USA gegenüber Deutschland (M2).
3 Beschreibt den Aufschwung in der Bundesrepublik der 1950er-Jahre (M1, M3 und M4).
4 Nimm Stellung zum neuen Lebensgefühl in den 1950er-Jahren (M1, M3, M4, Text).

M5 Planwirtschaft in der DDR   M6 Demonstranten fliehen vor Panzern am 17. Juni 1953 in Ostberlin

Planwirtschaft – Mangelwirtschaft im Osten

In der DDR sollte die Einführung einer staatlich kontrollierten Planwirtschaft den Aufschwung bringen. Industriebetriebe wurden verstaatlicht und Landwirtschaftsbetriebe zu Genossenschaften umgewandelt. Die Regierung legte Produktionsmengen, Löhne, Preise und Arbeitszeiten fest. Bis 1958 wurden Grundnahrungsmittel rationiert und staatlich zugeteilt. Bestimmte Lebensmittel, z. B. Südfrüchte, gab es auch nach Wegfall der Rationierung nur selten oder gar nicht zu kaufen.

Als Ende Mai 1953 die SED-Führung die Arbeitszeit um zehn Prozent erhöhte, protestierten die Arbeiter in Berlin. Eine Demonstration am 17. Juni 1953 weitete sich zu Protesten und Streiks in der ganzen DDR aus, an denen fast 400 000 Menschen teilnahmen. Sie forderten die Rücknahme der Arbeitszeitverlängerung, eine bessere Versorgung der Bevölkerung mit Konsumgütern, den Rücktritt der Regierung und freie Wahlen. Die sowjetische Behörden ließen den Aufstand blutig niederschlagen. Rund 200 Demonstranten kamen ums Leben, Hunderte erhielten Gefängnisstrafen.

Die Schwächen der Planwirtschaft führten schließlich zu massiven wirtschaftlichen Problemen in der DDR Ende der 1980er-Jahre.

> *Die Läden sind schäbig mit geschmacklosen Artikeln von mittelmäßiger Qualität. Es gibt ganze Straßen mit zerbombten Gebäuden ... Die Menschen leben (darin) zusammengedrängt in den unteren Stockwerken, ohne sanitäre Anlagen und ohne Wasser ... Nachts leuchtet anstelle der Leuchtreklamen (Westberlins) auf der Ostseite der rote Stern.*

17. Juni 1953 → www

M7 Ein kolumbianischer Reporter berichtete aus Ostberlin (1959).

5 Untersucht das Schaubild und erklärt dann das Prinzip der Planwirtschaft (Text, M5).
6 Beschreibt die Auswirkungen der Planwirtschaft auf das Leben der Menschen (Text, M7).
7 Ermittelt, welche Staaten heute noch die Planwirtschaft anwenden, und berichtet.
8 a) Berichtet über die Ereignisse des 17. Juni 1953 (Text, M6).
   b) Nennt die Ursachen für den Aufstand.
9 Vergleicht das System der Planwirtschaft (M5) mit dem der sozialen Marktwirtschaft. Berücksichtigt auch die vorhergehenden Seiten.

1961 schloss die Bundesrepublik mit der Türkei ein Abkommen über die Anwerbung von Gastarbeitern. Deutschland brauchte Arbeitskräfte, die Türkische Republik litt unter hoher Arbeitslosigkeit und profitierte von den Devisen, die türkische Arbeiter nach Hause schickten. In 12 Jahren kamen fast 900 000 Menschen. Jene, die geblieben sind und ihre Nachkommen, die in Deutschland leben, prägen die heutige Bundesrepublik ... Mehr als 80 000 Unternehmen, die von Türkischstämmigen in Deutschland betrieben werden mit mehr als 400 000 Beschäftigten und 36 Milliarden Euro Umsatz (mit zunehmender Tendenz), lassen deutlich werden, wie hoch die wirtschaftliche Bedeutung dieser Zuwanderergruppe heute ist. Schriftsteller wie Zafer Senocak und Emine Sevgi Özdamar, der Regisseur Fatih Akin, der Grünen-Politiker Cem Özdemir oder Aydan Özoguz (SPD) ... , Fußballer wie Mesut Özil oder Ömer Toprak zeigen, dass Personen mit türkischem Migrationshintergrund heute in allen Bereich des gesellschaftlichen Lebens wichtige Funktionen einnehmen. Sie tragen auch zum Bild Deutschlands in der Türkei bei.

M2 Der Politikwissenschaftler Stefan Luft über türkische Gastarbeiter (2014)

Im Westen: „Gastarbeiter", Freude am Konsum und „Wagnis Demokratie"

M1 Wahlplakat (1980er-Jahre)

Der wachsende Wohlstand seit Mitte der 1960er-Jahre wurde auch durch ausländische Arbeitnehmer geschaffen, die als „Gastarbeiter" den Arbeitskräftemangel beheben sollten. Sie kamen z. B. aus Italien, Spanien, Portugal, sowie aus der Türkei. Heute sind sie Teil unserer Gesellschaft.

Seit den 1970er-Jahren konnten sich die Menschen größere Wünsche erfüllen. Man kaufte sich eine Wohnung, der Pkw für jede Familie war fast selbstverständlich. Viele leisteten sich neue Elektrogeräte, auch Flugreisen in den sonnigen Süden wurden bezahlbar.

In den 1970er-Jahren war Willy Brandt mit seiner Forderung „Mehr Demokratie wagen!" Bundeskanzler einer SPD-FDP-Koalition geworden. Zahlreiche Bürger wandten sich neuen Themen wie dem Umweltschutz zu. Sie organisierten sich dafür in Bürgerinitiativen. Die neu entstandene Frauenbewegung engagierte sich für die Rechte der Frau und kämpfte für die Abschaffung des § 218, der Schwangerschaftsabbrüche unter Strafe stellte. Die Friedensbewegung demonstrierte gegen das Wettrüsten der Großmächte. Aus diesen Protestbewegungen entstand die Partei DIE GRÜNEN. Sie machte sich vor allem für den Schutz der Umwelt, die Rechte der Frauen und gegen Atomkraftwerke stark.

M3 Parkplatz einer Wohnanlage (1970er-Jahre)

Friedensbewegung in der Bundesrepublik → [www]

Bürgerinitiative Gruppe, die aufgrund eines konkreten Anlasses ein politisches Anliegen durchsetzen möchte und dazu Selbsthilfe organisiert

1. Nimm Stellung zur Rolle der „Gastarbeiter" früher und heute (Text, M2).
2. Beschreibe, wie sich Wohlstand in der Bundesrepublik zeigte (Text, M3).
3. Recherchiere im Internet und nenne dann die wichtigsten Ziele und Aktivitäten
   a) der Frauenbewegung, b) der Friedensbewegung und c) der Antiatomkraftbewegung in den 70er- und 80er-Jahren.

Im Osten: Konsumverzicht und verordnete Gleichheit

In der DDR wurden die Lebensbedingungen durch den Staat bestimmt. Die Wohnungsgröße richtete sich nach der Größe der Familie. Die Kosten für Mieten und Grundnahrungsmittel wurden durch staatliche Vorgaben niedrig gehalten. Kaffee, Kakao, Schokolade und Südfrüchte aber waren teure Luxusartikel.

Aber auch das war bereits seit den 1960er-Jahren DDR-Realität: Frauen waren in der Arbeitswelt gleichberechtigt und in sogenannten Männerberufen anzutreffen. Für berufstätige Mütter gab es z. B. ein bezahltes Babyjahr, Plätze für die Kinder in Kinderkrippen, Kindergärten und Horte sowie verkürzte Wochenarbeitszeiten bei vollem Lohn.

M4 DDR-Pkw Trabant – Lieferfrist: 12 Jahre

	DDR	BRD
Damenkleid (Mischgewebe)	210 M 41:35 h	70 DM 5:39 h
Fernseher (schwarz-weiß)	2050 M 405:56 h	348 DM 28:04 h
Pkw	19800 M 3920 h	9300 DM 750 h
Wochenkarte Zug	2,50 M 0:30 h	16,50 DM 1:20 h
Roggenbrot (1 kg)	0,52 M 0:06 h	2,65 DM 0:13 h

M5 Kaufkraft 1980 im Vergleich (Stundenangaben = Arbeitszeit, die ein Kunde zum Erwerb der Ware aufwenden musste)

> *Man kann pädagogische Fragezeichen hinter dieses System setzen, in dem Kindern ... von Krippe, Kindergarten, Schule, Pionierorganisation und FDJ bis zum Ende ihrer Ausbildung der Weg vorgeschrieben wird, auf den die Eltern nur bedingt Einfluss haben ... Und sie (die DDR-Regierung) ermöglicht Frauen, zugleich berufstätig und Mutter zu sein. Das gilt besonders auch für Unverheiratete. Mit dem unerwarteten und von offizieller Seite nur verschämt zugegebenen Nebeneffekt, dass inzwischen fast jedes dritte Kind in der DDR „unehelich" zur Welt kommt ... Die Paare leben eben ohne Trauschein zusammen, nutzen die besonderen Vergünstigungen für ledige Mütter und lassen Vater Staat einen guten Mann sein.*

M6 Der westdeutsche Journalist Wolfgang Klein zur Rolle der Frau in der DDR (1985)

Rolle der Frau in der DDR → www

> *Der Stand hinsichtlich der sozialen Gleichstellung von Frauen und Männern vor der Wende war äußerst widersprüchlich. Einerseits wurden im Laufe der mehr als vier Jahrzehnte separater Entwicklung im Osten Deutschlands wesentliche Schritte in Richtung auf mehr Selbstbestimmung der Frauen gegangen ...*
> *Andererseits blieben die Frauen (und Männer) in vielem dem traditionellen Geschlechterverhalten verhaftet, sodass vielfältige Benachteiligungen von Frauen bestehen blieben ... Damit einher ging die weitgehende Ausgrenzung von Frauen aus den Macht- und Entscheidungsstrukturen ... Politik wurde fast ausschließlich von Männern gemacht.*

M7 Die Ökonomin Christina Klenner (1992)

---

4 Beschreibt die Lebensbedingungen in der DDR (Text).
5 Vergleicht die Preise für Waren und die jeweiligen Arbeitszeiten zum Erwerb (M5).
6 Erklärt, wie in der DDR die Gleichberechtigung von Mann und Frau umgesetzt wurde (M6, M7, Text).

M1 Demonstration gegen die Notstandsgesetze am 15. Mai 1968 in Düsseldorf

M2 Arbeitgeberpräsident Hanns Martin Schleyer in der Gewalt der RAF – er wurde am 18. Oktober 1977 ermordet.

Protest im Westen: die 68er und die APO

Seit 1966 war eine Regierung aus CDU/CSU und SPD im Amt. Sie wurde von Bundeskanzler Kiesinger (CDU) und Außenminister Brandt (SPD) geführt. Gegen die Mehrheit dieser Großen Koalition war eine wirkungsvolle Oppositionsarbeit nicht mehr möglich.

Kritik und Protest gegen die Regierungspolitik verlagerten sich vom Parlament auf die Straße. In vielen Städten demonstrierten Schüler und Studenten als „Außerparlamentarische Opposition" (APO) gegen die USA und den Vietnamkrieg. Sie warfen der Bevölkerung der Bundesrepublik vor, dass sie nur an Wohlstand und Konsum dachte, nur Althergebrachtes für gut und richtig hielt, neue Ideen ablehnte und auch die jüngste deutsche Vergangenheit, die Zeit des Nationalsozialismus nicht angemessen aufarbeitete, sondern lieber verdrängte. Nachdem der Student Benno Ohnesorg bei einer Demonstration im Juni 1967 von einem Polizisten erschossen worden war, weitete sich der Protest aus. Er richtete sich vor allem gegen die Notstandsgesetze, die von der Großen Koalition mit einer Grundgesetzänderung durchgesetzt wurden.

Eine kleine radikale Gruppe spaltete sich 1970 von der APO ab; sie ging zu offener Gewalt über. Die Gruppe verübte 1968 Brandanschläge auf Kaufhäuser in Frankfurt und anderen Großstädten sowie auf das Verlagsgebäude des Springer-Verlages (BILD-Zeitung) in Berlin, da sie als Symbole des „Konsumterrors" und der Massenbeeinflussung galten. In den Siebziger- bis Neunzigerjahren tötete diese Gruppe, die sich „Rote Armee Fraktion" (RAF) nannte, bei mehreren Terroranschlägen insgesamt 34 Menschen. Unter ihnen befanden sich der Präsident der Bundesvereinigung der deutschen Arbeitgeberverbände Hanns Martin Schleyer, die Bankiers Jürgen Ponto und Alfred Herrhausen sowie der Generalbundesanwalt Siegfried Buback.

Außerparlamentarische Opposition → www

Notstandsgesetze
Damit wollte die Bundesregierung Vorkehrungen für Krisenfälle treffen. Vor allem Gewerkschaften und die Studentenbewegung protestierten dagegen, weil sie Gefahr für die Demokratie befürchteten.

> Während weite Teile der Öffentlichkeit ein energisches Vorgehen des Staates gegen die Terroristen und härtere Strafen fordern, befürchten Kritiker der Anti-Terrorismus-Gesetze eine schleichende Gefährdung des Rechtsstaats und eine Einschränkung der individuellen Freiheiten. Die öffentliche Diskussion über den Terrorismus ist auch nicht frei von Polemik.
> So werden Intellektuelle wie Heinrich Böll und Luise Rinser (1911 – 2002) aufgrund ihrer Diskussionsbeiträge als „Sympathisanten" der RAF verunglimpft.

M3 Informationstext im Haus der deutschen Geschichte über die Debatte um die Bekämpfung des Terrorismus der RAF

M4 Besucher eines Rockkonzerts in Berlin-Weißensee (Ostberlin 1988)

M6 Professor Robert Havemann: aus der SED ausgeschlossen und jahrelang unter Hausarrest gestellt; rechts der Liedermacher Wolf Biermann, 1976 ausgebürgert

Protest im Osten: zwischen Aufbegehren und Ausweisung

Seit Mitte der 1960er-Jahre gingen die Regierung der DDR und die SED hart gegen alle vor, die das DDR-System kritisierten und für einen „Sozialismus mit menschlichem Antlitz" eintraten. Kritische Schriftsteller wurden scharf angegriffen und missliebige Künstler mit Auftritts- und Ausreiseverbot belegt oder ausgewiesen.

Wissenschaftler, die es wagten, den Staat zu kritisieren, erhielten Lehr- und Berufsverbot sowie Hausarrest. Die Isolierung der Kritiker durch Ausschluss aus der Staatspartei SED war gängige Praxis. Auf diese Weise, so glaubte die Regierung, könnte sie die Dissidenten mundtot machen und die Verbreitung ihrer Ideen verhindern.

Robert Havemann → www

> Sie irren sich, wenn sie die Arbeitsteilung in unserer Republik so verstehen, dass die Werktätigen die sozialistische Gesellschaftsordnung aufopferungsvoll aufbauen und andere daran nicht teilzunehmen brauchen, dass der Staat zahlt und andere das Recht haben, den lebensverneinenden, spießbürgerlichen Skeptizismus (= Zweifel als Prinzip des Denkens) als allein seligmachende Religion zu verkünden.

M5 Staatschef Erich Honecker 1965 über die Haltung der SED zur „kritischen Intelligenz"

> Nach 30 Jahren sozialistischer Einheitserziehung hat die DDR mit ihrer Jugend die gleichen Probleme wie die Bundesrepublik: Aussteiger und Punker, Umweltschützer und Friedensfreunde rebellieren gegen das System und verunsichern die Staatspartei durch locker-alternative Existenz und – ärger noch für die machtbewusste SED – durch Forderungen nach einer anderen Politik.

M7 Aus einem Artikel in DER SPIEGEL über Punker und Aussteiger in der DDR (1983)

---

1. Nennt drei Punkte, gegen die sich der Protest der APO richtete (Text, M1).
2. Eine Minderheit der Protestierenden war gewaltbereit. Berichtet, wie sich die Gewalt zeigte und wie sie begründet wurde (Text, M2).
3. Nimm Stellung zur Diskussion um das staatliche Vorgehen gegen die RAF (M3).
4. Die Gewalt gegen Sachen wandelte sich zum Terror der RAF (Text, M2). – Berichte über den Terror der RAF. Recherchiere dazu auch im Internet.
5. Erklärt, wie Jugendliche in der DDR Protest artikulieren konnten (M4).
6. Beschreibt, wie die DDR-Regierung Protest im Keim ersticken wollte (Text, M5, M6, M7).

M1 „Auf dem Tugendpfad", Karikatur aus DIE ZEIT vom 11. April 1969

M4 Michail Gorbatschow, 1985–1991 Generalsekretär der KPdSU, 1988–1991 Staatsoberhaupt der UdSSR

Der Ostblock im Wandel

Krise im Ostblock und Zerfall der Sowjetunion

M2 Leonid Breschnew, Generalsekretär der KPdSU (Kommunistische Partei der Sowjetunion) 1964–1982

Glasnost
Offenheit, Transparenz

Breschnew-Doktrin
Sie wurde am 12. November 1968 verkündet. Breschnew hielt darin fest, dass die anderen sozialistischen Staaten das Recht hätten einzugreifen, wenn in einem dieser Staaten der Sozialismus bedroht würde

Ostpolitik
→ Seiten 66/67

Die UdSSR hatte nach dem Zweiten Weltkrieg alle Versuche ihrer Verbündeten, politische und wirtschaftliche Reformen in ihren Ländern durchzuführen, mit Gewalt beendet: in der DDR 1953, in Ungarn und Polen 1956, in der Tschechoslowakei (CSSR) 1968.

> Es war und ist nicht unsere Absicht, uns in solche Angelegenheiten einzumischen, die ausgesprochen innere Angelegenheiten Ihrer Partei und Ihres Staates sind.
> Wir können jedoch nicht damit einverstanden sein, dass feindliche Kräfte Ihr Land vom Weg des Sozialismus stoßen und die Gefahr einer Lostrennung der Tschechoslowakei von der sozialistischen Gemeinschaft heraufbeschwören. Das sind nicht mehr nur Ihre Angelegenheiten. Das sind die gemeinsamen Angelegenheiten aller kommunistischen und Arbeiterparteien und aller durch Bündnis, durch Zusammenarbeit und Freundschaft vereinten Staaten.

M3 Brief Breschnews an die Kommunistische Partei der CSSR im Prager Frühling 1968

In den 1970er-Jahren war es zu einer ersten Annäherung zwischen der Bundesrepublik und der DDR gekommen. Dabei hatte die Ostpolitik Willy Brandts eine große Rolle gespielt. Ohne die Zustimmung der UdSSR hätte es aber diese Entspannung und auch die spätere Wiedervereinigung im Jahr 1990 nicht gegeben. Erst mit Michail Gorbatschow kam es zur endgültigen Wende in den Beziehungen der kommunistischen zu den kapitalistischen Staaten. Gorbatschow wollte sein Land, in dem es Korruption (Bestechlichkeit), Kriminalität und mangelnde Arbeitsdisziplin gab, erneuern. Seine Schlagwörter hießen „Perestroika" und „Glasnost". Die Menschen sollten wieder Vertrauen zu ihrem Staat bekommen und aktiv an der Gestaltung des politischen Lebens teilnehmen.

> Ohne Glasnost gibt es keine Demokratie ... Man braucht Glasnost ... dort, wo der Mensch lebt und arbeitet. (1986)
> Perestroika bedeutet Initiative der Massen, Entwicklung der Demokratie auf breiter Basis, sozialistische Selbstverwaltung, mehr Offenheit, Kritik und Selbstkritik in allen Bereichen unserer Gesellschaft; ein Höchstmaß an Achtung des Individuums und Wahrung seiner persönlichen Würde. Perestroika bedeutet Intensivierung der gesamten Wirtschaft, Einführung ökonomischer Methoden, Verzicht auf ein Management des Kommandierens sowie Ermutigung zu Innovation. (1987)

M5 Gorbatschow über die Begriffe Glasnost (1986) und Perestroika (1987)

(Bis 1983) dauerte der Kriegszustand und die kommunistische Regierung griff durch. Kritiker und „Solidarność"-Anhänger wurden in Internierungslager gesperrt ... Die kommunistische Regierung versuchte das Land zu säubern. Auch Wałęsa wurde verhaftet und stand bis Ende 1982 unter Hausarrest. Doch die „Solidarność" agierte ... im Untergrund über Jahre weiter. Die Unruhe im Land ... führte im Sommer 1988 schließlich zur wirklichen Wende in Polen.

M6 Eine Journalistin zur Rolle der Gewerkschaft Solidarność in Polen (2005)

Die Machthaber der anderen kommunistischen Staaten in Europa, in der DDR, in Polen oder in der Tschechoslowakei, sahen die Entwicklung mit großer Sorge. Sie fürchteten, dass in ihren Ländern jetzt Forderungen nach mehr Demokratie, Freiheit und wirtschaftlichen Reformen gestellt werden könnten.

1990 bekam Gorbatschow den Friedensnobelpreis für seinen Beitrag zur Beendigung des Kalten Krieges. Im Dezember 1991 löste Gorbatschow die Sowjetunion (UdSSR) auf und trat als Präsident zurück. An die Stelle der UdSSR trat die „Russische Föderation".

Solidarność
Nach wochenlangen Streiks und Demonstrationen wurde in Polen am 31. August 1980 die Streikbewegung „Solidarność" von der Regierung als unabhängige Gewerkschaft akzeptiert. Im Dezember 1981 rief die neue Regierung das Kriegsrecht aus. Die Gewerkschaft wurde verboten.

Lech Wałęsa
Der gelernte Elektriker war von 1980 bis 1990 Vorsitzender der Gewerkschaft „Solidarność" und von 1990 bis 1995 Staatspräsident Polens.

Am Anfang sind Rost, Geldmangel und viele, viele Fehlalarme. 1987 beschweren sich ungarische Offiziere bei ihrer Regierung über den technischen Zustand der Grenzanlagen. Sie wollen nicht das Ende des Ostblocks. Sie wollen unnötige Einsätze vermeiden.

Der junge Budapester Ministerpräsident Miklos Nemeth streicht bei der Haushaltsplanung die Kosten für die Grenzsicherung ersatzlos. Er will nicht die deutsche Einheit befördern. Er will sparen.

Michail Gorbatschow ... gibt im März 1989 den Ungarn die Erlaubnis zum Abbau der Grenzanlagen. Er will nicht das Ende der DDR. Er will Nemeth freie Hand lassen und die Nachbarschaft im Europäischen Haus fördern.

M7 Zur Öffnung der ungarischen Grenze (RP-online vom 26. Juli 2009)

31. 8. 1988: Regierung und Gewerkschaft Solidarność verständigen sich in Polen auf die Beendigung der monatelangen wilden Streiks und auf Gespräche an einem „Runden Tisch".

4. 6. 1989: Erste freie Wahl in Polen; triumphaler Wahlsieg der Opposition.

27. 6. 1989: Ungarn beginnt mit dem Abbau der Grenzbefestigungen an der Grenze nach Österreich: Der österreichische Außenminister Mock und sein ungarischer Amtskollege Gyula Horn durchschneiden den Stacheldrahtzaun.

11. 9. 1989: Ungarn öffnet die Grenze für DDR-Bürger nach Österreich.

November 1989: In der Tschechoslowakei kommt es zu großen Demonstrationen, die mit dem Ende des kommunistischen Systems enden.

M8 Zeittafel zu den Entwicklungen im Ostblock 1988/1989

1. Erläutere die Drohung Breschnews gegenüber der CSSR (M3). Beziehe M1 mit ein.
2. Erklärt mit eigenen Worten die Begriffe Perestroika und Glasnost (M5).
3. Vergleicht und beurteilt die Auffassungen von Breschnew (M3) und Gorbatschow (M5) in Bezug auf die Handlungsfreiheit der Verbündeten der Sowjetunion.
4. Beurteilt die Folgen von Gorbatschows Politik für die Partnerländer der Sowjetunion (Text) und die Auswirkungen auf die politische Entwicklung in Europa.
5. Erklärt, welche Absichten die ungarischen Offiziere, ihr Ministerpräsident Nemeth und Michail Gorbatschow hatten und was sie eigentlich nicht beabsichtigten (M7).
6. Informiere dich im Internet über den Ungarnaufstand 1956, den Prager Frühling 1968 und die Gewerkschaftsbewegung Solidarność und berichte der Klasse. Berücksichtige auch M6.

M1 Abwassersee der Filmfabrik Wolfen (Ende der 80er-Jahre)

M2 Autoreparatur vor der Wohnung in Erfurt (1980)

Der Niedergang der DDR

(Miss-)Wirtschaft in der DDR

In den 1980er-Jahren standen für die Bürger in der DDR alle lebensnotwendigen Dinge ausreichend zur Verfügung, aber hochwertige Konsumgüter, Luxusartikel oder so alltägliche Dinge wie Bananen oder Apfelsinen waren weiterhin Mangelware. Viele Dinge bekam man nur zeitweilig, und die Bürger waren lange Schlangen vor den Läden gewohnt.

Es fehlten Wohnungen. Junge Menschen wohnten bei ihren Eltern, da sie keinen Anspruch auf eigenen Wohnraum hatten. Auch in die Renovierung von Altbauten wurde kaum Geld investiert. So stieg die Unzufriedenheit, zumal fast alle DDR-Bürger durch das Fernsehen der Bundesrepublik über die Lebensverhältnisse dort informiert waren.

Die Planwirtschaft war wenig flexibel. Im Laufe der Jahre veralteten die Produktionsanlagen, weil notwendige Um- und Neubauten nicht durchgeführt wurden. Moderne Maschinen aus westlichen Industrieländern konnten wegen fehlender Devisen nicht angeschafft werden. Die Folgen waren mangelnde Qualität der Produkte und eine unvorstellbare Verschmutzung der Umwelt.

Auf neue Entwicklungen, z. B. in der Informationstechnologie, reagierte die Planwirtschaft zu spät, sodass der technologische Rückstand zum Westen immer größer wurde.

> Kreis Sonneberg: In den Grenzgemeinden des Kreises bestehen seit Monaten Schwierigkeiten bei der Bereitstellung von ausgewählten Gemüsekonserven wie Gurken, Paprika ... Ständige Nachfrage besteht in den Grenzgemeinden nach gekörnter Brühe, schwarzem Tee in Beuteln, Waffeln und Dauergebäck.
> Kreis Suhl: In der Konsumverkaufsstelle Suhl-Neundorf gibt es heftige Diskussionen über die schlechte Obst- und Gemüseversorgung; außer 10 Kuba-Orangen gebe es z. Z. keinerlei Obst und Gemüse.

M3 Streng vertrauliche Informationen des MfS (Ministeriums für Staatssicherheit) 1985

1 a) Nennt drei Dinge, bei denen die Unterschiede zwischen Ost und West am größten waren (Text).
b) Findet eine Erklärung, warum dies so war.
2 Beschreibt die Probleme der DDR-Wirtschaft (Text, M1, M2, M3).
3 Stellt zusammen, was ihr über die Wohnsituation und Lebensmittelversorgung in der DDR erfahrt (M3, Text).
4 Stelle dar, welche Kritik der Bericht (M3) am Wirtschaftssystem der DDR ausdrückt.

Kontrolle und Bespitzelung

Jede Diktatur schützt sich vor ihren Bürgern, indem sie diese beobachten lässt, sie bespitzelt, ausspioniert, private Briefe öffnet, Telefonate abhört, sie ins Gefängnis steckt usw. Zu diesem Zweck war in der DDR schon 1950 das Ministerium für Staatssicherheit (MfS), umgangssprachlich „Stasi" genannt, gegründet worden.

Am Anfang gab es etwa 1000 Mitarbeiter, 1989 verfügte die Stasi sogar über 100 000 hauptamtliche und über 500 000 inoffizielle Mitarbeiter (IM). Die IM waren ganz normale Menschen, die sich verpflichtet hatten, Spitzeldienste zu leisten. Solch ein IM konnte jeder sein: ein Nachbar, ein Mannschaftsmitglied im Sportverein, ein Kollege im Betrieb, auch ein Freund oder sogar der Ehepartner. Viele Menschen wagten es deshalb nicht, ihre Meinung oder gar Kritik am Staat öffentlich zu äußern. Wenn man von der Stasi verhaftet und in eines der Stasi-Gefängnisse eingewiesen wurde, konnte es sein, dass man im Unklaren darüber gelassen wurde, wo man sich befand. Und Angehörige erfuhren nicht, dass man verhaftet worden war.

> Bei den Informationen handelte es sich in der Regel um Berichte über das Verhalten von Personen aus dem persönlichen oder beruflichen Umfeld des inoffiziellen Mitarbeiters … Ein Teil der IM handelte aus politischer Überzeugung, andere versprachen sich davon Vergünstigungen oder wurden schlicht unter Druck gesetzt.

M4 Über die Tätigkeiten inoffizieller Mitarbeiter der Stasi (aus einem Lexikon)

> Von 1972 bis 1976 studierte ich in Göttingen und besuchte mehrmals im Jahr meinen Onkel in Erfurt. Es war jedes Mal ein beklemmendes Gefühl. Wenn man in der Wohnstube saß, die Tagesschau, bei der der Ton leise gedreht war, oder die Aktuelle Kamera (Nachrichtensendung der DDR) sah und begann, über Politik zu sprechen, sprang mein Onkel sofort auf, sah nach, ob die Fenster geschlossen waren, und sagte: „Nicht so laut, man weiß nie, wer vorbeigeht." Auch beim Treffen mit Freunden meines Onkels wurde gebeten, nicht über Politik zu sprechen. Keiner traute dem anderen. Die Angst war jederzeit zu spüren.

M5 Bericht eines Zeitzeugen

1. Auskundschaften der Bundesrepublik Deutschland
2. Spionageabwehr
3. Sicherung/Kontrolle der Grenze zur Bundesrepublik Deutschland
4. Sicherung und Ausspähung der Nationalen Volksarmee
5. Bekämpfung politischer Untergrundtätigkeiten
6. Terrorismus-Bekämpfung
7. Überwachung des Post- und Telefonwesens
8. Bearbeitung der Anträge auf Übersiedlung in die Bundesrepublik Deutschland

M6 Aufgaben des MfS

M7 Wappen des Ministeriums für Staatssicherheit (MfS)

M8 Erich Mielke, Minister für Staatssicherheit der DDR von 1957 bis 1989

Ministerium für Staatssicherheit Auslands- und Inlandsgeheimdienst der DDR, Unterdrückungs- und Überwachungsinstrument gegenüber der DDR-Bevölkerung

---

5 ▪▪ Erklärt die Ziele und Aufgaben des MfS (M6).
6 ▪▪ Nennt Personen bzw. Gruppen, die das Ministerium für Staatssicherheit bespitzeln und verfolgen ließ (Text, M4, M5).
7 ▪▪ Nennt die Gründe, die Menschen bewegten, als IM für die Stasi zu arbeiten (M4).
8 ◊ Erarbeite ein Kurzreferat zum Stasi-Gefängnis Berlin-Hohenschönhausen.
9 ◊ Informiere dich über den Lebensweg und die Arbeit von Erich Mielke und berichte der Klasse.

Aufgabe 8 → www

M1 Demonstration in Arnstadt am 12. November 1989 mit ca. 10 000 Teilnehmern

M3 Karikatur von Horst Haitzinger (16. August 1989)

Die friedliche Revolution 1989

Während in Ungarn und der Tschechoslowakei politische und wirtschaftliche Reformen erkämpft bzw. durchgeführt wurden, blieb die DDR-Staatsführung unnachgiebig. Als bei den Kommunalwahlen im Mai 1989 das Wahlergebnis bei 98,78 Prozent für die Staatsparteien lag, war klar, dass dieses Wahlergebnis gefälscht war. Es kam zu ersten großen Protesten. Die Regierung verweigerte jeden Dialog und stellte die Kritiker als Staatsfeinde dar. Daraufhin stellten sich immer mehr Menschen gegen die Staatsführung und nahmen an Demonstrationen teil. Es bildeten sich auch politische Gruppierungen, die ihre Vorstellungen und Ziele öffentlich äußerten.

Jahr	Wahlbeteiligung	Ja-Stimmen
1984	99,88 %	99,37 %
1989	98,85 %	98,78 %

1,15 % (140 000 Wähler) stimmten 1989 gegen den offiziellen Wahlvorschlag.

M4 Wahlergebnisse 1984 und 1989

Viele Bürger hatten die Hoffnung auf Veränderungen in der DDR aufgegeben. Sie nutzten deshalb die neuen Verhältnisse im Ostblock (S. 97), um in den Westen zu gelangen. Nach Ungarn konnten sie ungehindert reisen. Dort kam es anlässlich des Abbaus der Grenzanlagen zu Österreich zu ersten Massenfluchten. Die DDR-Bürger hatten jetzt ein Schlupfloch in die Freiheit gefunden. Im September 1989 gründete sich in der DDR die Bürgerrechtsbewegung Neues Forum.

Demonstrationen
In der DDR war es nicht erlaubt, gegen die Regierung zu demonstrieren. Dennoch wagten sich ab September in vielen Städten Bürger zum Demonstrieren auf die Straße.

> Wir wollen Spielraum für wirtschaftliche Initiative, aber keine Entartung in eine Ellenbogengesellschaft. Wir wollen das Bewährte erhalten und doch Platz für Erneuerung schaffen ... Wir wollen geordnete Verhältnisse, aber keine Bevormundung. Wir wollen freie, selbstbewusste Menschen, die doch gemeinschaftsbewusst handeln. Wir wollen vor Gewalt geschützt sein und dabei nicht einen Staat von Büttel und Spitzeln ertragen müssen ... Wir bilden eine politische Plattform für ... die ... Diskussion und Bearbeitung lebenswichtiger Gesellschaftsprobleme ...

M2 Auszug aus dem Gründungsaufruf des „Neuen Forums" (9. September 1989)

> Der Minister des Innern der DDR lehnt den Antrag zur Bildung einer Vereinigung „Neues Forum" ab. Ziele und Anliegen widersprechen der Verfassung der DDR und stellen eine staatsfeindliche Plattform dar. Die Unterschriftensammlung zur Unterstützung der Gründung war nicht genehmigt und folglich illegal. Die Bürger der DDR sollten über die wahren Absichten der Verfasser getäuscht werden.

M5 Aus der Liberal-Demokratischen Zeitung (Ostberlin) vom 23. September 1989

M6 DDR-Bürger klettern am 2. Oktober 1989 über den Zaun der deutschen Botschaft in Prag.

M8 Einer der ersten Trabis am Grenzübergang Sonnenallee in Berlin, 9. November 1989

Mehrere Tausend Menschen aus der DDR begaben sich in Warschau und Prag auf das Botschaftsgelände der Bundesrepublik, wo sie wochenlang unter schwierigsten Verhältnissen ausharrten. Am 30. September 1989 überbrachte der damalige Außenminister Genscher die Nachricht, dass für alle Prager Botschaftsflüchtlinge die Ausreise genehmigt sei. Auch für die Botschaftsflüchtlinge in Warschau öffnete sich das Tor in die Freiheit.

> *Ich glaube, Gefahren warten nur auf jene, die nicht auf das Leben reagieren. Und wer die vom Leben ausgehenden Impulse – die von der Gesellschaft ausgehenden Impulse aufgreift und dementsprechend seine Politik gestaltet, der dürfte keine Schwierigkeiten haben. Das ist eine normale Erscheinung.*

M9 Gorbatschow bei seiner Ankunft in Ostberlin zur 40-Jahr-Feier der DDR

> *Nach der Konsultation mit der CSSR wurde die Vereinbarung getroffen, zeitweilig den pass- und visafreien Verkehr zwischen DDR und CSSR für die Bürger der DDR mit sofortiger Wirkung auszusetzen.*

M7 Nachricht des DDR-Fernsehens vom 3. Oktober 1989

Im Oktober überschlugen sich die Ereignisse. Während der Feierlichkeiten zum 40-jährigen Bestehen der DDR am 7. Oktober gab es Massendemonstrationen. Am 18. Oktober trat Staats- und Parteichef Erich Honecker von seinen Ämtern zurück. Sein Nachfolger wurde Egon Krenz. Am 9. November verkündete Günter Schabowski, Mitglied des Politbüros, in einer vom Fernsehen übertragenen Pressekonferenz ein neues Reisegesetz, das den Bürgern der DDR Privatreisen in alle Länder in Aussicht stellte. Daraufhin drängten noch am gleichen Tag Tausende zu den Grenzstellen und erzwangen zu Fuß oder mit dem Pkw die Einreise nach Westberlin und in die Bundesrepublik.

1. Beschreibt und deutet d M3. Berücksichtigt die Lage in der DDR und im Ostblock.
2. Nennt die Ziele des Neuen Forums und zeigt auf, wie sie erreicht werden sollten (M2).
3. Beurteilt die Reaktion der DDR-Regierung (M5).
4. Erklärt den Weg, wie die DDR-Führung ihre Machtposition bewahren (Text, M4) und später die Ausreise über die Botschaften verhindern wollte (M6).
5. Erläutere, was Gorbatschow mit seinen Worten sagen wollte. Nenne die Gruppe, die er ansprach (M9).

Der friedliche Protest beginnt

Mit seinen Thesen zu Glasnost und Perestroika hatte der Generalsekretär der KPdSU Michail Gorbatschow auch bei den Bürgerinnen und Bürgern der DDR Hoffnung auf Reformen geweckt und Mut zur Kritik gemacht. Erste Proteste gegen die Politik der DDR-Regierung wurden auf Karnevalsveranstaltungen und in Kabaretts öffentlich geäußert.

Geisinger Ski- & Eisfasching e. V. → www

> ... dass im genannten Faschingsumzug mehrere Gestaltungselemente und Losungen mitgeführt wurden, die politisch provokatorischen und feindlichen Inhalt hatten ... Auf einem Multicar war eine Mauer dargestellt, auf welcher der Text „Bärlin ich bleib dir treu" geschrieben war. Der Anhänger trug Aufschriften wie „Ich will hier raus", „Ich komme bald raus". Ein weiterer Wagen wurde von ca. 10 Personen mittels mehrerer Kurbeln im Selbstantrieb fortbewegt. Der Wagen war beschriftet mit „Glasnost + Umwandlung", „Es ist Märchen(Sagen)haft", „Wir lernen niemals". Dahinter war ein Strudel bildlich dargestellt. Zum Thema Schlaraffenland wurde ein Paket mit der Aufschrift „Im Westen viele Verwandte, im Laden eine Tante, Raritäten unter der Hand, wir leben im Schlaraffenland" gezeigt ... An einem anderen Wagen war ein Plakat mit der Aufschrift: „Vitamin-Basar: Rot-, Sauer-, Rosen-, Weiß-Kohl – Jawohl, wir brauchen Kohl" und ein zweites mit dem Text „Losung des Tages – Schlechte Luft, trübes Wasser, kein Baum – ab über den Märchenzaun" angebracht.

Kohl
Der Bundeskanzler der Bundesrepublik im Jahr 1989 hieß Helmut Kohl.

M1 Aus einem Bericht der Parteikontrollkommission Dresden über den Faschingsumzug in Geising im Erzgebirge am 5. Februar 1989

> *Februar 1989*
> Die Prunksitzungen finden ... in der Gaststätte in Bärenstein statt. Die Bühnengruppe Braeske/Straube tritt als Hasen auf und singt den Liedtext „Hasen fressen gern Kohl" im Sprechtext dann „Wir wollen Kohl" es springt „ein Funke" in den Saal über und es schallt auf einmal lautstark „wir wollen Kohl ... wir wollen Kohl".

M2 Aus der Geschichte des „Geisinger Ski- & Eisfasching e. V."

Bezeichnend für die DDR-Regierung ist es, dass die Geschehnisse in der Stadt im Erzgebirge als so schwerwiegend betrachtet wurden, dass sie Erich Honecker vorgetragen wurden.

> Was sehr alarmierend wirkt, wenn man das Material durchliest, ist, dass auf einigen Gebieten des Bezirkes Dresden unter Perestroika und Glasnost so manches geschieht, zum Beispiel was den Karneval betrifft, das ist ein Skandal. Obwohl die Bezirksleitung (der SED) unterrichtet war, wurde nichts unternommen ... Es geht nicht um Perestroika und Glasnost, es ging um die Untergrabung der sozialistischen Grundlagen in der Deutschen Demokratischen Republik.

M3 Generalsekretär der SED Erich Honecker zum Geisinger Fasching

1. Notiere die Parolen und Darstellungen auf den Karnevalswagen (M1) sowie die Sprechchöre aus der Geisinger Karnevalssitzung (M2). Erkläre deren Bedeutung.
2. Beschreibe die Reaktion Erich Honeckers auf die Geschehnisse in Geising und nimm dazu Stellung (M3).
3. Erläutere, auf welche Art und Weise in Geising Protest vorgetragen wurde.

Die Montagsdemonstrationen in der DDR

Im Herbst des Jahres 1989 wurde der Protest gegen die Regierung der DDR immer stärker. Im Anschluss an Friedensgebete in den Kirchen gingen Menschen auf die Straße und forderten Reformen, Reisefreiheit und einen politischen Neuanfang.

M5 Demonstration in Leipzig am 9. Oktober 1989

Der Hauptgrund für das politische Aufbegehren war einfach die Fassungslosigkeit darüber, dass mit der Ära Gorbatschow eben nicht die Reform bei uns begann. In dem Moment, wo man Gorbatschow abgelehnt hat, war eigentlich die DDR doch schon verloren, denn plötzlich hatten Leute Mut, die vorher nie Mut gehabt hätten. Überlegen Sie mal, die progressiven Leute in der DDR hatten das erste Mal Argumente aus dem Osten, wir mussten ja jahrelang immer wieder Fakten bemühen aus westlichen Medien. Nun hatten wir erstmalig Fakten und Überlegungen, wie man Politik, wie man Reformen machen müsste, aus Moskau. Wer hätte das jemals geahnt, dass wir damit in Streitgespräche gehen können ... wir hatten ja immer gedacht, wenn sich in Moskau was ändert, dann ändert sich auch hier was. Nachdem abzusehen war, dass man ... das abblockte, da begann das ja eben auch bei vielen Genossen, spätestens (mit) Sputnik und diese ganzen Geschichten, dass man sagte, so das trage ich nicht mehr mit. Und dann ging's natürlich los, der Zustand dieses Landes, die unheimlichen Menschenmassen, die im Sommer das Land verließen, wo sollte das enden? Eines Tages wären ja bloß noch die Rentner dagewesen. Also Gründe, um dieses System ändern zu wollen, gab's genug.

M4 Der Leipziger Kabarettist Bernd-Lutz Lange über die Protestbewegung in der DDR 1989

Als wir am 9. Oktober über den Ring zogen, war das ein überwältigendes Gefühl! In der Masse solch einen Moment zu erleben. zu spüren, dass man stärker als die da ganz oben ist. Und das nach 40 Jahren ... Was soll ich sagen? Es war ja weniger ein Gefühl der Überlegenheit. sondern mehr, dass man sich selbst gezeigt hat, dass man noch was unternehmen kann. Man ist ja hier im Osten immer stark gedrückt worden. Und nun konnte man plötzlich das zeigen, was man die ganze Zeit nur gefühlt hat. Das war ein Gefühl der inneren Befreiung, das sich an den nächsten Montagen noch gesteigert hat ... Ich bin schon etwas stolz darauf. dass ich schon in einer Phase dabei gewesen bin, als es noch relativ kritisch war. Ich wäre nicht so befriedigt, wenn ich erst vier Wochen später dazu gestoßen wäre. Das wäre zwar auch in Ordnung gewesen: Aber ich war halt eher dabei!

M6 Ein Leipziger berichtet über die Montagsdemonstration in Leipzig am 9. Oktober 1989

Montagsdemonstrationen → www

4 Erklärt den Zusammenhang zwischen Gorbatschows Forderungen (Perestroika und Glasnost) und den Protesten in der DDR (M4 und S. 84, M5).
5 Gebt die Ursachen bzw. Gründe für die Proteste mit eigenen Worten wieder (M4).
6 Beurteilt die Gefühle der Leipziger Zeitzeugen (M5, M6).

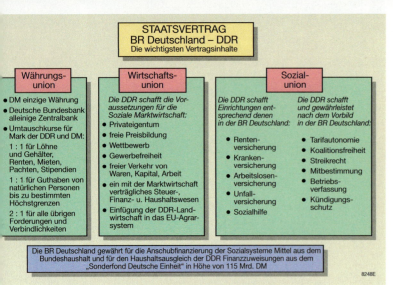

M1 Staatsvertrag zwischen der DDR und der Bundesrepublik (Mai 1990)

Partei/Bündnis	Wahlergebnis
Allianz für Deutschland (CDU 40,8 %, Deutsche Soziale Union 6,3 %, Demokratischer Aufbruch 0,9 %)	48,1 %
Bund freier Demokraten	5,3 %
SPD	21,9 %
Grüne Partei, Unabhängiger Frauenverband	2,0 %
Bündnis 90	2,9 %
PDS	16,4 %
Demokratische Bauernpartei Deutschlands	2,2 %
Sonstige	0,8 %

M3 Ergebnisse der Wahl zur ersten frei gewählten DDR-Volkskammer (März 1990)

Der Weg zur deutschen Einheit

Vom Runden Tisch zur deutschen Einheit

Nach der Grenzöffnung verlor die SED mehr und mehr die Führungsrolle in der DDR. Am 7. Dezember 1989 bildeten die verschiedenen Oppositionsgruppen und die alten Parteien der DDR einen sogenannten Runden Tisch, der das politische Geschehen bis zur Wahl der Volkskammer am 18. März 1990 bestimmte. Ein erster wichtiger Beschluss des Runden Tisches war die Auflösung des Ministeriums für Staatssicherheit. Sieger der Wahlen war die „Allianz für Deutschland", ein Parteienbündnis unter Führung der CDU, das die Wiedervereinigung anstrebte. Vertreter der Wahlsieger arbeiteten im Mai 1990 mit der Bundesrepublik einen Staatsvertrag aus. Willy Brandt hatte am Tag nach der Öffnung der Mauer gesagt: „Jetzt wächst zusammen, was zusammengehört."

Runder Tisch und freie Wahlen zur Volkskammer → www

ⓘ Von der SED über die PDS zu DIE LINKE

m Dezember 1989 benannte sich die SED um in „Sozialistische Einheitspartei Deutschlands – Partei des Demokratischen Sozialismus (SED – PDS)". Im Februar 1990 strich sie den Namensbestandteil SED, der neue Name lautete nun „Partei des Demokratischen Sozialismus". 2004 hatte sich in Westdeutschland eine neue linke Partei gebildet, die WASG („Arbeit & soziale Gerechtigkeit – Die Wahlalternative"). 2007 schlossen sich die PDS und die WASG zur neuen Partei DIE LINKE zusammen. Die Partei DIE LINKE ist in zahlreichen Länderparlamenten und im Bundestag mit Abgeordneten vertreten.

> *Die Runden Tische: „Vorschule" der Demokratie? ... Eine kaum zu unterschätzende Wirkung des Runden Tisches besteht darin, für die DDR die Geltungskraft parlamentarischer Regeln demonstriert zu haben. Welch ein Gewinn für das Volk, nicht nur der DDR, zu erleben, dass die bisherigen Inhaber des Machtmonopols ordnungsgemäß überstimmt werden konnten!*
>
> *Welch ein Gewinn auch: zu sehen, dass danach sogar weiter beraten und beschlossen werden konnte. Politik hatte den bis dahin aufgezwungenen Freund-Feind-Charakter verloren! ...*
> *Plötzlich zählte in der DDR der Durchschnittsbürger; fast jeder konnte sich selbst politisch aktiv erleben beziehungsweise vorstellen.*

M2 Ein westdeutscher Politikwissenschaftler über die Runden Tische (1990)

M4 Transparent auf der Leipziger Montagsdemonstration am 12. Februar 1990

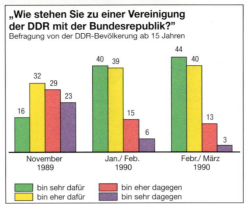

M7 Ergebnisse von Befragungen der DDR-Bevölkerung zur Wiedervereinigung

Über das Zusammenwachsen gab es in der Bundesrepublik, vor allem aber in der DDR, ganz unterschiedliche Vorstellungen.

> Entweder: können wir auf der Eigenständigkeit der DDR bestehen und versuchen ... in unserem Land eine solidarische Gesellschaft zu entwickeln, in der Frieden und soziale Gerechtigkeit ... gewährleistet sind. Oder: Wir müssen dulden, dass ... die DDR durch die Bundesrepublik vereinnahmt wird. Lasst uns den ersten Weg gehen.

M5 Aufruf von DDR-Bürgerrechtlern vom 26. 11. 1989

> Mit dieser Politik wirken wir auf einen Zustand des Friedens in Europa hin, in dem das deutsche Volk in freier Selbstbestimmung seine Einheit wiedererlangen kann. Die Wiedervereinigung ... bleibt das politische Ziel der Bundesregierung.

M6 Bundeskanzler Helmut Kohl am 28. 11. 1989 vor dem Deutschen Bundestag

> Warum wird die Deutsche Einheit nicht über eine gemeinsame verfassunggebende Versammlung von BRD und DDR verwirklicht? Sie könnte gebildet werden aus den Vertretern beider deutscher Staaten und den Vereinigungsprozess zu einer gesamtdeutschen Aufgabe machen. Die Abgeordneten würden sich gleichberechtigt gegenüberstehen und nach Jahrzehnten der Teilung etwas Drittes schaffen, in das jeder Teil etwas einbringt. Die Bevölkerung müsste in einem Volksentscheid dem Verfassungstext zustimmen.

M8 Diskussionsbeitrag am Runden Tisch (März 1990)

> Liebe Leute! Es handelt sich um einen Beitritt der DDR zur Bundesrepublik, nicht um die umgekehrte Veranstaltung. Wir tun alles für euch. Aber hier findet nicht die Vereinigung zweier gleicher Staaten statt.

M9 Wolfgang Schäuble (damaliger Innenminister der Bundesrepublik, 1990)

1. Recherchiere über Teilnehmer und Ziele des Runden Tischs. Präsentiere deine Ergebnisse der Klasse (M2).
2. Vergleiche Parteien der Wahl zur DDR-Volkskammer im März 1990 mit dem heutigen Parteienspektrum. Nenne Parteien, die es heute noch gibt (M3).
3. Notiere als DDR-Bürger, was sich für dich nach dem Staatsvertrag alles ändert (M1).
4. Beurteile die Beiträge zur Zukunft Deutschlands. Stelle die Positionen der Personen oder Gruppen in einem selbst entwickelten Schaubild übersichtlich dar. Berücksichtige dabei auch deren Einstellungen zur Wiedervereinigung (M5, M6, M8 und M9).
5. Beschreibe und interpretiere die Statistik M7.
6. Nenne die Problematik, die M5, M8 und M9 zur Wiedervereinigung aufzeigen.

M1 Der „Zwei-plus-vier-Vertrag" (September 1990)

M3 Britische Karikatur (1990)

Die Wiedervereinigung Deutschlands

Nach dem Staatsvertrag zwischen der Bundesrepublik und der DDR verhandelte die Regierung Kohl mit den vier Siegermächten des Zweiten Weltkriegs über eine Wiedervereinigung beider deutscher Staaten. Die Skepsis gegenüber einem neuen großen deutschen Staat war bei den Briten und Franzosen groß, weniger bei den Sowjets und Amerikanern. Letztlich führten die Verhandlungen im September 1990 zum „Zwei-plus-vier-Vertrag".

Zwei-plus-vier-Vertrag → www

> Es ist doch wahrscheinlich, dass Deutschland in einem solchen Gefüge (hier ist Europa bzw. die EU gemeint) die Führungsrolle einnehmen würde, denn ein wiedervereinigtes Deutschland ist schlichtweg zu groß und zu mächtig, als dass es nur einer von vielen Mitstreitern auf dem europäischen Spielfeld wäre ... Nur das militärische und politische Engagement der USA in Europa und die engen Beziehungen zwischen den beiden anderen starken, souveränen Staaten Europas, nämlich Großbritannien und Frankreich, können ein Gegengewicht zur Stärke der Deutschen bilden.

M2 Die englische Premierministerin Margaret Thatcher (nach 1990)

> Ich teile die Sorge mancher europäischer Länder über ein wiedervereinigtes Deutschland nicht, weil ich glaube, dass Deutschlands Bindung an und Verständnis für die Wichtigkeit des (atlantischen) Bündnisses unerschütterlich ist. Und ich sehe nicht ein, was einige befürchten, dass Deutschland, um die Wiedervereinigung zu erlangen, einen neutralistischen Weg einschlägt.

M4 US-Präsident George Bush sen. in einem Interview am 24. Oktober 1989

> Was die prinzipielle Einstellung der UdSSR zu Deutschlands Wiedervereinigung betraf, so erklärte ich Kohl: „Wahrscheinlich kann man behaupten, dass zwischen der Sowjetunion, der Bundesrepublik und der DDR in der Frage der Einheit der deutschen Nation keine Meinungsunterschiede bestehen. Um es kurz zu machen: Wir stimmen im wichtigsten Punkt überein. Die Deutschen selbst müssen ihre Entscheidung treffen."

M5 Gorbatschow über sein Treffen mit Bundeskanzler Kohl am 10. Februar 1990

M6 Feuerwerk zur Vereinigungsfeier am Brandenburger Tor am 3. Oktober 1990

Beitritt der DDR zur Bundesrepublik → [www]

Am 23. August 1990 beschloss die Volkskammer der DDR den Beitritt zur Bundesrepublik. Dieser wurde am 31. August im Einigungsvertrag zwischen der Bundesrepublik und der DDR festgeschrieben. Am 3. Oktober trat die Wiedervereinigung in Kraft. Dieser Tag ist seitdem der deutsche Nationalfeiertag.

Artikel 1
(1) Mit dem Wirksamwerden des Beitritts der Deutschen Demokratischen Republik zur Bundesrepublik Deutschland gemäß Artikel 23 des Grundgesetzes am 3. Oktober 1990 werden die Länder Brandenburg, Mecklenburg-Vorpommern, Sachsen, Sachsen-Anhalt und Thüringen Länder der Bundesrepublik Deutschland …
(2) Die 23 Bezirke von Berlin bilden das Land Berlin.

Artikel 2
(1) Hauptstadt Deutschlands ist Berlin … Mit dem Wirksamwerden des Beitritts tritt das Grundgesetz für die Bundesrepublik Deutschland … in den Ländern Brandenburg, Mecklenburg-Vorpommern, Sachsen, Sachsen-Anhalt und Thüringen sowie in dem Teil des Landes Berlin, in dem es bisher nicht galt, … in Kraft.

M7 Die Bundesrepublik nach dem 3. 10. 1990

M8 Aus dem Einigungsvertrag vom 31. 08. 1990

1. Nennt Punkte, die im „Zwei-plus-vier-Vertrag" sowjetische Interessen berühren (M1).
2. Benennt, worauf Deutschland im „Zwei-plus-vier-Vertrag" verzichtet (M1).
3. Beschreibt und interpretiert die Karikatur (M3).
4. Nennt die Befürchtungen, die Margaret Thatcher bei einer möglichen Wiedervereinigung Deutschlands sieht (M2, M3).
5. Stellt die Meinungen von Bush (M4) und Gorbatschow (M5) zur Wiedervereinigung dar.
6. Erstellt eine Präsentation, die die Meinungen zur Wiedervereinigung verdeutlicht (M2-M5).
7. Beschreibe M6 und deute die Stimmung, die das Bild wiedergibt.
8. Beurteile, ob die DDR im Einigungsvertrag (M8) ein gleichwertiger Partner war.

M1 Arbeitslosigkeit in Deutschland (1991 bis 2012)

M2 Binnenwanderung in Deutschland 1991 bis 2010 von Ost nach West und umgekehrt

Probleme und Erfolge der Wiedervereinigung

Die Anlagen der meisten DDR-Staatsbetriebe war in der Regel technisch total veraltet. Es lohnte sich nur selten, die Firmen zu sanieren. Viele Betriebe mussten schließen.

Dazu trug auch das nachlassende Interesse der Bevölkerung an Ostprodukten bei. Westartikel waren plötzlich „in", Ostprodukte „out". Hatte man früher ca. zwölf Jahre auf einen Trabi oder einen Wartburg (DDR-Autos) gewartet, so wollte jetzt niemand mehr einen kaufen. Aber auch für Lebensmittel, Getränke oder Kleidung aus Ostproduktion gab es fast keine Abnehmer mehr.

So stieg die Arbeitslosigkeit in den neuen Bundesländern auf zum Teil über 30 Prozent. Demonstrationen der betroffenen Arbeitskräfte nutzten in der Regel nichts. Vor allem junge Menschen zogen deshalb in den Westen – und fanden dortmeistens schnell eine Stelle.

Erst allmählich wurden die Löhne im Osten dem Westniveau angeglichen. So fühlten sich etliche Ostdeutsche als Verlierer und Bürger zweiter Klasse.

Gigantische Anstrengungen hat die Bundesrepublik seit 1990 unternommen, um die marode Infrastruktur der neuen Bundesländer zu modernisieren. Straßen, Häuser, Telefonnetze, Versorgungsleitungen für Gas, Wasser und Strom mussten erneuert und Umweltschäden beseitigt werden. Deshalb fließt noch immer sehr viel Geld in den Osten. Diese Aufbauhilfe wurde im Solidarpakt I (1995 bis 2004) und II (2005 bis 2019) geregelt.

Solidarpakt II
Er will gleichwertige wirtschaftliche und soziale Lebensverhältnisse in Ost und West schaffen, die innere Einheit vollenden und den Aufbau Ost auf eine langfristige und verlässliche Grundlage stellen.
Der Bund stellt den ostdeutschen Ländern für die Jahre 2005 bis 2019 insgesamt 156,5 Milliarden Euro zur Verfügung.

Methoden erlernen: Schaubilder analysieren

Schaubilder veranschaulichen stark vereinfacht Zusammenhänge in einer übersichtlichen Form. So gehst du vor:

Schritt 1 ●

Das Schaubild begreifen

→ Was ist Thema des Schaubildes (Zeitraum, was ist abgebildet)?
→ Was sagen Überschrift und Legende aus (Bedeutung von Farben, Linien, Pfeilen usw.)?

Schritt 2 ●●

Die Zusammenhänge beschreiben

Beschreibe die Zusammenhänge, indem du auf die Bedeutung der Pfeile, Farben, Symbole und der Beschriftung eingehst und möglichst genau berichtest, was du siehst..

Schritt 3 ●●●

Die Information bewerten

→ Beurteile die dargestellten Zustände oder Entwicklungen.
→ Stelle einen Zusammenhang zu anderen Quellen her.
→ Äußere deine eigene Meinung.

Aktiv: Wir erstellen eine Wandzeitung

Wandzeitungen wollen den Leser mit dem dargestellten Thema konfrontieren. Die Beiträge sollen Anlässe schaffen für Gespräche oder Diskussionen.

So geht ihr vor:

Schritt 1 ●

Thema eingrenzen, Material sammeln

→ Wie soll das Thema der Wandzeitung lauten? Findet eine Hauptüberschrift.
→ Wo gibt es Informationen zum Thema (Internet, Tageszeitungen, Zeitschriften, Fachliteratur, Lehrbuch)?

Schritt 2 ●●

Materialien heraussuchen und vorbereiten

→ Müssen die Materialien für die Wandzeitung vergrößert oder grafisch bearbeitet werden (Markierungen, Einrahmungen)?
→ Passen die Texte und Bilder zum Thema?
→ Ist es sinnvoll, durch Pfeile Verbindungen zwischen den Beiträgen herzustellen?

Schritt 3 ●●●

Einen Entwurf der Wandzeitung fertigen und die Wandzeitung präsentieren

→ Wählt eine Stellwand, eine Stecktafel oder Papierbögen für die Wandzeitung aus.
→ Ordnet die Texte, Bilder und Zeichnungen darauf an. Erprobt mehrere Anordnungen. Diskutiert die beste Lösung und klebt dann die Beiträge sorgfältig und sauber auf.
→ Vervollständigt die Darstellung durch Pfeile oder Kommentare.
→ Erarbeitet einen kleinen Vortrag zur Präsentation eurer Wandzeitung.

M4 Sandmännchen der ARD (1959–1989)

Seit 1990 förderten die Europäische Union, der Bund und die Bundesländer die Ansiedlung modernster Industriebetriebe mit erheblichen finanziellen Mitteln, um neue Arbeitsplätze für die Menschen in den fünf neuen Bundesländern zu schaffen.

Verhältnis zwischen Ost- und Westdeutschen → [www]

Mehr als die Hälfte der Deutschen meint, es gebe Unterschiede zwischen West- und Ostdeutschen. Im Osten denken das sogar mehr als 70%. ...
34,4% der Westdeutschen verspüren keine nennenswerten Sorgen, im Osten sind nur 22,9% so positiv gestimmt. ... 32% der westdeutschen Frauen glauben, dass ein Vorschulkind leidet, wenn die Mutter berufstätig ist. Die ostdeutschen Frauen (13%) sehen das deutlich entspannter. ...
Alle reden von der klimaschädlichen Braunkohle – und vergessen leicht, dass der Osten inzwischen mit einem Ökostromanteil von 29% die Nase vorn hat ...
Nur sehr wenige Menschen im Osten (18%) hatten in jüngerer Zeit Kontakt zu Ausländern in ihrer Nachbarschaft, im Westen gehört ethnische Vielfalt für etwas mehr als die Hälfte der Menschen (51%) zum Alltag. Und es scheint, dass Nähe hilft, Vorbehalte abzubauen.

M3 „Wie geht's eigentlich der Einheit?" – Auszüge aus der HAZ vom 23. Juli 2015

M5 Sandmännchen des DFF in der DDR (1959–1989); seit 1989 gesamtdeutsches Sandmännchen

1 ⬛⬛ Erstellt ein Plakat, das die Hoffnungen der Ostdeutschen auf die von Bundeskanzler Kohl versprochenen „blühenden Landschaften" verdeutlicht und präsentiert es der Klasse (Text).
2 ⬛⬛ Nennt die Gründe für die hohe Arbeitslosigkeit in den neuen Bundesländern (Text, M1).
3 ⬛⬛ Stellt dar, wie Menschen im Osten auf die Arbeitslosigkeit reagierten (Text, M2).
4 ⬛⬛ Benennt die Ziele, die mit dem Solidarpakt II erreicht werden sollen (Infotext).
5 ⬛⬛ Recherchiere, wofür Geld aus dem Solidarpakt verwendet wurde (Text, Infotext).
6 ⬛⬛⬛ Erstellt eine aktuelle Wandzeitung zu der Frage, wie die Bürger der Bundesrepublik die Unterschiede zwischen West und Ost bewerten (M3).

Eine schriftliche Arbeit verfassen

Bei der Anfertigung einer schriftlichen Arbeit oder eines Aufsatzes zu einem historischen Thema musst du einige wichtige Punkte berücksichtigen. Du sollst z.B. deine Kompetenz unter Beweis stellen, Quellen und Fachliteratur angemessen zu verwenden. So gehst du dabei vor:

Quellen Texte, Gegenstände oder Tatsachen, aus denen wir Kenntnisse über die Vergangenheit gewinnen können.

Textquellen auswerten → S. 65

Schritt 1 ●
Die Arbeit planen
→ Überlege, wie du das Thema sinnvoll eingrenzen kannst, damit es den Rahmen deiner Arbeit nicht sprengt.
→ Entscheide, wie das Thema der Arbeit genau lauten soll.
→ Erstelle eine Gliederung mit den wichtigsten Unterthemen.
→ Begib dich in die Bibliothek deiner Schule oder deines Heimatortes auf die Suche nach Quellen und Fachliteratur zu deinem Thema. Ergänzend kannst du dazu auch im Internet recherchieren.

Tipp: Bevor du dich an die Vorbereitung deiner Arbeit machst, stelle deinem Lehrer/deiner Lehrerin dein Thema, die Gliederung und das von dir gefundene Material vor.

Schritt 2 ●●
Die Arbeit vorbereiten
→ Sichte die Texte, die du als Grundlage für deine Arbeit verwenden möchtest.
→ Markiere Textstellen, die du für wichtig hältst und die du eventuell als Zitat verwenden möchtest.
→ Unterscheide dabei zwischen
   a) Quellen und
   b) Darstellungen.

a) *Quellen* stammen aus der Zeit, in der das Ereignis stattgefunden hat. Es kann sich um eine Chronik, einen persönlichen Brief, einen Gesetzestext, einen Zeitungsbericht oder ähnliches handeln.

b) *Darstellungen* sind Sachtexte über eine bestimmte Zeit oder ein historisches Ereignis, die auf der Basis von Quellen verfasst sind. Diese Sachtexte stammen von Geschichtswissenschaftlern, Journalisten oder Sachbuchautoren. Eine Darstellung wertest du ähnlich wie eine Quelle aus.

Die Texte der Autoren dieses Schulbuches sind *Darstellungen* über die vergangene Zeit. Die Materialien sind dagegen *Quellen*.

---

1 *Seid ihr bereit als junge Bürger unserer Deutschen Demokratischen Republik mit uns gemeinsam, getreu der Verfassung für die große und edle Sache des Sozialismus*
5 *zu arbeiten und zu arbeiten und zu kämpfen ... das revolutionäre Erbe des Volkes in Ehren zu halten ... nach hoher Bildung und Kultur zu streben ... die feste Freundschaft mit der Sowjetunion weiter zu*
10 *vertiefen ... den Frieden zu schützen und den Sozialismus gegen jeden ... Angriff zu verteidigen, so antwortet: Ja, das geloben wir!*
(Praxis Geschichte 4 (1993), S. 31)

In der DDR versuchte die Regierung, die Kinder und Jugendlichen in Kinderkrippen, der Schule und in Jugendorganisationen zu sozialistischen Persönlichkeiten zu erziehen. Kinder bis zu 14 Jahren waren in der Organisation der Jungen Pioniere zusammengefasst, danach konnten sie der FDJ beitreten. Mit Sportfesten, Ferienlagern und anderen Veranstaltungen sollte die FDJ in enger Bindung an die SED und den FDGB die Jugendlichen im Sinne der Partei erziehen und ausbilden.

Aber auch Jugendliche in der DDR stritten mit ihren Eltern, hörten gern Musik oder gingen ins Kino.

M1 Links eine Quelle: das Gelöbnis bei der Jugendweihe in der DDR; rechts daneben eine Darstellung über Jugend in der DDR.

Schritt 3 ●●●

Die Arbeit verfassen

Wenn du beim Verfassen deiner Arbeit in Quellen oder Darstellungen auf Textstellen stößt, die du für wichtig hältst und die du zitieren möchtest, musst du diese Passagen in deiner Arbeit kenntlich machen und benennen sowie am Ende der Arbeit eine Literaturliste anfügen.

So gehst du dabei vor:

a) Das Zitat kenntlich machen
→ Das Zitat aus einer Quelle oder Darstellung machst du kenntlich, indem du diese Textpassage in Anführungszeichen setzt.

b) Die Textquelle benennen
→ Nach dem Zitat nennst du – in Klammern gesetzt – den Verfasser des Textes, den Titel, den Erscheinungsort und das Erscheinungsjahr sowie die Buchseite. Handelt es sich um die Textsammlung eines Herausgebers, so verwende den Zusatz „Hrsg.". Die Nennung des Verlages ist nicht erforderlich.

Wenn du einen Text im Internet gefunden hast, musst du die komplette Adresszeile aus dem Browser kopieren und das Zugriffsdatum dazusetzen; ein Beispiel: www.hdg.de/lemo/html/DieDeutscheEinheit/index.html; Zugriff: 6. 4. 2014.

→ Alternativ kannst du diese Angaben auch in der Fußzeile der Seite unterbringen und das Zitat mit einer hochgestellten Kennziffer versehen, die du auch in der Fußzeile vor das Zitat setzt.
→ Kürzt du ein Zitat, so musst du die Auslassung durch „..." kennzeichnen.
→ Zitierst du nur indirekt aus einem fremden Text, musst du vor der Verfasserangabe ein „vgl." für „vergleiche" setzen. Dann weiß der Leser, dass du einen fremden Text mit eigenen Worten wiedergegeben hast.

c) Die Literaturliste erstellen
→ Überprüfe nach Fertigstellung deiner Arbeit, aus welchen Büchern du Quellen verwendet hast. Liste diese Bücher so auf, wie du es beim Zitieren bereits getan hast (Punkt b). Ordne die Liste in alphabetischer Reihenfolge nach den Namen der Verfasser.

Tipp: Jeder Autor und jede Autorin haben das Urheberrecht an den von Ihnen verfassten Texten. Wenn jemand anders die Texte verwenden möchte, muss er dafür eine Gebühr an den Urheber zahlen. Kurze Zitate in Arbeiten sind kostenlos, wenn man den Urheber genau nachweist.
Es gibt in Deutschland eine eigene Gesetzessammlung, das Urheberrechtsgesetz. Darin sind alle Fragen im Zusammenhang mit dem Urheberrecht geregelt.

Hoffmann, Joachim/ Ripper, Werner (Hrsg.): Deutschland im Spannungsfeld der Siegermächte, Frankfurt/Main 1982
Kleßmann, Christoph u. a.: Das gespaltene Land, München 1993
Kuhn, Ekkehard: Der Tag der Entscheidung, Berlin 1992
Rein, Gerhard: Die Opposition in der DDR, Berlin 1989
Thaysen, Uwe: Der runde Tisch oder: Wo blieb das Volk, Opladen 1990
Weber, Hermann: Dokumente zur Geschichte der DDR, München 1986

M2 Ausschnitt aus einer Literaturliste

M3 Literaturrecherche in einer Bibliothek

Der Weg zur deutschen Einheit

1 Ein Schaubild analysieren

Werte das Schaubild aus und verfasse dann einen kurzen Text dazu.

Die DDR im Herbst 1989

• Städte in der DDR, in denen es Anfang November 1989 Demonstrationen gab

← Von Bürgern der DDR genutzte Fluchtwege in den Westen

2 Bilder auswerten

Auf diesen Seiten findest du Bilder zum gesamten Kapitel. Jedes der Bilder 1–9 steht für einen Themenkreis.
a) Notiere die Themenkreise.
b) Erstelle für drei der Themenkreise jeweils einen kurzen Text.
c) Tausche dann deine Aufzeichnungen mit denen deines Nachbarn. Fragt euch gegenseitig bei Unklarheiten.

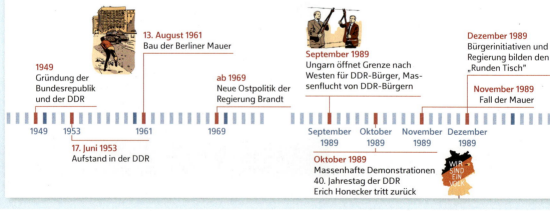

1949 – Gründung der Bundesrepublik und der DDR
17. Juni 1953 – Aufstand in der DDR
13. August 1961 – Bau der Berliner Mauer
ab 1969 – Neue Ostpolitik der Regierung Brandt
September 1989 – Ungarn öffnet Grenze nach Westen für DDR-Bürger, Massenflucht von DDR-Bürgern
Oktober 1989 – Massenhafte Demonstrationen, 40. Jahrestag der DDR, Erich Honecker tritt zurück
November 1989 – Fall der Mauer
Dezember 1989 – Bürgerinitiativen und Regierung bilden den „Runden Tisch"

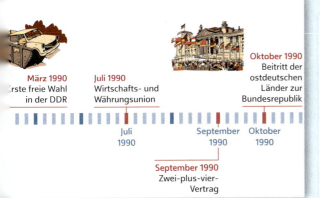

März 1990 Erste freie Wahl in der DDR
Juli 1990 Wirtschafts- und Währungsunion
Oktober 1990 Beitritt der ostdeutschen Länder zur Bundesrepublik

Juli 1990
September 1990
Oktober 1990

September 1990 Zwei-plus-vier-Vertrag

Grundbegriffe:

Bundesrepublik Deutschland
Deutsche Demokratische Republik
Entspannungspolitik
Glasnost
Grundgesetz
Inoffizieller Mitarbeiter (IM)
Mauerfall

Ministerium für Staatssicherheit (MfS, Stasi)
Montagsdemonstrationen
Perestroika
Planwirtschaft
Runder Tisch
Soziale Marktwirtschaft
Staatsvertrag
Zwei-plus-vier-Vertrag

Wissen und Können

Zeitfenster: 710 – 2013

Begegnung der Kulturen in Europa

M2 Ein Christ und ein Muslim spielen Schach (spanische Handschrift, 13. Jh.).

M3 Präsident de Gaulle (l.) und Bundeskanzler Adenauer (r.) besiegeln die deutsch-französische Freundschaft (Foto, 1963).

→ Christen, Juden und Araber im Mittelalter: religiöse Toleranz oder Gewalt gegeneinander?
→ Weshalb brachen im Mittelalter christliche Heere in Europa auf und zogen nach Jerusalem?
→ Wie behandelte die christliche Mehrheit die jüdische Minderheit in Europa im Verlauf der Jahrhunderte?
→ Warum gab es lange Zeit Hass, Rivalitäten und Kriege zwischen Deutschen und Franzosen?
→ Wie schafften es Franzosen und Deutsche, dass aus Feinden Freunde wurden?

M1 Kaiser Heinrich VII. bestätigt den Juden ihre Rechte (Handschrift aus dem Jahre 1354).

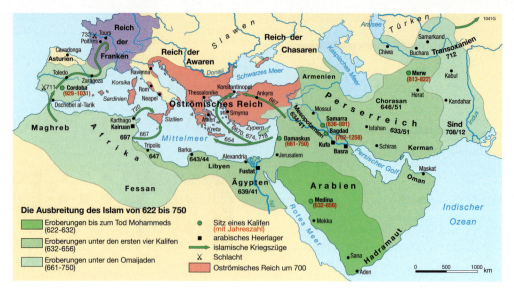

M1 Die Ausdehnung des Islam im 7. und 8. Jahrhundert

Christen und Muslime begegnen sich

Der Islam breitet sich aus – Araber in Europa

Die Religion des Islam entstand im 7. Jahrhundert in Vorderasien und breitete sich über Nordafrika aus. Im 8. Jahrhundert überquerten Muslime das Mittelmeer und eroberten Teile des heutigen Spanien. Dann zogen sie bis ins heutige Frankreich. Im Jahr 732 besiegten fränkische Heere bei Poitiers die vordringenden Muslime und drängten sie auf die spanische Halbinsel zurück.

Auf dem Gebiet des heutigen Spanien lebten in den folgenden Jahrhunderten Muslime, Christen und Juden zusammen. Dabei kam es immer wieder zu kriegerischen Auseinandersetzungen untereinander. Allerdings führte die Begegnung der drei großen religiösen Kulturen in Europa damals auch zu einem Austausch und zu gegenseitiger kultureller Bereicherung.

Methoden erlernen: Karten auswerten

Eine Geschichtskarte gibt Auskunft über vergangene Machtverhältnisse, Grenzen und Geschehnisse. Kartenvergleiche zeigen Entwicklungen.
So gehst du vor:

Schritt 1 •

Thema und Art der Darstellung erkennen

→ Was ist Thema der Karte (Zeitraum, abgebildetes Gebiet)?

→ Was sagt die Legende aus (Bedeutung der Farben, Linien und Signaturen)?

Schritt 2 ••

Den Inhalt beschreiben

→ Erläutere die dargestellten historischen Ereignisse.

→ Ermittle das Entstehungsdatum (zeitgenössische oder spätere Darstellung?).

→ Beachte, wer Autor ist und was seine Absicht war (Information? Propaganda?).

Tipp: Benutze neben der Geschichtskarte auch eine entsprechende Karte im Geschichtsatlas und vergleiche beide Karten miteinander.

Schritt 3 •••

Die Ergebnisse bewerten

→ Beurteile die dargestellten Zustände oder Entwicklungen.

→ Stelle einen Zusammenhang zu anderen Quellen her.

→ Äußere deine eigene Meinung.

> Sie werden weder in Gefangenschaft geführt noch von ihren Frauen und Kindern getrennt. Sie werden nicht mit dem Tode bestraft. Ihre Kirchen werden nicht in Flammen aufgehen, und sie werden nicht ihrer Besitztümer beraubt. Man wird sie nicht zwingen, ihrer Religion zu entsagen.

M2 Aus den Kapitulationsbedingungen für die Einwohner Córdobas nach der Eroberung durch die Araber 711

> Als die Neusiedler erkannten, dass unser Land (al-Andalus = Andalusien) ihrem Syrien ähnelte, ließen sie sich endgültig nieder, gründeten Heimstätten unter günstigen Bedingungen und nahmen zu an Zahl und Vermögen.

M3 Ibn Hayyan (986–1076) über die Eroberung der Iberischen Halbinsel

M4 Feldlager der Araber vor Messina auf Sizilien (aus der Chronik des byzantinischen Geschichtsschreibers Skylitzes, Ende des 11. Jahrhunderts)

ℹ️ Die Ausdehnung des Islam

710 n. Chr. Von Arabern zum Islam bekehrte nordafrikanische Nomaden (Mauren) überqueren die Meerenge bei Gibraltar.

711 Militärischer Sieg der Mauren über die Westgoten unter Roderich; Zerstörung der westgotischen Kriegerdynastie und Ausbreitung über die Iberische Halbinsel (Ausnahme: der Norden Spaniens)

719 Raubzüge der Mauren bis nach Toulouse und Narbonne (heutiges Südfrankreich)

732 Schlacht bei Poitiers unter Karl Martell (fränkischer Adliger, 688–741); die Muslime unterliegen und werden über die Pyrenäen auf die Iberische Halbinsel zurückgedrängt.

755–1031 Aufteilung der Iberischen Halbinsel in Provinzen. Araber regieren zunächst von Nordafrika, später von Córdoba (Kalifat) aus; z. T. heftige Streitigkeiten zwischen Christen und Muslimen.

756–976 Festigung der muslimischen Herrschaft unter Abd ar-Rahman I. und seinen Nachfahren; kulturelle Blütezeit, friedliches Zusammenleben verschiedener Völker und Religionen; aber auch immer wieder kriegerische Auseinandersetzungen

827–1091 Sizilien, Sardinien und Teile Süditaliens werden von islamischen Arabern erobert.

seit dem 11. Jh. Zum Islam bekehrte Türken (später: Osmanen) gründen in Südosteuropa das Osmanische Reich und bedrängen vor allem das Byzantinische Reich.

1492 Endgültige Rückeroberung der Iberischen Halbinsel durch die christlichen Monarchen Ferdinand von Aragón und Isabella von Kastilien (Reconquista)

Byzantinisches Reich entstand aus der Osthälfte des (christlichen) römischen Reiches. 1453 Eroberung der Hauptstadt Konstantinopel durch die Osmanen (Muslime)

Reconquista Nach der militärischen Rückeroberung durch christliche Heere endete auf der Iberischen Halbinsel die muslimische Herrschaft 1492. Die Christen vertrieben auch alle Juden aus Spanien.

---

1 a) Stellt den Verlauf der islamischen Eroberung dar (Zeitstrahl, M1).
b) Sucht Sizilien in einer Geschichtskarte und erklärt die grünen Pfeile (M1).

2 Entwerft einen Kurzvortrag über den Verlauf der islamischen Eroberungen (Zeitstrahl, M1, M2, M3).

3 a) Beschreibe Einzelheiten der Malerei: Gebäude, Personen und Gegenstände, Farben und Größenverhältnisse (M4).
b) Vergleicht eure Beschreibungen.
c) Erläutere, woran du jeweils Christen und Araber erkennst (M4).
d) Stellt eine Szene der Malerei in einem Standbild dar. Überlegt euch dazu passende Äußerungen aus unterschiedlichen Sichtweisen von Muslimen und Christen (M4).

Córdoba: Juden, Christen und Muslime leben in einer Stadt zusammen

Dhimma
arabisch: Schutz, Obhut, Garantie

Christen und Juden wurden von den muslimischen Eroberern in Córdoba toleriert. Traten sie freiwillig zum Islam über, erhielten sie das volle Bürgerrecht. Wenn sie ihre Religion beibehielten, mussten sie Steuern zahlen. Ihre Bezeichnung war „Dhimmi". Sie wohnten in besonderen Stadtteilen und hatten besondere Kleidervorschriften einzuhalten. Für sie galten andere Rechtsvorschriften.

Vor der Eroberung Spaniens unterdrückten die Westgoten die Juden. Die Muslime wurden als Befreier begrüßt. Jetzt genossen Juden das volle bürgerliche Recht und lebten nach ihren eigenen religiösen Gesetzen. Diese Blütezeit wurde von ihnen als „Goldene Diaspora" bezeichnet. Einige jüdische Gelehrte erhielten Zugang zu sehr hohen Ämtern unter muslimischen Herrschern. Im Kalifat von Córdoba lebten bis zur Wiedereroberung der Stadt durch christliche Heere zeitweise eine halbe Million Christen, Juden und Muslime meist friedlich zusammen.

M1 Der ehemalige Gebetsraum der Moschee von Córdoba; heute eine christliche Kirche

Kalifat von Córdoba
Die Stadt wurde 711 von den Mauren erobert, war Regierungssitz des Herrschers von „al Andalus". 1236 wurde Córdoba von Christen im Rahmen der Reconquista wiedererobert.

1   Die Araber (brachten) neue Feldfrüchte und neue Arbeitsmethoden, damit auch neue Wörter auf die Halbinsel: acequia, Wasserrinne; aljibe, Zisterne; noria, Schöpfrad; zanahoria,
5   Mohrrübe (wobei das deutsche Mohr auf die Mauren hinweist); algodón, Baumwolle. Bestimmte Handwerker und Handwerksmethoden sowie -materialien und -produkte kamen aus den arabischen Herrschaftsgebieten: alfarero, Töpfer; taza, Tasse; jara, 10
Tonkrug; recamar, besticken; damasco, Damask. Im Bereich des Hausbaus sind diese Einflüsse besonders häufig: albañil, der Maurer; albanal, der Wasserablauf; alféizar, Fenster- oder Türrahmen. 15

M2 Ein Wissenschaftler über Einflüsse des Arabischen (1995)

Kalifat von Córdoba → [www]

1   Ibn Hayyan berichtet von 1600 Moscheen, al-Bakri nur von 466. Beide Ziffern zeugen weniger von Genauigkeit als vielmehr von Staunen angesichts der Maßlosigkeit Córdobas.
5   Eine Volkszählung, die in der Regierungszeit von al-Mansur (…) durchgeführt wurde, ergab, dass in der Stadt 213 007 Häuser standen, die vom einfachen Volk und der Mittelschicht bewohnt wurden, dass 60 300 Häuser hohen
10 Beamten und der Aristokratie gehörten, dass es 600 öffentliche Bäder und 80 455 Geschäfte gab. Wenn diese Angaben der Wahrheit entsprächen, würde dies eine unmögliche Einwohnerzahl von 1 000 000 bedeuten. Der seriöse Archäologe Leopoldo Torres Balbás 15
spricht von nur 100 000 Einwohnern. Was wir mit Sicherheit sagen können, ist, dass der Graben, der zu Beginn des 11. Jahrhunderts um die Stadt herum angelegt wurde, einen Umfang von 22 Kilometern hatte und eine Fläche von 20
5000 Hektar einschloss, was immer noch größer ist als die heutige Fläche der Stadt.

M3 Ein spanischer Autor über die Größe Córdobas (1991)

Begegnung der Kulturen in Europa

M4 Lautenspieler (spanische Handschrift aus dem 13. Jh.)

M6 Eine Wassermühle bei Murcia aus arabischer Zeit

Kulturelle Errungenschaften des Islam → www

Meine Glaubensgenossen lesen gerne die Gedichte und Geschichten der Araber. Sie studieren die muslimischen Philosophen und Theologen (...), um einen korrekten und eleganten arabischen Stil zu erlangen (...) Alle jungen Christen (...) kennen nur noch die arabische Sprache und Literatur (...) Sie erklären überall, jene Literatur sei bewundernswert. Wenn man ihnen jedoch von den christlichen Büchern spricht, antworten sie voller Verachtung, dass diese ihrer Aufmerksamkeit unwert seien. (...) Welch ein Schmerz! (...) Keiner unter Tausend von uns versteht noch, einen korrekten lateinischen Brief an einen Freund zu schreiben.

M5 Der christliche Laie Alvaro de Córdoba über seine christlichen Glaubensgenossen (9. Jh.)

(Die Herrscher in Andalusien) förderten (...) Samuel ibn Nagrella (...) Er war einer der bedeutendsten Dichter der hebräischen Literatur; darüber hinaus bekleidete er höchste Staatsämter und hatte dank seines Geschicks und seiner Verbindungen direkten Einfluss auf die Politik des Königreiches. Sein König erhob ihn sogar in den Generalsrang (...) Seinem Sohn Yehosef ibn Nagrella stieg die Macht zu Kopf; er stellte seinen Reichtum zur Schau und griff wohl auch selbst zur Macht, mit dem Fernziel der Errichtung einer jüdischen Taifa. Das aufgebrachte Volk stürmte seine Paläste, es kam zu einem regelrechten Pogrom, dem 1066 außer der Familie ibn Nagrella 1500 Juden zum Opfer fielen.

Taifa Kleinkönigreich

M7 Ein Wissenschaftler über einen jüdischen Aufsteiger (2007)

1. Berichte, was du über die Stadt Córdoba erfährst (Text, M1, M2, M3, M5).
2. Zählt kulturelle und technische Neuerungen auf, die durch das Zusammentreffen der Kulturen ausgetauscht wurden (M2, M4, M6).
3. Benennt Beispiele für gegenseitige kulturelle Bereicherung aus der Gegenwart.
4. Entnimm die Wörter arabischen Ursprungs aus M2 und notiere sie zusammen mit ihrer ursprünglichen Bedeutung tabellarisch.
5. Untersuche die Herkunft folgender Wörter und erkläre: Arsenal, Giraffe, Algebra, Ziffer, Chemie, Elixier, Algorithmus, Sofa und Safari.
6. Diskutiert in einer Pro- und Kontra-Disskussion, ob man auf die Verwendung von Vokabeln aus anderen Kulturkreisen z. B. in Schulbüchern verzichten sollte.
7. Gib die Geschichte des Samuel Ibn Nagrella mit deinen Worten wieder und verfasse einen Warnbrief aus der Sicht eines guten Freundes an ihn (M7).

Gewalt im Namen der Religion – die Kreuzzüge

„Gott will es!"

M1 Die Kreuzfahrer erobern Jerusalem (Miniatur aus einer französischen Handschrift, 13. Jh.).

Kreuzzüge → www

Jerusalem ist eine Stadt mit besonderer religiöser Bedeutung für Juden, Christen und Muslime. Nach christlichem Glauben ist Jesus dort gestorben und auferstanden. Für die Menschen jüdischen Glaubens ist Jerusalem die Stadt Gottes. Hier stand der Tempel des König Salomon. Weil der Prophet Mohammed dort von einem Felsen in den Himmel gefahren sein soll, ist der Ort für Muslime heilig. Hier steht heute der Felsendom. Juden, Christen und Muslime pilgern früher wie heute zu ihren heiligen Stätten in Jerusalem.

Als Muslime Jerusalem 638 n. Chr. besetzten, blieb die Stadt für christliche Pilger geöffnet. Seit 1071 n. Chr. behinderten muslimische Seldschuken christliche Pilger. Dieser türkische Volksstamm bedrohte auch das Byzantinische Reich. Das nahm Papst Urban II. zum Anlass, um im Jahr 1095 alle Christen zum Kreuzzug gegen die „Ungläubigen" aufzurufen. Von Burgen, aus Dörfern und Städten in ganz Europa folgten Tausende seinem Aufruf: „Gott will es!". 1099 eroberte ein Kreuzfahrerheer Jerusalem und gründete dort ein christliches Königreich. Die Kämpfe gingen weiter. Nach sieben blutigen Kreuzzügen ging 1291 die Herrschaft der Christen in Palästina zu Ende.

> Jetzt schaffen es unsere Sünden, dass (im Heiligen Land) die Feinde des Kreuzes ihr weiheloses Haupt erhoben haben. (...) Was tut ihr, tapfere Männer? Was tut ihr, Diener des Kreuzes? So wollt ihr das Heiligtum den Hunden und die Perlen den Säuen geben (...)? Du tapferer Ritter, du Mann des Krieges: Jetzt hast du eine Fehde ohne Gefahr, wo der Sieg Ruhm bringt und der Tod Gewinn. Bist du ein kluger Kaufmann (...): Einen großen Markt sage ich dir an; sieh zu, dass er dir nicht entgeht. (...) Nimm das Kreuzeszeichen und für alles, was du reuigen Herzens beichtest, wirst du auf einmal Ablass erlangen.

M2 Kreuzzugspredigt Bernhards von Clairvaux zum Zweiten Kreuzzug (1146 n. Chr.)

1. Beschreibt euch gegenseitig die Abbildung M1 genau.
2. Schildert anhand von Beispielen, wie die Kreuzfahrer bei der Eroberung vorgingen (M1).
3. Schreibe die Begriffe heraus, mit denen Bernhard von Clairvaux die Kreuzzugsteilnehmer und deren „Feinde" bezeichnet (M2).
4. Stellt in einer szenischen Darstellung dar, wie die Rede auf die Zuhörer wirkte (M2).

Mit Schwert und Feuer im Zeichen des Kreuzes gegen Andersgläubige

Der religiöse Eifer hatte auch für die Juden schlimme Folgen. Fanatische Kreuzfahrer auf dem Weg ins Heilige Land und Bürger in den Städten gaben den Juden die Schuld am Tode Christi und gingen gegen die Judengemeinden vor. Die jüdischen Bürger wurden gezwungen, die Kreuzfahrer finanziell zu unterstützen. Viele Juden wurden bei diesen Pogromen ermordet, ihre Häuser und Synagogen zerstört. Die Motive der Kreuzfahrer waren vielfältig: Einfache Leute waren überzeugt, für ihre Kirche etwas Gutes zu tun und alle Sünden erlassen zu bekommen. Verarmte Adlige erhofften sich eine bessere Zukunft in den Kreuzfahrerstaaten. Den beteiligten Herrschern wie Kaiser Friedrich Barbarossa, Richard Löwenherz oder König Phillip II. aus Frankreich ging es darum, ihre Machtpositionen zu behaupten. Grausamkeiten gab es bei den Kriegszügen auf beiden Seiten, aber besonders grausam verlief die Eroberung Jerusalems 1099.

M5 Kreuzfahrer plündern den Felsendom in Jerusalem (arabische Malerei, 14. Jh.).

Pogrom
gewaltsame Ausschreitungen gegen eine bestimmte gesellschaftliche Gruppe

> (...) Nachdem die unseren die Heiden endlich zu Boden geworfen hatten, ergriffen sie im Tempel eine große Zahl Männer und Frauen und töteten sie oder ließen sie leben, wie es ihnen gut schien. Bald durcheilten die Pilger die ganze Stadt und rafften Silber, Pferde und Mulis an sich. Sie plünderten die Häuser, die mit Reichtümern überfüllt waren. Dann, glücklich und vor Freude weinend, gingen die Unsrigen hin, um das Grab unseres Herrn Christus zu verehren und ihm für den Sieg Dank zu sagen. Am folgenden Tag erkletterten die Unsrigen das Dach des Tempels, griffen die Ungläubigen, Männer und Frauen, an und schlugen ihnen die Köpfe ab.

M3 Ein christlicher Augenzeuge der Eroberung Jerusalems (12. Jh.)

> Die Franken blieben eine Woche in der Stadt Jerusalem, während der sie die Einwohner mordeten. (...) In der Al-Aqsa-Moschee töteten die Franken mehr als 70 000 Muslime, unter ihnen viele Religionsgelehrte und Fromme, die an diesem heiligen Ort in frommer Zurückgezogenheit leben wollten. Aus dem Felsendom raubten die Franken mehr als vierzig Silberleuchter, von denen jeder über 3600 Drachmen wog, einen großen Silberleuchter im Gewicht von 40 syrischen Pfund, außerdem von den kleineren Leuchtern 150 silberne und mehr als 20 goldene, und andere unermessliche Beute. (...) Die Flüchtlinge erreichten Bagdad im Ramadan. (...) In der Kanzlei des Kalifen gaben sie einen Bericht, der die Augen mit Tränen füllte und die Herzen betrübte über das, was die Muslime in der erhabenen heiligen Stadt Jerusalem erlitten hatten: die Männer getötet, Frauen und Kinder gefangen, alle Habe geplündert. Wegen des schweren Unglücks, das sie erduldet hatten, brachen sie sogar das Fasten im Ramadan.

M4 Ein muslimischer Geschichtsschreiber (1231)

Drachme
Die Münze hatte ein Gewicht von ca. 3 g Silber.

5 Berichtet jeweils aus der Sicht eines Kreuzfahrers und eines Muslimen über die Vorgänge in Jerusalem im Jahr 1099 (M3, M4, M5).

6 Beurteile die Motive der Kreuzfahrer, indem du mit dem Zweck einer Pilgerfahrt vergleichst.

Juden im Mittelalter → www

Die Juden: eine Minderheit in Europa

Vom friedlichen Zusammenleben zur ausgegrenzten Minderheit

M1 Aus dem Sachsenspiegel des Eike von Repgow, einer Sammlung von Rechtsvorschriften; links ein Jude, erkennbar an dem gelben Hut (Handschrift, um 1320)

*Gelber Hut
Er war vermutlich nicht eine realistische Darstellung der Kopfbedeckung, sondern ein bildhaftes Zeichen, das Juden auf Bildern kennzeichnen sollte.*

M2 Handschrift von Maimonides

*Maimonides
Jüdischer Philosoph, Jurist und Arzt; wurde um 1135 in Córdoba geboren, starb 1204 in Kairo; gilt als einer der bedeutendsten jüdischen Gelehrten des Mittelalters.*

Im 10. und 11. Jahrhundert wanderten aus Süden und Westen jüdische Kaufleute nach Deutschland ein. In den Städten entlang des Rheins entstanden erste jüdische Gemeinden. Das Zusammenleben zwischen den christlichen und jüdischen Bürgern gestaltete sich friedlich.

Als Papst Urban II. im Jahre 1096 zum Kreuzzug gegen Andersgläubige aufrief, richtete sich die Gewalt der Kreuzfahrer, die Jerusalem von muslimischer Herrschaft befreien wollten, auch gegen die Juden. Mit der Behauptung, Juden seien die „Mörder Jesu Christi", zwang man ihnen Geld zur Unterstützung der Kreuzfahrer ab, forderte sie auf, zum christlichen Glauben überzutreten und ermordete viele jüdische Bürger.

Die Rechtsstellung der Juden verschlechterte sich. In den Städten mussten Juden nun in spezielle Wohnbezirke, sogenannte Gettos, ziehen. Da den Juden bestimmte Berufe wie z. B. Handwerksberufe verboten waren, gab es einige unter ihnen, die aufgrund geschickten Handelns und durch Geldverleih zu Reichtum gekommen waren. Sie zogen damit Neid ihrer christlichen Nachbarn auf sich.

Immer wieder mussten Juden als Sündenböcke für unerklärliche Ereignisse herhalten. Wurde ein Tier oder Kind missgestaltet geboren oder es geschahen unerklärliche Naturkatastrophen, machte man die Juden dafür verantwortlich. Sie hatten keine sichere Rechtsstellung und waren vom Wohlwollen der Herrschenden abhängig, bei denen sie sich z. B. Schutz erkaufen konnten.

> *Die jüdische Kolonie spielte nicht nur kulturell, sondern auch politisch eine tragende Rolle im islamischen Spanien (…) Bekannt ist, dass jüdische Gelehrte an der Übersetzung arabischer und hebräischer Werke ins Lateinische mitwirkten.*

M3 Ein Wissenschaftler über die Juden im islamischen Spanien (1982)

> *Viele Juden trieben Finanzgeschäfte als Wechsler, Steuereinnehmer, Bankiers (…) Es entwickelten sich moderne Formen des Transfers von Schulden und Vergütungen zwischen den Händlern: Schuldbriefe, Wechsel und Kreditbriefe. Es wäre ein Irrtum, daraus zu schließen, Finanz und Handel wären in irgendeinem Moment ein Monopol der Juden gewesen. Gewiss hatten sie Vorteile durch ihre politische Neutralität, ihre internationalen Verbindungen und Beziehungen und ihren Unternehmergeist, den sie der jahrhundertelangen Situation als Minderheit verdankten. Sie konnten leichter als Moslems und Christen die Grenzen passieren. (…) Die enorme Beweglichkeit der jüdischen Gemeinden erleichterte die wirtschaftlichen, kulturellen, geistigen, sogar familiären Beziehungen zwischen den auf islamischem Gebiet lebenden Juden und ihren Glaubensbrüdern unter christlicher Oberhoheit.*

M4 Ein Forscher über die Juden in Europa im Mittelalter (1990)

M5 Der Schüler Horst Golnik im Getto von Riga trägt den Judenstern (Foto, 1942).

M8 Juden werden wegen eines angeblichen Ritualmordes 1475 verbrannt (Holzschnitt von 1493).

Ritualmord
Tötung eines Menschen nach festgelegtem Ritual, z. B. als religiöse Handlung

Judenstern
Ab dem 1. September 1941 schrieb eine Polizeiverordnung vor, dass jüdische Bürger vom vollendeten sechsten Lebensjahr an einen gelben Judenstern tragen mussten. Nur „Mischlinge" und jüdische Partner in „Mischehen" waren davon ausgenommen.

> Die Verketzerung durch die Kirche, die unter Papst Innozenz III. begann, sollte für die Juden verheerende Folgen haben. So schloss das 4. Laterankonzil von 1215 die Juden von allen handwerklichen Berufen aus und drängte sie in die Rolle von Pfandleihern, Geldwechslern und Zinsnehmern – dem Volke sichtbar und daher oft verhasst. Denn während die Kirchen Reichtümer ansammelten, verarmten die Bauern und das niedere Volk in den Städten (…).
> Da aber die Armen nichts gegen die reichen Christen (…) unternehmen konnten und der Klerus gegen diese Reichen nichts unternehmen wollte, richtete sich der Volkshass gegen die Juden, die als Pfandleiher beinahe ausschließlich vom „Wucher", dem Zins, lebten.

M6 Ein Wissenschaftler über die Ausgrenzung der Juden (1988)

> Die Juden hatten sich in Deutschland in der Landschaft Thüringen sehr vermehrt, und da die Bevölkerung des Landes von Neid gegen sie erfüllt war, trachteten sie danach, jene zu töten. Als nun damals (wegen der Pest) viele erkrankten, sprachen sie: Die Juden haben Gift in die Brunnen geworfen, um uns zu töten; erhoben sich plötzlich gegen sie und (…) verbrannten sie.

M7 Der Jude Josef ha Cohen berichtet über die Pest 1348/49.

M9 Jüdin aus Worms mit dem „Judenfleck" (Handschrift, 16. Jh.)

Gelber Fleck/ Judenfleck
Diese Kennzeichnung für alle Juden wurde ab dem 15. Jh. nach und nach durchgesetzt, so in Frankfurt zusammen mit der Errichtung des Gettos 1462.

1. Zähle beispielhaft auf, welche Berufe Juden im Mittelalter ausüben oder nicht ausüben durften (Text, M4, M6).
2. a) Verfasse eine fiktive Anklage gegen ein Opfer aus M8.
   b) Stellt ein Gespräch zweier fiktiver Beobachter über die Bestrafung des Opfers vor der Urteilsvollstreckung szenisch dar (Text, M6, M7, M8).
3. a) Arbeitet heraus, wodurch Juden im Mittelalter Kultur und Wirtschaft bereicherten.
   b) Verfasst einen fiktiven Aufruf, der die Ansiedlung von Juden fördern soll.
4. Arbeitet aus dem Info-Text und den Bildern die Ursprünge der Kennzeichnungspflicht für Juden heraus und notiert die unterschiedlichen Formen der Kennzeichnung bis zur Zeit des Nationalsozialismus tabellarisch (M1, M5, M9).
5. Erörtere den folgenden Satz: „Juden nahmen eine ‚Brückenfunktion' zwischen den Kulturen ein" (M3, M4).

Emanzipation
politische und gesellschaftliche Selbstbefreiung

Aufklärung
Epoche im 17./18. Jahrhundert, in der Gelehrte statt eines bedingungslosen religiösen Glaubens die Vernunft und wissenschaftliches Fragen zur Grundlage des Denkens und Handelns machten.

Schutzbriefe
Erkaufte Schutzbriefe oder Sonderabgaben gewährten Juden im 18. Jahrhundert ein einigermaßen sicheres Leben unter dem Schutz des jeweiligen Landesherrn.

jüdische Biografien → www

M1 Moses Mendelssohn (1729–1786) war Philosoph und Literaturkritiker; er gilt als der bekannteste jüdische Gelehrte des 18. Jahrhunderts (undatierter Holzschnitt).

Die rechtliche und gesellschaftliche Stellung der Juden unterschied sich in der Neuzeit je nach Einfluss des Landesherrn stark voneinander.

In der Epoche der Aufklärung ab Ende des 18. Jahrhunderts änderte sich einiges. So erhielten gelehrte Juden erstmals gesellschaftliche Anerkennung z. B. für ihre Musik, Dichtungen und wissenschaftlichen Schriften. In „Nathan der Weise", einem der berühmtesten Theaterstücke dieser Zeit, setzte Gotthold E. Lessing seinem Freund Moses Mendelssohn ein Denkmal, indem er ihn zur Hauptfigur machte.

Im Zuge der Französischen Revolution wurde heftig über die Gleichberechtigung von gesellschaftlichen Randgruppen diskutiert. Schließlich verkündete die französische Nationalversammlung die Gleichberechtigung der Juden am 27. September 1791. Auch in einigen deutschen Herrschaftsgebieten erhielten Juden Rechte. Der Wiener Kongress 1815 beendete diese Phase wieder. Bereits gewährte Rechte wurden zurückgenommen. Jüdische Gelehrte und Intellektuelle fühlten sich jedoch als Deutsche und litten unter der gesellschaftlichen Ausgrenzung.

Seit Mitte des 19. Jahrhunderts wurden in Deutschland Juden als Staatsbürger allgemein anerkannt. In Preußen trat am 3. Juli 1869 das „Gesetz über die Gleichstellung der religiösen Bekenntnisse und deren Rechte" in Kraft. Es galt ab 1871 im gesamten Deutschen Reich. Viele Juden kämpften später im Ersten Weltkrieg. Sie fühlten sich ihrem Vaterland, dem Deutschen Reich, verpflichtet.

> Wir Friedrich Wilhelm, von Gottes Gnaden König von Preußen usw. haben beschlossen, den jüdischen Glaubensgenossen in Unserer Monarchie eine neue, der allgemeinen Wohlfahrt angemessene Verfassung zu erteilen (…):
> **§ 1.** Die in Unsern Staaten jetzt wohnhaften, mit General-Privilegien, Naturalisations-Patenten, Schutzbriefen und Konzessionen versehenen Juden und deren Familien sind für Einländer und Preußische Staatsbürger zu achten. (…)
> **§ 7.** Die für Einländer zu achtende Juden hingegen sollen, insofern diese Verordnung nichts Abweichendes enthält, gleiche bürgerliche Rechte und Freiheiten mit den Christen genießen.
> **§ 8.** Sie können daher akademische Lehr- und Schul- und Gemeinde-Aemter, zu welchen sie sich geschickt gemacht haben, verwalten. (…)
> **§ 10.** Es stehet ihnen frei, in Städten sowohl als auf dem platten Lande sich niederzulassen.
> **§ 11.** Sie können Grundstücke jeder Art, gleich den christlichen Einwohnern, erwerben, auch alle erlaubten Gewerbe mit Beobachtung der allgemeinen gesetzlichen Vorschriften treiben.
> **§ 12.** Zu der aus dem Staatsbürgerrechte fließenden Gewerbefreiheit, gehöret auch der Handel. (…)
> **§ 14.** Mit besondern Abgaben dürfen die einländischen Juden, als solche, nicht beschweret werden.

M2 Das Preußische Emanzipationsedikt vom 11. März 1812 (Auszug) galt bis 1869.

M3 Heinrich Heine (1797–1856), einer der berühmtesten deutschen Dichter des 19. Jahrhunderts, war jüdischer Abstammung (Gemälde, 1831).

„Soll mir Gott helfen! kann ich doch sagen, ich bin geworden emanschipirt."

M6 „Soll mir Gott helfen! Kann ich doch sagen, ich bin geworden emanschipirt" – Karikatur aus Bayern (Mitte des 19. Jahrhunderts)

> **1.** Wir sind nicht deutsche Juden, sondern deutsche Staatsbürger jüdischen Glaubens.
> **2.** Wir brauchen und fordern als Staatsbürger keinen anderen Schutz, als den der verfassungsmäßigen Rechte.
> **3.** Wir gehören als Juden keiner politischen Partei an. Die politische Anschauung ist, wie die religiöse, die Sache des Einzelnen.
> **4.** Wir stehen fest auf dem Boden der deutschen Nationalität. Wir haben mit den Juden andrer Länder keine andere Gemeinschaft, als die Katholiken und Protestanten Deutschlands mit den Katholiken und Protestanten anderer Länder.
> **5.** Wir haben keine andere Moral, als unsere andersgläubigen Mitbürger.
> **6.** Wir verdammen die unsittliche Handlung des Einzelnen, wes Glaubens er sei; wir lehnen jede Verantwortung für die Handlung des einzelnen Juden ab und verwahren uns gegen die Verallgemeinerung, mit der fahrlässige oder böswillige Beurtheiler die Handlung des einzelnen Juden der Gesammtheit der jüdischen Staatsbürger zur Last legen.

M4 „Schutzjuden oder Staatsbürger?" von Raphael Löwenfeld (Berlin 1893)

jüdische Geschichte und Kultur → www

> Ich bereue sehr daß ich mich getauft hab; ich seh noch gar nicht ein, daß es mir seitdem besser gegangen sey, im Gegentheil, ich habe seitdem nichts als Unglück.

M5 Aus einem Brief Heines an Moses Moser am 9. Januar 1826

1. Listet einige Rechte für Juden auf und erläutert die Veränderungen in ihrer Rechtsstellung (M2).
2. Arbeitet die Forderungen Raphael Löwenfelds heraus, indem ihr eine Rede für ihn schreibt, die er vor Politikern halten könnte (M4).
3. a) Benennt Gründe und erklärt, warum einige Juden sich taufen ließen.
   b) Stellt in einem fiktiven Rollenspiel ein Gespräch unter aufgeklärten Juden im 19. Jahrhundert zum Thema „freiwillige christliche Taufe" dar.
4. a) Beschreibe die Karikatur. Benenne zeichnerische Mittel und Symbole (M6).
   b) Beurteile die Karikatur und stelle Bezüge zu den Informationen aus M2, M4 und dem Autorentext her.

Juden im Kaiserreich und in der Weimarer Republik

Zahlreiche jüdische Deutsche waren während der Kaiserzeit und der Weimarer Republik wegen ihrer Leistungen in Wissenschaft, Kultur, Politik und Wirtschaft international hoch angesehen. Dazu zählen z. B. die Naturwissenschaftler Albert Einstein, Gustav Hertz oder Max Born. Wohlhabende Juden wie der Kaufhausbesitzer Salman Schocken oder der Verleger Salomon Fischer förderten mit ihrem Geld Kunst und Kultur. Sie genossen hohes Ansehen.

Antisemitismus im Kaiserreich → www

Dennoch litten jüdische Bürger unter dem weitverbreiteten alltäglichen Antisemitismus. Juden durften öffentlich ungestraft herabgewürdigt werden. Das geschah durch Witze über sie, Postkarten mit entstellenden Bildern, diskriminierende Plakate oder Ähnliches. Der Großteil der jüdischen Deutschen war assimiliert, d. h., dass sich der Alltag dieser jüdischen Deutschen wenig oder kaum von dem anderer Deutscher unterschied.

assimiliert angepasst

> Wenn meine Theorie sich als richtig erweist, werden die Deutschen mich einen Deutschen nennen, die Franzosen einen Juden. Wenn sie sich als falsch erweisen sollte, werden die Deutschen mich einen Juden nennen, die Franzosen einen Deutschen.

M2 Albert Einstein nach Veröffentlichung seiner Relativitätstheorie (1914/1915)

ⓘ Antisemitismus

Seine Vertreter waren der Überzeugung, es gäbe „minder- und höherwertige Rassen". Ziel der Juden als „minderwertiger Rasse" sei es, die vermeintlich überlegene „nordische" oder „arische Rasse" zu zerstören und die Weltherrschaft an sich zu ziehen („jüdische Weltverschwörung"). Vor dem Hintergrund dieser Wahnvorstellung wurde jede als schlecht bewertete gesellschaftliche Entwicklung dem Judentum angelastet. Der Antisemitismus war in ganz Europa verbreitet.

Walther Rathenau
1867 in Berlin geboren
1886–1890 Studium von Physik, Chemie, Maschinenbau und Philosophie
1897 fordert er die jüdische Bevölkerung in Deutschland zur Assimilation auf
1912 Vorsitzender des Aufsichtsrates der AEG
1918 handelt er als Vertreter der Arbeitgeber mit Vertretern der Arbeitnehmer tarifrechtliche Vereinbarungen aus
1921 Wiederaufbauminister; er plädiert für eine „Erfüllungspolitik", um die Undurchführbarkeit des Versailler Vertrags zu beweisen
1922 wird er Außenminister und schließt den Rapallo-Vertrag mit der Sowjetunion
24. Juni: Rathenau wird von zwei jungen rechtsradikalen Offizieren erschossen; mit dem Mord soll die Weimarer Republik getroffen werden.

Alice Salomon
1872 in Berlin geboren
1902 bis 1906 Studium der Nationalökonomie, Geschichte und Philosophie – ohne Abitur
1906 Promotion
Seit 1893 Engagement in der sozialen Frauenarbeit und der Frauenbewegung in Deutschland, aber auch in der internationalen Frauenbewegung
1925 eröffnet sie die Deutsche Akademie für soziale und pädagogische Frauenarbeit
1929 ist sie beteiligt an der Gründung des Internationalen Komitees sozialer Schulen
1933 wird Alice Salomon aus allen öffentlichen Ämtern verdrängt
1937 zwingt sie die Gestapo zur Emigration
1948 stirbt sie in New York

Rahel Hirsch
1870 in Frankfurt am Main geboren
1885–1889 Studium, danach bis 1898 Lehrerin; anschließend Studium der Medizin, das sie in Zürich beginnt, weil dies für Frauen in Deutschland nicht möglich ist
1903 Abschluss des Medizinstudiums in Straßburg; danach als Ärztin an der Berliner Charité
1913 wird ihr als erster Medizinerin in Preußen der Professorentitel verliehen
1938 Aufgabe der Praxis und Emigration nach London; dort lebt eine ihrer Schwestern; die letzten Lebensjahre verbringt sie – geplagt von Depressionen, Wahnvorstellungen und Verfolgungsängsten – in einer Nervenheilanstalt am Rande Londons
1953 stirbt sie in London

M1 Biografien namhafter jüdischer Deutscher

M3 „Der Stürmer", Dezember 1938 (antisemitische Wochenzeitung, 1923 gegründet)

M5 Postkarte des Hotels „Kölner Hof" in Frankfurt am Main (1897)

> Mit dem Jahr 1933 kam das Ende der Hoffnung auf eine deutsch-jüdische Synthese, einer Hoffnung, die im Grunde einseitig gewesen war und meist nur von den deutschen Juden gehegt wurde. Der kleinen Zahl, die auswanderte und auch den weiteren Verfolgungen in Europa entkam, gelang in Palästina und in den Ländern, die bereit waren, sie aufzunehmen, ein Neubeginn.
> Was dann geschah, hatte Heinrich Heine bereits ein Jahrhundert zuvor befürchtet. Im Jahr 1834 warnte er: „Lächelt nicht über den Phantasten ... und wenn ihr es einst krachen hört, wie es noch niemals in der Weltgeschichte gekracht hat, so wißt: der deutsche Donner hat endlich sein Ziel erreicht ... Es wird ein Stück aufgeführt werden in Deutschland, wogegen die französische Revolution nur wie eine harmlose Idylle erscheinen möchte."
> Der Weg führte für die Juden Europas über die Verbrennung ihrer Gotteshäuser und heiligen Schriften nach Dachau, Bergen-Belsen, Buchenwald, Maidanek, Treblinka, Auschwitz ...

Synthese Zusammenfügung

M4 Der 1909 in München geborene Nachum T. Gidal über die Bedeutung des Jahres 1933 (1988)

1. Halte einem Partner einen freien Kurzvortrag über eine Person aus M1.
2. Recherchiere im Internet nach weiteren bedeutenden deutschsprachigen Juden, wie z. B. Albert Ballin, Sigmund Freud, Lea Grundig, Felix Nussbaum, Kurt Weill, Hannah Arendt.
3. a) Erläutere die Aussage von Einstein (M2).
   b) Vergleicht eure Aussagen und bewertet Albert Einsteins Annahme.
4. a) Beschreibe die diskriminierende Darstellung jüdischer Menschen im Alltag anhand von Beispielen (M3, M6).
   b) Erkläre, warum die Texte antisemitisch sind (M3, M6, Info-Text).
5. Verfasst aus der Sicht eines jüdischen Touristen, der 1897 Frankfurt besucht, einen Brief an daheim gebliebene Familienmitglieder (M6).

M1 „Der Geist der Rache" (Stich von Ferdinandus, um 1900). An der Tafel steht auf Französisch: „Du wirst Soldat sein".

Einer meiner größten Gedanken war die Konzentration derselben Völker, welche Religionen und Politik zerstreut und zerkleinert haben. Man zählt in Europa mehr als 30 Millionen Franzosen, 15 Millionen Spanier, 15 Millionen Italiener, 30 Millionen Deutsche. Ich hätte gern aus jedem dieser Völker ein ganzes gemacht und sogar einen ganzen Körper. Es wäre schön gewesen, in einem solchen Nationengefolge in die Nachwelt zu schreiten.

M3 Napoleon Bonaparte in einem Rückblick (1816)

Von Feinden zu Freunden: Deutsche und Franzosen

Deutschland und Frankreich im 19. Jahrhundert: Feindbilder

M2 Grenzveränderungen nach dem Deutsch-Französischen Krieg von 1870/71

Das Verhältnis zwischen den Nachbarn Frankreich und Deutschland war seit den Napoleonischen Kriegen bis zur Mitte des 20. Jahrhunderts stark von wechselseitiger Feindschaft geprägt. Die Ursprünge deutsch-französischer Rivalität lassen sich sogar bis in das 17. Jahrhundert zurückverfolgen.

Als Napoleon zu Beginn des 19. Jahrhunderts versuchte, ganz Europa unter seine Herrschaft zu bringen, förderte das die Sehnsucht vieler Deutscher nach einem einigen deutschen Staat. Während der Befreiungskriege entstand ein übertriebener deutscher Nationalismus, der Hass auf die Franzosen und andere Fremde predigte.

1870/1871 führten deutsche und französische Truppen einen Krieg gegeneinander. Frankreich verlor, musste Elsass-Lothringen abtreten und hohe Reparationen an das Deutsche Reich zahlen. Die Gründung des Deutschen Reiches 1871 im Spiegelsaal von Versailles empfanden die Franzosen als Demütigung.

Nach dem Deutsch-Französischen Krieg 1870/71 gab es keine Aussöhnung zwischen den beiden Staaten. Die Franzosen fühlten sich gedemütigt und hofften, sich rächen zu können. Mit Sorge betrachteten sie den neuen starken Nachbarn unter Preußens Führung.

1 *Nennt Gründe für deutsch-französische Feindschaft im 19. Jahrhundert (Text, M2).*
2 *Beschreibt euch gegenseitig M1 und erklärt, die Aussage der Quelle.*
3 a) *Fasse Napoleons Aussage mit deinen Worten zusammen.*
   b) *Vergleicht eure Ergebnisse und diskutiert Napoleons Vision mit dem europäischen Gedanken des 20. Jahrhunderts.*

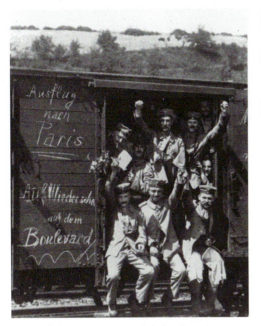

M4 Abfahrt eines Zuges mit kriegsbegeisterten Reservisten an die Front nach Frankreich (Foto, August 1914)

M5 „Was wir verlieren sollen!" – Plakat zu den Beschlüssen der Friedenskonferenz von Versailles (1919)

Zerstörerische Weltkriege

Begeistert zogen 1914 die französischen und deutschen Soldaten in den Ersten Weltkrieg. Auf beiden Seiten war man sicher, den Gegner rasch besiegen zu können. Nach der Niederlage 1918 musste dann Deutschland im Versailler Vertrag u. a. die alleinige Schuld am Krieg anerkennen, die besetzten und weitere Gebiete abtreten und sich zu hohen Reparationszahlungen verpflichten.

Die Politik in der Weimarer Republik wurde stark vom Umgang mit dem Versailler Vertrag geprägt. Die große Mehrheit der Bevölkerung empfand diesen Vertrag als Schmach oder als „Schandfrieden". Dennoch verfolgten die beiden Außenminister Aristide Briand für Frankreich und Gustav Stresemann für Deutschland eine Politik der Aussöhnung zwischen den beiden Ländern, die auch zunächst erfolgreich war. Beim Ausbruch der Weltwirtschaftskrise zeigte sich, dass es keine breite Basis für eine dauerhafte Verständigungspolitik in Deutschland gab. Hitler hatte den Kampf gegen das „Diktat von Versailles" zu einem seiner Ziele erklärt und gewann u. a. damit viele Anhänger. Um seine menschenverachtende Ideologie und seine Eroberungspläne durchsetzen zu können, führte Hitler Deutschland in den Zweiten Weltkrieg. Viele ältere Franzosen erinnern sich heute noch an die deutsche Besetzung ihres Landes unter den Nationalsozialisten. Erst die Landung der Alliierten in der Normandie brachte die Wende des Krieges für das besetzte Frankreich und führte letztlich zum Zusammenbruch Hitlerdeutschlands.

4 Ähnliche Fotos wie M4 gibt es auch von französischen Soldaten auf dem Weg an die Front. Erkläre die Stimmung auf beiden Seiten zu Beginn des Ersten Weltkrieges, indem du als der Fotograf einen kurzen Text zu dem Foto schreibst (Text, M4).

5 Erläutert die Aussagen des Plakates und die Verärgerung in Deutschland angesichts der Bedingungen des Versailler Vertrages.

6 Beurteilt die Bedeutung des Versailler Vertrages für das Verhältnis zwischen Deutschland und Frankreich – einmal aus deutscher und einmal aus französischer Sicht (Text, M5).

M1 Adenauer und de Gaulle nach der Unterzeichnung des Élysée-Vertrages (1963)

M4 Bundespräsident Gauck und der französische Präsident Hollande reichen einem Überlebenden des Massakers von Oradour die Hände (4. September 2013).

Oradour-sur-Glane
Soldaten der Waffen-SS ermordeten am 10. Juni 1944 fast alle Bewohner dieses Dorfes: Männer, Frauen und Kinder; nur wenige überlebten.

Erbfeind
Der Begriff wurde schon im 19. Jh. zur Bezeichnung Frankreichs verwendet. Im Ersten und Zweiten Weltkrieg wurde er zu Propagandazwecken genutzt.

Montanunion
→ S. 156

Von der „Erbfeindschaft" zur deutsch-französischen Freundschaft

Die Erfahrungen aus dem Krieg 1870/71 und aus zwei Weltkriegen bewegten französische und deutsche Politiker, die Grundlagen für eine dauerhafte Aussöhnung zwischen den beiden Völkern zu schaffen. Dies gelang zunächst durch wirtschaftliche Zusammenarbeit. Mit der Gründung der Montanunion 1951 und der EWG 1957 gingen Deutsche und Franzosen, aber auch andere europäische Staaten aufeinander zu. Diese Schritte führten zu einer Annäherung. Der Élysée-Vertrag 1963 besiegelte schließlich die Aussöhnung der beiden Nachbarstaaten. Damit war der Boden bereitet für den Weg in Richtung Europäische Union. Heutige Jugendliche kennen den Begriff vom „französischen Erbfeind" im Gegensatz zu vorherigen Generationen nicht mehr. Schüleraustauschprojekte, studentische Austauschprogramme, Städtepartnerschaften und Urlaube im jeweils anderen Land haben das gegenseitige Feindbild aufgebrochen und eine gute Nachbarschaft entstehen lassen.

> Es bleibt Konrad Adenauers großes Verdienst, die Politik der Westbindung konsequent und gegen alle Widerstände praktiziert zu haben. Ein weiteres Verdienst ist seine Aussöhnungspolitik mit Frankreich. Sie gipfelte im Januar 1963, kurz vor dem Ende seiner Amtszeit, in der Unterzeichnung des „Vertrags über die deutsch-französische Zusammenarbeit", des sogenannten Élysée-Vertrags. In diesem bekräftigten beide Seiten die Absicht, in wichtigen Fragen der Außenpolitik gemeinsame Konsultationen durchzuführen. Zusätzlich sollten sich die Außen- und Verteidigungsminister der beiden Staaten viermal jährlich treffen, eine Annäherung in strategischen Fragen der Verteidigungspolitik erreicht und die Zusammenarbeit in Jugend- und Kulturfragen intensiviert werden.

M2 Ein Politikwissenschaftler über die Politik von Bundeskanzler Adenauer (2009)

> Das DFJW ist eine internationale Organisation im Dienst der deutsch-französischen Zusammenarbeit (... Seine) Gründung geht auf den „Élysée-Vertrag" von 1963 zurück. (...) Es) richtet sich an alle jungen Menschen (...) Dazu greift es aktuelle Themen auf, die junge Menschen in beiden Ländern bewegen und passt seine Angebote und Formate laufend den Lebenswelten und Bedürfnissen junger Menschen an. Es ist ein einzigartiges „Labor" für grenzüberschreitende Projekte und die europäische Zusammenarbeit.

M3 Das Deutsch-Französische Jugendwerk (DFJW) stellt sich vor (2015).

Aktiv: Wir führen eine Meinungsumfrage in der Schule durch

Wenn ihr erfahren wollt, was andere Schüler und Schülerinnen über ein Thema, eine Organisation oder eine Person wissen oder denken, könnt ihr eine Meinungsumfrage durchführen. Dazu müsst ihr einen Fragebogen erstellen, mit dem ihr die Umfrage durchführt. So geht ihr vor:

Schritt 1 ●
Ziel und Zielgruppe bestimmen

→ Überlegt euch genau, was ihr mit eurer Befragung herausfinden wollt, z. B.: „Was wissen Schüler und Schülerinnen von der deutsch-französischen Freundschaft?"

→ Legt fest, wen ihr befragen wollt. Für eine Befragung in der Schule benötigt ihr die Erlaubnis der Schulleitung und der Lehrkräfte in den zu befragenden Klassen.

Schritt 2 ●●
Erstellung des Fragebogens

→ Stellt ihr euch in einem Einleitungssatz vor und weist darauf hin, dass die Befragung anonym bleibt, also niemand seinen Namen angeben muss.

→ Danach folgen das Thema und Angaben zur Person (z. B. Geschlecht, Altersstufe).

→ Dann folgen die Fragen: Formuliert so einfach und eindeutig wie möglich. Wechselt zwischen Fragen, die man durch Ankreuzen und Verfassen eines Antwortsatzes beantwortet.

Schritt 3 ●●●
Meinungsumfrage durchführen

→ Damit eine Meinungsumfrage etwas aussagt, muss man genügend Personen befragen. Legt also fest, wie viele Schülerinnen und Schüler ihr befragen wollt.

→ Dann klärt, wann und wie ihr die Befragung durchführen wollt: Geht ihr allein, zu zweit oder zu mehreren? Den Fragebogen solltet ihr direkt im Klassenraum ausfüllen lassen.

Tipp: Stellt euch zunächst höflich vor. Erklärt den Beteiligten, warum ihr diese Meinungsumfrage durchführt und was mit den Ergebnissen passiert. Stellt klar, dass die Umfrage anonym ist. Fragt, wer sich beteiligen möchte. Bedankt euch nach der Befragung für die Teilnahme.

Schritt 4 ●●●●
Meinungsumfrage auswerten

→ Legt fest, welche Gruppe welche Fragen auswertet. Dazu müssen die Fragebogen ggf. zerschnitten oder kopiert werden.

→ Fasst die Antworten entweder in kurzen Texten zusammen oder erstellt – sofern möglich – Tabellen oder Säulendiagramme.

Schritt 5 ●●●●●
Ergebnisse präsentieren

Die Ergebnisse könnt ihr mit einer Wandzeitung oder auf der Schulhomepage veröffentlichen.

M6 Polnische und deutsche Jugendliche bei einem Treffen des DPJW (2013)

DPJW
Deutsch-Polnisches Jugendwerk; entstand 1991 auf Initiative der Regierungen Deutschlands und Polens. Es fördert Begegnungen junger Deutscher und Polen.

Keine Stadt in Europa verkörpert das wechselvolle deutsch-französische Verhältnis stärker als die Europastadt Strasbourg. (...) Wer in Strasbourg lebt, kann die historische Dimension der Stationierung von 600 bis 700 deutschen Soldaten in Straßburg-Illkirch besonders spüren. (Es) war (...) in den Schulen bei Strafe (...) in den 60-ern und 70-ern verboten, elsässisch zu reden (...) Für meine Großeltern und Eltern war es unvorstellbar, dass je wieder ein deutscher Soldat in Frankreich stationiert werden würde. (...) Auch ich hätte nie geglaubt, dass ein französischer Staatspräsident einmal sagen würde, dass Frankreich glücklich und stolz sei, dieses deutsche Bataillon auf seinem Boden zu begrüßen. Diese gemeinsame Geste (...) macht Mut und Hoffnung für viele Kriegsregionen dieser Erde, unter anderem für den Nahost-Konflikt.

M5 Ein Straßburger Journalist über die Stationierung von Bundeswehrsoldaten (7. Februar 2009)

DFJW und DPJW → www

---

1. Beschreibt euch gegenseitig die M1, M4 und M6.
2. Erläutert die Bedeutung von M1. Diskutiert die Wirkung auf Jugendliche beider Länder.
3. Versetze dich in die Rolle des Straßburger Journalisten und entwirf für einen Radiosender einen Kurzbeitrag zur Stationierung der Bundeswehrsoldaten in Straßburg (M5).
4. Führt eine Meinungsumfrage durch. Thema: Helfen Jugendaustauschprojekte mit Frankreich oder mit Polen den Frieden in Europa sichern?

Begegnung der Kulturen in Europa

1 Geschichtskarten auswerten
Werte die Karte aus; nimm die methodischen Arbeitsschritte von S. 104 zu Hilfe.

M1 Der Mittelmeerraum um 800 n. Chr.

2 Eine Textquelle analysieren
Untersuche den Artikel und fasse die Hauptaussagen in einem kurzen Text zusammen.

> Mit der Eroberung der Iberischen Halbinsel durch die Moslems begann ab dem Jahr 711 ein Goldenes Zeitalter für die Juden in Spanien. Die Eroberer zeigten große Toleranz gegenüber Christen und Juden. Mehr als 300 Jahre konnten die Juden in al-Andalus, so die arabische Bezeichnung für Spanien, nicht nur ihre Religion frei ausüben, sondern stellten den Kalifen und moslemischen Fürsten Minister und Leibärzte, waren einflussreiche Gelehrte und Kaufleute. Aber auch in dem durch christliche Truppen allmählich zurückeroberten Norden der Halbinsel wohnten viele Juden, die oft hoch geachtet waren, da ihre Kenntnisse für den Wiederaufbau des kriegszerstörten Landes gebraucht wurden.
> Ab 1002 zerfiel im moslemischen Süden das Kalifat von Córdoba in kleine Fürstentümer, die Situation für Juden wurde in den bürgerkriegsähnlichen Auseinandersetzungen der Folgezeit schwieriger. Die Almohaden, ein fanatisch-gläubiger Berberstamm aus Nordafrika, verfügten die Islamisierung der Christen und Juden. Viele Juden wanderten aus (...) Andere Juden konvertierten zum Schein, praktizierten jedoch heimlich jüdische Bräuche. Wieder andere gingen in den christlichen Norden, wo die Juden zeitweise freier leben und ihren Glauben ausüben konnten. Doch das Zusammenleben mit den Christen war immer wieder von Pogromen gekennzeichnet, denen selbst einflussreiche Juden zum Opfer fielen. (...)
> Der christliche Sieg über das letzte moslemische Fürstentum von Granada besiegelte 1492 das Ende des Zusammenlebens der Juden, Moslems und Christen in Spanien. Auf Betreiben des Großinquisitors Torquemada verfügten die katholischen Könige Ferdinand von Aragonien und Isabel von Kastilien die Vertreibung aller Juden, die nicht zum Christentum konvertierten. Die meisten dieser so genannten Sepharden flüchteten nach Nordafrika, später wurden viele im Osmanischen Reich aufgenommen. Historiker gehen davon aus, dass Hunderttausende vertrieben wurden.

M2 Ein Journalist über Juden in Spanien (Jüdische Zeitung, März 2007)

3 Karikaturen auswerten und vergleichen

a) Zerlege die beiden Karikaturen jeweils in ihre einzelnen Elemente und notiere die Aussagen der Karikaturen.

b) Die Karikaturen arbeiten mit Personifizierungen der beiden Staaten Deutschland und Frankreich. Erläutere die Wirkungen, die von den Zeichnern damit beabsichtigt waren.

M4 Französische Karikatur „Die Komödie des Elends"; unter der Zeichnung stand folgender Text: „Pass auf Marianne (= Frankreich), pass auf, Tag und Nacht bereitet sie (Germania) sich vor." (15. Mai 1921)

M3 „Germania (= Deutschland) am Marterpfahl"; deutsche Propagandapostkarte gegen die Bestimmungen des Versailler Vertrages (um 1920)

Grundbegriffe:

Islamische Expansion	Aufklärung
Iberische Halbinsel	Assimilation
Kalifat	Nationalismus
Reconquista	Erbfeindschaft
Antisemitismus	Feindbild
Religiöser Eifer	Versöhnung
Toleranz	

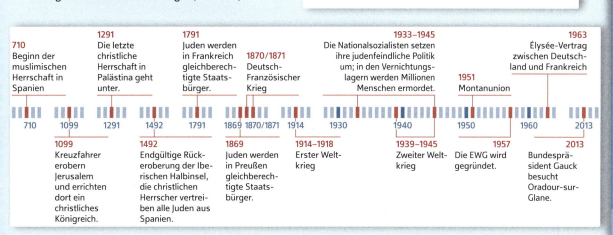

Demokratie in Deutschland

M2 Solidaritätsdemonstration für Flüchtlinge am Bahnhof in Friedland am 12. September 2015

M3 Karikatur von Peter Leger

→ Was ist eine Demokratie?
→ Welche Aufgaben haben Parteien?
→ Wie wird man Bundeskanzler bzw. Bundeskanzlerin?
→ Was kann unsere Demokratie gefährden?

M1 Das Reichstagsgebäude in Berlin, Sitz des Deutschen Bundestages

Unsere Demokratie

Gesellschaft im Wandel

In der Bundesrepublik Deutschland lebten Anfang des Jahres 2015 etwa 81,2 Millionen Menschen. Ungefähr 84 Prozent davon sind Erwachsene. Aus Kriegs- und Krisengebieten der Welt kommen seit 2013/14 Hunderttausende Menschen nach Deutschland. Schätzungen für das Jahr 2015 gehen weit auseinander. Sie liegen zwischen 800 000 und deutlich mehr als eine Million Menschen. Gemäß Artikel 16 Grundgesetz haben politisch Verfolgte in Deutschland ein Recht auf Asyl. Die Meinungen dazu sind sehr unterschiedlich, weshalb gerade das Thema Flüchtlingspolitik eine große Herausforderung und Aufgabe für die Demokratie und für die Politik in Deutschland darstellt.

> *Salzhemmendorf/Aue (dpa) – Mit einem Molotowcocktail haben unbekannte Täter einen Brandanschlag auf eine bewohnte Asylbewerberunterkunft in Salzhemmendorf bei Hameln verübt. Der Brandsatz flog in der Nacht zum Freitag durch ein geschlossenes Fenster in die Wohnung in dem ehemaligen Schulgebäude. Eine 34-jährige Mutter aus Simbabwe und deren drei kleine Kinder, die gemeinsam in einem Nebenraum schliefen, blieben nach Angaben der Polizei unverletzt. Ein Teppich und eine Matratze gerieten in Flammen. Niedersachsens Ministerpräsident Stephan Weil (SPD) sprach nach einem Gespräch mit der betroffenen Familie von „versuchtem Mord". In dem Gebäude leben insgesamt mehr 30 als Flüchtlinge.*

M1 Artikel im Handelsblatt vom 28. 8. 2015

- Deutschland kann doch nicht alle Menschen aufnehmen und „durchfüttern". Wer soll das bezahlen?
- Was haben Afrikaner oder Araber hier in Deutschland zu suchen? Die passen einfach nicht zu uns, weil sie zu Hause ganz anders leben.
- Viele Zuwanderer sind doch auch gute Fach- und Arbeitskräfte, die uns inzwischen in Deutschland fehlen.
- Die Asylbewerber sind schon aus ihrem Land geflohen, weil sie dort in ständiger Angst und Not leben. Hier bei uns müssen sie sich doch wenigstens sicher fühlen können.
- In Deutschland werden doch schon lange weniger Kinder geboren als Menschen sterben. Deshalb ist es doch gut, dass Zuwanderer nach Deutschland kommen.
- Es dürfen gar nicht erst so viele Flüchtlinge nach Europa kommen. An den Außengrenzen muss besser kontrolliert werden, wer hier einreisen will.

M2 Meinungen von Bürgern und Bürgerinnen zur Zuwanderung von Flüchtlingen

Die Bürger entscheiden

Wie zum Thema Zuwanderung gibt es in einer Gesellschaft zu jedem Thema viele verschiedene Meinungen. Es kann aber nicht jeder bei jedem Thema mitentscheiden, denn dann würden Entscheidungen viel zu lange dauern oder gar nicht getroffen werden können. Damit der Staat entscheidungsfähig ist, wählen die Bürger und Bürgerinnen ein Parlament. Es besteht aus Abgeordneten, die die Entscheidungen stellvertretend für die Bürger treffen. Es gibt in unserer Demokratie aber auch Möglichkeiten, sich direkt an der Politik zu beteiligen, z. B. durch eine Petition.

Durch die verschiedenen Beteiligungsmöglichkeiten in der Politik soll sichergestellt werden, dass trotz der vielen Meinungen eine Mehrheitsentscheidung getroffen werden kann. Oftmals ist die Entscheidung dann ein Kompromiss.

Die deutsche Verfassung, das Grundgesetz, legt fest, dass gesetzgebende, ausführende und richterliche Gewalt voneinander unabhängig sind und sich gegenseitig kontrollieren. Das nennt man Gewaltenteilung.

Die wichtigsten Grundsätze einer Demokratie sind:

- Die Mehrheit entscheidet.
- Minderheiten werden geschützt.
- Macht gibt es nur auf Zeit.
- Es gilt das Prinzip der Gewaltenteilung.

ⓘ Demokratie

a) Herrschaftsform, in der die vom Volk in freien Wahlen bestimmten Vertreter die Herrschaft ausüben (Herrschaft des Volkes). Die Regierung hat die Macht aber immer nur auf Zeit und muss sich kontrollieren lassen.
b) Gesellschaftliche Ordnung, die zum Ziel hat, durch Freiheit, Gleichheit und Achtung der Menschenwürde in allen Bereichen des menschlichen Zusammenlebens für das Wohl aller zu sorgen.

ⓘ Gemeinwohl

Eine Gesellschaft besteht immer aus einer Vielfalt von Interessengruppen und Meinungen. Das Ziel der Politik ist es, Entscheidungen so zu treffen, dass es möglichst vielen Menschen in der Gemeinschaft gut geht. So soll das Gemeinwohl erreicht werden.

ⓘ Republik

Staatsform, in der gewählte Volksvertreter die Regierung bilden (nicht ein König oder Diktator) und für die Ausführung der Gesetze zuständig sind.

> (1) Die Bundesrepublik Deutschland ist ein demokratischer und sozialer Bundesstaat.
> (3) Die Gesetzgebung ist an die verfassungsmäßige Ordnung, die vollziehende Gewalt und die Rechtsprechung sind an Gesetz und Recht gebunden.

M3 Artikel 20 Grundgesetz (Auszug)

*Petition
Schreiben, mit dem Bürger und Bürgerinnen ihr Anliegen/ihren Vorschlag/ihre Beschwerde direkt an das Parlament richten, das sich dann damit befassen muss*

1 **❓** Wähle eine Meinung aus M2 aus, die du teilst. Schreibe sie ab und ergänze eine überzeugende Begründung.

2 **👥** Stellt euch gegenseitig eure Ansicht(en) vor. Schreibt die Meinungen auf, die ihr gar nicht teilt. Notiert dann eine Lösung für den Umgang mit den vielen Flüchtlingen, die ihr den Politikern vorschlagen würdet. Berücksichtigt dabei Artikel 16 Grundgesetz. Stellt eure Idee der Klasse vor.

3 **👥** Ergänzt: Denjenigen, die den Brandanschlag verübt haben, würde ich sagen: …

4 **❓** Erläutere die Aussage: „Die Demokratie der Bundesrepublik ist eine stellvertretende Demokratie" (Text).

5 **👥** Recherchiert weitere direkte Beteiligungsmöglichkeiten in unserer Demokratie.

Aufgabe 5 → www

6 a) Benenne, welche Eigenschaften für unseren Staat im Grundgesetz festgelegt sind (M3).
b) Erläutere, was unter Gewaltenteilung zu verstehen ist (Text, M3). Berücksichtige dabei auch die Grundsätze, die sie auszeichnen.

7 a) Finde heraus, woran alle Gewalten in der Bundesrepublik gebunden sind (M3).
b) Formuliere eine mögliche Erklärung hierfür.

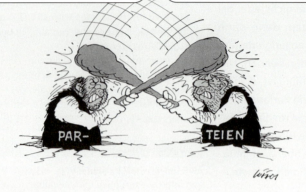

"Die Parteien streiten sich ja nur! Da spielt das Thema gar keine Rolle. Irgendwie ist mir das zu kompliziert. Die können doch auch vernünftig reden. Ich hab auch so schon genug Stress!"

"Streit muss sein! Sonst sieht man ja keine Unterschiede bei den Parteien. Natürlich muss man Regeln einhalten, aber mir ist wichtig, dass ich zu jedem Thema die unterschiedliche Meinung erkenne. Viel Arbeit – aber notwendig!"

M1 Parteienstreit – notwendig oder überflüssig?

Die Parteien

Mittler zwischen Staat und Volk

Wer sich nicht nur an Wahlen beteiligen will, sondern darüber hinaus eine Möglichkeit sucht, sich politisch zu beteiligen, kann sich an die Parteien wenden. Eine Partei ist ein Zusammenschluss von Bürgerinnen und Bürgern, die gemeinsame Interessen und gemeinsame politische Vorstellungen haben. Jeder kann einer Partei beitreten.

Das Grundgesetz legt fest, dass es mehrere Parteien geben muss und jeder eine Partei gründen kann. Jede Partei kann für ihre Ziele werben und an Wahlen teilnehmen. Innerhalb jeder Partei müssen alle Entscheidungen durch Abstimmungen getroffen werden, wobei alle Mitglieder Stimmrecht haben. Außerdem müssen die Parteien ihre Einnahmen und Ausgaben veröffentlichen.

In Parteien schließen sich Menschen zusammen, die aktiv am politischen Geschehen teilnehmen und dieses gestalten wollen. Durch die Mitarbeit in Parteien haben ihre Mitglieder die Möglichkeit, politische Erfahrungen zu sammeln und politische Verantwortung zu übernehmen. Dabei vertreten sie die jeweils eigenen Konzepte und Lösungen ihrer Partei für politische Probleme. Sie entscheiden als Abgeordnete in den Parlamenten aber alle wichtigen Fragen.

> § 1 Verfassungsrechtliche Stellung und Aufgaben der Parteien
> (2) Die Parteien wirken an der Bildung des politischen Willens des Volkes auf allen Gebieten des öffentlichen Lebens mit, indem sie insbesondere auf die Gestaltung der öffentlichen Meinung Einfluss nehmen, die politische Bildung anregen und vertiefen, die aktive Teilnahme der Bürger am politischen Leben fördern, zur Übernahme öffentlicher Verantwortung befähigte Bürger heranbilden, sich durch Aufstellung von Bewerbern an den Wahlen in Bund, Ländern und Gemeinden beteiligen ... und für eine ständige lebendige Verbindung zwischen dem Volk und den Staatsorganen sorgen.

M2 Parteiengesetz (Auszug)

	Die Christlich Demokratische Union ... ist „Volkspartei der Mitte" ... Sie leitet ihr Handeln vom christlichen Menschenbild ab. Damit viele junge Menschen eine Familie gründen, macht sich die CDU für die Vereinbarkeit von Beruf und Familie stark ... Außerdem will die Partei die klassische Ehe auch in Zukunft fördern und steuerlich begünstigen. Das wirtschaftliche Ideal der Partei ist die soziale Marktwirtschaft, die weitgehend ohne staatliche Einflussnahme funktionieren soll.
	[Die Sozialdemokratische Partei Deutschands kümmert sich] stark um die Bedürfnisse von Arbeitnehmern, ist darüber hinaus aber zur Volkspartei geworden und steht für Grundwerte wie Gleichberechtigung, die Selbstbestimmung aller Menschen, soziale Gerechtigkeit und Solidarität. Die SPD setzt sich dafür ein, dass alle die gleichen Bildungschancen haben, unabhängig von der Herkunft. ... Fair entlohnte Arbeit und Mitbestimmungsrechte für Arbeitnehmer sind Ziele sozialdemokratischer Politik. Die SPD hält die Marktwirtschaft für alternativlos, die Wirtschaft soll sich aber demokratischen Prozessen unterordnen.
DIE LINKE.	Seit Juni 2007 vereinigt Die Linke unterschiedliche politische und soziale Strömungen aus Ost- und Westdeutschland ... Die Parteischwerpunkte liegen auf Chancengleichheit und fairer Bezahlung. Das Anliegen der Linkspartei ist eine gerechte Steuerreform, beispielsweise will die Partei die Millionärsteuer einführen. Kleine und mittlere Unternehmen sollen entlastet, Wohlhabende dafür stärker belastet werden ...
	Leitgedanke grüner Politik ist ökologische, ökonomische und soziale Nachhaltigkeit. Zentrale Ziele der Grünen sind 100 Prozent erneuerbare Energien bis 2040, bessere Vereinbarkeit von Familie und Beruf durch Ganztagsschulen, mehr Kita-Plätze und mehr Teilzeitstellen ... Außerdem wollen sie höhere Steuern für Spitzenverdiener und niedrigere für alle anderen. Die Grünen wollen eine ökologische Landwirtschaft ... Die Partei will die Rechte von Flüchtlingen und Asylsuchenden stärken.

M3 Auszüge aus der Selbstdarstellung der Parteien auf mitmischen.de

1 a) Formuliere deine Meinung zum Streit der Parteien (M1).
   b) Erkläre, warum es Sinn macht, dass die Parteien sich auseinandersetzen (M1, Text).
   c) Erkläre die Aussage: Meinungsstreit ist eine Grundlage der Demokratie.

2 a) Nenne die Parteien und erläutere mit eigenen Worten, wofür sie stehen (M3).
   b) Recherchiere im Internet, wie die in M3 genannten Parteien entstanden sind. Berichte.

3 Nenne die Aufgaben einer Partei (Text, M2).

4 Wählt eines aus folgenden Themen aus: Energieversorgung/Atomausstieg/Bildungssystem/Ausländerintegration.
   a) Recherchiert im Internet, welche Position die Parteien zu eurem Thema haben.
   b) Gestaltet in Kleingruppen ein Wahlplakat und einen Wahlspruch zu eurem Thema.
   c) Stellt eure Plakate aus und vergleicht die Ergebnisse in der Klasse.
   d) Begründet eure Meinungen zu diesem Thema.

5 Recherchiere im Internet zum Thema Jugendorganisationen der Parteien und stelle die Ergebnisse in der Klasse vor.

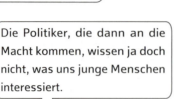

"Die Wahlen zum Bundestag oder Landtag sind ja fast unsere einzigen Möglichkeiten, demokratisch mitzuwirken."

"Ob ich wählen gehe oder nicht – auf meine Stimme kommt es sowieso nicht an."

"Die Politiker, die dann an die Macht kommen, wissen ja doch nicht, was uns junge Menschen interessiert."

"Ich weiß gar nicht, welche Partei ich wählen soll, weil ich deren Meinungen und Ziele nicht kenne und keine Ahnung habe von Politik."

"Wenn ich 18 bin, gehe ich wählen, weil die Politiker ja auch über meine Zukunft bestimmen."

M1 Stellungnahmen von Jugendlichen zu Wahlen

Bundestageswahlen

Das Parlament – jede Stimme zählt

In demokratischen Staaten wählt sich das Volk seine Regierung selbst. Bei der Wahl werden aus konkurrierenden Angeboten diejenigen Personen und Parteien ausgesucht, von denen eine Mehrheit im Volk meint, dass sie in Zukunft – für eine begrenzte Zeit – das Land regieren sollen. Damit ist eine Wahl die wichtigste Gelegenheit, in der Bürgerinnen und Bürger bestimmen und ihre eigenen Ideen und Vorstellungen einbringen. Die gewählten Abgeordneten sollen dann deren Interessen im Parlament vertreten. Deshalb spricht man von repräsentativer Demokratie.

Alle vier Jahre wird der Deutsche Bundestag gewählt. Den Zeitraum zwischen zwei Wahlen, für den ein Parlament gewählt ist, nennt man Legislaturperiode. Wenn die Regierung die Erwartungen der Bürgerinnen und Bürger nicht erfüllt, wird die Partei bzw. werden die Parteien, die an der Regierung beteiligt sind, bei der nächsten Wahl sicher weniger Stimmen bekommen bzw. nicht mehr die Mehrheit erlangen und deshalb auch nicht mehr den Bundeskanzler bzw. die Bundeskanzlerin stellen.

Neben den Wahlen zum Bundestag finden in Deutschland auch Wahlen zum Europaparlament, zu den Landtagsparlamenten und zu den kommunalen Parlamenten statt. Wählen darf man in der Regel erst ab 18. In einigen Bundesländern dürfen auch 16-Jährige bereits an den Kommunalwahlen oder den Landtagswahlen teilnehmen. Allerdings ist das Wahlrecht mit 16 umstritten.

Bundeskanzler
Der Bundeskanzler wird vom Bundestag gewählt.

M2 Karikatur von Nel

Artikel 20

(2) Alle Staatsgewalt geht vom Volke aus. Sie wird vom Volke in Wahlen und Abstimmungen und durch besondere Organe der Gesetzgebung, der vollziehenden Gewalt und der Rechtsprechung ausgeübt.

Artikel 38

(1) Die Abgeordneten des Deutschen Bundestages werden in allgemeiner, unmittelbarer, freier, gleicher und geheimer Wahl gewählt ...
(2) Wahlberechtigt ist, wer das achtzehnte Lebensjahr vollendet hat; wählbar ist, wer das Alter erreicht hat, mit dem die Volljährigkeit eintritt.

Artikel 39

(1) Der Bundestag wird vorbehaltlich der nachfolgenden Bestimmungen auf vier Jahre gewählt. Seine Wahlperiode endet mit dem Zusammentritt eines neuen Bundestages ... Im Falle einer Auflösung des Bundestages findet die Neuwahl innerhalb von sechzig Tagen statt.

M3 Grundgesetz (Auszug)

A) Keiner schreibt mir vor, wen ich zu wählen habe: weder der Staat noch Freunde oder Familie. Niemand darf mich dafür benachteiligen, dass ich einen bestimmten Kandidaten oder eine bestimmte Partei gewählt habe.

B) Wenn ich dieses Mal das erste Mal wähle, dann zählt meine Stimme genau so viel wie die aller anderen Wähler. Egal, ob jemand reich ist, besonders erfahren oder berühmt, jede Stimme zählt gleich viel.

C) Wen ich gewählt habe, muss ich niemandem verraten. Auch aus den Wahlunterlagen darf man nicht erkennen, wer wen gewählt hat.

D) Weil ich 18 Jahre alt und deutscher Staatsbürger bin, kann ich wie alle anderen Bundesbürger zur Bundestagswahl gehen. In Deutschland wird niemand vom Wahlrecht ausgeschlossen, nur weil er vielleicht nicht so viel Geld hat oder eine besondere politische Meinung.

E) Ich wähle meinen Kandidaten und meine Partei direkt mit meinem Kreuz in der Wahlkabine.

M4 Gedanken von André bei seiner ersten Bundestagswahl

1 Schreibe das Statement (M1) ab, dem du zustimmst, und begründe deine Wahl.

2 a) Stellt jeweils eure Positionen vor und versucht, die anderen zu überzeugen.
   b) Entscheidet dann gemeinsam, ob man wählen oder nicht wählen sollte und verfasst einen dementsprechenden Aufruf (an die Klasse oder den Jahrgang), den ihr auch begründet.

3 Erkläre das Prinzip der „repräsentativen Demokratie" (Text).

4 Stelle dar, wie Bürgerinnen und Bürger mitbestimmen können, wer Bundeskanzler/-in wird (Text, Infotext).

5 Formuliere deine Meinung zum Wahlrecht mit 16 Jahren.

6 Interpretiere die Karikatur (M2).

7 Artikel 38, Absatz 1 des Grundgesetzes (GG) nennt die Merkmale einer demokratischen Wahl. Ordne Andrés Aussagen den richtigen Merkmalen (Wahlrechtsgrundsätzen) zu (M3, M4).

8 a) Stell dir vor, du lebst in einem Land, in dem es alle diese Merkmale einer Wahl nicht gibt. Eine Wahl ist nicht geheim, sondern jeder muss sagen, wen er wählt. Nicht jede Stimme zählt gleich viel, sondern einige zählen mehr, usw. Schreibe auf, was André dann wohl denken würde (M4).
   b) Vergleicht und diskutiert eure Texte in der Gruppe. Wie wäre ein solches Land?
   c) Notiert das Gruppenergebnis auf einer Wandzeitung und hängt diese in der Klasse auf.

Erst wählen, dann zählen – wer kommt in den Bundestag?

M1 Der Ablauf einer Wahl

Landesliste
Die Parteien entscheiden vor der Bundeswahl, welche Kandidaten sie auf ihre Landeslisten setzen. Je weiter Kandidaten oben auf einer Landesliste stehen, umso größer ist die Wahrscheinlichkeit, dass sie in den Bundestag gewählt werden.

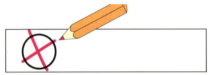

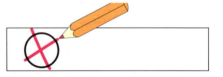

Erststimme
Mit meiner Erststimme wähle ich einen Direktkandidaten in meinem Wahlbezirk. In Deutschland gibt es 299 Wahlbezirke. In jedem Wahlbezirk wird ein Kandidat durch Mehrheitsentscheid gewählt. Wer also mindestens eine Stimme mehr hat als sein Mitbewerber, gewinnt den Wahlkreis. Dann ist ihm/ihr ein Sitz (ein Mandat) im Bundestag sicher. 299 Sitze im Bundestag werden so vergeben.

Zweitstimme
Mit meiner Zweitstimme wähle ich eine Partei. Diese kann sich von der Partei unterscheiden, dessen Mitglied der Kandidat ist, dem ich meine Erststimme gegeben habe. Das nennt man Stimmensplitting. Das Ergebnis der Zweitstimme legt fest, wie viele der 598 Sitze im Bundestag diese Partei **insgesamt** erhält (ohne Überhang- und Ausgleichsmandate). Erhält eine Partei z. B. 10 % der Stimmen, stehen ihr somit 59,8 (60) Sitze im Parlament zu. Diese Wahl nennt man Verhältniswahl.

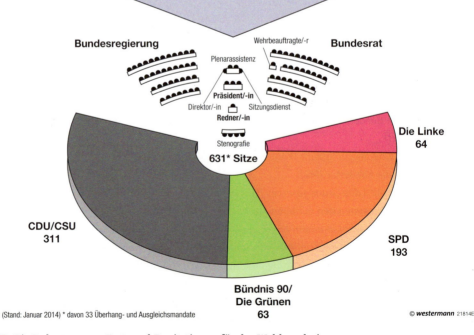

(Stand: Januar 2014) * davon 33 Überhang- und Ausgleichsmandate

M2 Die Bedeutung von Erst- und Zweitstimme für das Wahlergebnis

Demokratie in Deutschland

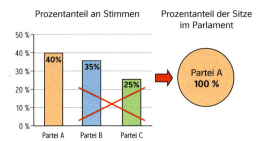
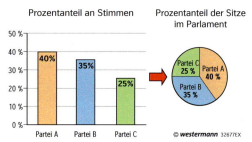

M3 Wahlsysteme im Vergleich

Wahlsysteme

Gilt das Mehrheitswahlrecht (wie z. B. in Großbritannien), werden die Abgeordneten ausschließlich über eine Direktwahl in den Wahlkreisen bestimmt. Treten in einem Wahlkreis drei Kandidaten an, zieht derjenige ins Parlament ein, der (relativ) die meisten Stimmen erhält. Die Stimmen, die für die anderen Kandidaten abgegeben wurden, zählen nicht. Das bedeutet: Vereinigt der Sieger zum Beispiel 40 Prozent der Stimmen auf sich, so wird der Wille von 60 Prozent der Wähler nicht berücksichtigt. Gilt das Verhältniswahlrecht, zählt hingegen jede Stimme. Treten viele Parteien an und gibt es keine und nur eine geringe Sperrklausel, so ist die Regierungsbildung oft kompliziert und kleine Parteien erhalten als „Zünglein an der Waage" häufig mehr Einfluss auf die Regierungsbildung, als ihnen nach ihrem Wahlergebnis zustünde.

In der Bundesrepublik sind die Wahlen zum Deutschen Bundestag eine Mischung aus Mehrheits- und Verhältniswahlrecht (Erst- und Zweitstimme). Zudem gibt es eine Sperrklausel von fünf Prozent. Gewinnt eine Partei mit der Erststimme mehr Mandate, als ihr nach der Zweitstimme zustehen, darf sie diese Sitze behalten. Man nennt sie Überhangmandate. Allerdings muss dieses Mehr an Mandaten ausgeglichen werden, da andernfalls der Wählerwille, wie er in der Zweitstimme zum Ausdruck kommt, verfälscht wird. Deshalb wird die Gesamtzahl der Sitze im Bundestag so lange erhöht, bis das Größenverhältnis der Fraktionen im Bundestag dem Anteil der Zweitstimmen bei der Wahl entspricht.

Sperrklausel
Eine Partei kann nur dann in das Parlament einziehen, wenn sie eine Mindestanzahl an Stimmen erhält. Für den Bundestag sind das 5 % aller Stimmen (5 %-Hürde) oder aber drei Direktmandate.

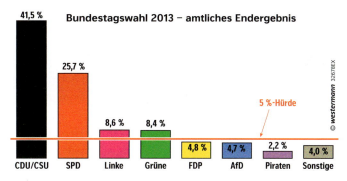

M4 Bundestagswahl 2013 – Wahlergebnis

1. Beschreibe den Ablauf der Bundestagswahl (M1).
2. a) Finde heraus, in welchem Wahlkreis du wohnst und welche Gebiete zu diesem Wahlkreis gehören.
   b) Recherchiere, wer für deinen Wahlkreis als Direktkandidat im Bundestag sitzt.
3. Nennt Parteien, die den Einzug in den Deutschen Bundestag 2013 nicht geschafft haben und begründet den Misserfolg (M4, Infotext).
4. Erklärt, warum der Bundestag mehr als 589 Abgeordnete hat (M2, Text).
5. Notiert Vor- und Nachteile der beiden Wahlsysteme in einer Tabelle (M3, Text)
6. „Das Mischwahlsystem in der Bundesrepublik gibt dem Bürger mehr Möglichkeiten in der Politik mitzubestimmen." – Nehmt Stellung zu dieser Aussage.

M1 Plenarsitzung des Bundestags im Oktober 2015

Der Bundestag

Die Zentrale der Demokratie

Der Deutsche Bundestag hat seinen Sitz in Berlin. Im Bundestag sitzen die Abgeordneten, die gewählten Vertreter des Volkes.

Der Bundestag hat im Wesentlichen drei Aufgaben:

1) Er berät und verabschiedet sämtliche Gesetze, die ganz Deutschland betreffen. Deshalb wird der Bundestag auch „Legislative", gesetzgebende Versammlung, genannt.
2) Er wählt den Bundeskanzler bzw. die Bundeskanzlerin. Meist müssen sich zwei oder mehr Parteien dafür zusammenschließen; einen solchen Zusammenschluss nennt man eine Koalition. Die Parteien dieser Koalition bilden auch die Regierung. Sie muss die Mehrheit der Abgeordneten hinter sich haben, sonst kann sie keine Entscheidungen durchsetzen.
3) Er kontrolliert die Regierung. Das übernimmt in erster Linie die Opposition, die von den Abgeordneten der Parteien, die nicht der Regierung angehören, gebildet wird. Sie kritisieren die Regierung, unterbeiten Gegenvorschläge und können sogar durch ein konstruktives Misstrauensvotum die Ablösung der Regierung herbeiführen. Die Arbeit der Abgeordneten besteht nicht nur aus der Teilnahme an den großen Debatten, die man manchmal im Fernsehen sieht. Jeder Abgeordnete hat auch ein Spezialgebiet, z. B. Finanzen oder Gesundheit, und arbeitet im dafür zuständigen Ausschuss mit.

Daneben sind die Abgeordneten direkter Ansprechpartner für die Bürgerinnen und Bürger ihres Wahlkreises und für Experten aus Wirtschaft, Wissenschaft, Forschung usw.

ⓘ Fraktion

Bezeichnung für die Gesamtheit der Abgeordneten einer Partei in einem Parlament. Jede Fraktion sitzt geschlossen zusammen.

ⓘ Opposition

Ihre Aufgabe ist es, die Regierung zu kontrollieren oder alternative Vorschläge einzubringen. Die Opposition nutzt besonders die Medien (Fernsehen oder Zeitung), um die Regierung zu kritisieren. Im Wettstreit um die besseren Ideen und Konzepte hofft sie, bei der Bevölkerung einen Meinungswechsel zu erreichen und bei der nächsten Wahl mehr Stimmen zu bekommen.

ⓘ konstruktives Misstrauensvotum

Will der Bundestag den Bundeskanzler bzw. die Bundeskanzlerin stürzen, dann muss er mit der Mehrheit seiner Mitglieder einen Nachfolger bzw. eine Nachfolgerin wählen. Nicht möglich ist, ihn bzw. sie nur abzuwählen.

---

1 *Nennt die wichtigsten Aufgaben des Bundestages (Text).*
2 *Erläutert die Begriffe Koalition, Fraktion und Opposition (Text).*
Aufgabe 3 → www 3 *Recherchiere mithilfe des Internets, welche Parteien zurzeit die Regierung bilden und welche Parteien in der Opposition sind.*
Aufgabe 4 → www 4 *Finde mithilfe des Internets heraus, wie die Sitzordnung des Bundestags angelegt ist.*

Der Alltag einer Abgeordneten

Die Berliner Bundestagswoche ähnelt einer Schulwoche. Besonders ist bei uns, dass ab Mittwochmittag der gesamte Bundestag, das Plenum, sich gemeinsam im Plenarsaal trifft und dort die aktuellen politischen Themen diskutiert und Gesetze beschließt.

Ich reise Sonntagabend aus Hameln nach Berlin an. Am Montag früh beginnt die Arbeit im Büro im Bundesministerium für Arbeit und Soziales. Post lesen, Termine planen und einen Überblick über die Woche gewinnen. Die ersten regelmäßigen Termine der Woche starten Montagmittag mit den Partei- und Fraktionsvorständen.

Am Montagabend treffen sich dann die Landesgruppen; das sind die Abgeordneten einer Partei aus einem Bundesland, bei mir ist das die SPD Landesgruppe Niedersachsen.

Der Dienstag ist der Tag der fraktionsinternen Abstimmungen. Zunächst tagen alle Arbeitsgruppen der Fraktionen, die sich parallel zu jedem Fachministerium gebildet haben.

Ab 15 Uhr finden die Fraktionssitzungen im Reichstag statt. Hier tragen alle Mitglieder einer Fraktion die wichtigsten Arbeitsergebnisse aus den Arbeitsgruppensitzungen des Vormittages vor, sodass Umweltpolitiker wissen, was die Gesundheitspolitiker ihnen als Abstimmungsziel raten, oder Arbeitsmarktpolitiker wissen, welche Aspekte der Wirtschaftspolitik zu beachten sind.

Am Mittwochvormittag tagen die meisten Fachausschüsse des Bundestages. Hier komme ich als parlamentarische Staatssekretärin ins Spiel. Ich vertrete die Bundesregierung, habe oft die Aufgabe, in einen Tagesordnungspunkt einzuführen und Fragen der Abgeordneten zu beantworten. Am Mittag um 13.00 Uhr beginnt die Plenarsitzung mit einer Regierungsbefragung. Dann ist mein Platz auf der Regierungsbank. Gleich im Anschluss findet die Fragestunde statt. Viele Abgeordnete haben Fragen an das Bundesministerium für Arbeit und Soziales, die präzise beantwortet werden.

Häufig findet am Mittwochnachmittag eine Aktuelle Stunde, also eine Plenardebatte, zu einem wichtigen Thema, statt.

Am Donnerstag und Freitag trifft dann das Plenum zusammen. Alles ist auf der Homepage des Bundestages als Livestream zu verfolgen.

Am Freitagabend fahre ich dann in den Wahlkreis zurück, wo ich am Samstag und Sonntag weitere Termine wahrnehme.

M2 Eine typische Arbeitswoche der Abgeordneten und parlamentarischen Staatssekretärin Gabriele Lösekrug-Möller

geboren 1951 in Bovenden bei Göttingen
Fachabitur auf dem zweiten Bildungsweg, 1974–1979 Studium der Sozialpädagogik an der Evangelischen Fachhochschule Hannover,
Diplom-Sozialpädagogin (FH)
2 Söhne
seit 2001 Mitglied des Bundestages, seit 2005 als direkt gewählte Abgeordnete des Wahlkreises Hameln-Pyrmont-Holzminden
Mitglied im Ausschuss für Arbeit und Soziales und Parlamentarische Staatssekretärin bei der Bundesministerin für Arbeit und Soziales

M3 Gabriele Lösekrug-Möller, Mitglied der SPD und des 18. Deutschen Bundestages

5 *Schätze auf Grundlage der Beschreibung der Arbeitswoche von Frau Lösekrug-Möller ihre Wochenarbeitszeit. Liste dazu die einzelnen Tätigkeiten auf und weise ihnen eine Stundenanzahl zu.*

6 *Recherchiere im Internet, wer zurzeit die oder der jüngste Bundestagsabgeordnete ist, und berichte über seine/ihre politische Laufbahn.*

M1 Ausschusssaal im Bundestag

Ausschüsse des Bundestags

M2 Ingrid Arndt-Brauer (SPD) Vorsitzende Finanzausschuss

Die meiste Arbeit des Bundestages findet in den Ausschüssen statt. Die Anzahl der Mitglieder ist von Ausschuss zu Ausschuss unterschiedlich, zurzeit beträgt sie zwischen 13 und 41 Abgeordneten. Die Fraktionen sind dort entsprechend ihrer Stärke im Parlament vertreten. In den Ausschüssen konzentrieren sich die Abgeordneten auf ein Teilgebiet der Politik, entwerfen Gesetze und hören Sachverständige oder Betroffene an. Erst danach werden die Gesetze im Bundestag vorgestellt und beschlossen. Derzeit gibt es 23 ständige Ausschüsse. Einige Ausschüsse, z. B. den Petitions- und Verteidigungsausschuss, schreibt das Grundgesetz vor. Der Vorsitzende eines Ausschusses bereitet die Sitzungen vor und leitet sie.

M3 Ansgar Heveling (CDU), Vorsitzender Innenausschuss

Im **Finanzausschuss** waren sich am 25. 2. 2015 alle Fraktionen einig, dass es für Flüchtlinge und Asylbewerber möglich sein muss, ein Bankkonto in Deutschland zu eröffnen. Bisher haben ausländische Staatsangehörige, die in Deutschland nur „geduldet" sind, nicht diese Möglichkeit, da die Banken eine Duldungsbescheinigung ohne gültigen Personalausweis mit Lichtbild für eine Kontoeröffnung nicht akzeptieren. Innerhalb der EU gibt es auch eine Richtlinie zur Kontoeröffnung auf der Grundlage eines Asylstatus, die jetzt in nationales Recht umgesetzt werden muss.

Der **Innenausschuss** hat am 2. 9. 2015 über den Umgang mit der wachsenden Zahl von Flüchtlingen beraten. Dazu war der Bundesinnenminister im Ausschuss zu Gast und hat darüber informiert, dass 2015 mit 800 000 Flüchtlingen gerechnet werden muss. Das Hauptherkunftsland der Flüchtlinge sei Syrien. Es werde u. a. erwogen, bestimmte Standards, die eine zügige und humane Unterbringung von Flüchtlingen erschweren, befristet zu ändern. Außerdem plädierte er für eine Beschäftigungs- und Qualifizierungsoffensive, um Asylbewerber mit Bleibeperspektive schnell in Arbeit zu bringen.

M4 Berichte aus der Arbeit einzelner Ausschüsse (Quellen bearbeitet)

1. *Erklärt die Hauptaufgabe(n) von Bundestagsausschüssen (Text).*
2. *Recherchiert, welche Ausschüsse das Grundgesetz vorsieht.*
3. *Fasse zusammen, mit welchen Aspekten der Flüchtlingspolitik sich der Finanz- und der Innenausschuss beschäftigt haben (M4).*
4. *Findet heraus, zu welchen Themen die 23 ständigen Ausschüsse arbeiten und wer aus welcher Partei jeweils den Vorsitz führt. Legt dazu eine Liste an.*

Aufgabe 4 → www

Aktiv: Wir führen ein Experteninterview durch

In einer Expertenbefragung wird eine fachkundige Person zu ihrer Tätigkeit, ihren Erfahrungen, ihrem Wissen und ihren Einstellungen interviewt. Wenn ihr zum Beispiel etwas über die politische Arbeit einer/eines Bundestagsabgeordneten aus eurer Gemeinde erfahren wollt, könnt ihr sie/ihn um ein Interview bitten. So geht ihr vor:

Vorbereitung
→ Informiert euch im Internet, welche Bundestagsabgeordneten aus eurer Gemeinde/eurem Kreis kommen. Im Allgemeinen verfügen die Abgeordneten über eine Homepage, auf der sie sich und ihre Arbeitsschwerpunkte vorstellen. Dort findet ihr auch Kontaktmöglichkeiten, z. B. eine E-Mail-Adresse. Entscheidet dann, wen ihr ansprechen möchtet.

→ Überlegt euch möglichst genau, was ihr erfahren möchtet (z. B. Gründe für politisches Engagement; Ablauf des Arbeitsalltags/Vereinbarkeit von Beruf und Privatleben; Fragen zu bestimmten politischen Inhalten und Einstellungen). Wenn nötig, macht euch kundig. Je mehr ihr selbst schon z. B. über ein bestimmtes Thema wisst, desto gezielter könnt ihr Fragen formulieren.

→ Einigt euch auf fünf bis sieben Leitfragen. Formuliert diese möglichst offen. Offene Fragen (z. B. „Wie kamen Sie dazu, sich für Politik zu interessieren?") ermöglichen viel umfangreichere und individuellere Antworten als geschlossene Fragen, auf die mit „ja" oder „nein" geantwortet werden kann (z. B. „Haben Sie sich schon in der Schule für Politik interessiert?").

→ Nehmt Kontakt mit der gewünschten Person auf (am besten per E-Mail) und bittet höflich um ein Interview (denkt daran, die Höflichkeitsanrede „Sie" und die dazugehörigen Possessivpronomen großzuschreiben). Beschreibt in eurer Anfrage auch, wer ihr seid (Ort, Schüler/-innen, Alter, Politikunterricht, Thema), warum ihr ein Interview mit einer/einem Bundestagsabgeordneten durchführen wollt und wem ihr anschließend das Ergebnis des Interviews vorstellen möchtet.

→ Wenn ihr eine positive Antwort erhalten habt, trefft genaue Absprachen: Vereinbart Termin, Ort, Zeitrahmen und Anzahl der Teilnehmenden. Fragt, ob ihr das Interview aufnehmen, ob ihr fotografieren oder filmen dürft. Schickt dem/der Gesprächspartner/-in auch schon eure Leitfragen zu.

Durchführung
→ Beginnt das Interview mit einer höflichen Begrüßung und einem Dank für die Gesprächsbereitschaft sowie einer kurzen Vorstellung.

→ Stellt anschließend eure Fragen und hört aufmerksam zu (Blickkontakt), während einer die Antworten aufnimmt oder aufschreibt. Fragt nach, wenn ihr etwas nicht versteht oder wenn ihr mehr wissen möchtet.

→ Vergesst nicht, euch am Ende des Interviews nochmals zu bedanken.

Auswertung
→ Verschriftlicht die Ergebnisse des Interviews. Nutzt dazu eure Notizen oder Aufnahmen.

→ Reflektiert auch selbstkritisch eure Befragung: Wurden alle Fragen beantwortet und die Sachverhalte geklärt?

→ Präsentiert eure Ergebnisse in der Klasse/in der Schule/im Jugendzentrum.

M1 Eine Befragung

Ich finde, dass mein Einsatz als Mutter noch viel besser vom Staat bezahlt werden müsste. Schließlich verzichte ich für meine Kinder darauf, meinen Beruf – ich bin ausgebildete Rettungssanitäterin – auszuüben. Stattdessen bin ich rund um die Uhr für unsere Kinder da und erziehe sie zu guten Bürgern.

Als Alleinverdiener für meine Familie bin ich froh, dass der Staat uns durch Kindergeld oder Steuervorteile unterstützt. Jetzt sind unsere Kinder noch klein, aber wenn erst mal Sportvereine, Musikunterricht, Klassenfahrten und vielleicht Nachhilfe bezahlt werden müssen, sind wir über jede Unterstützung besonders froh.

M1 Zwei Meinungen zur Erhöhung des Kindergeldes

Der Weg eines Gesetzes: Fallbeispiel Kindergeld

Freibetrag
Der Teil des Einkommens, für den eine Person/ eine Familie keine Steuern an den Staat zahlen muss.

Nach dem Grundgesetz genießt die Familie den besonderen Schutz des Staates. Eine wichtige Aufgabe der Politik ist es deshalb auch, Familien finanziell zu unterstützen. Solche Leistungen werden u. a. regelmäßig angepasst. Das war auch 2015 der Fall. Am 20. April 2015 hat die Bundesregierung einen Gesetzentwurf zur Anhebung des Grundfreibetrags, des Kinderfreibetrags, des Kindergeldes und des Kinderzuschlags vorgelegt. Eine öffentliche Anhörung dazu fand am 20. Mai im Finanzausschuss statt. Familienverbände nutzten die Gelegenheit, um die geplante Erhöhung des Kindergeldes und des steuerlichen Kinderfreibetrages als unzureichend zu kritisieren. Am 18. Juni stimmte der Bundestag über den Gesetzentwurf ab, der Bundesrat nahm das Gesetz am 10. Juli 2015 an. Wesentliche Bestimmungen des Gesetzes sind:

→ Das Kindergeld wurde rückwirkend ab dem 1. Januar 2015 um vier Euro monatlich pro Kind erhöht. Für das erste und zweite Kind gibt es jetzt 188 Euro, für das dritte Kind 194 Euro und für jedes weitere Kind 219 Euro monatlich. Zum 1. Januar 2016 erhöhte sich das Kindergeld nochmals um zwei Euro pro Monat und Kind.

→ Der steuerliche Kinderfreibetrag wurde rückwirkend zum 1. Januar 2015 um 144 Euro auf 7152 Euro je Kind erhöht, am 1. Januar 2016 stieg er erneut um 96 Euro.

→ Der steuerliche Grundfreibetrag wurde rückwirkend zum 1. Januar 2015 um 118 Euro auf 8472 Euro erhöht und stieg am 1. Januar 2016 erneut um 180 Euro.

→ Der Kinderzuschlag für Geringverdiener kann jetzt bis zu 140 Euro pro Kind betragen, ab 1. Juli 2016 steigt er auf 160 Euro.

1. Erstelle eine Collage mit Dingen, die ein Kind regelmäßig benötigt. Notiere die Preise dazu.
2. Nenne Argumente, warum der Staat Kindergeld zahlen soll (M1, Text). Finde dann Gegenargumente.
3. Erkläre den Unterschied zwischen Kindergeld und steuerlichen Freibeträgen (Text, Infotext).
4. Führt in der Gruppe eine Pro-und-Kontra-Diskussion darüber durch, ob der Staat die Familien finanziell unterstützen soll oder nicht.
5. Schreibe einen Brief an die Familienministerin und teile ihr deine Meinung über die Erhöhung des Kindergeldes und der Freibeträge mit.

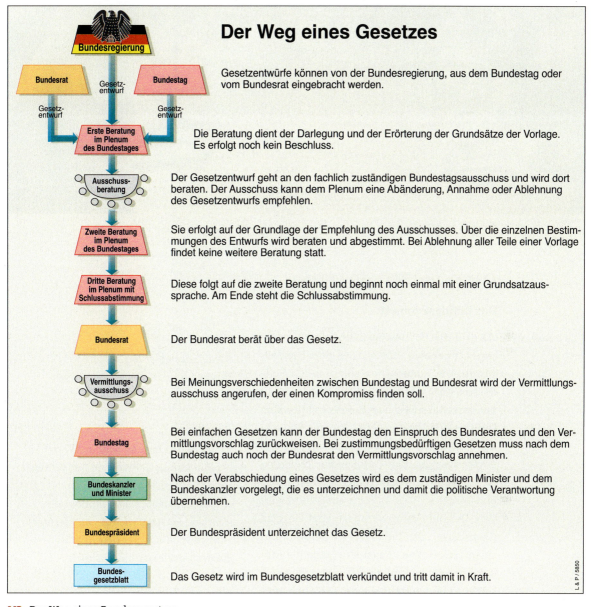

M2 Der Weg eines Bundesgesetzes

6 a) Überlege: Wenn du zur Regierung gehören würdest, welche Gesetze würdest du vorschlagen?
b) Stellt euch eure Gesetzesideen gegenseitig vor und einigt euch auf die fünf wichtigsten.

7 a) Beschreibe, welche Stationen des Gesetzgebungsverfahrens das Familienleistungsgesetz durchlaufen hat (Text, M2).
b) Erläutere die Positionen, an denen ein Gesetz scheitern kann, bevor es in Kraft treten kann (M2).

8 Ermittle, welche der 22 ständigen Ausschüsse des Bundestages an der Beratung eines Gesetzes beteiligt sind.

9 Recherchiere im Internet ein aktuelles Gesetzgebungsverfahren und berichte, in welchem Stadium es sich befindet.

M1 Das Bundeskabinett anlässlich einer Sitzung am 25. Februar 2015

Die Bundesregierung

Das Bundeskabinett

Bundesregierung
→ www

Die deutsche Bundesregierung, auch Bundeskabinett genannt, besteht aus dem Bundeskanzler/der Bundeskanzlerin und den Bundesministern. Die Bundeskanzlerin bzw. der Bundeskanzler wird vom Bundestag gewählt. Die Kanzlerin/der Kanzler schlägt die Bundesminister vor, die dann vom Bundespräsidenten ernannt werden. Eine Aufgabe der Regierung ist es, dafür zu sorgen, dass die Beschlüsse und Gesetze des Parlaments ausgeführt werden. Der Bundestag verabschiedet Gesetze (Legislative), und die Bundesregierung führt sie aus (Exekutive). Es ist aber auch die Aufgabe der Regierung, eigene Gesetze vorzuschlagen und durchzusetzen. Die Bundesregierung ist damit so etwas wie die „Führungsmannschaft" eines Staates. Die Kanzlerin/der Kanzler ist Kapitän der Mannschaft. Sie/er bestimmt die Richtlinien der gemeinsamen Politik, an die sich die Bundesminister dann halten müssen. Im Rahmen dieser Richtlinien ist jeder Minister für einen bestimmten Fachbereich verantwortlich.

Artikel 62
Die Bundesregierung besteht aus dem Bundeskanzler und aus den Bundesministern.

Artikel 63
(1) Der Bundeskanzler wird auf Vorschlag des Bundespräsidenten vom Bundestage ohne Aussprache gewählt.
(2) Gewählt ist, wer die Stimmen der Mehrheit der Mitglieder des Bundestages auf sich vereinigt. Der Gewählte ist vom Bundespräsidenten zu ernennen.
...
Artikel 64
(1) Die Bundesminister werden auf Vorschlag des Bundeskanzlers vom Bundespräsidenten ernannt und entlassen.

M2 Grundgesetz (Auszug)

1 Beschreibt die Aufgaben der Bundesregierung (Text).
2 Erstellt mithilfe des Internets kurze Steckbriefe zu den Bundesministern und fertigt dazu eine Wandzeitung an.
3 Erklärt die Begriffe „Legislative" und „Exekutive" (Text).

Bundeskabinett beschließt Änderung der Beschäftigungsordnung

Die Bundesregierung will Asylsuchende ... unterstützen, sich schnell in den Arbeitsmarkt zu integrieren. Praktika können dabei helfen. Bisher musste die Bundesagentur für Arbeit bei Asylbewerbern ... einem Praktikum zustimmen. Voraussetzung war, dass für das konkrete Praktikum kein deutscher Praktikant oder EU-Bürger infrage kommt. Für <u>bestimmte Praktika</u> ... ist nun keine Zustimmung durch die Bundesagentur für Arbeit mehr nötig ... Für diese Praktika muss nach dem Mindestlohngesetz kein Mindestlohn gezahlt werden. Das Bundeskabinett hatte die Änderung der Beschäftigungsordnung am 29. Juli [2015] beschlossen. ...

Anders verhält es sich bei der Arbeitsaufnahme. Wer drei Monate im Land ist, hat Zugang zum Arbeitsmarkt ... Die Bundesagentur für Arbeit aber muss in der Regel zustimmen ... Voraussetzung: Für die konkrete Stelle gibt es keinen deutschen Arbeitnehmer, EU-Bürger oder Ausländer, der hinsichtlich der Arbeitsaufnahme EU-Bürgern gleichgestellt ist.

bestimmte Praktika Dazu zählen auch ausbildungs- oder studienbegleitende Praktika bis zu drei Monaten und Praktika zur Einstiegsqualifizierung oder Berufsausbildungsvorbereitung.

M3 Änderung der Beschäftigungsordnung zum 1. August 2015

Flüchtlinge kommen aktuell in großer Zahl nach Deutschland. Sehr viele davon werden dauerhaft in Deutschland bleiben ... Es ist unsere humanitäre Pflicht und liegt in unserem gemeinsamen Interesse, diesen Menschen Anschluss an unsere Gesellschaft ... zu ermöglichen. Arbeit ist dabei einer der zentralen Schlüssel ... Wir gehen heute einen kleinen, aber wichtigen Schritt weiter, indem wir jungen Flüchtlingen den schnellen Weg in ein Praktikum ermöglichen. Praktika ... sind oft der Einstieg in eine Berufsausbildung oder einen Job ...

Die neue Verordnung zu berufsbezogenen Praktika ist ... [g]anz im Interesse der Wirtschaft, ... der es ... in Wahrheit um billige ... Arbeitskräfte aus dem Ausland geht. Die ... beschlossenen Maßnahmen vergrößern aus Sicht potenzieller Asylbewerber die Chance auf Beschäftigung ... Während die Bundesregierung einerseits öffentlich beteuert, den dramatisch wachsenden Zustrom illegaler Immigranten einschränken zu wollen, schafft sie andererseits immer neue Anreize für Wirtschafts- und Armutsflüchtlinge, in die Bundesrepublik zu kommen ...

M4 Bundesarbeitsministerin Andrea Nahles zu diesem Beschluss

M5 Bundesverband „Bürger in Wut", Stellungnahme eines Bloggers

4 Erkläre die Veränderung der Gesetzeslage (M3).

5 a) Arbeitet die Argumentation der Arbeitsministerin (M4) und des Bloggers (M5) heraus.
b) Lege begründet dar, welcher Position (M4, M5) du dich anschließen kannst.
c) Tauscht euch über eure Meinungen aus. Könnt ihr eine gemeinsame Position finden? Wenn ja, haltet diese fest und stellt sie der Klasse vor.

6 Notiere Maßnahmen, die deiner Meinung nach ergriffen werden müssten, damit es zwischen Flüchtlingen und Bundesbürgern nicht zu unlösbaren Konflikten kommt. Stelle deine Ideen in der Gruppe oder Klasse vor.

M1 Die Verfassungsorgane der Bundesrepublik Deutschland

Artikel 50

(1) Durch den Bundesrat wirken die Länder bei der Gesetzgebung und Verwaltung des Bundes und in Angelegenheiten der europäischen Union mit.

Artikel 51

(2) Jedes Land hat mindestens drei Stimmen. Länder mit mehr als zwei Millionen Einwohnern haben vier, ... mit mehr als sechs Millionen Einwohnern fünf, ... mit mehr als sieben Millionen Einwohnern sechs Stimmen.

M2 Grundgesetz (Auszug)

Die Arbeit der Verfassungsorgane

Deutschland ist ein Bundesstaat

Verfassungsorgane
Das sind: Bundespräsident, Bundesrat, Bundestag, Bundesregierung und Bundesverfassungsgericht. Sie heißen so, weil die Verfassung (das Grundgesetz) diese Institutionen vorschreibt und festlegt, was deren Rechte und Pflichten sind.

Als Bundesstaat bezeichnet man den Zusammenschluss mehrerer einzelner Staaten zu einem übergeordneten Gesamtstaat. Bei uns nennt man die einzelnen Staaten Bundesländer, wie zum Beispiel Schleswig-Holstein, Bayern oder Niedersachsen. Es gibt insgesamt 16 Bundesländer.

Der Bund und die Länder haben jeweils eigene Bereiche, in denen sie bestimmen können.

So vertritt zum Beispiel der Bund das Land nach außen (Außenpolitik) und legt Gesetze fest, die ganz Deutschland betreffen. Dafür gibt es andere Bereiche (z. B. Bildung, Polizeiwesen), in denen die Bundesländer eigene Gesetze beschließen können. Hier darf ihnen der Bund dann nicht reinreden.

Diese Form der Machtverteilung zwischen Bund und Ländern nennt man Föderalismus.

⚙ Methoden erlernen: Gruppenpuzzle

Ihr könnt die folgenden Seiten 140–143 als Gruppenpuzzle bearbeiten. So geht ihr vor:

Schritt 1 ●

Bildet Stammgruppen mit jeweils vier Schülern. Wie viele Gruppen ihr habt, hängt von der Zahl der Schüler in eurer Klasse ab (Beispiel: 20 Schüler teilen sich auf in die fünf Gruppen A–E mit je vier Schülern. Jeder Schüler erhält eine Nummer: A1, A2 usw.).

Beschreibt in eurer Gruppe die Grafik M1 und erklärt den Begriff der Verfassungsorgane.

Schritt 2 ●●

Bildet jetzt vier sogenannte Expertengruppen. Aus jeder Stammgruppe treffen sich dazu die Schüler mit der gleichen Nummer (A1, B1, C1, D1 und E1).

Jede Expertengruppe bearbeitet eines der folgenden Themen:
1) Deutschland ist ein Bundesstaat;
2) der Bundesrat;
3) der Bundespräsident;
4) das Bundesverfassungsgericht.

Bearbeitet zuerst die Aufgaben und bereitet dann zu eurem Thema einen kurzen Vortrag vor. Ihr sollt die Themen vorstellen und erklären können.

Schritt 3 ●●●

Kehrt zurück in eure Stammgruppen. Als Experte erläutert jetzt jeder den anderen Gruppenmitgliedern sein Thema. Die Mitglieder der Stammgruppe machen sich Notizen zu den jeweiligen Themen. Wenn ein Thema nicht ganz klar geworden ist, fragt euren Experten.

M3 Bundesländer und ihre Stimmanteile im Bundesrat

Der Bundesrat

Der Bundesrat vertritt die Interessen der Bundesländer gegenüber dem Bund. Jedes Land schickt, abhängig von der Einwohnerzahl des Bundeslandes, Abgeordnete in den Bundesrat. Insgesamt sind im Bundesrat 69 Abgeordnete vertreten. Wird das Bundesland von einer Partei regiert (z. B. CSU), sind die Vertreter auch von dieser Partei. Wird das Land von einer Koalition (z. B. SPD/Grüne, CDU/SPD) regiert, so stammen auch die Vertreter im Bundesrat aus diesen Parteien. Der Bundesrat ist an der Gesetzgebung beteiligt, kann selbst Gesetze vorschlagen und wählt die Hälfte der Richter am Bundesverfassungsgericht. Vor allem aber soll er die Arbeit des Bundestages und der Bundesregierung kontrollieren und, wenn nötig, auch korrigieren.

17 Bundestagsbeschlüsse billigte der Bundesrat in seiner letzten Sitzung vor der parlamentarischen Sommerpause. Er gab grünes Licht für die Kindergelderhöhung, [für] steuerliche Entlastungen für Alleinerziehende und den Abbau der kalten Progression; außerdem [für] das Präventionsgesetz, Maßnahmen zur besseren ärztlichen Versorgung auf dem Land ... Die Länder billigten auch Änderungen im Bleiberecht, die Rücknahmepflicht für Elektroschrott, ... Alle Gesetze werden nun dem Bundespräsidenten zur Unterschrift zugeleitet. Danach können sie im Bundesgesetzblatt verkündet werden und in Kraft treten.

1 Bundesrat → www

5 *Präventionsgesetz*
Gesetz, mit dem vor allem die Gesundheitsförderung direkt im Lebensumfeld
10 (Kita, der Schule, Arbeitsplatz) gestärkt werden soll.

15

M4 Zu den Beschlüssen des Bundesrates am 10. Juli 2015 (Auszug)

1 ■■ *Erläutert den Begriff des Föderalismus (Text, M2).*
2 ■■ *Sucht nach Vor- und Nachteilen des Föderalismus anhand des Themas Bildung: Welche Vorteile, aber auch welche Nachteile hat es, wenn jedes Bundesland über das Bildungssystem selbst bestimmt?*
3 ■■ *Nennt die Aufgaben des Bundesrates (Text).*
4 ■■ *Erläutert die Zusammensetzung des Bundesrates (M3).*
5 ■■ *Nennt Bundesratsbeschlüsse, die Jugendliche betreffen (M4).*

M1 Der Bundespräsident – das Staatsoberhaupt der Bundesrepublik

Der Bundespräsident

Bundespräsident
→ www

Der Bundespräsident verkörpert als Staatsoberhaupt der Bundesrepublik die Einheit des Staates. Er hat im Wesentlichen repräsentative Aufgaben. Zur Tagespolitik bezieht er keine Stellung, vielmehr bleibt er neutral. Wenn er sich jedoch zu Problemen oder in Krisenzeiten an die Öffentlichkeit wendet, wird das besonders aufmerksam wahrgenommen.

> Liebe Mitbürgerinnen und Mitbürger, ich habe heute den 15. Deutschen Bundestag aufgelöst und Neuwahlen ... angesetzt ... In dieser ernsten Situation braucht unser Land eine Regierung, die ihre Ziele mit Stetigkeit und mit Nachdruck verfolgen kann. Dabei ist die Bundesregierung auf die Unterstützung durch eine verlässliche, handlungsfähige Mehrheit im Bundestag angewiesen. Der Bundeskanzler hat am 1. Juli vor dem Bundestag deutlich gemacht, dass er mit Blick auf die knappen Mehrheitsverhältnisse keine stetige und verlässliche Basis für seine Politik mehr sieht.
> ... Ich bin davon überzeugt, dass damit die verfassungsrechtlichen Voraussetzungen für die Auflösung des Bundestages gegeben sind ... In meiner Gesamtabwägung komme ich zu dem Ergebnis, dass dem Wohl unseres Volkes mit einer Neuwahl jetzt am besten gedient ist.

M2 Auszüge aus der Fernsehansprache von Bundespräsident Horst Köhler zur Auflösung des Deutschen Bundestages am 21. Juli 2005

1. Erklärt, wer den Bundespräsidenten wählt (M1).
2. a) Notiert zunächst allein die Aufgaben des Bundespräsidenten (Text, M1).
   b) Tauscht euch dann aus und ergänzt eure Antworten.
3. Begründet, warum der Bundespräsident politisch „neutral" sein soll (Text).
4. Erklärt, warum der Meinung des Bundespräsidenten in Krisenzeiten besondere Bedeutung zukommt.
5. Formuliert die Begründung von Horst Köhler zur Auflösung des Bundestages 2005 (M2).

Das Bundesverfassungsgericht

> **Karlsruhe: Verfassungsrichter heben Versammlungsverbot für Heidenau auf**
>
> ...
> Das generelle Versammlungsverbot für die sächsische Stadt Heidenau ist nicht rechtens. Das entschied nun das Bundesverfassungsgericht in Karlsruhe ... Ursprünglich hatte das Landratsamt Sächsische Schweiz-Osterzgebirge das allgemeine Demonstrationsverbot verhängt. Es sollte von Freitagnachmittag bis Montagmorgen gelten – für das Willkommensfest für Flüchtlinge, aber auch für geplante Aufmärsche rechter Gruppen. Die Behörde hatte die Entscheidung damit begründet, dass nicht ausreichend Polizeikräfte zur Verfügung stünden, um die öffentliche Sicherheit zu gewährleisten ...
>
> Ein Bürger, der an einer Kundgebung des Bündnisses „Dresden Nazifrei" teilnehmen wollte, klagte gegen das Verbot – mit Erfolg. Am Freitagmittag hob das Verwaltungsgericht Dresden das Versammlungsverbot auf, mit der Begründung, es sei rechtswidrig.

Bundesverfassungsgericht → www

M3 Beschluss zum Versammlungsverbot

M4 Der Erste Senat eröffnet eine Verhandlung.

Das Bundesverfassungsgericht in Karlsruhe wacht darüber, dass das Grundgesetz der Bundesrepublik Deutschland eingehalten wird (auch von der Regierung). Das Grundgesetz legt fest, dass Deutschland ein freiheitlich-demokratischer Rechtsstaat ist. Da das Bundesverfassungsgericht damit auch die staatliche Macht kontrolliert, ist es notwendig, dass das Gericht von allen anderen Verfassungsorganen unabhängig ist. Seine Entscheidungen sind verbindlich und niemand kann Druck auf das Gericht ausüben. Verabschiedet z. B. die Bundesregierung ein Gesetz, dass nicht dem Grundgesetz, also der Verfassung, entspricht, kann es vom Bundesverfassungsgericht für verfassungswidrig erklärt werden. Die Bundesregierung muss dann das Gesetz so ändern, dass es mit dem Grundgesetz übereinstimmt.

> **Artikel 92**
> Die rechtsprechende Gewalt ist den Richtern anvertraut; sie wird durch das Bundesverfassungsgericht, durch die in diesem Grundgesetz vorgesehenen Bundesgerichte und durch die Gerichte der Länder ausgeübt.
>
> **Artikel 93**
> (1) Das Bundesverfassungsgericht entscheidet:
> ...
> 2. Bei Meinungsverschiedenheiten ... über die förmliche und sachliche Vereinbarkeit von Bundesrecht oder Landesrecht mit diesem Grundgesetz ...

M5 Grundgesetz (Auszug)

Rechtsstaat bedeutet, dass alles, was der Staat tut, nach den Regeln der Verfassung und den geltenden Gesetzen erfolgen muss. Die Wahrung des Rechtsstaats ist vor allem Aufgabe der unabhängigen Gerichte.

6 Beschreibe die wichtigste Aufgabe des Bundesverfassungsgerichtes (Text).

7 Benenne das Grundrecht, weshalb das Bundesverfassungsgericht das „generelle Versammlungsverbot" für Heidenau für verfassungswidrig erklärt hat (M3).

8 Erkläre den Begriff des Rechtsstaates (Text, Infospalte.)

M1 Interessenverbände verfolgen Ziele.

M2 Logos von Interessenverbänden

Interessenverbände nehmen Einfluss

Gemeinsamkeit macht stark

Wer mit politischen oder wirtschaftlichen Zuständen unzufrieden ist oder konkrete Forderungen an die Politik hat, kann sich mit anderen zusammenschließen, um seine Interessen durchzusetzen.

Schülerverbände – wie z. B. der Landesschülerrat – oder die Elternverbände versuchen mit Vorschlägen, die sie an das Kultusministerium oder die Landesschulbehörde richten, die Schule und den Unterricht zu verbessern.

Je mehr Mitglieder ein Interessenverband hat, desto größer ist sein Einfluss. Große Interessenverbände können sich in den Medien gut präsentieren, z. B. durch Berichte und Bilder von Demonstrationen.

Lobby
So bezeichnet man Interessengemeinschaften, die versuchen, Einfluss auf politische Entscheidungen zu nehmen. Dies kann durch persönlichen Informationsaustausch oder durch die Beeinflussung der öffentlichen Meinung über die Massenmedien geschehen.

> **Interessenverband**
> Zusammenschluss von Personen, die ihre gemeinsamen Interessen in der Öffentlichkeit durchsetzen wollen. Dazu versuchen sie u. a., auf die Gesetzgebung Einfluss zu nehmen. Von Parteien unterscheiden sie sich dadurch, dass sie nicht an allgemeinen Wahlen teilnehmen. Interessenverbände sind z. B. die Gewerkschaften der Arbeitnehmerinnen und Arbeitnehmer und auf der Gegenseite die Arbeitgeberverbände.

M3 Ein Lexikonartikel

> Große Verbände haben oft eigene Vertretungen in der Stadt, wo auch die Regierung eines Landes ihren Sitz hat. So können sie schnell wichtige Leute im Parlament, in den Parteien und in der Regierung treffen und über ihre Angelegenheiten reden. Sie machen dann Lobbyarbeit. Wenn Interessenverbände besonders stark sind und versuchen, auf Politik und Gesetzgebung Einfluss zu nehmen, werden sie auch als „Pressure-Groups" bezeichnet.

M4 Artikel aus einem anderen Politiklexikon

1. Beschreibt die Karikatur M1 und stellt einen Bezug zu M2 her.
2. Erklärt mit euren Worten, was ein Interessenverband ist (Text, M3, M4).
3. Erläutert am Beispiel eines oder mehrerer Interessenverbände aus M2, wessen Interessen durch den jeweiligen Verband vertreten werden.
4. Suche dir einen Verband aus und recherchiere dazu im Internet. Stelle den Verband und seine Ziele in der Klasse vor.
5. Erläutert, was man unter „Lobbyarbeit" versteht (Text, M4).
6. Begründet den Satz: „Eine gerechte Wirtschaft braucht starke Interessenverbände."

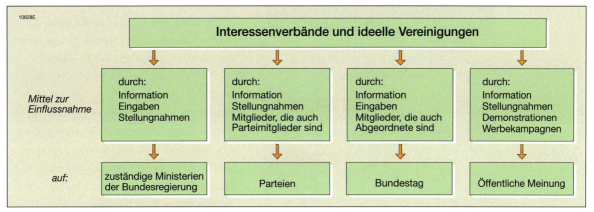

M5 Verbandseinfluss (Adressaten und Methoden)

Lobbyarbeit: alles demokratisch?

Mit 26 377 „blauen Briefen" im Gepäck fuhr ein LobbyControl-Team gestern nach Essen. Ziel: Die RWE-Konzernzentrale. Die auf blaues Papier gedruckten Schulverweise symbolisierten die vielen Unterschriften unter unseren Appell an RWE Deutschland-Chef Arndt Neuhaus. In dem Appell fordern wir RWE auf, seine Lobbyarbeit an Schulen zu beenden. Der Leiter der Unternehmenskommunikation, Sebastian Ackermann, und die Leiterin der Schulkommunikation, Claudia Bremer, nahmen die Unterschriften stellvertretend entgegen. Die RWE-VertreterInnen erneuerten ihr Gesprächsangebot, gingen inhaltlich jedoch nicht auf die Forderung nach einem Ende der Lobbytätigkeiten von RWE an Schulen ein.
Vor einer Woche hatten wir aufgedeckt, wie RWE Schülerinnen und Schüler für seine Geschäftsinteressen instrumentalisiert. Mit Schulkooperationen, fragwürdigem Unterrichtsmaterial und Schulsponsoring versucht der Energiekonzern, den Schülern Braunkohle als vorteilhaft für die Gesellschaft dazustellen und seinen Ruf zu verbessern.

M6 Ein Textauszug von der Internetseite der Organisation „LobbyControl" vom 13. November 2015

M7 Protestaktion von „LobbyControl" vor der Konzernzentrale von RWE

7 Beschreibe die Grafik M5. Erläutere dabei, welche Formen von Einflussnahme durch Interessenverbände es gibt.

8 Recherchiere im Internet zu den beiden Organisationen „LobbyControl" und „Campact" und präsentiere die Ergebnisse der Klasse.

9 Erläutere, wann man von „Grauzonen der Lobbyarbeit" spricht. Belege deine Ausführungen mit Beispielen.

M1 Anfang November 2015 gab es bereits mehr als 500 Übergriffe gegen Flüchtlinge oder ihre Unterkünfte.

M2 „Rechte fühlen sich bestätigt", Interview mit Maren Brandenburger, Präsidentin des Verfassungsschutzes Niedersachsen

Gefahren für die Demokratie

Extremisten bedrohen unsere demokratische Ordnung

Medien berichten fast täglich von Gewalttaten. Einige dieser Taten haben einen politischen Hintergrund.

So finden wir z. B. Bilder und Nachrichten von Selbstmordattentätern und Tätern aus aller Welt, die aus politischen oder religiösen Gründen sich und andere töten. Die Ausdrucksformen des politischen Extremismus reichen von Drohungen, Schmierereien oder öffentlichen Anfeindungen, z. B. gegen Ausländer, Asylsuchende oder jüdische Mitbürger, bis hin zu Bombenanschlägen auf Menschen und Sachgegenstände.

Extremistische Vereinigungen sind gegen die Demokratie und Meinungsfreiheit.

Linksextreme Täter stören beispielsweise bei politischen Veranstaltungen oder sie bedrohen Politiker. Rechtsextreme Vereinigungen werben vor allem um Jugendliche und Menschen, die sich benachteiligt fühlen. Häufig wird im Internet durch scheinbar lustige Bilder und Karikaturen oder auch mit kostenloser aggressiver Musik geworben, für die Jugendliche sehr empfänglich sind. Sogar vor Schulen verteilen Rechtsextreme manchmal hasserfüllte, ausländerfeindliche Musik.

ⓘ Extremismus

(extrem = lat.: äußerst, übersteigert) Extremismus ist eine Sammelbezeichnung für Auffassungen, die ein Leben nach den Regeln des Grundgesetzes ablehnen und die Demokratie bekämpfen. Es wird zwischen Rechts- und Linksextremisten unterschieden. Daneben gibt es z. B. religiös begründeten Extremismus.

In der Neujahrsnacht wurde ein 26-jähriger Jude mitten in Berlin von mehreren Männern mit Fausthieben und Tritten angegriffen.
Der Zwischenfall hatte mit antisemitischen Sprüchen begonnen, die die Männergruppe in der U-Bahn skandiert hatte. Der Israeli, der seit zwölf Jahren in Deutschland lebt, hatte die Männer aufgefordert, dies sein zu lassen ... Der 26-Jährige erlitt Prellungen und eine Platzwunde am Kopf.

M3 Bericht von einem antisemitischen Vorfall in Berlin am 1. Januar 2015

Rechtsextremismus

Wer extremistisch ist, will keine Toleranz und Offenheit gegenüber Menschen, die anderer Meinung sind. Rechtsextremisten wollen den Staat mit Gewalt verändern. Sie treten meistens in kleinen Gruppen auf, sind sehr oft gewalttätig, tragen Kleidung und Frisuren, die nach Stärke und Macht aussehen sollen (Glatzen, Springerstiefel) und schreien ausländerfeindliche Parolen. Manchmal verstellen sich diese Menschen auch. Sie sprechen zwar davon, dass sie Recht und Ordnung achten, aber in Wirklichkeit unterdrücken sie andere Menschen, die nicht ihrer Meinung sind. Vorbilder für diese menschenverachtende Einstellung sind häufig der Nationalsozialismus und der Faschismus. Daher spricht man bei rechtsextremistischen Gruppen heute oft von Neonazis (neuen Nationalsozialisten).

M4 Artikel aus einem Lexikon für Kinder und Jugendliche

Linksextremismus

Die Grundeinstellung von Linksextremisten gegenüber dem Staat ist – wie bei den Rechtsextremisten – von starker Ablehnung bestimmt. Es soll eine andere politische Ordnung errichtet werden, die nicht demokratisch ist. Anders als beim Rechtsextremismus ist der Linksextremismus nicht gegen Ausländer gerichtet und hat auch nicht den Faschismus und Nationalsozialismus zum Vorbild. Gemeinsam ist beiden Einstellungen, dass sie nichts dagegen haben, wenn in der politischen Auseinandersetzung Gewalt gegen Personen und Sachen angewendet wird. Das aber ist in Deutschland verboten.

M5 Lexikonartikel zum Stichwort „Linksextremismus"

Extremismus → www

Islamismus

Grundlage des Islamismus ist die Vorstellung, dass der Islam die Lösung aller vorhandenen Probleme ist und eine islamische Ordnung die universelle und einzig richtige Gesellschaftsform ist. ... Um ihre Ziele durchzusetzen, sehen sich militante Anhänger des Islamismus zum Dschihad (Heiliger Krieg) verpflichtet. Dieser wird in der islamistischen Interpretation als Konfrontation oder dauernder Kampf gegen die Feinde des Islams definiert. ... Islamistischer Terrorismus ist eine extreme Form des Islamismus und wird nur von einem kleinen Teil der Islamisten unterstützt, gilt aber heute als weltweit größte terroristische Bedrohung.

M6 Aus einem Lexikon der Bundeszentrale für politische Bildung

---

1 Listet Gemeinsamkeiten und Unterschiede von links- und rechtsextremen sowie islamistischen Gewalttätern auf (Text, M4–M6).

2 Stellt dar, welche Folgen der Flüchtlingszuzug für rechtsextreme Ansichten bzw. Stimmung(en) in der Bundesrepublik hat (M1, M2).

3 Recherchiere im Internet jeweils ein Beispiel für links- und für rechtsextreme sowie für religiös motivierte Gewalttaten und berichte in der Klasse darüber.

Demokratie in Deutschland

M1 Wahlplakate zur Europawahl 2014

1 Wahlplakate untersuchen

Erstelle eine Tabelle mit fünf Spalten zur Untersuchung der Plakate (M1). Trage oben in die Kopfzeile folgende Texte in die Spalten ein:

Partei (vollständiger Name) – Thema des Plakats – Slogan (sachlich/emotional) – Zielgruppe – Gestaltung (Motiv/Blickführung/Schrift) – Wirkung

Fülle dann die Tabelle für die fünf Plakate aus.

3 Ein Schaubild auswerten

Beschreibe den Weg, wie in Deutschland Gesetze erlassen und ausgeführt werden.

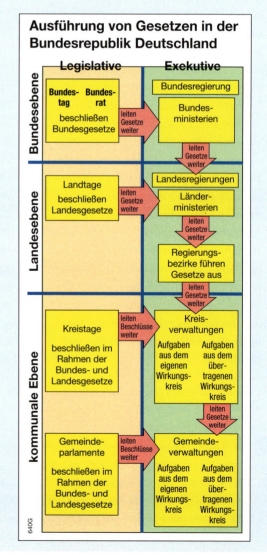

2 Kuckucksei

Streiche jeweils den falschen Begriff und finde eine Überschrift bzw. einen Oberbegriff

a) Gewaltenteilung – Macht auf Zeit – rechtlose Minderheiten – Mehrheitsbeschluss

b) Freiheit – Gleichheit – Staatsreligion – Menschenwürde

c) Versammlungsfreiheit – Asylrecht – Schulfreiheit – Petitionsrecht

d) christlich – liberal – ökologisch – islamistisch

e) allgemein – frei – öffentlich – gleich

f) Überhangmandate – 5 %-Hürde – Direktkandidaten – Wahlplakate

4 Begriffe klären

Ordne auf dem Arbeitsblatt oder in deinem Heft die folgenden Begriffe den drei Gewalten „Legislative", „Exekutive" und „Judikative" zu.

Bundeskanzler – Bundesverfassungsgericht – Bundesminister – Bundestagsabgeordneter – Bundesrat – Amtsgericht – Landtag – Ministerpräsident

5 Kennst du die Parteien im Bundestag?

Im Bundestag sind zurzeit fünf Parteien vertreten. Nenne ihre Namen mithilfe der folgenden Begriffe oder Wörter.

Christlich – Christlich – Die – Die – Demokratische – Deutschlands – Grünen – Linke – Partei – Bündnis 90 – Soziale – Sozialdemokratische – Union – Union

Legislative	Exekutive	Judikative

6 Rätsel

Trage die Lösungswörter mit Großbuchstaben in die Kästchen ein (ä, ö, ü = ein Buchstabe). Verwende dazu das Arbeitsblatt oder eine Kopie dieser Seite.

1. Verfassung der Bundesrepublik Deutschland
2. Einrichtung der Legislative
3. Mitglied der Bundesregierung
4. Bündnis von Parteien, um die Regierung zu bilden
5. Gruppe von Abgeordneten einer Partei
6. System, bei dem die Macht im Staat von mehreren Orten ausgeübt wird
7. gesetzgebende Gewalt
8. Machtverteilung zwischen Bund und Ländern
9. richterliche Gewalt
10. Sammelbezeichnung für Positionen, die die Demokratie und den Rechtsstaat ablehnen

Grundbegriffe:

Bundeskabinett
Bundespräsident
Bundesrat
Bundestag
Bundesverfassungsgericht
Exekutive
Extremismus
Föderalismus
Fraktion
Gewaltenteilung
Grundgesetz
Judikative
Koalition
Legislative
Mehrheitswahlrecht
Mehrparteiensystem
Opposition
politische Parteien
Regierung
Verhältniswahlrecht

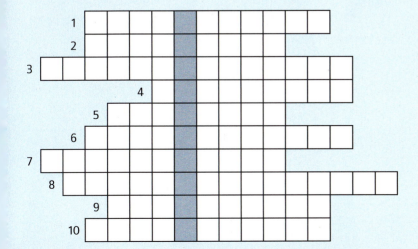

149

Europa – das sind wir

Europa – das sind wir

M2 Deutsche und französische Studenten verbrennen am 8. August 1950 im Niemandsland zwischen St. Germannshof (deutsche Seite) und Wissembourg (französische Seite) Grenzpfähle und Schilder.

M3 Demonstration gegen die Finanzpolitik in der Eurozone und den ESM-Rettungsschirm am 2. Juni 2012 in München

→ Wie kam es zur Gründung der Europäischen Union (EU)?
→ Was habe ich mit der EU zu tun?
→ Welche Ziele verfolgt die EU?
→ Welche Länder gehören zur EU?
→ Wie ist die Europäische Union politisch und wirtschaftlich organisiert?
→ Wie weit kann die EU noch wachsen?

M1 Am Vorabend des Beitritts zur Europäischen Union am 1. Juli 2013 feiern die Menschen in Kroatien.

EU im Alltag

M1 In diesen Bereichen greift die EU in den Alltag ein.

Europa und wir

Die Europäische Union und unser Alltag

Europa im Alltag → www

Jana Borchers, 28, kauft gern im Internet ein: „Neulich habe ich mir ein paar Schuhe direkt in Italien gekauft. Die waren dort mehr als 30 % billiger. Bei Zahlung per Vorkasse war es noch etwas günstiger. Mit der neuen SEPA-Überweisung ist das kein Problem und kostet auch nicht mehr Gebühren als sonst."

M2 Beispiel SEPA (Single Euro Payments Area = Einheitlicher Euro-Zahlungsverkehrsraum)

Peter Simon, 35, ist beruflich viel in Europa unterwegs: „Ich muss für meinen Job viel reisen: Frankreich, Österreich, Italien und natürlich Deutschland. Dank der neuen EU-Verordnung, die Handytarife im europäischen Ausland begrenzt, ist das Telefonieren und Surfen für mich viel billiger geworden. Das merke ich bei meinen Abrechnungen deutlich!"

M3 Beispiel Telefontarife

> Johann Albrecht, 64,
> betreibt einen Biobauernhof:
> „Für uns ist die Kennzeichnungspflicht für Eier ein Gewinn. Endlich können die Verbraucher nachvollziehen, woher die Eier kommen und sind auch bereit, für ein gutes Frühstücksei ein bisschen mehr Geld zu bezahlen. Dies ist eine EU-Verordnung, von der der Verbraucher direkt profitiert – und wir als Biobauern auch."

M4 Beispiel Kennzeichnungspflicht von Eiern

> Sarah Leitner, 17,
> war in Italien im Urlaub:
> „Ich hatte Glück. Nach einem Badeunfall hat man mich im örtlichen Krankenhaus ohne große Bürokratie direkt behandelt. Ich habe nur meine Europäische Krankenversichertenkarte vorzeigen müssen. Die ist ja jetzt auf jeder Versicherungskarte. Damit habe ich bei Urlaubsreisen Anspruch auf medizinisch notwendige Leistungen des öffentlichen Gesundheitswesens des jeweiligen EU-Landes."

M5 Beispiel Krankheit im Urlaub

An vielen Stellen haben wir direkt mit der Europäischen Union zu tun, ohne das überhaupt zu merken. Ob beim Einkaufen, beim Reisen oder beim Arbeiten – es gibt Entscheidungen aus Brüssel, die Auswirkungen auf unseren Alltag haben. Umgekehrt können wir Bürger die europäische Politik mitbestimmen: Alle fünf Jahre wird das Europaparlament gewählt.

1. a) Sammelt Stichworte zu der Frage: Wo erlebe ich Europa in meinem Alltag? Sammelt auf Karten; erst allein, dann zu zweit, dann in der Gruppe.
   b) Vergleicht eure Ergebnisse mit M1.
2. Recherchiert im Internet nähere Informationen zu den Themen IBAN und BIC, Handytarife, Eierkennzeichnung und Europäische Krankenversicherung (M2–M5). Stellt euch gegenseitig eure Ergebnisse vor. Aufgabe 2 → www
3. Erstelle mithilfe von M1 und des Internets Lernplakate zu den Bereichen: In Europa ...
   – arbeiten,
   – reisen,
   – einkaufen.
4. Entscheide, ob die Regelungen der EU für dich positiv oder negativ sind. Begründe deine Meinung und diskutiert eure Meinungen in der Klasse.

Europa wächst zusammen
Die Montanunion

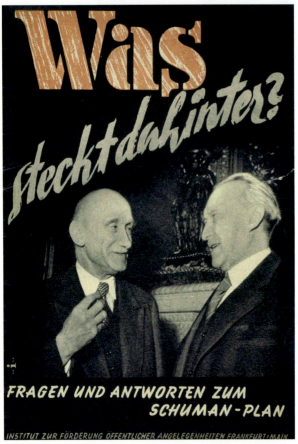

M1 Bundeskanzler Konrad Adenauer und der französische Außenminister Robert Schuman auf der Titelseite einer Broschüre (1951)

> (Europa) wird durch konkrete Tatsachen entstehen ... Die Vereinigung der europäischen Nationen erfordert, dass der Jahrhunderte alte Gegensatz zwischen Frankreich und Deutschland ausgelöscht wird. Das begonnene Werk muss in erster Linie Deutschland und Frankreich erfassen ... Die französische Regierung schlägt vor, die Gesamtheit der französisch-deutschen Kohle- und Stahlproduktion einer Hohen Behörde zu unterstellen.

M2 Der französische Außenminister Robert Schuman (9. Mai 1950)

> Während der letzten Tage war ich sehr pessimistisch gestimmt über die Beziehungen mit Frankreich und die Zukunft Europas. Aber diese Idee einer Union zwischen den beiden Ländern gibt mir neue Hoffnung und neuen Mut. Sie würde ganz bestimmt ein sehr starkes Bollwerk des Friedens sein.

M3 Bundeskanzler Konrad Adenauer zum Vorschlag einer Montanunion in einem Interview (6. März 1950)

Schuman-Plan → www

EGKS-Gründungsstaaten:
Belgien, Bundesrepublik Deutschland, Frankreich, Italien, Luxemburg, Niederlande.

Es war 1950 und Frankreich steckte in einem Dilemma: Zum einen ging eine Gefahr von der Sowjetunion aus, die sich immer stärker bewaffnete und Europa bedrohte. Von Amerika war keine Unterstützung zu erwarten. Wollte man sich also gegen die Sowjetunion schützen, brauchte man ein starkes Deutschland in der Mitte. Zum anderen hatten die Franzosen Sorge vor einer Wiederaufrüstung Deutschlands, das erst vor fünf Jahren den Krieg verloren hatte. Der französische Außenminister Robert Schuman hatte eine Idee: Indem man eine gemeinsame Union zur Kohle- und Stahlproduktion gründete, konnte Frankreich sowohl Deutschland politisch mit einbeziehen als auch die Kohle- und Stahlproduktion überwachen. Denn Kohle und Stahl waren die Grundlage für die Rüstungsindustrie. Deutschland willigte ein. Die Gründung der Europäischen Gemeinschaft für Kohle und Stahl (EGKS) wird oft die „Geburtsstunde" der Europäischen Union genannt.

ⓘ Europäische Gemeinschaft für Kohle und Stahl

Die EGKS wurde auch Montanunion genannt. Sie wurde am 18. April 1951 durch den Vertrag von Paris gegründet und trat am 23. Juli 1952 in Kraft. Die EGKS war der erste europäische Wirtschaftsverbund und die erste überstaatliche Organisation. Sie gewährte den Mitgliedsstaaten Zugang zu Kohle und Stahl, ohne Zoll zahlen zu müssen.

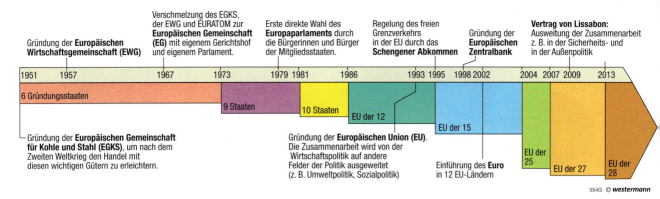

M4 Die Entwicklung der europäischen Einigung 1951–2013

Der EWG-Vertrag

Schon bald nach der Gründung der Montanunion stellten die Mitglieder fest, dass eine Zusammenarbeit nur in den Bereichen Kohle und Stahl nicht ausreichte. Auch andere Wirtschaftsbereiche sollten zukünftig unter gemeinsame Verantwortung gestellt werden. Nach langen Verhandlungen unterschrieben Vertreter der sechs Staaten am 25. März 1957 in Rom den Vertrag zur Gründung der Europäischen Wirtschaftsgemeinschaft (EWG).

Durch die EWG sollte eine vollständige Wirtschaftsintegration erreicht werden. Gleichzeitig wurde die EURATOM gegründet. Sie diente der gemeinsamen Erforschung und friedlichen Nutzung der Kernenergie. Die EWG wurde aufgrund der erweiterten Aufgabenstellung 1993 umbenannt in die Europäische Gemeinschaft (EG). Als Symbol der EWG wurde die Europaflagge mit zwölf gelben Sternen auf blauem Grund eingeführt.

EURATOM
Europäische Atomgemeinschaft

Römische Verträge
Nach der Vertragsunterzeichnung am 25. März 1957 in Rom traten die Zusammenschlüsse EWG und EURATOM zum 1. Januar 1958 in Kraft.

1 Seine Majestät der König der Belgier, der Präsident der Bundesrepublik Deutschland, der Präsident der Französischen Republik, der Präsident der Italienischen Republik,
5 Ihre Königliche Hoheit die Großherzogin von Luxemburg, Ihrer Majestät die Königin der Niederlande,
– in dem festen Willen, die Grundlagen für einen immer engeren Zusammenschluss der
10 europäischen Völker zu schaffen ...
– in dem Vorsatz, die stetige Besserung der Lebens- und Beschäftigungsbedingungen ihrer Völker als wesentliches Ziel anzustreben ...

– in dem Bestreben, ihre Volkswirtschaften zu einigen und deren harmonische Entwicklung zu fördern, indem sie den Abstand zwischen einzelnen Gebieten und den Rückstand weniger begünstigter Gebiete 20 verringern ...
– entschlossen, durch diesen Zusammenschluss ihrer Wirtschaftskräfte Frieden und Freiheit zu wahren und zu festigen, und mit der Aufforderung an die anderen Völker Europas, 25 die sich zu dem gleichen hohen Ziel bekennen, sich diesen Bestrebungen anzuschließen, **haben beschlossen, eine Europäische Wirtschaftsgemeinschaft zu gründen ...**

M6 Die Europaflagge

M5 Auszug aus der Präambel des EWG-Vertrages (1957)

1 Beschreibe das Ziel, das Frankreich mit der Gründung der Montanunion verfolgte (Text, M2).
2 Erkläre die Reaktion Konrad Adenauers auf den Vorschlag (M3).
3 Nenne die Staaten, die der EGKS angehörten (M4).
4 Beurteile die Ziele der EGKS (Text, M1, M2, M3).
5 Sucht Gründe, die zur Gründung der Europäischen Wirtschaftsgemeinschaft führten, und stellt sie in einer kleinen Liste zusammen (Text).
6 Beschreibe die Ziele der EWG mit eigenen Worten (M5).

Aufgabe 6 → www

Zuständigkeiten in der Europäischen Union

- Ausschließliche Zuständigkeiten der EU
- Gemischte Zuständigkeiten EU und Mitgliedstaaten
- Unter Ausschluss jeglicher Harmonisierung

M1 Zuständigkeitsbereiche der EU

M2 Die Staaten des Schengener Abkommens

Karten-Legende (M2):
- Vollanwender des Schengen-Abkommens
- Schengen-Anwender, die kein EU-Mitglied sind
- Kein Wegfall der Grenzkontrollen, keine Erteilung von Schengen-Visa
- Termin zur Vollanwendung des Schengen-Abkommens steht noch nicht fest

Von der EWG zur EU

Zuständigkeiten der EU → www

Bald wurde deutlich, dass man für ein gemeinsames Europa nicht nur wirtschaftlich, sondern auch politisch stärker zusammenarbeiten musste. Am 1. November 1993 trat der Maastrichter Vertrag in Kraft. Durch ihn wurde es möglich, aus der Europäischen Wirtschaftsgemeinschaft eine politische Union zu formen. Neben die Ziele einer gemeinsamen Wirtschaftspolitik traten jetzt noch andere Ziele: Im Rahmen der Gemeinsamen Europäischen Außen- und Sicherheitspolitik (GASP) beteiligen sich auch deutsche Soldaten an internationalen Einsätzen. In erster Linie sollten diese Einsätze der Friedenserhaltung und der Demokratie dienen.

Für eine verstärkte Zusammenarbeit in der Innen- und Justizpolitik traf man Regelungen zu Fragen der Grenzkontrollen, der Einwanderungspolitik und der Bekämpfung der internationalen Kriminalität. Grundlage dafür war das Schengener Abkommen. Es trat am 26. März 1995 in Kraft und sieht den Wegfall der Grenzkontrollen an den Binnengrenzen der Union vor. Dafür soll es an den Schengen-Außengrenzen bessere und effizientere Kontrollen geben, und die Polizeiarbeit soll stärker vernetzt werden. Eine Neuerung war auch die sogenannte „Unionsbürgerschaft". Sie garantierte den Bürgern der Europäischen Union vor allem das Recht, sich innerhalb der EU frei zu bewegen.

ⓘ Unionsbürgerschaft

Jeder Bürger/jede Bürgerin der EU hat
- das Recht, sich im gesamten Gebiet der Union frei zu bewegen und aufzuhalten;
- das Recht, in allen EU-Ländern wie ein Inländer behandelt zu werden, wenn es zum Beispiel um die Suche nach Arbeit oder den Kauf einer Wohnung geht;
- das aktive und passive Wahlrecht bei Kommunalwahlen sowie bei den Wahlen zum Europäischen Parlament in seinem/ihrem Wohnsitzland, auch wenn man nicht dessen Staatsangehörigkeit besitzt;
- das Recht, sich in der Amtssprache seiner/ihrer Heimat an alle Organe der EU zu wenden und in dieser Sprache eine Antwort zu erhalten.

1. Nenne die Ziele des Maastrichter Vertrages (Text).
2. Erstellt eine Tabelle zu den Arbeitsfeldern in M1. Unterscheidet, wer jeweils zuständig ist: die EU, die Mitgliedsstaaten oder beide.
3. Erkläre in eigenen Worten, was mit „Unionsbürgerschaft" gemeint ist (Infotext).
4. Nenne mithilfe des Atlas die Staaten des Schengener Abkommens (M2).

Die Erweiterungen der Europäischen Union

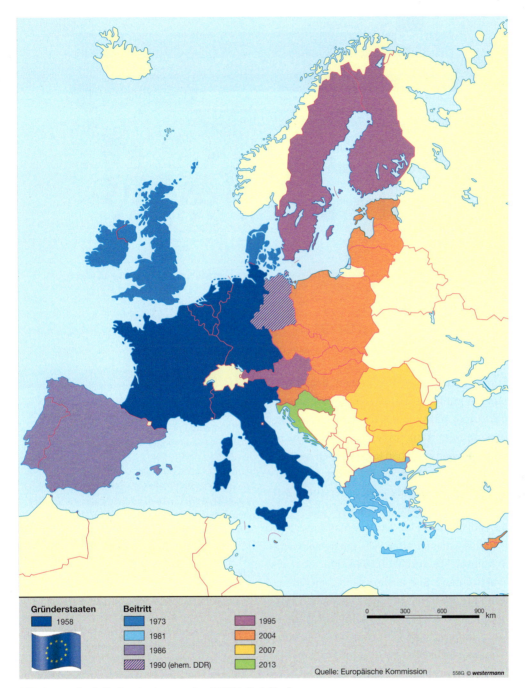

Gründerstaaten
- 1958

Beitritt
- 1973
- 1981
- 1986
- 1990 (ehem. DDR)
- 1995
- 2004
- 2007
- 2013

Quelle: Europäische Kommission

M3 Aus sechs Gründerstaaten werden 28 Mitgliedsländer.

5. Recherchiere mithilfe des Atlas die Namen der Länder, die in den jeweiligen Beitrittsjahren zur EWG bzw. EU hinzukamen und notiere sie (M3).
6. Beschreibe, in welche Richtung sich die EU in den letzten Jahren ausgedehnt hat (M3).
7. Überlegt, welche Vor- und Nachteile ein weiteres Wachsen der EU in Europa haben könnte. Notiert die Vor- und Nachteile in einer Tabelle.

M1 Internetseite des EU-Programms für allgemeine und berufliche Bildung, Jugend und Sport

Mach was in Europa!

Lerne Europa kennen

Europa kann man selbst erleben: bei Begegnungen mit Jugendlichen aus anderen europäischen Ländern, über die Schule, die Ausbildung oder ganz privat im Urlaub. Solche Begegnungen zwischen Jugendlichen aus verschiedenen Ländern werden oft von der Europäischen Union finanziell unterstützt, z. B. durch das Programm Erasmus+.

Jugendliche von Finnland bis Malta von Portugal bis Estland treffen sich, um gemeinsame Schulprojekte durchzuführen oder aber als Praktikanten z. B. in einem spanischen Kinderheim zu arbeiten. Einigen von diesen Programmen, die von der EU aufgelegt wurden, kann man sich als einzelner oder in einer Gruppe anschließen, andere von diesen EU-Programmen kann man selbst ins Rollen bringen und mit Partnern in Europa ausgestalten. So haben mehr als eine Million Jugendliche seit 1987 mit Unterstützung der EU im Ausland gelebt, gelernt und gearbeitet und so ihren Platz in Europa und als Europäer gefunden.

> **ⓘ Erasmus+**
>
> Das Programm kombiniert sieben EU-Programme für allgemeine und berufliche Bildung und Jugend und führt zum ersten Mal auch ein Sportprogramm ein. Das Gesamtbudget beträgt 14, 7 Mrd. Euro für den Zeitraum von 2014–2020, was eine Budgetsteigerung von 40 % darstellt.
> Erasmus+ schafft mehr Gelegenheiten für den Wissenserwerb im Ausland, und zwar für Schülerinnen und Schüler, Studentinnen und Studenten sowie Lehrerinnen und Lehrer
> Die EU-Zuschüsse und Bildungsprogramme richten sich an insgesamt mehr als vier Millionen Menschen, und zwar unter anderem an rund zwei Millionen Studierende, rund 650 000 Auszubildende, rund 800 000 Dozenten/Dozentinnen, Lehrkräfte, Ausbilder/-innen und Jugendarbeiter/-innen sowie an über 500 000 junge Menschen in der Freiwilligenarbeit sowie im Jugendaustausch.
> Für das Studium im Ausland bietet Erasmus+ ein Darlehensprogramm für 200 000 Studierende, die Masterabschlüsse planen.
> Im Sportbereich fördert Erasmus+ insgesamt 600 kooperative Partnerschaften, einschließlich gemeinnütziger Sportveranstaltungen. 3 000 Partnerorganisationen nehmen an verschiedenen Kooperationsprojekten teil.

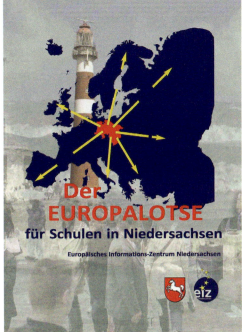

M2 Eine Broschüre des EIZ Niedersachsen

ⓘ Das eTwinning-Programm

Das EU-Programm eTwinning verbindet Schulen sowie vorschulische Einrichtungen in Europa. Unter der Adresse www.etwinning.net können Lehrerinnen und Lehrer unkompliziert Partnerschulen für gemeinsame Lernaktivitäten finden. Über 340 000 Lehrkräfte an fast 150 000 Schulen nutzen diese Möglichkeit im Jahr 2015 bereits. Sie können sich länderübergreifend über ihren Unterricht austauschen und Unterrichtsideen, sogenannte eTwinning-Kits, mit anderen teilen.

M3 Das Logo von eTwinning

M4 Das Logo des EIZ Niedersachsen; das EIZ ist eine offizielle Informationsstelle der Europäischen Union (EU).

M5 Jugendliche und ihre Einstellungen zur Europäischen Union

1. 🗨️ Erkläre, welche Möglichkeiten sich für Jugendliche bieten, sich in Europa als Europäer zu begreifen (Text, M1, M2, M4, Infotext).

2. 〰️ Ermittle weitere Informationen über das „eTwinning"-Programm und erkläre, welche Möglichkeiten es eröffnet, an Europa teilzuhaben (M3).

3. 👥 a) Recherchiert im Internet nach Meinungen von Jugendlichen über Europa und gebt diese in eigenen Worten wieder.
   👥 b) Berichtet euch gegenseitig, welche Vorstellungen ihr zu Europa habt. Diskutiert dann gemeinsam über eure Vorstellungen zu Europa in der Klasse.

4. Nenne die Punkte, die von Jugendlichen mit der Europäischen Union in Verbindung gebracht werden (M5).

5. Stimmst du mit den Meinungen der Jugendlichen zur EU überein? Erläutere und begründe deine Meinung.

> **1. Juli: Kroatien tritt der EU bei**
> Zehn Jahre hat Kroatien auf den EU-Beitritt gewartet, am 1. Juli ist es soweit. Die kroatische Wirtschaft steckt derweil tief in der Rezession, nur der Tourismus boomt. Kroatien ist nach Slowenien der zweite Nachfolgestaat Jugoslawiens, der EU-Mitglied wird.

M1 Artikel der Bundeszentrale für politische Bildung vom 27. 6. 2013

M2 Feierlichkeiten in Zagreb am 30. 6. 2013 anlässlich des EU-Beitritts von Kroatien

Europa und die Nationalstaaten – wer hat Vorrang?

Europas Bild in den Medien

Erfreuliche Berichte über die europäische Idee von Frieden und Wohlstand und über den Wunsch Teil der EU zu sein sind in den letzten Jahren seltener geworden. Dagegen wird unser Bild von der EU im Jahr 2015 durch Berichte der Medien zu folgenden Themen geprägt:
- die Griechenlandkrise,
- die Frage des Umgangs mit den vielen Flüchtlingen, die in die EU drängen,
- Streitigkeiten zwischen den Mitgliedsstaaten und den europäischen Institutionen.

Es finden sich weniger Berichte darüber, wo und wie Europa versucht den Einigungsgedanken zu erhalten und positiv umzusetzen. Bei der Bewertung der vielen Informationen darf man nie vergessen, dass Medien immer auch ein Interesse daran haben, möglichst viele Leser oder Zuschauer mit ihren Berichten zu erreichen. Wird eine hohe Auflage einer Zeitung verkauft, bringt das mehr Gewinn für den Verlag. Packende Berichte über Krisen erzeugen mehr Interesse als Berichte von Arbeitssitzungen, bei denen um Kompromisse gerungen wird.

Ein Beispiel: Einzelne Mitgliedsstaaten der EU weigern sich, Flüchtlinge aus Afrika und dem Nahen Osten aufzunehmen. Berichte darüber kann man im Jahr 2015 häufig lesen. Dass innerhalb der supranationalen Organe sich die führenden Politiker einig sind, wie die Strategie der EU aussehen muss, um dieses Problem lösen zu können, findet kaum Erwähnung.

> 1   In der EU zeichnet sich ein Streit über das Vorgehen in der Flüchtlingskrise ab. Ungarns Premier Orbán will Flüchtlingen klarmachen, dass diese in der EU nicht willkommen sind ... Auch in Tschechien, Polen und im Baltikum wird eine Aufnahme weiterer Flüchtlinge kritisch gesehen. ... [Dagegen fordern die Vertreter der europäischen Institutionen] vor allem aber die
> 10 gerechtere Verteilung der Asylsuchenden, damit nicht einige Länder fast alle aufnehmen müssen.

M3 Aus einem Zeitungsartikel vom 3. 9. 2015

M4 Karikatur von Koufogiorgos (2013)

1. Erstellt eine Tabelle und haltet fest, welchen Eindruck M1–M4 jeweils über die Europäische Union vermitteln.
2. Recherchiert, ob die EU sich auf eine Lösung des Flüchtlingsproblems geeinigt hat. (M3, M4).

M1 Screenshot einer Seite der Süddeutschen Zeitung vom 30.11.2015

M2 Screenshot einer Seite der taz vom 30.11.2015

Suchmaschinen in Auswahl:

www.metager.de
(speichert keine Daten des Suchenden)

www.paperball.de
(sucht in deutschsprachigen Zeitungen; Achtung: bei der Suche Umlaute ausschreiben, z. B.: Fluechtlinge)

www.ixquick.com
(speichert keine Daten des Suchenden)

www.google.com

Aktiv: Im Internet recherchieren

Wie wird die Politik der EU zu einem bestimmten Thema innerhalb der Medien dargestellt? Dies kannst du selbst herausfinden, indem du eine Internetrecherche zu einer selbst gewählten Fragestellung durchführst.
So gehst du vor:

Schritt 1 ●

Thema festlegen und mit der Recherche beginnen

→ Lege das Thema für deine Recherche fest, z. B. „Die Flüchtlingspolitik der EU".

→ Überlege dir einen oder mehrere Suchbegriffe.

→ Suche stets bei verschiedenen Suchmaschinen, so bekommst du auch verschiedene Ergebnisse.

→ Führe die Suche am besten mit verschiedenen Begriffen/Begriffskombinationen durch.

Schritt 2 ● ●

Die Suchergebnisse überprüfen und vorsortieren

Überprüfe zunächst, ob die von dir gefundenen Informationen in ihrer Aussage verständlich und überschaubar sind. Bei jedem einzelnen Suchergebnis ist folgendes zu prüfen:

→ Ist der Autor oder Herausgeber bekannt und seriös? (Journalist bei einem bekannten Tageszeitung, einem Radio- oder Fernsehsender usw.)

→ Gibt es Quellenangaben oder Verweise auf andere Seiten?

→ Gibt es Bilder, die zu dem Beitrag gehören? Wenn ja: Wie wirken sie? (passend, provokant, reißerisch, manipuliert usw.)

Schritt 3 ● ● ●

Auswertung und Dokumentation der gefundenen Informationen

→ Arbeite die Kernaussagen der Seite (Artikel, Karikatur, Foto etc.) heraus und fasse sie in eigenen Worten zusammen.

→ Schlage dir unbekannte Begriffe oder Sachverhalte nach (z. B. in einem Lexikon).

→ Für eine spätere Präsentation deiner Ergebnisse solltest du Bilder, Texte usw. in einzelnen Textdateien abspeichern.

→ Notiere für jeden Fund die Webadresse als Nachweis. Dafür kopierst Du die Adresszeile aus dem Browser und fügst sie ganz am Schluss des Textdokuments ein. Schreibe das Zugriffsdatum dazu.

→ Für die Dokumentation ist es wichtig, dass du informative und kurze Texte schreibst und diese durch Karten, Tabellen Fotos, Bilder oder Videos verdeutlichst.

3 Untersuche, wie die Medien über die Lösungsansätze der EU zu einem aktuellen Problem urteilen.

Die politische Organisation der EU

Der Europäische Rat

Europäischer Rat → www

M1 Sitzung des Europäischen Rates in Brüssel am 20. und 21. März 2014

Wenn der Europäische Rat zusammenkommt, treffen sich alle Regierungschefs der Europäischen Union, um über die allgemeinen politischen Zielvorstellungen und Prioritäten der Union zu beraten und zu entscheiden. Die Aufgabe des Europäischen Rates ist es, der Union die für ihre Entwicklung wichtigen Impulse zu geben. Man nennt das auch „EU-Gipfel". Der Europäische Rat setzt sich zusammen aus den Staats- und Regierungschefs der Europäischen Union, dem Präsidenten des Europäischen Rates und dem Präsidenten der Europäischen Kommission. Zusätzlich nimmt noch die Hohe Vertreterin der Union für die Außen- und Sicherheitspolitik an den Sitzungen teil. Die Sitzungen finden mindestens zweimal pro Halbjahr statt. Sitzungsort ist Brüssel. In der Regel entscheidet der Europäische Rat im Konsens, also einstimmig. Der Europäische Rat nimmt zwar Einfluss auf die politische Themensetzung der EU, aber er erlässt keine Rechtsvorschriften. Seine Entscheidungen dienen aber als Vorgaben für die weiteren politischen Institutionen der EU, zum Beispiel für den Ministerrat.

Europäischer Rat und Europarat
Die beiden Einrichtungen werden oft verwechselt: Der Europarat ist eine europäische internationale Organisation mit 47 Mitgliedsstaaten. Er ist ein Forum für Debatten über allgemeine europäische Fragen.

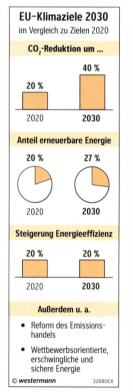

M2 Die aktuellen Klimaziele der EU

Vertrag über die Europäische Union Artikel 15, Absatz 1
Der Europäische Rat gibt der Union die für ihre Entwicklung erforderlichen Impulse und legt die allgemeinen politischen Zielvorstellungen und Prioritäten hierfür fest. Er wird nicht gesetzgeberisch tätig.

> Beim Europäischen Rat in Brüssel haben sich die 28 Staats- und Regierungschefs nach mehrmonatigen Verhandlungen auf einen neuen EU-Klima- und Energierahmen bis 2030 verständigt. Die Entscheidung setzt den unter deutscher Ratspräsidentschaft eingeschlagenen Kurs aus drei Zielen fort und sieht hier ein verbindliches EU-Klimaziel von mindestens 40 % EU-interner Treibhausgasminderung (gegenüber 1990) vor, ein eigenständiges verbindliches EU-Ziel für den Anteil der erneuerbaren Energien in Höhe von mindestens 27 % am Energieverbrauch sowie ein Energieeffizienzziel von mindestens 27 %. Zudem wurde eine Reform des Emissionshandels und die Fortführung der effektiven Regelungen zum Schutz der internationalen Wettbewerbsfähigkeit der Industrie beschlossen. Der Bundesminister für Wirtschaft und Energie, Sigmar Gabriel, hierzu: „Der Europäische Rat hat heute für die künftige Klima- und Energiepolitik Europas richtige Weichen gestellt. Auch wenn sich Deutschland mehr gewünscht hätte, begrüße ich, dass der gordische Knoten zwischen den unterschiedlichen Interessen der Mitgliedstaaten durchgeschlagen werden konnte. Ein EU-Klimaziel von mindestens 40 % ist ein wichtiges Signal für die Klimaverhandlungen in Paris im nächsten Jahr. Es wurde auch klargestellt, dass wir in Deutschland beim Umstieg auf erneuerbare Energien schneller vorangehen dürfen ..."

M3 Aus einer Pressemitteilung des Bundesministeriums für Wirtschaft und Energie vom 24. Oktober 2014

M4 Der Ministerrat der Europäischen Union (auch: Rat der Europäischen Union)

Der Ministerrat

Im Rat der Europäischen Union, der auch Ministerrat oder nur „Rat" genannt wird, treffen sich die nationalen Fachminister aller Mitgliedstaaten, um die politischen Strategien zu koordinieren. Der Ministerrat hat keine festen Mitglieder. Stehen zum Beispiel Themen der Umwelt auf der Tagesordnung, treffen sich die Umweltminister aller Staaten der Europäischen Union. Geht es um das Thema Außenpolitik, treffen sich die Außenminister. Der Rat übernimmt als europäisches Organ wichtige Aufgaben. Hier einige Beispiele:

– Er kann zusammen mit dem Europäischen Parlament Rechtsvorschriften für die EU erlassen.

– Er sorgt für die Abstimmung der Grundzüge der Wirtschaftspolitik in den Mitgliedsstaaten.

– Er schließt internationale Übereinkünfte zwischen der EU und anderen Staaten oder internationalen Organisationen ab.

– Gemeinsam mit dem Europäischen Parlament beschließt er den Haushaltsplan der EU.

– Auf der Grundlage der vom Europäischen Rat festgelegten allgemeinen Leitlinien entwickelt er die Gemeinsame Außen- und Sicherheitspolitik der EU.

Zusammengefasst: Der Rat ist ein wesentliches Entscheidungsorgan der EU.

Ministerrat → www

1. *Erkläre die Zusammensetzung des Europäischen Rates (Text).*
2. *Erkläre die Funktion des Europäischen Rates (Text, Marginaltext).*
3. *Erläutere die Klimaziele der EU bis 2030 und belege die Verbesserungen mit Zahlen, die du der Grafik und dem Text entnimmst (M2, M3).*
4. *Beschreibe, welche zusätzliche Möglichkeit den Mitgliedsländern bei der Umsetzung der Klimaziele eingeräumt wird (M3).*
5. *Erklärt den Aufbau des Ministerrates (Text, M4).*
6. *Berichtet über die Aufgaben des Ministerrates (Text).*

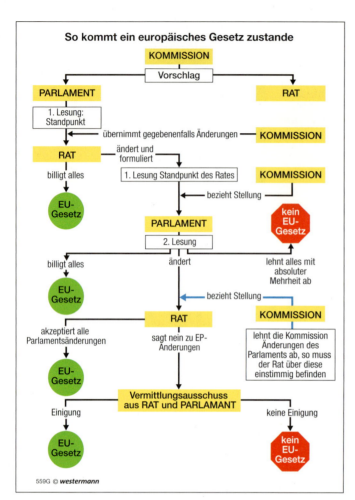

M1 Gesetzgebung in der EU

Das EU-Parlament

Das Europäische Parlament wird von den EU-Bürgerinnen und -Bürgern seit 1979 direkt für eine Legislaturperiode von fünf Jahren in allgemeinen, freien und geheimen Wahlen gewählt. Am 1. Juli 2014 konstituierte sich das neu gewählte Parlament mit 751 Abgeordneten aus 28 Mitgliedsländern für die Wahlperiode bis 2019.

Die Anzahl der gewählten Abgeordneten des Europaparlaments richtet sich im Wesentlichen nach der Anzahl der Bewohner eines Landes. Jedes Land hat eine festgelegte Anzahl von Sitzen. Die Abgeordneten tagen nicht als nationale Delegationen, sondern schließen sich, je nach ihrer politischen Zugehörigkeit, zu supranationalen (übernationalen) Fraktionen zusammen. Der Hauptsitz des Europaparlaments ist in Straßburg, aber auch Brüssel und Luxemburg sind Tagungsorte. Das Parlament hat Legislativrechte, die es sich mit dem Ministerrat teilt. Es kann europäische Gesetzesvorlagen ändern, verabschieden oder ablehnen. Allerdings hat das Parlament kein Initiativrecht für Gesetze, d. h., es darf aus sich heraus keine Gesetze vorschlagen.

EU-Parlament

M2 Zusammensetzung des Europaparlaments (Stand: Dezember 2015)

1. Beschreibe den Weg eines EU-Gesetzes (M1).
2. Erkläre die Zusammensetzung des Europäischen Parlaments (M2, Text).
3. Nenne die Kompetenzen des EU-Parlaments (M3).
4. „Das EU-Parlament hat nur ein eingeschränktes Gesetzgebungsrecht."
   Begründe diese Aussage mithilfe von M1 und dem Text.

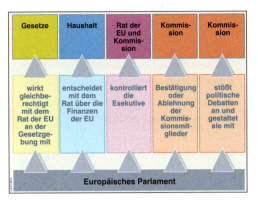

M3 Kompetenzen des Europaparlaments

M6 Freiwillige helfen Flüchtlingen an der Küste der griechischen Insel Lesbos am 16. November 2015

Parlament verabschiedet gemeinsames europäisches Asylsystem

Um die nationalen Verfahren anzugleichen, führen die neuen Regeln gemeinsame Fristen zur Bearbeitung von Asylanträgen ein (Standardfrist von sechs Monaten, mit begrenzten Ausnahmen) sowie strengere Bestimmungen für die Ausbildung der für die Bearbeitung zuständigen Mitarbeiter und neue Vorschriften hinsichtlich der besonderen Bedürfnisse unbegleiteter Minderjähriger oder anderer besonders schutzbedürftiger Personen ... Schließlich werden die Polizeibehörden in den Mitgliedstaaten und Europol Zugang zur Eurodac-Datenbank mit den Fingerabdrücken der Asylsuchenden erhalten, um Terrorismus und schwere Kriminalität besser bekämpfen zu können. Die Abgeordneten haben schärfere Datenschutzbestimmungen durchgesetzt.

M4 Aus einer Pressemitteilung des Europäischen Parlaments vom 12. Juni 2013

Eine vollständige Umsetzung der Richtlinien [von den EU Mitgliedsstaaten zum Asyl] ist dringend erforderlich, aber angesichts des bisherigen Umsetzungstempos vorerst nicht zu erwarten. Zudem steht ein wirksamer Flüchtlingsschutz auch nach der Umsetzung infrage, denn ... Flüchtlinge haben kaum legale Möglichkeiten, um in der EU Schutz zu suchen. Faktisch können sie nur auf illegalen Wegen in die EU kommen, um Asyl zu beantragen ...
Wenn die EU-Staaten weitere humanitäre Katastrophen an den Außengrenzen verhindern wollen, müssen sie nicht nur die Transitstaaten bei deren Bemühungen um eine eigene Asylpolitik unterstützen, sondern auch legale Zugangswege nach Europa bieten ...
Im Hinblick auf das „klassische Asyl" könnte es Schutzsuchenden ermöglicht werden, in den EU-Auslandsvertretungen Asylanträge zu stellen ...

M5 Politikwissenschaftler äußern sich im Februar 2015 zur Asylpolitik der EU.

5 Beschreibe die Regelungen zum gemeinsamen europäischen Asylsystem (M4).
6 Erläutere die Kritik an der Asylpolitik der EU-Staaten (M5).
7 Recherchiert weitere kürzlich verabschiedete Regeln der EU mithilfe des Internets.   Aufgabe 7 →
8 Versucht Begründungen zu finden, warum es in den von euch gefundenen Fällen eine gemeinsame europäische Regelung geben sollte.

Die EU-Kommission

M1 Günther Oettinger, seit 2014 EU-Kommissar für Digitale Wirtschaft und Gesellschaft

> **EU-Digitalkommissar Oettinger will Anbieterwechsel für Internetkunden beschränken**
>
> ... Der neue EU-Digitalkommissar Günther Oettinger kann sich für Internetkunden Einschränkungen beim Anbieterwechsel vorstellen, damit Unternehmen mehr in den Netzausbau investieren. „Wir müssen die Profitabilität solcher Investitionen erhöhen, indem wir etwa den Anbieterwechsel für eine gewisse Zeit untersagen", sagte Oettinger ... Er rede nicht von „Monopolen auf ewig, sondern über einige Jahre, in denen man als Investor Planungssicherheit hat". Ähnliche Ausnahmen gebe es auch bei Energienetzen.
> Ein Teil des geplanten EU-Investitionspakets von 300 Milliarden Euro soll laut Oettinger auch in den Ausbau der Breitbandnetze fließen. „Wir werden den Ausbau der digitalen Infrastruktur stärker fördern", sagte der EU-Kommissar. Auch für Forschung und Bildung soll es nach seinen Vorstellungen Geld geben.

M2 Auszug aus einer Meldung in DIE WELT vom 7. November 2014

M3 Die Aufgaben der Europäischen Kommission

Die Kommission ist eines der wichtigsten Organe der EU. Sie schlägt neue europäische Rechtsvorschriften vor, hat hier also ein sogenanntes Initiativrecht. Darüber hinaus führt die Kommission das Tagesgeschäft der EU: Das bedeutet, sie setzt die politischen Ziele in konkrete Maßnahmen um und verwaltet die finanziellen Mittel. Die politische Leitung der Kommission wird von 28 Kommissaren aus den Mitgliedsländern übernommen. Der Präsident der Kommission überträgt jedem Kommissar einen bestimmten Verantwortungsbereich, zum Beispiel „Energie".

Der Präsident der Kommission wird vom Europäischen Rat ernannt. Die amtierenden Kommissionsmitglieder sind dem Parlament gegenüber rechenschaftspflichtig, und nur das Parlament ist befugt, die Kommissionsmitglieder zu entlassen.

Zur Kommission gehören natürlich noch viel mehr Personen: Verwaltungsmitarbeiter, Rechtsanwälte, Wirtschaftswissenschaftler, Übersetzer, Dolmetscher und Sekretariatskräfte. Die Bediensteten sind in den sogenannten Generaldirektionen tätig. Die Kommissare sind für die Leitung zuständig.

1. Beschreibe die Zusammensetzung der EU-Kommission (Text, M3).
2. Erkläre, warum die EU-Kommission ein wichtiges Organ der Europäischen Union ist (Text, M2, M3).
3. Recherchiere mithilfe des Internets weitere Informationen über Günther Oettinger und sein Amt (M1).

Aufgabe 3 → www

Der Europäische Gerichtshof

Pay-TV hat bei wichtigen Fußballspielen kein Exklusivrecht

Spitzenspiele im Fußball dürfen nicht ausschließlich im Bezahlfernsehen gezeigt werden. Die Fußballverbände FIFA und UEFA haben darauf keinen Anspruch, entschied der Europäische Gerichtshof (EuGH) in Luxemburg am Donnerstag (Az: C-201/11 P u. a.).

In der Begründung des Gerichts hieß es, dass einige Spiele „Ereignisse von erheblicher gesellschaftlicher Bedeutung" sein können. Solch eine Übertragung etwa im Pay-TV würde „einem bedeutenden Teil der Öffentlichkeit die Möglichkeit nehmen, diese Ereignisse in einer frei zugänglichen Fernsehsendung zu verfolgen".

M6 Übertragung eines Fußballspiels

FIFA und UEFA hatten zuvor gegen die von der EU-Kommission genehmigten Regeln in Großbritannien und Belgien geklagt. Die beiden Länder hatten festgelegt, dass wichtige Spiele dort nicht nur im Bezahlfernsehen laufen dürfen. Die obersten europäischen Richter wiesen die Klage der Verbände zurück und bestätigten die Entscheidungen Belgiens und Großbritanniens.

M4 Auszug aus Zeit-Online vom 18. Juli 2013

Der Gerichtshof der Europäischen Union (EuGH) stellt sicher, dass das EU-Recht in allen Mitgliedsstaaten auf die gleiche Weise angewendet wird. Er sorgt auch dafür, dass nationale Gerichte in der gleichen Frage nicht unterschiedlich handeln.

Europäischer Gerichtshof → www

Europäischer Gerichtshof (EuGH)				
1 Richter für jedes EU-Mitgliedsland + 8 Generalanwälte (Amtsperiode: 6 Jahre; verlängerbar)				
Die fünf häufigsten Rechtssachen:				
Vorabentscheidungsersuchen	Vertragsverletzungsklagen	Nichtigkeitsklagen	Untätigkeitsklagen	Unmittelbare Klagen
Dabei ziehen nationale Gerichte den Gerichtshof für die Auslegung eines bestimmten Aspekts des EU-Rechts zu Rate.	Eine solche Klage kann gegen die Regierung eines EU-Mitgliedsstaates erhoben werden, wenn diese das EU-Recht nicht anwendet.	Sie können gegen Rechtsvorschriften der EU erhoben werden, wenn Grund zur Annahme besteht, dass diese gegen die EU-Verträge oder gegen die Grundrechte verstoßen.	Diese können gegen EU-Organe erhoben werden, wenn diese nicht ihrer Pflicht nachkommen, über eine Sache zu entscheiden.	Diese können Privatpersonen, Unternehmen oder Organisationen gegen Entscheidungen oder Maßnahmen der EU einlegen.

M5 Die wichtigsten Aufgabenbereiche des Europäischen Gerichtshofes (EuGH)

4 Beschreibt die Aufgaben des Europäischen Gerichtshofes (Text).

5 a) Erkläre die Entscheidung des EuGH in Bezug auf die Fußballübertragungsrechte (M4, Text).
b) Erkläre die Hintergründe der Klage (M4) und erläutere, um welche Art Rechtssache es sich am EuGH dabei handelte.

6 Wie stehst du zu der Klage der FIFA und UEFA (M4)? Begründe deine Meinung.

7 Beschreibt den Aufbau und berichtet von den häufigsten Rechtssachen des Europäischen Gerichtshofes (M5).

Verordnungen	Richtlinien	Beschlüsse	Empfehlungen und Stellungnahmen
Eine Verordnung ist ein verbindlicher Rechtsakt, den alle EU-Länder in vollem Umfang umsetzen müssen. Als die EU beispielsweise die Ursprungsbezeichnung von Agrarerzeugnissen aus bestimmten Regionen schützen lassen wollte (Beispiel: Parmaschinken), erließ der Rat der Europäischen Union eine entsprechende Verordnung.	Mit einer Richtlinie wird ein Ziel festgelegt, das alle EU-Länder verwirklichen müssen. Wie sie dies bewerkstelligen, können die einzelnen Länder selbst entscheiden. Die Arbeitszeitrichtlinie ist dafür ein Beispiel. In ihr ist festgehalten, dass zu viel Mehrarbeit durch Überstunden nicht rechtens ist. Außerdem enthält sie Vorgaben zu Mindestruhezeiten und Höchstarbeitszeiten. Die konkrete Umsetzung dieser Vorgaben regelt jedes EU-Land durch seine eigenen Gesetze.	Ein Beschluss ist für den Adressatenkreis, den er betrifft (z. B. ein EU-Land oder ein einzelnes Unternehmen), verbindlich und unmittelbar anwendbar. Der Beschluss der Europäischen Kommission, gegen den Software-Giganten Microsoft wegen Missbrauchs seiner beherrschenden Marktposition eine Geldstrafe zu erlassen, galt ausschließlich für Microsoft.	Sie sind nicht verbindlich. Als die Kommission z. B. eine Empfehlung zur Struktur der Vergütung von Beschäftigten des Finanzdienstleistungssektors verabschiedete, hatte dies keine rechtlichen Konsequenzen.

M1 Rechtliche Regelungen der Europäischen Union

Die Gesetze in der EU

Gesetzgebung in der EU
→ Seite 164

Die Begriffe „Verordnung" und „Richtlinie" sind schon verschiedentlich aufgetaucht. Aber was genau ist das? „Verordnungen", „Richtlinien" und „Beschlüsse" sind drei andere Begriffe für Gesetze, die in der Europäischen Union gemacht werden. Diese Unterscheidungen sind notwendig, weil die rechtlichen Regelungen unterschiedliche Bedeutungen für die Mitgliedsstaaten bzw. die Adressaten haben.

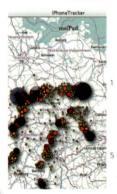

M2 Ein spezielles Programm zeigt die Ortungsdaten eines iPads an.

> **Neue EU-Datenschutzrichtlinie**
>
> In Europa sollen bald neue Spielregeln für den Datenschutz im Internet gelten – und zwar dieselben für alle 28 Mitgliedsstaaten. Auf eine entsprechende Reform verständigten sich die EU-Justizminister in Luxemburg. Europäische Nutzer sollen damit mehr Rechte und einen besseren Schutz ihrer persönlichen Daten gegenüber großen Internetkonzernen wie Google, Facebook und Co erhalten. Nun können Verhandlungen mit dem Europaparlament beginnen, die Reform könnte frühestens Ende des Jahres stehen und ab 2018 gelten … Die neuen Regeln ersetzen die Datenschutzrichtlinien aus dem Jahre 1995, als es noch keine sozialen Netzwerke gab und die anfallende Datenmenge viel geringer war. Kernstück der Reform ist das „Recht auf Vergessen". Den Bürgern soll ermöglicht werden, personenbezogene Daten und Fotos im Web löschen zu lassen. Sie sollen auch von Suchmaschinen verlangen können, Verweise bei der Onlinesuche zu Inhalten, die das Recht auf Privatsphäre und Datenschutz verletzen, zu entfernen.

M3 Auszug aus einem Beitrag in tagesschau.de vom 15. Juni 2015

Aufgabe 3
→ www

1. Erklärt euch die Begriffe Verordnung, Richtlinie, Beschluss sowie Empfehlungen und Stellungnahmen der EU mit eigenen Worten (M1).
2. Berichte über die geplanten Änderungen in der Datenschutzverordnung (M3).
3. Recherchiere im Internet weitere Beispiele für Verordnungen und Richtlinien der EU.
4. Führt zum Thema Datenschutzverordnung eine Pro-und-Kontra-Diskussion durch (M3).
5. Erstellt ein Placemat zu der Frage, ob es richtig ist, dass die EU durch Verordnungen, Richtlinien und Beschlüsse in nationale Bereiche der Mitgliedsländer eingreift.

Ein Placemat erstellen

Ein Placemat (engl. für Platzdeckchen) eignet sich bestens dazu, um in einer kleinen Gruppe über ein Thema gemeinsam nachzudenken, Gedanken dazu zu sammeln und die Ideen mit den anderen Gruppenmitgliedern auszutauschen.
So geht ihr vor:

Schritt 1 ●
Vorbereitung
→ Teilt euch innerhalb der Klasse in Vierergruppen auf.
→ Teilt ein Stück Packpapier oder ein DIN-A3-Blatt mit einem groben Filzschreiber nach dem Muster unten ein (M2). Das Feld für das Team in der Mitte bleibt zunächst leer. Lasst genug Platz, damit ihr in dieses Feld am Ende eure Ergebnisse eintragen könnt.
→ Jeder der Gruppe setzt sich an eine Seite.

Schritt 2 ●●
Durchführung
→ Schreibt eure persönlichen Ansichten und Fragen zum Thema in das Feld vor euch.
→ Es darf nicht gesprochen werden.
→ Wenn alle mit ihren Notizen fertig sind, dreht ihr das Blatt jeweils um 90°, bis alle die Texte der anderen gelesen haben.

→ Diskutiert in eurer Vierergruppe eure Fragen und Ansichten.
→ Schreibt drei gemeinsame Punkte, auf die ihr euch verständigt habt, in das mittlere Feld.

Schritt 3 ●●●
Auswertung
→ In der Klasse könnt ihr die Ergebniss aller Vierergruppen miteinander vergeichen und darüber diskutieren

Tipp: Jede Gruppe schneidet das mittlere Feld aus dem Plaemat aus. Alle Ergebnisse werden an eine Pinnwand geheftet.

M2 Schülerinnen erstellen ein Placemat.

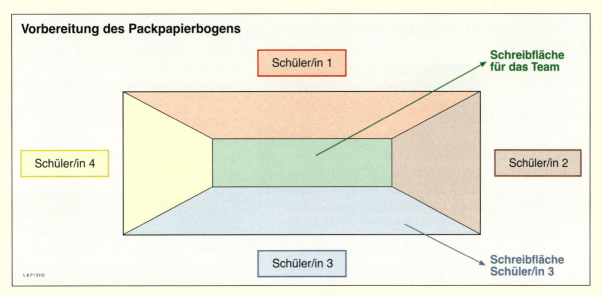

M1 So bereitet ihr ein Placemat vor.

Der Europäische Binnenmarkt

ist der gemeinsame Binnenmarkt der Mitgliedstaaten der Europäischen Union (EU). Er umfasst derzeit 28 Länder mit über 500 Millionen Einwohnern und einer Wirtschaftsleistung von 13 Billionen Euro.

Grundlage sind die **vier Freiheiten**, die im Vertrag über die Arbeitsweise der Europäischen Union (AEU-Vertrag) festgelegt sind:

Freier Warenverkehr	Freier Personenverkehr
Keine Zölle und mengenmäßigen Beschränkungen, Angleichung von Normen, freier Wettbewerb	Keine Grenzkontrollen, Niederlassungsfreiheit (Wohnort/Arbeitsplatz), Anerkennung von Berufs- u. Schulabschlüssen
Freier Dienstleistungsverkehr	**Freier Kapitalverkehr**
Grenzüberschreitendes Angebot von Dienstleistungen wie Transport, Energie, Telekommunikation, Versicherungen, Handwerk etc.	Freie Geld- und Kapitalbewegungen, gemeinsamer Markt für Finanzdienstleistungen (Bankgeschäfte u. a.), Unternehmensbeteiligungen in der EU

Quelle: Europäische Kommission   Stand Anfang 2014   ausgewählte Beispiele   © Globus 6209

M1 Die vier Freiheiten des europäischen Binnenmarktes

Die wirtschaftliche Organisation der EU

Der gemeinsame Binnenmarkt

M2 Das CE-Kennzeichen

Europäischer Binnenmarkt → www

CE-Kennzeichnung
Damit erklärt der Hersteller, dass das Produkt allen geltenden Richtlinien, z. B. den Sicherheitsvorschriften der EU, genügt.

Der europäische Binnenmarkt trat am 1. Januar 1993 in Kraft. Er ermöglicht, dass wir leben und arbeiten können, wo wir wollen. Nicht nur in Hamburg oder München, sondern auch in Paris oder Wien. Dass wir reisen ohne Grenzkontrollen. Er bedeutet, dass eine Unternehmerin eine Dienstleistung in Italien anbieten oder eine italienische Dienstleistung in Anspruch nehmen kann. Waren aus einem EU-Land können auch bei uns angeboten werden. Spanischer Schinken, griechisches Olivenöl – all das ist bei uns im Supermarkt normal.

Aber kann ich sicher sein, dass das Kinderspielzeug aus Holland genauso sicher ist wie ein deutsches? Ist der schwedische Arzt um die Ecke auch gut ausgebildet? Jeder Nationalstaat hat eigene Qualitätsstandards, Bildungsabschlüsse und technische Normen, die im Rahmen eines gemeinsamen Marktes einander angeglichen werden müssen. Auch das ist eine Aufgabe der Europäischen Union. Allerdings versuchen die Mitgliedstaaten auch, ihren eigenen Markt gegen die europäische Konkurrenz zu schützen.

M3 Ein spanischer Praktikant arbeitet in einem deutschen Sanitärbetrieb (2013).

Unternehmen in Deutschland suchen verzweifelt nach Bewerbern für die Ausbildungsplätze ... Das ist das Ergebnis einer Umfrage der Industrie- und Handelskammer (IHK). Allein im vergangenen Jahr seien 80 000 Ausbildungsplätze frei geblieben, sagte DIHK-Präsident Eric Schweitzer ... Die erhoffte Einstellungswelle von Azubis aus dem Ausland sei bisher ausgeblieben. In diesem Jahr habe es einen Anstieg um drei Prozentpunkte auf vier Prozent gegeben. Bisher seien vor allem Betriebe im industriell starken Süddeutschland bereit, Auszubildende aus dem Ausland anzuwerben.

M4 Ein Bericht in DIE ZEIT über Mangel an Auszubildenden in Deutschland (2014)

Seit fast zwei Jahren können Menschen aus Rumänien und Bulgarien ohne Beschränkungen nach Deutschland kommen und arbeiten, wo sie wollen. Seit Anfang 2014 genießen sie hier als letzte der osteuropäischen EU-Bürger Arbeitnehmerfreizügigkeit. Seitdem wird in Deutschland über eine vermeintliche Einwanderung aus diesen Ländern in die Sozialsysteme debattiert. Tatsächlich ist die Zahl rumänischer und bulgarischer Hartz-IV-Empfänger zuletzt erheblich gestiegen. Aber öfter als ein Zuzug in Arbeitslosigkeit findet eine Migration in Arbeit statt.
Die Arbeitsagenturen teilen auf Anfrage mit: Innerhalb von zwölf Monaten ist die Zahl der rumänischen und bulgarischen Zuwanderer im Südwesten, die Hartz-IV-Leistungen beziehen, um fast die Hälfte gestiegen. Fast im Gleichschritt legte aber die Zahl der Menschen aus diesen Ländern zu, die hierzulande einer sozialversicherungspflichtigen Arbeit nachgehen. Für diese regulären Jobs werden Steuern und Sozialbeiträge fällig. Damit wird der Sozialstaat finanziert ... Allerdings arbeiteten viele dieser Menschen in Niedriglohnbranchen wie der Landwirtschaft und der Gastronomie. „Nicht Arbeitslosigkeit, sondern niedrige Löhne sind der wichtigste Grund dafür, dass Rumänen und Bulgaren Hartz-IV-Leistungen beziehen", so (der Arbeitsmarktexperte und Migrationsforscher) Brücker.

M8 Das EU-Gemeinschaftszeichen für Produkte mit geschützter Ursprungsbezeichnung (g. U.)

M5 Aus einem Artikel vom 1. Dezember 2015 in der Badischen Zeitung

Der korrekte Rassename der Lüneburger Heidschnucken ist „Graue gehörnte Heidschnucke". Dabei handelt es sich um eine sehr alte Schafrasse, die speziell an die besonderen Verhältnisse der Moorlandschaften in den Heidegebieten angepasst ist. Das Fleisch der Lüneburger Heidschnucke ist in Europa unter diesem Namen geschützt und darf das Siegel einer geschützten Ursprungsbezeichnung (g. U.) tragen. Feinschmecker schätzen das zarte, ähnlich wie Wildbret schmeckende Fleisch.

M7 Eine Lüneburger Heidschnucke

Geschützte Ursprungsbezeichnung (g. U.)
Das EU-Gütesiegel besagt, dass Erzeugung, Verarbeitung und Herstellung eines Produkts in einem bestimmten geografischen Gebiet nach einem anerkannten und festgelegten Verfahren erfolgen.

M6 Text auf einer Seite im Internet über niedersächsische Spezialitäten (2013)

1. Nennt Beispiele, die zeigen, wie sich der europäische Binnenmarkt auf unseren Alltag auswirkt (Text, M1).
2. Beschreibe die vier Freiheiten des europäischen Binnenmarktes (Text, M1).
3. Erkläre, was getan werden musste, damit die Mitgliedsstaaten in einem gemeinsamen Markt organisiert werden konnten (Text).
4. Erkläre die Bedeutung einer „geschützten Ursprungsbezeichnung" (Worterklärung, M6).
5. Der europäische Binnenmarkt ist wichtig für die deutsche Wirtschaft." Erläutere diese Aussage mithilfe von M3 und M4.
6. Erläutert anhand von M5, warum der europäische Binnenmarkt für die deutsche Wirtschaft auch eine Herausforderung darstellt.
7. „Einerseits profitiert Deutschland vom europäischen Arbeitsmarkt, andererseits ist die Öffnung des Arbeitsmarktes nach Osten eine Bedrohung für den deutschen Staat."
Nehmt mithilfe von M4 und M5 Stellung zu dieser Aussage und begründet eure Meinung.

Die Finanzen der EU

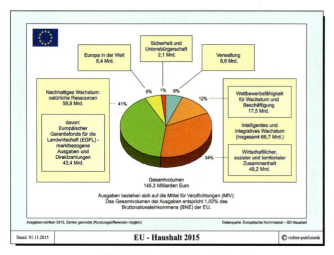

M1 Der Haushalt der EU im Jahr 2015

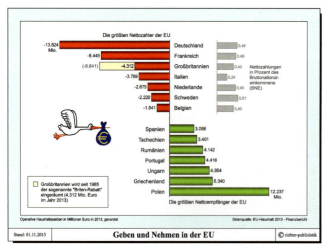

M2 Nettozahler und -empfänger in der EU (2013)

Die Einnahmen der Europäischen Union stammen zum größten Teil aus Beiträgen der Mitgliedsländer. Als Beiträge führen die Länder einen Anteil des Bruttonationaleinkommens (BNE) an die EU ab. Die Beiträge der Mitgliedsländer machten z. B. im Jahr 2012 insgesamt 73 % der Einnahmen aus. Daneben bekommt die EU Anteile von der Mehrwertsteuer der Länder und erhält Einnahmen aus Zöllen und Zuckerabgaben. Es gibt jedoch einen entscheidenden Unterschied zu anderen Ländern: Die EU erhebt keine eigenen Steuern. Die Bürger der Europäischen Union leisten also keine Direktbeträge zum EU-Haushalt. Und – die EU darf sich nicht verschulden. Sie darf also nicht mehr ausgeben, als sie einnimmt und darf somit auch keine Kredite aufnehmen.

> Der MFR (Mehrjährige Finanzrahmen) ist der langfristige Ausgabenplan der EU, welcher für eine Periode von 7 Jahren (z. Zt. 2014–2020) Höchstbeträge … festlegt, die von der EU in den einzelnen Politikfeldern ausgegeben werden dürfen … Der aktuelle MFR (enthält) insbesondere mehr Geld für Infrastruktur, Bildung, Inneres, sowie zur Bekämpfung der Jugendarbeitslosigkeit.

M3 Aus Informationen des Auswärtigen Amtes

ℹ Nettozahler und Nettoempfänger

Führt ein Land mehr Geld an die EU ab, als es im gleichen Zeitraum aus dem Haushalt der EU für Landwirtschaft, die Entwicklung der Region und andere Dinge erhält, gilt es als Nettozahler. Andersherum nennt man die Länder, die weniger Geld an die EU abgeben, als sie im gleichen Zeitraum aus dem Haushalt der EU für die bereits erwähnen Zwecke erhalten, „Nettoempfänger".

Bruttonationaleinkommen (BNE)
der Wert aller Waren und Dienstleistungen, die von Personen hergestellt werden, die im jeweiligen Staat leben, unabhängig davon, wo die Arbeitsleistung erbracht worden ist

Finanzplanung und Haushalt der EU
→ www

Die EU plant ihre Ausgaben langfristig. Dafür wird ein Mehrjähriger Finanzrahmen erstellt. Darin sind Höchstgrenzen für die Ausgaben in den einzelnen Haushaltsjahren festgelegt. Insgesamt umfasste der EU-Haushalt im Jahr 2015 rund 145 Milliarden Euro. Wie jeder andere Haushalt auch, besteht er aus Einnahmen und Ausgaben.

1 **⟨?⟩** Beschreibe, aus welchen Mitteln die EU ihre Einnahmen erhält (Text).
2 Erkläre, woran sich die Beiträge der Mitgliedsländer bemessen (Text).
3 Benenne die Besonderheiten eines EU-Haushaltes (Text, M3).
4 Erkläre, was man unter Nettozahlern und Nettoempfängern in der EU versteht (M2, Infotext).

Die Ausgaben der EU

Ein klassisches Aufgabenfeld der Finanzierung durch die EU ist „die Bewahrung und Bewirtschaftung der natürlichen Ressourcen". Dazu zählt vor allem die Landwirtschaft. Sie machte lange Zeit den größten Teil der Ausgaben aus. Mittlerweile hat sich der Schwerpunkt verschoben: 2008 wurden erstmals mehr Gelder für Wirtschaftswachstum und zur Angleichung der Wirtschaftskraft innerhalb der damals 27 Mitgliedsländer ausgegeben. 2012 wurden 67,6 Milliarden Euro investiert, um die Volkswirtschaften der EU wettbewerbsfähiger und dynamischer zu machen und um die wirtschaftliche und soziale Angleichung zwischen den reicheren und den ärmeren Mitgliedsstaaten zu beschleunigen.

Europa auf Diät

Ein Monstrum von einem Haushalt. Manche sagen auch: ein Monsterhaushalt, mit dem die Europäische Union da operiert. (...)
Auch dieses Mal haben Angela Merkel und ihre Kollegen zwei Anläufe und eine schlaflose Nacht gebraucht, um sich zu verständigen. Es folgte eine Premiere: Zum ersten Mal darf das Europaparlament über den Haushalt nicht nur mitreden, sondern auch mitentscheiden. (...)
Nun steht das Zahlenwerk. (...)
Mehr als eine Billion Euro hatte die EU-Kommission in ihrem ersten Entwurf für den Mittelfristigen Finanzrahmen 2014 bis 2020 gefordert, 960 Milliarden Euro haben die Regierungschefs schließlich zugesagt. Das sind 35 Milliarden Euro weniger als in der laufenden Finanzperiode – zum ersten Mal in der Geschichte der Union sinken damit die Ausgaben. (...)
Doch die Gesamthöhe der Ausgaben ist nur einer der Streitpunkte gewesen. Mindestens so wichtig war die Frage, wofür die EU ihre finanziellen Mittel künftig einsetzt und wer davon am meisten profitiert. Denn fast 90 Prozent der Gelder, die der Union zur Verfügung stehen, fließen zurück in die Mitgliedsstaaten und werden dort investiert. (...) Doch was ein Traum sein könnte – ein Haushalt, aus dem vor allem Investitionen finanziert werden –, erweist sich regelmäßig als Albtraum. Die Ansprüche, die die Länder geltend machen, sind über Jahrzehnte gewachsen. Und mit jeder neuen Verhandlungsrunde sind neue Ansprüche hinzugekommen, Sonderzahlungen und Rabatte, komplizierte Kompensationsgeschäfte und noch kompliziertere Förderschlüssel. So gibt es etwa Zuschläge für Insel- und für Krisenstaaten, und auch deutsche Sonderwünsche werden erfüllt.
Das Ergebnis ist ein kaum durchschaubares, vor allem aber schwer veränderbares Ungetüm, das diejenigen begünstigt, die schon immer begünstigt wurden. Während diejenigen, die noch nie etwas bekommen haben, sich auch künftig begnügen müssen. So kommt es, dass die EU in den nächsten sieben Jahren noch immer 373 Milliarden Euro für Agrarsubventionen aufbringt (obwohl dieser Haushaltsposten bereits um rund 11 Prozent gesenkt wurde). Für die Bekämpfung der Jugendarbeitslosigkeit hingegen haben die Regierungschefs mit Mühe 6 Milliarden Euro freigeschlagen. (...)
In zwei Jahren sollen die Zahlen deshalb noch einmal überprüft werden. Die Aussicht auf eine grundlegende Veränderung ist allerdings gering.

M4 Aus einem Artikel in DIE ZEIT vom 4. Juli 2013

5 Untersucht den Artikel M4 und fasst die Hauptaussagen schriftlich zusammen.
6 Beurteilt, ob man beim Haushalt der EU von einem „Monstrum" sprechen kann (M4).

M1 Die europäische Währungspolitik

Die Eurozone: eine gemeinsame Währung

Konvergenz-kriterien
Diese Kriterien haben zum Ziel, in der Eurozone eine Angleichung der Leistungs-fähigkeiten der einzelnen Volkswirtschaften zu erreichen und damit wirtschaft-liche Stabilität in der EU zu gewährleisten.

Bargeld-umstellung 2002
→ www

Eine gemeinsame Währung war von Beginn an eines der Ziele der Europäischen Union. Allerdings ist die Währung ein zentraler Punkt in der Eigenständigkeit eines Staates. So hat es lange gedauert, bis schließlich erst elf und heute 19 Länder zur Umsetzung einer gemeinsamen Währungspolitik bereit waren. Das Hauptziel besteht darin, eine Zone mit einer einheitlichen und stabilen Währung zu schaffen. Um sich an der gemeinsamen Währung zu beteiligen, müssen die Staaten die soge-nannten Konvergenzkriterien des Maastrichter Vertrages erfüllen. Zum ersten Mal mit dem Euro bezahlen konnte man in Deutschland und allen anderen beteiligten Ländern am 1. Januar 2002. Für die deutsche Wirtschaft ist die Eurozone ein Vorteil: Deutschland ist ein Exportland. Das bedeutet, dass es mehr Güter ins Ausland verkauft, als es von dort bezieht. Durch einen einheitlichen europäischen Markt bringt das Exportgeschäft gute Gewinne.

M2 Deutschlands Außenhandelspartner

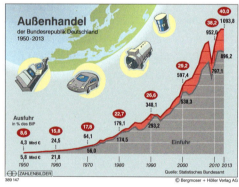

M3 Der deutsche Außenhandel 1950–2013

1. ❓ Beschreibe das Ziel einer gemeinsamen Währung in Europa (Text).
2. 👥 Nennt die Länder, die in Europa den Euro als gemeinsame Währung haben (M1).
3. Erkläre den Begriff der Konvergenzkriterien (Worterklärung, Text, M1).
4. Beschreibe, wie sich der Anteil der Exporte am Bruttoinlandsprodukt nach Einführung der gemeinsamen Währung verändert hat (M3).

Die Eurokrise

> Griechenlands Bevölkerung muss bitter für die Versäumnisse der Vergangenheit zahlen. Eine steigende Staatsverschuldung, hohe Arbeitslosenquoten, besonders bei den Jugendlichen, eine Verschlechterung der Gesundheitsversorgung für weite Bevölkerungsteile, ein schrumpfendes Bruttoinlandsprodukt und eine zunehmene Verarmung nach zahlreichen Sparpaketen, Lohn- und Rentenkürzungen sowie Steuererhöhungen machen den Menschen das (Über-)Leben schwer. Griechenland kennt keine Sozialhilfe und kein Hartz IV. Arbeitslosengeld gibt es nur für ein Jahr ...
> 2014 hatte sich die Situation das erste Mal seit Beginn der Krise ein wenig gebessert. Die Arbeitslosenquote sank 2014 leicht auf 26,3 Prozent ... Allerdings hat jeder zweite Jugendliche immer noch keine Arbeit (50,2 Prozent).

M4 Aus Informationen der Landeszentrale für plitischen Bildung in Baden-Württemberg über die Lage in Griechenland (2015)

M6 Proteste in Griechenland gegen Sparauflagen der EU

Einige Staaten der Eurozone haben in den letzten Jahren einen riesigen Schuldenberg angehäuft. Mittlerweile können sie nicht nur die Schulden nicht zurückzahlen, sondern auch die Zinsen für ihre Kredite nicht mehr bedienen. Diese Situation führt dazu, dass die Stabilität des Euro in Gefahr ist. Sollten diese Staaten an ihren Schulden Pleite gehen, sind die Folgen für alle anderen Euroländer nicht abzusehen. Deshalb haben sich nach langen Diskussionen die Euroländer dazu entschlossen, für die Kredite der verschuldeten Staaten zu bürgen. Sollten die Staaten ihre Kredite also nicht zurückzahlen können, übernimmt das die europäische Staatengemeinschaft. Man nennt das auch den „Euro-Rettungsschirm (ESM)". Allerdings müssen die verschuldeten Staaten strenge Sparauflagen erfüllen, wenn sie wollen, dass die anderen Staaten ihnen in der Krise helfen. Diese Sparauflagen führten zu gewaltigen Protesten in den Ländern. Hierzulande argumentieren die Gegner eines Rettungsschirmes, dass Deutschland nicht für die Schulden anderer Länder haften soll; die Befürworter meinen, dass vor allem Deutschland als Exportnation wie kaum ein anderes Land von der gemeinsamen Währung profitiert.

Europapolitik in der Schuldenkrise → [www]

> „Deutschland hat finanziell stark von der Griechenlandkrise profitiert", sagt IWH-Chef Reint Gropp. Er bezieht sich dabei ausschließlich auf die Ersparnisse des deutschen Staats durch die geringeren Zinsen. Die Ökonomen um Gropp haben errechnet, dass Deutschland mindestens 100 Milliarden Euro Einsparungen hatte. – „Nicht Deutschland profitiert von den Niedrigzinsen, sondern die verschuldeten öffentlichen Körperschaften, also Bund, Länder und Kommunen", sagte (dagegen) der Finanzwissenschaftler Lars Feld. Was der Fiskus an Zinsaufwand spare, büßten die Bürger als Sparer ein.

M5 Auszug aus der Frankfurter Allgemeinen Zeitung vom 10. August 2015 (gekürzt)

IWH
Institut für Wirtschaftsforschung Halle

[5] Recherchiert mithilfe des Internets die Sparauflagen für Griechenland und deren Auswirkungen für die Bevölkerung (M4, M6). Berichtet der Klasse.

[6] Recherchiert Informationen darüber, welche EU-Länder noch in der Krise stecken und haltet ein Kurzreferat dazu.

[7] Begründet, warum eine gemeinsame Währung in Europa für Deutschland wichtig ist (M1, M2, M3).

[8] Nimm Stellung zu der These: „Deutschland soll nicht für die Schulden anderer bezahlen." (M2, M3, M5)

Die Zukunft Europas

Wie weit kann die Europäische Union wachsen?

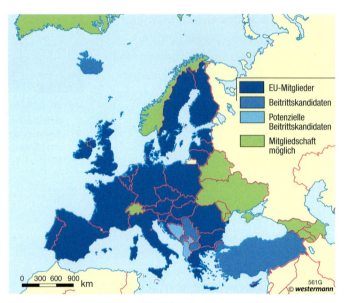

M1 Die Möglichkeiten der Ausdehnung der EU

Institutionelle Stabilität meint ein gefestigtes demokratisches System sowie eine gut funktionierende und bürgernahe Verwaltung.

mögliche Ausdehnung der EU → www

Rein geografisch kann sich die EU eigentlich nur nach Osten ausdehnen. Zwar sind auch die Schweiz und Norwegen noch nicht Mitglieder der EU, aber beide Länder streben diesen Status auch nicht an. Wenn ein Land Mitglied in der EU werden will, muss es ein kompliziertes Antragsverfahren durchlaufen. Dabei ist es für diese Länder aber bereits vor der Mitgliedschaft möglich, finanzielle Unterstützung von der EU zu bekommen, damit ein Anschluss an die finanziell stärkeren Staaten überhaupt geleistet werden kann. Je weiter die Kandidaten im Osten Europas liegen, desto schwieriger wird der Beitritt. Vor allem deshalb, weil die wirtschaftliche Leistungsfähigkeit des Landes deutlich hinter dem Niveau der EU liegt. Damit stellen sich bei der Erweiterung der EU vor allem zwei Fragen: Lässt sich die Aufnahme neuer Länder finanziell noch bewerkstelligen? Und sind die Länder hinsichtlich der Erfüllung der Menschenrechte und der gemeinsamen Grundwerte in der EU vorbereitet? Auch mit der Türkei befindet sich die EU in Beitrittsverhandlungen. Allerdings sollen die Verhandlungen ergebnisoffen geführt werden. Das bedeutet, dass sie nicht automatisch zu einem Beitritt der Türkei führen. Die Meinungen, ob der Beitritt der Türkei politisch sinnvoll und wirtschaftlich machbar ist, gehen dabei weit auseinander.

> Beitrittskandidaten müssen wirtschaftliche und politische Bedingungen, die sogenannten Kopenhagener Kriterien für den Beitritt erfüllen: Die Länder müssen institutionell stabil sein, eine funktionierende Marktwirtschaft haben und in der Lage sein, die Verpflichtungen, die sich aus einer Mitgliedschaft in der EU ergeben, übernehmen zu können.
> Gegenwärtige und künftige Kandidatenländer ... dürfen zur Erlangung der EU-Mitgliedschaft in ihren Reformanstrengungen nicht nachlassen. Entscheidend sind die Schaffung eines funktionierenden Rechtssystems, die Gewährung der Meinungsfreiheit, die Gestaltung gutnachbarschaftlicher Verhältnisse, die faire Behandlung ethnischer Minderheiten sowie der Kampf gegen Korruption und organisierte Kriminalität.

M2 Aus einer Broschüre des Europäischen Parlaments (2013)

1 Recherchiere mithilfe des Atlas die möglichen Beitrittsländer (M1).
2 Vergleicht die geografischen Grenzen Europas mit der möglichen Ausdehnung der Europäischen Union (M1, Atlas).
3 Beschreibe, welche Hilfen die Länder erhalten, damit sie beitrittsfähig werden (Text, M2).
4 Erläutere die Beitrittskriterien der EU (M2).
5 Überlege, ob es ein Land gibt, das ein Interesse daran hat, dass sich die EU nicht weiter nach Osteuropa ausdehnt.

> In entscheidenden Fragen wie Minderheitenrechte, Meinungs- und Religionsfreiheit gibt es keine Fortschritte. Im Gegenteil: Zurzeit sitzen mehr Journalisten in türkischen Gefängnissen als zu Beginn der Regierungsübernahme von Erdogan. **Elmar Brok, CDU**

> Was ist denn das für eine Gesellschaft, deren eine Hälfte, die weibliche, so gut wie keine Rechte hat? Wo Väter ihre Töchter töten, weil sie, selbst nach einer Vergewaltigung, angeblich die Familienehre verletzt haben? **Ralph Giordano, Autor (gest. 2014)**

> Die Kosten für ein nach wie vor stark agrarisch ausgerichtetes Land könnten von der EU nicht verkraftet werden. **Ein Bürger**

> Aber die EU bekommt direkten Zugang zu einem Markt mit dann über 75 Millionen Konsumenten. **Eine Bürgerin**

> Die Verhandlungen mit der Türkei wieder aufzunehmen, ist in erster Linie unsere Anerkennung für die Aktivisten vom Taksim-Platz für ihre Courage. Es ist unsere Form, Verständnis für ihre Ziele zu zeigen. **Johannes Kahrs, SPD**

> Wenn die Türkei dauerhaft stabilisiert wird, was Menschenrechte, soziale Standards, Gleichberechtigung angeht, ist das auch gut für die Integration der 2,5 Millionen türkischstämmigen Menschen in Deutschland. **Michael Sommer, Ex-DGB-Chef**

> Am Bosporus fängt der asiatische Kontinent an, oder? Warum sollte der nun auch noch in die EU? **Elke Heidenreich, Autorin**

> Daneben gibt es gerade für Deutschland noch ein ökonomisches Argument. Unsere Bevölkerung wird immer älter, wir werden in Zukunft dringend junge Arbeitskräfte brauchen. **Prof. Norbert Walter, Ex-Chefvolkswirt der Deutschen Bank**

> Ich als Vertreter dieser Branche gebe auch den Medien die Schuld für das falsche Bild (von der Türkei). Es geht oft darum, Klischees zu bedienen. **Christian Feiland, TV-Journalist**

> Diese Region ist unser Nachbar. Wir sind als europäische Union dazu verpflichtet, als Vermittler tätig zu sein und für Stabilität zu sorgen. **Ismail Ertug, SPD-Abgeordneter im Europäischen Parlament**

M3 Meinungen zum Beitritt der Türkei in die Europäische Union

ⓘ Taksim-Platz

Am 27. Mai 2013 begannen am Taksim-Platz Demonstrationen gegen die Pläne der Stadt Istanbul, im Gezi-Park ein Einkaufszentrum zu bauen. Am frühen Morgen des 31. Mai 2013 riegelten türkische Polizeieinheiten den Platz ab; sie zündeten Zelte kampierender bzw. schlafender Demonstranten an und attackierten sie mit Tränengas und Pfefferspray. Die Demonstrationen weiteten sich im ganzen Land aus und entwickelten sich zu einem generellen Protest gegen die Politik der türkischen Regierung.

---

6 Erstellt eine Tabelle mit je einer Spalte für Pro und Kontra und ordnet die Aussagen in M3 der Tabelle zu.

7 Fasse die einzelnen Aussagen mit eigenen Worten zusammen.

8 a) Recherchiere den aktuellen Stand der Beitrittsverhandlungen mit der Türkei und berichte der Klasse.
   b) Erläutere, inwieweit die Türkei die Beitrittskriterien erfüllt (M2).

9 Nimm selber Stellung zu der Frage des Türkei-Beitritts und begründe deine Meinung.

Europa – das sind wir

1 Kreuzworträtsel zur EU

Löse das Kreuzworträtsel in deinem Heft oder deiner Mappe. Das Lösungswort bezeichnet eine wichtige Errungenschaft der EU, von der du ständig profitierst. Achtung: ä, ö, ü entsprechen jeweils einem Buchstaben. Mehrere Lösungen bestehen aus zwei Wörtern; diese bitte ohne Zwischenraum eintragen.

1. werden von den EU-Bürgerinnen und -Bürgern alle fünf Jahre gewählt
2. Motor der EU
3. zentrale Schaltstelle der EU
4. Gesetz, das alle Migliedsländer vollständig umsetzen müssen
5. wurde 1957 in Rom von sechs Ländern unterzeichnet
6. eine der vier Freiheiten
7. hier vertreten 751 Abgeordnete Europa
8. fällt Grundsatzentscheidungen für die EU
9. Gesetz, das Mitgliedsstaaten in einem gewissen Zeitraum umsetzen müssen
10. eine der vier Freiheiten
11. anderes Wort für Europäische Gemeinschaft für Kohle und Stahl (EGKS)

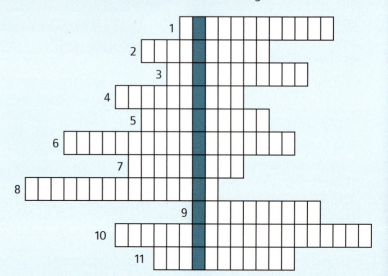

2 Zuordnungsaufgabe

Ordne den drei Texten jeweils die korrekte Überschrift zu

A Europäischer Rat – **B** Rat der Europäischen Union – **C** Europarat

1	2	3
Er übt im politischen System der EU zusammen mit dem Europäischen Parlament die Rechtsetzung der Europäischen Union aus. Er tagt aufgrund der unterschiedlichen Politikbereiche in unterschiedlichen Zusammensetzungen, hat also keine festen Mitglieder.	Hierbei handelt es sich um eine europäische, internationale Organisation. Er ist ein Forum für Debatten über allgemeine europäische Fragen. Er wurde bereits am 5. Mai 1949 gegründet und gehört damit institutionell nicht zur Europäischen Union.	Hier treffen sich alle Regierungschefs der Europäischen Union, und hier wird über die politischen Zielvorstellungen und Prioritäten der Union beraten und entschieden. Man nennt dieses Gremium auch „EU-Gipfel".

3 Texte und Bilder zuordnen

a) Ordne den Texten 1–3 die Bilder a–c zu.
b) Nenne die Grundbegriffe, die zu den Abbildungen ⓑ und ⓒ passen.

1	2	3
Die Europäische Union ist nach denselben demokratischen Prinzipien aufgebaut wie zum Beispiel Deutschland: Verschiedene Organe der EU übernehmen verschiedene Aufgaben, die sich gegenseitig ergänzen. Die Organe kontrollieren sich gegenseitig. Legislative, Exekutive und Judikative sind voneinander getrennt.	Man bezeichnet es auch als Unterhaus der Europäischen Union, trotzdem ist es ein sehr wichtiges Entscheidungsgremium, in dem Vertreterinnen und Vertreter der einzelnen Mitgliedsländer sitzen, die nicht nur über die Exekutive wachen, sondern auch Gesetze und den Haushalt beschließen.	Benannt nach einem Ort in Luxemburg, bezeichnet es die grenzenlose Reisefreiheit (ohne Personenkontrollen) der EU-Bürger und EU-Bürgerinnen innerhalb der meisten EU-Binnengrenzen.

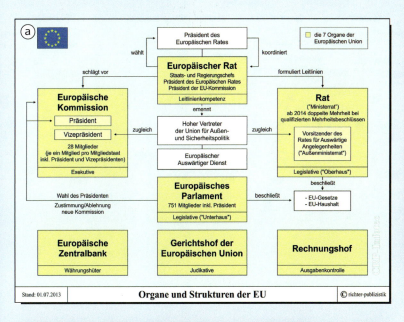

Grundbegriffe:

Binnenmarkt
EU-Kommission
Rat der Europäischen Union
Europäischer Rat
Europäisches Parlament
Europäische Wirtschaftsgemeinschaft
Montanunion
Vertrag von Maastricht
Schengener Abkommen
Römische Verträge
EU-Verordnung
EU-Richtlinie
Euro-Rettungsschirm
Eurozone

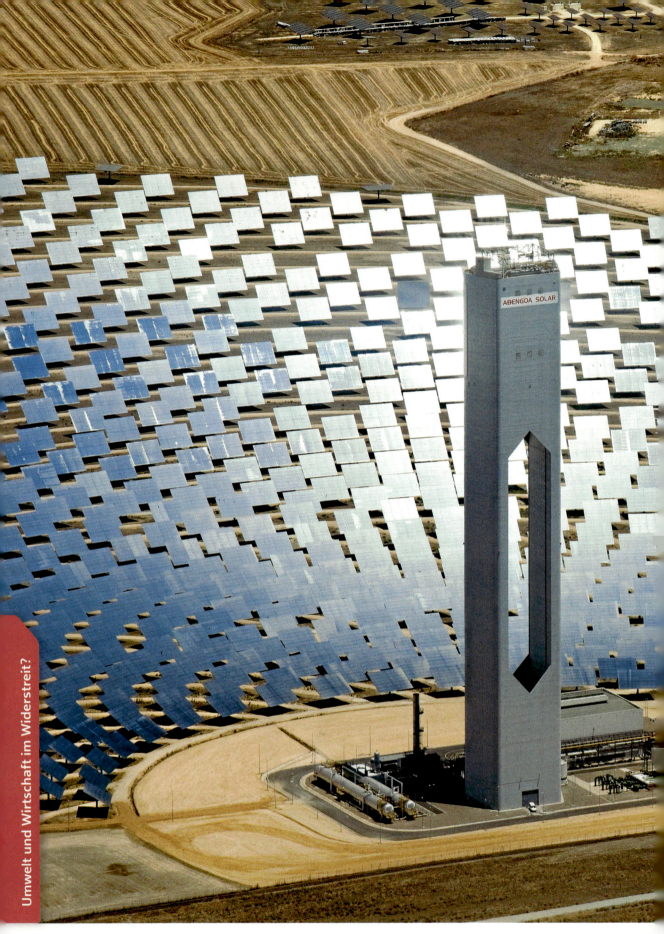

Umwelt und Wirtschaft im Widerstreit?

Umwelt und Wirtschaft im Widerstreit?

M2 Chinesische Arbeiter beseitigen die Folgen einer explodierten Ölpipeline (2013)

M3 Künstliche Ringfeldbewässerung ermöglicht auch in trockenen Gegenden der USA intensive Landwirtschaft.

→ Sind die Interessen von Wirtschaft und Umwelt grundsätzlich gegensätzlich?
→ Wieso ist Klimaschutz wichtig?
→ Was bedeutet Nachhaltigkeit?
→ Was ist meine persönliche Rolle in diesem Spannungsfeld?

M1 Ein solarthermisches Kraftwerk in der Nähe von Sevilla, Südspanien

Erdgas in Bollhausen – ein Konflikt entwickelt sich

Gemeinde Bollhausen in Aufruhr

Geologische Untersuchungen haben ergeben, dass sich größere Erdgasvorkommen im Umfeld der Gemeinde befinden. Nun soll eine Förderanlage gebaut werden. Die große wirtschaftliche Bedeutung ist allen Einwohnern Bollhausens klar. Deutschland deckt seinen Erdgasbedarf zu 90 Prozent durch Importe aus dem Ausland und muss diese bezahlen. Heimische Ressourcen zu nutzen, ist daher ein wichtiges Anliegen. Doch unter den Einwohnern herrscht Uneinigkeit. Ein Teil der Bürger und Bürgerinnen betrachtet die anstehenden Veränderungen als Glücksfall. Der andere Teil ist gegen den Bau der Erdgasförderanlage, da er negative Auswirkungen auf die Umwelt befürchtet.

Herr Ruttner kann nicht verstehen, dass Erdgas überhaupt noch ein Thema ist. Deutschland hat doch die Energiewende beschlossen! Weg von fossilen Energiequellen wie Kohle, Öl und Erdgas – hin zu erneuerbaren Energien wie Sonne und Wind. Und nun soll doch wieder eine CO_2 verursachende Energiequelle erschlossen werden. Ist das nicht inkonsequent?

Frau Hollerberg ist die Bürgermeisterin. Der Bau einer Förderanlage käme den ansässigen Unternehmen zugute. Zudem würden steigende Einnahmen aus der Gewerbesteuer einige Vorhaben ermöglichen, die wegen Geldmangels bislang nicht umgesetzt werden konnten. Sie nimmt aber die Bedenken der Gegner der Förderanlage sehr ernst und teilt einige sogar. Um eine Lösung bemüht, lädt sie interessierte Bürger und Bürgerinnen zu einer Diskussionsveranstaltung ein.

Frau Siebert überlegt, aus Bollhausen wegzuziehen, wenn dort tatsächlich Erdgas gefördert wird. Sie fürchtet um ihre Gesundheit. Gerade erst hat sie gelesen, dass es in der Gemeinde Bothel eine deutlich erhöhte Krebsrate gibt. Man befürchtet, dass die dortige Erdgasförderung dafür verantwortlich sein könnte. Schadstoffe wie giftiges Quecksilber gelangen in die Umwelt. Weiß überhaupt jemand, welche Schadstoffe in Boden, Luft und Grundwasser geraten?

Frau Bruck kann die Gegner nicht verstehen. Durch eine verstärkte Nutzung heimischer Erdgasreserven wird man unabhängiger vom Ausland. Die Energiepreise würden stabiler und davon profitiert doch jeder Einzelne. Schimpft und stöhnt nicht jedermann, wie stark die Energiepreise in den letzten Jahren gestiegen sind?

Herr Trabeck ist entsetzt. Er liebt sein idyllisches Bollhausen! Hier will er seinen Ruhestand genießen. Für ihn ist die Vorstellung unerträglich, dass Bollhausens schöne Landschaft durch Förderstellen mit neuen Zufahrtsstraßen, riesigen Tanks, Rohren und unterirdischen Pipelines zerstört wird. Soll man das so hinnehmen?

Herr Schulz ist vor einem Jahr nach Bollhausen umgezogen. Einen Job hat er bislang leider nicht gefunden. Er hofft, bei einem Bauunternehmen angestellt zu werden, wenn die Anlage gebaut wird. So ein großes Projekt schafft doch immer Arbeitsplätze – nicht nur für ihn! Soll man sich so eine Chance entgehen lassen?

M1 Rollenkarten zur Vorbereitung einer Pro-und-Kontra-Diskussion: Erdgasförderung in Bollhausen – ja oder nein?

1 a) Beschreibe den Konflikt, den es in Bollhausen gibt (Text).
b) Bildet sechs Kleingruppen zu den genannten Personen (M1). Versetzt euch in die jeweilige Rolle, sammelt Argumente und bereitet eine Pro-und-Kontra-Diskussion vor (siehe Seiten 190/191).
c) Spielt die Diskussion in der Klasse und wertet sie anschließend gemeinsam aus.

2 a) Entwickelt eine mögliche Lösung für den Konflikt in Bollhausen.
b) Begründet, ob es schwierig war, eine Lösung zu finden.

Helfen Vorgaben der Bundespolitik, den Konflikt zu lösen?

Im Grundgesetz ist festgelegt, dass der Bundeskanzler bzw. die Bundeskanzlerin die Richtlinien der Politik festlegt. Diese Vorgaben müssen von den untergeordneten Fachministerien umgesetzt werden. In Bollhausen treffen unterschiedliche Interessen aus den Bereichen Wirtschaft, Energie und Umwelt aufeinander. Für diese Themen ist in Deutschland vor allem das Bundesministerium für Wirtschaft und Energie (BMWi) zuständig. Wirtschaftspolitik meint sämtliche Maßnahmen des Staates zur Steuerung und Ordnung des Wirtschaftslebens. Die vier wichtigsten Ziele entstammen dem Stabilitätsgesetz von 1967 und sollen dauerhaften Wohlstand ermöglichen. Man nennt sie magisches Viereck. In aktuellen Diskussionen werden sie oft durch weitere Punkte ergänzt, die für eine verantwortungsvolle und zukunftsfähige Wirtschaftspolitik als notwendig erachtet werden. Die sogenannte Energiewende wird vom Bundesministerium ebenfalls als unverzichtbarer Baustein für eine sowohl wirtschaftlich erfolgreiche, als auch umweltverträgliche Zukunft festgeschrieben. Sie umfasst im Wesentlichen die Reduzierung klimaschädlicher Treibhausgase sowie den verstärkten Einsatz erneuerbarer Energien.

BMWi → www

> 1 Wir werden die Energiewende voranbringen und orientieren uns dabei gleichrangig an den Zielen der Klima- und Umweltverträglichkeit, Versorgungssicherheit und
> 5 Bezahlbarkeit. Stromkosten sollen für gewerbliche, industrielle und private Verbraucher bezahlbar bleiben. Kosteneffizienz und Wirtschaftlichkeit werden stärker beachtet. Für Investitionen und Innovationen sollen klare Rahmenbedingungen
> 10 gelten. Energieeffizienz muss als zentraler Bestandteil der Energiewende ein noch höheres Gewicht erhalten.

M2 Das BMWi zum Thema „Energiewende"

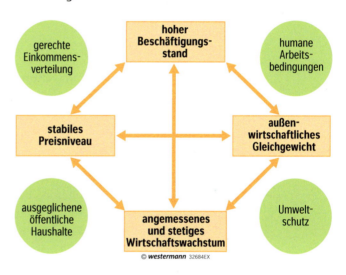

M3 Magisches Viereck mit Ergänzungen

3 Beschreibe die Arbeit des Bundesministeriums für Wirtschaft und Energie (Text).

4 a) Nenne und erkläre die vier wichtigsten Ziele der deutschen Wirtschaftspolitik (M3).
   b) Begründe, warum die vier Ergänzungen vorgenommen wurden (M3).

5 Vermute, warum man dieses Modell als „magisches" Viereck bezeichnet (M3).

6 Stelle dar, was man unter der Energiewende versteht (Text, M2).

7 Informiere dich über weitere Zielvorstellungen des BMWi und stelle sie in der Klasse vor.

8 a) Arbeitet jene dargestellten politischen Zielsetzungen des BMWi heraus, die sich auf das Problem der Gemeinde Bollhausen anwenden lassen (Text, M2, M3).
   b) Beurteilt, ob die von euch entwickelte Lösung für den Konflikt in Bollhausen mit den politischen Zielsetzungen zu vereinbaren ist.

9 Nimm Stellung zu der Aussage: „Das stetige Wirtschaftswachstum ist die wichtigste Aufgabe. Ziele wie die Energiewende oder andere Umweltthemen müssen diesem Ziel untergeordnet werden."

M1 Plakat eines Dokumentarfilms (2006)

M2 Brennende Ölplattform „Deepwater Horizon" im Golf von Mexiko (2010)

M3 Titel des Nachrichtenmagazins „Der Spiegel" 9/2015

Belastete Umwelt

Vom Menschen verursachte Umweltprobleme

Immer wieder geschehen Umweltkatastrophen, die auf einzelne Ereignisse wie z. B. Schiffs-, Giftgas- oder Atomunfälle zurückzuführen sind. Deren unmittelbare und schwere Folgen sind für jedermann sofort sichtbar. Tiere, Pflanzen oder auch Menschen sterben, Landstriche werden verschmutzt, Giftstoffe verunreinigen den Boden, Gewässer oder die Luft. Derartigen Ereignissen wird oft mehr Beachtung geschenkt als der schleichenden Umweltverschmutzung, die der Mensch im täglichen Leben verursacht. Doch auch wenn sie erst langfristig spürbar sind – die negativen Folgen für die Umwelt sind dieselben. Die ökologischen Kernprobleme wie die globale Erwärmung, die Bodenverschlechterung und das Artensterben sind das Resultat der jahrzehntelangen Eingriffe des Menschen in die Umwelt.

Ökosystem
Eine natürliche Einheit, die aus allen Lebewesen eines Raumes sowie deren unbelebter Umwelt besteht. Diese bilden durch ihre Wechselwirkungen aufeinander ein gleichbleibendes System (z. B. See, Wald).

Es dauerte 88 Tage, bis die Ölquelle in der Tiefe verschlossen werden konnte. Rund 780 Millionen Liter Öl strömten derweil aus, auf mehr als 1000 Kilometern Küste mussten Helfer gegen die Folgen der Katastrophe kämpfen. Unzählige Tiere starben – Fische, Pelikane, Schildkröten ... US-Präsident Barack Obama sprach von der „schlimmsten ökologischen Katastrophe", mit der es Amerika je zu tun gehabt habe.

M4 Bericht über die Spätfolgen der „Deepwater Horizon"-Katastrophe (2012)

Das Riff ... gilt als der größte lebende Organismus der Welt. Die UNESCO macht sich ernsthafte Sorgen um die weltberühmten Korallen am Great Barrier Reef. Der Kohle- und Gasboom an der Küste von Queensland und der Tourismus könnten das Riff auf die Liste der bedrohten Welterbestätten bringen. Das sensible Ökosystem wird bereits durch den Klimawandel und Abwässer aus der Landwirtschaft bedroht.

M5 Bericht über das bedrohte Great Barrier Reef (2012)

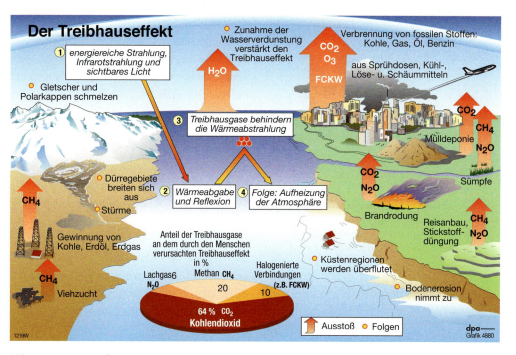

M6 Der vom Menschen verursachte Treibhauseffekt

Die globale Erderwärmung

Seit Beginn der Industrialisierung in der zweiten Hälfte des 18. Jahrhunderts beeinflusst der Mensch die Zusammensetzung der Atmosphäre massiv. Durch die Verbrennung von Kohle, Öl und Gas zur Energiegewinnung hat sich vor allem der Anteil an Kohlenstoffdioxid (CO_2) erhöht. Und er steigt weiter an. Aber auch andere Treibhausgase wie Lachgas (Distickstoffoxid, N_2O), Methan (CH_4) oder FCKW (Fluorkohlenwasserstoff) werden freigesetzt. Die höhere Konzentration von Treibhausgasen in der Atmosphäre verstärkt den natürlichen Treibhauseffekt. Die weltweiten Durchschnittstemperaturen steigen. Dies bezeichnet man als Klimawandel.

Selbst wenn die Emission von Treibhausgasen sofort gestoppt werden könnte, würde die Durchschnittstemperatur auf der Erde noch ein paar Jahrzehnte steigen. Der Grund dafür ist, dass die Treibhausgase sehr lange in der Atmosphäre bleiben. Beispielsweise beträgt die Verweildauer von CO_2 in der Atmosphäre ungefähr 120 Jahre. In Deutschland entfallen knapp 90 Prozent aller emittierten Treibhausgase auf das Treibhausgas Kohlenstoffdioxid.

Treibhauseffekt → www

Emission bezeichnet die Abgabe schädlicher Stoffe oder Energien an die Umwelt. In den Medien wird dieser Begriff meist für Luftverunreinigungen – vor allem durch CO_2 – verwendet.

---

1 a) Beschreibt die Bilder M1 bis M3 und deren mögliche Wirkung auf den Betrachter.
   b) Nennt die Ursachen der dargestellten Umweltprobleme (M1, M2, M3, Text).
   c) Beurteilt, ob M4 und M5 von Umweltkatastrophen berichten.
   d) Nennt weitere Beispiele für Umweltprobleme bzw. Umweltkatastrophen aus eurem Erfahrungsbereich.

2 a) Lege eine Tabelle zu den Treibhausgasen CO_2, CH_4, N_2O und FCKW an und ordne ihnen die Ursachen des Ausstoßes zu (M6, Text).
   b) Beschreibe den Treibhauseffekt und dessen Folgen (M6).
   c) Erkläre, warum die lange Verweildauer der Treibhausgase in der Atmosphäre ein großes Problem beim Kampf gegen die globale Erderwärmung darstellt (Text, M6).

M1 Abweichungen von der globalen durchschnittlichen Lufttemperatur in Bodennähe 1880–2014

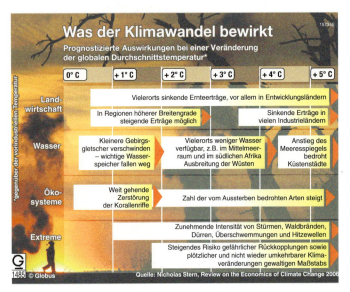

M2 Befürchtete Folgen der Erwärmung

Die Folgen der globalen Erderwärmung

Die Erderwärmung ist bereits Realität. Die globale Mitteltemperatur steigt und lässt die Gletscher schmelzen. Der dadurch ansteigende Meeresspiegel ist eine Bedrohung für Küstenregionen und Inselgruppen. Die Klima- und Vegetationszonen verschieben sich, was wiederum Auswirkungen auf die Landwirtschaft hat. Da sich auch die Ozeane erwärmen, wird das System der globalen Meeresströmungen gestört. Hurrikane, die ihre Energie aus dem warmen Oberflächenwasser gewinnen, treten häufiger auf und nehmen an Intensität zu. Außerdem sind die Ozeane wichtige Kohlenstoffsenken, doch mit zunehmender Erwärmung nimmt ihre Aufnahmefähigkeit ab.

Die Prognosen zum Voranschreiten und zu den Folgen des Klimawandels sind unterschiedlich und umstritten. Unstrittig ist jedoch, dass die Auswirkungen umso gravierender sind, je höher die weltweite Mitteltemperatur steigt.

Viele Menschen in ärmeren Ländern müssen aufgrund massiver Umweltprobleme aus ihrem Heimatgebiet abwandern, wenn sie beispielsweise wegen langanhaltender Dürren oder Wassermangels keine Nahrungsmittel mehr anbauen können. In anderen Gebieten wiederum sind häufige Überschwemmungen ein Abwanderungsgrund. Es ist schwer, die Zahl der sogenannten Klimaflüchtlinge zu erfassen. Schätzungen gehen von weltweit 50 bis 150 Millionen Menschen aus.

ⓘ Kohlenstoffsenken

So bezeichnet man natürliche CO_2-Speicher. Diese nehmen das CO_2 aus der Atmosphäre auf und wirken so der Erderwärmung entgegen. Die wichtigsten Kohlenstoffsenken sind die großen Waldgebiete der Erde sowie die Ozeane.

---

1 a) Beschreibe M1 und notiere die wesentliche Aussage in einem Satz.
   b) Vergleicht eure Ergebnisse.

2 Nenne die Folgen der globalen Erderwärmung (Text).

3 a) Fasse zusammen, welche Auswirkungen bei fortschreitender globaler Erwärmung befürchtet werden (M1, M2).
   b) Erläutere die Auswirkungen auf den Menschen (M2, Text).

4 a) Recherchiere, um wie viele Zentimeter der Meeresspiegel seit 1880 angestiegen ist.
   b) Vergleicht eure Ergebnisse.

Klimaschutz – eine internationale Aufgabe

Der internationale Klimaschutz ist eine der größten Herausforderungen des 21. Jahrhunderts. Im Jahr 1992 fand in Rio de Janeiro ein großer Erdgipfel statt, in dessen Zentrum der Klimawandel stand. Mit der dort beschlossenen UN-Klimarahmenkonvention setzte sich die Staatengemeinschaft das Ziel, die Konzentration von Treibhausgasen in der Atmosphäre so zu verringern, dass von ihr keine gefährliche Störung des Klimasystems ausgeht. 1997 wurde mit dem Kyoto-Protokoll erstmalig eine verbindliche Vereinbarung getroffen. Die Vertragsstaaten beschlossen, dass die Industrieländer ihre CO_2-Emissionen bis 2012 so weit verringern, dass sie 5,2 Prozent unter dem Niveau von 1990 liegen. Im Dezember 2015 einigten sich 195 Staaten auf einer Weltklimakonferenz in Paris auf einen Nachfolgevertrag, nach dem die globale Erwärmung auf deutlich unter 2°C begrenzt werden soll. Dieser Weltklimavertrag, der 2020 in Kraft treten soll, ist für alle Vertragsstaaten völkerrechtlich verbindend, sieht aber keine Sanktionen vor, wenn die Vertragspunkte nicht erfüllt werden.

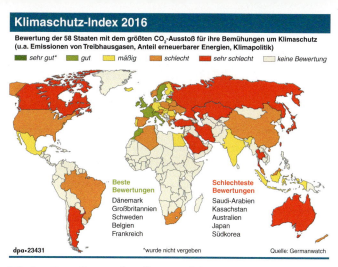

M3 Der Kampf gegen den Klimawandel

> ... Der Vertrag sieht vor, die durch Treibhausgase verursachte Erderwärmung auf deutlich unter zwei Grad [Celsius] zu begrenzen. Die 195 Länder wollen sogar versuchen, 1,5 Grad nicht zu überschreiten. Die entsprechenden Aktivitäten der Vertragsstaaten sollen alle fünf Jahre überprüft werden ... Langfristig sollen nicht mehr Treibhausgase wie CO2 ausgestoßen werden, als gleichzeitig zum Beispiel von Wäldern wieder aufgenommen werden können. Vorgesehen sind zudem Klimaschutzhilfen für die Entwicklungsländer in Höhe von 100 Milliarden US-Dollar jährlich, die mit der Zeit noch erhöht werden sollen. Allerdings werden die nationalen Klimaziele weiterhin von den einzelnen Ländern festgelegt – bislang reichen die vorliegenden Pläne nicht aus, um den Klimawandel auf ein erträgliches Maß zu begrenzen.
> Zahlreiche Umweltschützer werteten den Vertrag als starkes Signal zur Abkehr von den fossilen Brennstoffen. Sie hätten sich aber früheres Handeln und mehr konkrete Verpflichtungen für die einzelnen Staaten gewünscht ...

M4 Aus einem Beitrag von Deutschlandradio Kultur vom 12. Dezember 2015 zum Weltklimavertrag

5 Erkläre, warum das Kyoto-Protokoll als Meilenstein des Klimaschutzes bezeichnet werden kann (Text).

6 a) Vergleicht, in welchem Maß der Kampf gegen den Klimawandel auf den einzelnen Kontinenten geführt wird (M3).
b) Beurteilt, wie es um den weltweiten Kampf gegen den Klimawandel bestellt ist (M3).

7 a) Fasse den Inhalt des Weltklimavertrags vom Dezember 2015 zusammen (M4, Text).
b) Begründe, warum dieser Vertrag allgemein als Erfolg gewertet wird (M4).

8 Recherchiere, welche Kritik am Weltklimavertrag von Paris geäußert wird.

9 Beziehe zu den Kritikpunkten Stellung.

Nachhaltig handeln für die Zukunft

„Nachhaltig handeln" – was ist damit gemeint?

*Agenda
Das Wort Agenda bedeutet „was zu tun ist". In der Politik bezeichnet dieser Begriff meist einen Ablaufplan von Aufgaben, die es längerfristig abzuarbeiten gilt.*

Auf der UN-Konferenz für Umwelt und Entwicklung 1992 in Rio de Janeiro wurde mit der Agenda 21 ein Aktionsprogramm beschlossen, das die Nachhaltigkeit zum weltweit anerkannten politischen Leitbild erhoben hat.
Unter dem Begriff Nachhaltigkeit oder auch nachhaltige Entwicklung versteht man, dass die Menschen so leben und wirtschaften sollen, wie es ihren Bedürfnissen entspricht, ohne dabei zukünftige Generationen zu gefährden. Insbesondere in der Umweltpolitik werden Entscheidungen am Prinzip der nachhaltigen Entwicklung gemessen.

M1 Karikatur von Jupp Wolter (1978)

> **Ursprung des Nachhaltigkeitsgedankens**
> Die Wurzeln reichen weit in die Vergangenheit zurück. Als „Vater" der Nachhaltigkeit wird oftmals der Freiberger Oberberghauptmann Hans Carl von Carlowitz (1645–1714) gehandelt, der den Gedanken der Nachhaltigkeit auf die Waldwirtschaft übertrug.
> Um ein nachhaltiges Handeln umzusetzen, sollte nach Carlowitz in einem Wald nur so viel abgeholzt werden, wie der Wald in absehbarer Zeit auf natürliche Weise regenerieren kann. Das Prinzip der Nachhaltigkeit sollte also sicherstellen, dass ein natürliches System in seinen wesentlichen Eigenschaften langfristig erhalten bleibt. Mit diesem Ansatz war der Grundstein des nachhaltigen Denkens und Handelns gelegt.

M2 Aus einem Lexikonartikel (2015)

Nachhaltige Entwicklung bedeutet aber mehr als Klima- oder Umweltschutz. Neben den ökologischen gibt es auch ökonomische (wirtschaftliche) Ziele, wie beispielsweise die angemessene Bedürfnisbefriedigung und Beschäftigung. Soziale Aspekte wie die Gerechtigkeit innerhalb der Gesellschaft und auch zwischen den Generationen sind ebenfalls zu beachten.

Das Nachhaltigkeitsdreieck, das in den 1990er-Jahren entwickelt wurde, vernetzt diese drei Bereiche und soll damit verdeutlichen, dass Nachhaltigkeit nur erreicht werden kann, wenn allen Bereichen die gleiche Bedeutung zukommt.

Ein fertiges Programm mit konkreten Handlungsschritten ist das Nachhaltigkeitsdreieck nicht. Es ist ein Modell, das eine Entwicklungsrichtung vorgibt, um Lösungsansätze für die wichtigsten Probleme unserer Zeit zu finden. Und es macht deutlich, dass Nachhaltigkeit nur mit großen gemeinsamen Anstrengungen erreicht werden kann.

M3 Nachhaltigkeitsdreieck

Nachhaltigkeit zwischen Anspruch und Wirklichkeit

Eine nachhaltige Entwicklung der Gesellschaft soll erreicht werden, indem die Regierungen auf lokaler (örtlicher), nationaler und internationaler Ebene konkrete Maßnahmen formulieren. Dies machen die Regierungen aber nicht allein, sondern sie beziehen Vertreter aus Wirtschaft und Gesellschaft aktiv mit ein. Gemeinsam sollen Machbarkeit und Auswirkungen der zu beschließenden Maßnahmen erörtert werden. In diesem Geflecht von ökologischen, sozialen und ökonomischen Zielen gibt es höchst unterschiedliche Interessen – und deswegen gestaltet es sich oft als schwierig, Maßnahmen zur nachhaltigen Entwicklung politisch durch- und praktisch umzusetzen.
In politischen Diskussionen spielen Nichtregierungsorganisationen (NGOs) mittlerweile eine wichtige Rolle. Sie erstellen Gutachten oder starten Aufklärungskampagnen und andere Aktionen, um ihre Anliegen öffentlich zu machen. Sie vertreten ihren jeweiligen Standpunkt, um politische Entscheidungen in ihrem Sinn zu beeinflussen. Bekannte NGOs, die sich für Umwelt- und Klimaschutz stark machen, sind beispielsweise Greenpeace, der BUND und der WWF.

Greenpeace → [www]

BUND → [www]

WWF → [www]

> 1 Bislang sind Unternehmen in vielen Bereichen vor allem ein Teil des Problems. Der Klimawandel kann aber nur dann erfolgreich bekämpft werden, wenn sie
> 5 umfassend Teil der Lösung werden. Wie alle anderen ... müssen auch Unternehmen ihren Teil dazu beitragen, die globale Erwärmung auf weit unter 2°C zu begrenzen.
> 10 Das zentrale Interesse von Unternehmen ist, erfolgreich zu wirtschaften. Dazu müssen die Kosten in einem passenden Verhältnis zu den Einnahmen stehen. Die Bereitschaft, den
> 15 Klimaschutz ernst zu nehmen und entsprechend die eigenen Investitionspläne so auszurichten, wie es eine angemessene Strategie verlangt, ist bislang in der Fläche zu gering.

M4 Der WWF zu Unternehmen und Klimawandel

M5 Der BUND auf einer Demonstration am 28. November 2015 in Freiburg

---

1 a) Erkläre mithilfe eines Beispiels, was man unter Nachhaltigkeit versteht (Text, M2).
   b) Werte die Karikatur M1 aus.

2 a) Erkläre die drei Ziele des Nachhaltigkeitsdreiecks (M3).
   b) Entwerft Ideen, wie Unternehmen diese Ziele erreichen könnten.

3 a) Stelle dar, welche Probleme es gibt, nachhaltige Entwicklung umzusetzen (Text).
   b) Erkläre die Haltung des WWF zum Problemfeld „Unternehmen und Klimawandel" (M4).
   c) Recherchiert zu weiteren NGOs und stellt sie in der Klasse vor.

4 Ein Unternehmen entlässt einen Teil seiner Belegschaft, um in den Umweltschutz zu investieren. Überprüft, ob sich diese Maßnahme mit dem Grundgedanken des Nachhaltigkeitsdreiecks vereinbaren lässt.

Eine Pro-und-Kontra-Diskussion führen

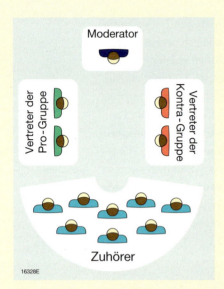

M1 Sitzordnung während der Diskussion

In einer Pro-und-Kontra-Diskussion versucht man, den Gegner bzw. die Zuhörer mit Tatsachen und Argumenten von der eigenen Position zu überzeugen. Solche Diskussionen finden in verschiedenen Bereichen statt: in Unternehmen, in Vereinen, in der Schule, in Gemeinderatssitzungen und natürlich auch im Bundestag oder im Europäischen Parlament.

An einer Pro-und-Kontra-Diskussion nehmen Einzelredner oder Vertreter einer Gruppe teil, die ihren Standpunkt zu einer Streitfrage vertreten.

So geht ihr vor:

Schritt 1 ●

Wahl eines Themas

Geeignet sind politische Entscheidungsfragen, zu denen es unterschiedliche Einstellungen und Positionen gibt. Wichtig ist, dass die Bedeutung des Themas allen Beteiligten klar ist. Mögliche Beispiele sind:
→ Soll der erlaubte CO_2-Ausstoß bei Neuwagen weiter gesenkt werden?
→ Soll der Führerschein mit 16 eingeführt werden?

Schritt 2 ●●

Vorbereitung und Informationsbeschaffung

Teilt eure Klasse in vier bis sechs Kleingruppen. Die Hälfte der Gruppen übernimmt die Pro-Position, die andere die Kontra-Position. Recherchiert nun zu dem gewählten Thema. Nutzt dazu zum Beispiel Unterrichtsmaterialien, die Bibliothek, Zeitungen oder auch das Internet.
Schreibt alle Tatsachen und Argumente, die für eure Position wichtig sind, auf. Überlegt euch auch, wie der Gegner argumentieren könnte und sucht Gegenargumente dafür.

Schritt 3 ●●●

Aufbau und Organisation

Jede Kleingruppe entsendet ein bis zwei Redner. Stellt die Tische und Stühle so um, dass sich die Pro- und die Kontra-Gruppe gegenübersitzen. Bestimmt einen Moderator. Dieser leitet die Diskussion und erteilt den Rednern das Wort. Die anderen sind die Zuhörer und setzen sich in einen Halbkreis.

Schritt 4 ●●●●

Die Diskussion führen

Der Moderator eröffnet die Diskussion und gibt einen Zeitrahmen vor. Nacheinander legen die ersten Redner der Gruppen knapp den Standpunkt ihrer jeweiligen Gruppe dar. Im Anschluss daran beginnt die offene Diskussion. Versucht, die Argumente der Gegner zu widerlegen. Der Moderator sorgt dafür, dass die Gesprächsregeln eingehalten werden.
Die Zuhörer achten auf die Argumente. In einer zweiten Runde ist es möglich, die Zuhörer miteinzubeziehen.
Am Ende der Diskussion führt der Moderator eine Abstimmung durch.

Schritt 5 ●●●●●

Auswertung

Wertet die Diskussion aus:
→ Welchen Eindruck hat die Diskussion auf euch gemacht?
→ Wurde fair diskutiert?
→ Wurde alles Wichtige angesprochen?
→ Welche Gruppe konnte überzeugen?
→ Was kann beim nächsten Mal verbessert werden?

Klimaschutz – sind gleiche Regeln für alle gerecht?

Was wird passieren, wenn weitere zwei oder drei Milliarden Verbraucher nach mehr Big Macs, Audis und Kreuzfahrten in der Karibik verlangen? Falls das Wachstum der globalen Mittelschicht dem gleichen, für die Umwelt zerstörerischen Pfad folgt, den schon die Industrieländer gehen, besteht in der Tat Anlass zur Sorge.

M2 Aus einem Artikel in DIE ZEIT über Schwellenländer (2012)

M3 Zukunftsprognosen

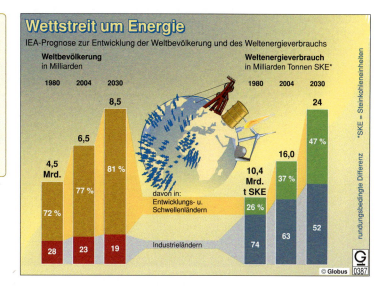

China, Indien und andere Ölländer Asiens gehören zu den größten Luftverschmutzern der Welt. Klimaschutz kann nicht funktionieren, wenn es ausgerechnet für diese Länder Sonderregelungen gibt.

Einige Industrieländer wie die USA fühlen sich doch auch nicht an internationale Abkommen gebunden.

Es ist ja nicht so, dass wir Schwellenländer gar nichts tun. Wir investieren in Klimaschutz, aber eben im eigenen Land. Wir werden uns keine Regeln von anderen Staaten diktieren lassen. Unsere wachsenden Wirtschaften müssen noch besonders geschützt werden, sonst werden wir nie Wohlstand erreichen.

Ausgerechnet wir Entwicklungsländer sind am schlimmsten von den Auswirkungen des Klimawandels betroffen und brauchen einen engagierten Klimaschutz. Dafür haben wir aber kein Geld. Wir haben andere Probleme. Die reichen Länder müssen die Hauptlast tragen.

Wir brauchen fossile Brennstoffe! Unsere Wirtschaft ist auf diese günstige Energie angewiesen, nur so kann die Armut bekämpfen werden. Die Industrieländer haben doch jahrzehntelang dasselbe gemacht und sind dadurch erst so reich geworden. Und uns sollen internationale Abkommen diese Möglichkeit nehmen?

Wenn die Schwellenländer hinsichtlich des Umgangs mit der Umwelt die gleichen Fehler machen wie die Industrieländer, werden die ökologischen Folgen immens sein. Das Festhalten an fossilen Energieträgern bietet nur kurzfristig Vorteile. Die durch den Klimawandel verursachten Schäden werden auf lange Sicht viel schwerer wiegen.

Wachstum ist auch mit sauberer Energie möglich. Und wenn Nachhaltigkeit erreicht werden soll, so muss doch jedes Land Verantwortung übernehmen.

1 *Führt eine Pro-und-Kontra-Diskussion zu der Frage „Klimaschutz – sind gleiche Regeln für alle gerecht?" durch. Analysiert dazu M2, M3 und die Aussagen auf dieser Seite.*

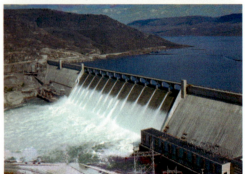

M1 Formen erneuerbarer Energien

Energiepolitik
→ www

Umweltpolitik in Deutschland

Das Beispiel Energie

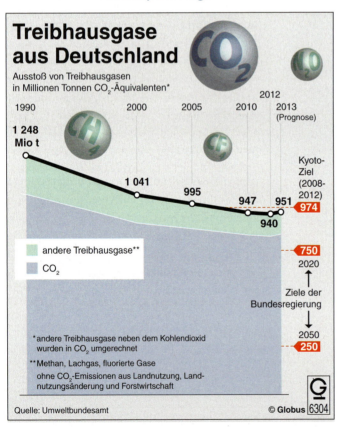

M2 Emission von Treibhausgasen in Deutschland

Die deutsche Energiepolitik verfolgt mehre Wege, die zu einer sicheren und umweltfreundlichen Energieversorgung führen sollen. Ein Weg ist die verstärkte Nutzung von erneuerbaren Energien. Zu ihnen gehören Windkraft, Erdwärme, Sonnenenergie, Wasserkraft und Biomasse wie Gülle oder Raps. Diese Energiequellen stehen im Gegensatz zu den fossilen Brennstoffen wie Kohle, Erdöl und Erdgas, deren Vorkommen endlich sind und deren Förderung, Transport und Verarbeitung die Umwelt zusätzlich belasten, dauerhaft zur Verfügung und können nahezu uneingeschränkt genutzt werden. Die Nutzung dieser grünen Energien spart jährlich mehrere Millionen Tonnen des klimaschädlichen Kohlenstoffdioxids ein.

Deutschland hat sich selbst konkrete Ziele zur Reduzierung von Treibhausgasen gesetzt und will diese mithilfe der Energiewende erreichen. International gilt Deutschland als Vorreiter beim Klimaschutz und drängt bei Klimakonferenzen auf mess- und kontrollierbare Regeln zur CO_2-Minderung, um die angestrebten Ziele erreichen zu können.

Umwelt und Wirtschaft im Widerstreit?

Da erneuerbare Energien einen unverzichtbaren Beitrag zum Klima- und Umweltschutz leisten, wird deren Ausbau besonders gefördert. Zu diesem Zweck wurde im Jahr 2000 das Erneuerbare-Energien-Gesetz (EEG) beschlossen, das seitdem immer wieder überarbeitet wurde. Das EEG enthält die Bestimmung, dass Stromverbraucher durch einen Aufschlag auf den Strompreis den Ausbau erneuerbaren Energien mitfinanzieren. Doch diese EEG-Umlage ist nicht unumstritten, denn für Wirtschaftsunternehmen und Privatverbraucher gelten zum Teil andere Regeln.

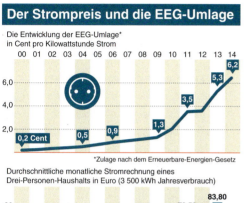

M3 Entwicklung des Strompreises und der Ökostromzulage

> Deutschland will grüne Energien ausbauen. Die Rechnung dafür müssen die Stromkunden zahlen – manche aber weniger als andere. Die Politik hat beschlossen, dass Firmen einen Rabatt bekommen können, wenn ihnen die Strompreise zusetzen. Die Liste der Unternehmen, die eine solche Ausnahme bekommen, wird von Jahr zu Jahr länger: 2014 sind es 2098 Firmen ...
> Privathaushalte und Unternehmen müssen die sogenannte Erneuerbare-Energien-Umlage zahlen. Firmen bekommen Rabatte, wenn sie „stromintensive Unternehmen des produzierenden Gewerbes mit hohem Stromverbrauch oder Schienenbahnen" sind. Bis zu 99 Prozent der Umlage werden ihnen erlassen. Die internationale Wettbewerbsfähigkeit der Firmen solle durch die Ausnahmen erhalten bleiben ...
> Betroffen sind davon zum Beispiel Unternehmen, die Aluminium verarbeiten. Das ist sehr energieintensiv – und die Produkte werden weltweit gehandelt, ein deutscher Produzent muss die Preise der chinesischen Konkurrenten berücksichtigen.

M4 Firmen profitieren vom Ökostromrabatt.

1 a) *Benenne die in M1 dargestellten Energiequellen mithilfe des Textes.*
  b) 🗨? *Beschreibe die Entwicklung der Emission von Treibhausgasen in Deutschland (M2).*
  c) *Nenne das Ziel der deutschen Bundesregierung und erkläre, wie sie es erreichen will (M2, Text).*
2 *Begründe, warum die Nutzung erneuerbarer Energien dem Leitbild der Nachhaltigkeit entspricht.*
3 a) 👥 *Erklärt, wie mithilfe des EEG der Ausbau erneuerbarer Energien gefördert wird (Text).*
  b) 👥 *Beschreibt die Preisentwicklung der EEG-Umlage (M3).*
  c) 👥 *Fasst zusammen, wie sich die Höhe der monatlichen Stromrechnung eines durchschnittlichen Dreipersonenhaushalts entwickelt hat (M3).*
4 *Erkläre die Maßnahme, einige Unternehmen von der EEG-Umlage zu befreien (M4).*
5 *Beurteile, wer von der EEG-Umlage belastet wird und wer profitiert.*

Steuerung durch Vorgaben und Anreize

Die Zulage durch das Erneuerbare-Energien-Gesetz ist nur ein Beispiel einer Umweltsteuer, die der Staat erhebt. Es gibt aber noch weitere Abgaben, die unter dem Begriff umweltbezogene Steuern zusammengefasst werden. Die Grundidee dieser Umweltsteuern ist, dass für umweltschädliches Verhalten gezahlt werden muss, um einen gewissen Ausgleich zu erreichen. Es gilt das Verursacherprinzip mit dem Grundsatz: Wer viel Energie verbraucht bzw. die Umwelt besonders stark belastet, der zahlt auch dementsprechend viel. Die Verursacher sollen auf diese Weise dazu bewegt werden, ihr umweltschädigendes Handeln zu vermeiden oder zumindest zu reduzieren. Umweltsteuern leisten so einen Beitrag zum Schutz von Umwelt und Klima.

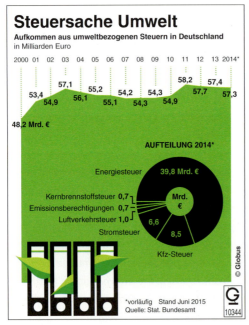

M1 Entwicklung der Umweltsteuern in Deutschland

Wirkung umweltbezogener Steuern

Der Einsatz umweltbezogener Steuern trägt wirksam dazu bei, die ökologischen Herausforderungen zu bewältigen, die sich zum Beispiel aus dem Energie- und Ressourcenverbrauch ergeben: Unternehmen und Haushalte werden über einen höheren Preis dazu angehalten, die Umweltkosten der betreffenden Produkte in ihre Produktions- und Kaufentscheidungen einzubeziehen. Darüber hinaus werden die Unternehmen motiviert, neue umweltfreundlichere Technologien zu entwickeln und haben dadurch die Möglichkeit, ihre internationale Wettbewerbsfähigkeit zu verbessern.

M2 Das Umweltbundesamt zur Wirkung umweltbezogener Steuern

Eine weitere Säule der Energiepolitik ist die Einsparung von Energie. Die umweltfreundlichste Energie ist schließlich die, die erst gar nicht produziert werden muss. Der Staat schafft Vorgaben, die die Bürger zwingen, sparsam mit Energie umzugehen. Für Neubauten gelten beispielsweise Wärmeschutzverordnungen durch die Dämmung von Wänden oder den Einbau von Wärmeschutzglas bei Fenstern. Hausbesitzer, die ihr Haus verkaufen oder vermieten wollen, müssen Interessenten den sogenannten Energieausweis vorlegen. Dieses Dokument weist den gemessenen Energieverbrauch des Hauses aus. Mieter und Käufer sollen abschätzen können, welche Energiekosten auf sie zukommen.

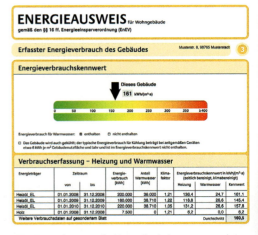

M3 Energieausweis (Ausschnitt)

194

Der Staat schafft auch Anreize, um Energie zu sparen. Und das Interesse daran ist hoch, denn ein geringerer Verbrauch bedeutet niedrigere Ausgaben. Doch Modernisierungsmaßnahmen wie die Anschaffung einer effizienteren Heizung oder einer nachträglichen Dämmung eines älteren Hauses sind sehr teuer. Der Staat unterstützt derartige Vorhaben durch Zuschüsse oder besonders günstige Kredite. Die deutsche Förderbank KfW (Kreditanstalt für Wiederaufbau) beispielsweise bietet ein breites Spektrum an Förderprogrammen zum energieeffizienten Bauen und Sanieren. Diese Programme richten sich gleichermaßen an Privateigentümer und Unternehmen.

Für Unternehmen gibt es darüber hinaus auch Kredite, mit denen sie ihre Produktionsanlagen und -abläufe energieeffizienter gestalten können, indem sie beispielsweise Maschinen, Pumpen oder auch Kommunikationstechniken anschaffen.

Umweltschutz schafft in vielen Wirtschaftsbereichen Arbeitsplätze und hat sich als stabile Wachstumsbranche entwickelt. Man spricht sogar vom „grünen Jobmotor".

KfW
Die KfW ist die weltweit größte nationale Förderbank. Von ihr können Privatpersonen, Unternehmen und öffentliche Einrichtungen Kredite erhalten. Die Bundesrepublik haftet für alle Kredite. Die Rechtsaufsicht hat das Bundesfinanzministerium.

M4 Die Bundesregierung fördert die nachträgliche Wärmedämmung von Gebäuden

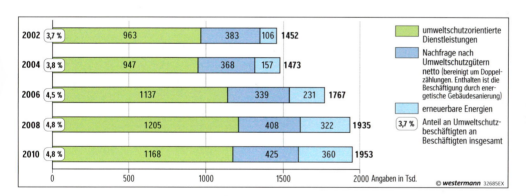

M5 Entwicklung der Zahl der Erwerbstätigen im Bereich Umweltschutz 2002–2010 (in Tausend)

1 a) Fasse die Grundidee von Umweltsteuern mit eigenen Worten zusammen (Text).
b) Beschreibe die Entwicklung der umweltbezogenen Steuern in Deutschland (M1).

2 Lies M2 und nimm Stellung zu der Aussage: „Die finanzielle Mehrbelastung durch Umweltsteuern führt weder bei Privatpersonen noch bei Unternehmen zum Umdenken."

3 a) Zählt auf, wie der Staat Energieeinsparungen erreichen will (Text, M3).
b) Diskutiert, ob die Pflicht zur Vorlage eines Energieausweises für Hausbesitzer einen Anreiz zur energetischen Sanierung älterer Gebäude darstellt.

4 a) Beschreibe das Werbeplakat zur Gebäudesanierung (M4).
b) Erkläre, wie in Deutschland Anreize zum Energiesparen geschaffen werden (Text, M4).
c) Informiert euch über aktuelle Förderprogramme der KfW und stellt sie vor.

5 Beurteile die Aussage: „Umweltschutz ist nicht nur ökologisch, sondern auch ökonomisch ein echter Gewinn." (Text, M5).

Verantwortung für die Umwelt

Haben wir Umweltsorgen?

M1 Karikatur von Klaus Stuttmann

M2 Bauschild einer energetischen Sanierung

Umweltbelastungen und deren Folgen sind ein fester Bestandteil der Medienberichterstattung. Die ständige Präsenz von Umweltthemen hat in Deutschland zu einem stärkeren Umweltbewusstsein und insgesamt auch zu einem verstärkten Engagement für Umweltschutz geführt.

Gleichzeitig ist die mediale Berichterstattung aber auch dafür verantwortlich, dass Menschen sehr verunsichert sind. Dies liegt sowohl an der Auswahl als auch an der Aufbereitung der Umweltthemen. Es dominieren Negativschlagzeilen und düstere Prognosen. Die globale Erwärmung beispielsweise wird gern als Klima*katastrophe* bezeichnet. Und egal wo auf der Welt eine Umweltkatastrophe passiert, die Menschen werden sofort informiert. Auch aufgedeckte Umweltskandale schaffen es immer in die Nachrichten.

Auf die Frage, wie sie die Umweltqualität bewerten, geben die Menschen sehr unterschiedliche Einschätzungen ab. Die Umweltqualität vor Ort wird grundsätzlich viel positiver eingeschätzt als in globaler Hinsicht.

	2004		2008		2012		2014	
	gut	schlecht	gut	schlecht	gut	schlecht	gut	schlecht
Gemeinde/Stadt	86	14	85	15	84	16	86	14
in Deutschland	82	18	64	36	69	31	73	27
weltweit	16	84	18	82	21	79	7	93

M3 Umfrage: „Wie schätzen Sie heute die Umweltqualität ein?"

1. a) Umweltthemen und Umweltprobleme sind in den Medien sehr stark präsent. Nenne drei Folgen dieser Medienpräsenz (Text).
   b) Verfolge im Hinblick auf Umweltthemen für eine Woche täglich stets dieselbe Nachrichtensendung eines Fernsehsenders oder die Berichterstattung derselben Zeitung. Analysiere die Art der Berichterstattung kritisch.
2. Werte die Angaben zur Umweltqualität aus, indem du die Werte von „Gemeinde/Stadt", „in Deutschland" und „weltweit" miteinander vergleichst (M3).
3. Leitet aus M1 und M2 Gründe ab, warum die Einschätzungen so unterschiedlich sind. Berücksichtigt auch die Aussagen des Textes.
4. Nimm Stellung zu der Frage: „Haben wir Umweltsorgen?"

Vor Ort nachhaltig handeln

Die 1992 auf dem Weltgipfel in Rio de Janeiro verabschiedete Agenda 21 hat alle Staaten in die Pflicht genommen, etwas für die nachhaltige Entwicklung zu tun. Als Reaktion auf diesen Auftrag haben viele Kommunen in Deutschland unter dem Leitsatz „Global denken – lokal handeln" eigene „Lokale-Agenda-21-Programme" entwickelt. Unter einer Lokalen Agenda 21 versteht man einen langfristig angelegten Aktionsplan, der konkrete Maßnahmen und Projekte zum Inhalt hat, die eine nachhaltige Entwicklung der jeweiligen Region anstreben. Sie legen ihren Schwerpunkt zwar meist auf ökologische Aspekte, umfassen aber auch den sozialen und wirtschaftlichen Bereich. Das Besondere ist, dass jede Lokale Agenda 21 anders ist. Alle Ideen, Konzepte und Maßnahmen sind auf die jeweiligen Situationen und Gegebenheiten vor Ort ausgerichtet und werden auch vor Ort selbst entwickelt.

Agenda 21
Ein Aktionsprogramm für das 21. Jahrhundert in Form eines Leitpapiers zur nachhaltigen Entwicklung, beschlossen von 172 Staaten auf der Konferenz für Umwelt und Entwicklung der Vereinten Nationen (UNCED) in Rio de Janeiro (1992)

> *Nachhaltige Entwicklung muss dort stattfinden, wo Menschen leben, wo sie einkaufen, wo Arbeitsplätze geschaffen, Schulen errichtet und Baugebiete geplant werden; in den Städten und Gemeinden also. Und somit waren Vision und Auftrag einer Lokalen Agenda 21 geboren.*

M4 Die Idee der Lokalen Agenda 21

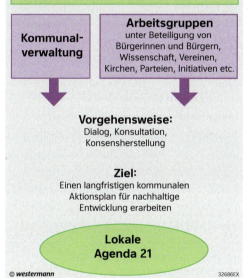

M5 Entstehungsprozess einer Lokalen Agenda 21

- Gezielte Entsiegelung von Verkehrsinseln und öffentlichen Plätzen
- Stärkere Förderung ökologischen Bauens und Sanierens
- Förderung von Mitfahrgelegenheiten, Fahrgemeinschaften, Carsharing
- Bei Sonderaktionen (an ausgewählten Tagen) Halbierung der Bus- und Straßenbahnpreise
- Autofreie Sonntage
- Verzicht auf Spritzmittel bei der Pflege von Sportanlagen
- Natur-AGs an Grundschulen
- Umsetzung des Wassersparkonzepts
- Errichtung einer Kinder- und Jugendfarm mit Tierhaltung

M6 Auswahl von Handlungsempfehlungen der Lokalen Agenda 21 der Stadt Mainz

---

5   a) Beschreibe, was Lokale-Agenda-21-Programme sind (Text).
    b) Erkläre die Entstehung einer Lokalen Agenda 21 (M4, M5).
    c) Ermittle für jede Handlungsempfehlung der Lokalen Agenda 21 der Stadt Mainz das dahinterstehende Ziel (M6).

6   Diskutiert, ob die breite Beteiligung bei der Entwicklung einer Lokalen Agenda eher förderlich oder eher hinderlich ist.

7   Erkundigt euch, ob es in eurer Gemeinde bzw. Stadt eine Lokale Agenda 21 gibt. Ladet einen Vertreter ein, der über seine Arbeit berichtet.

Nachhaltig handeln – bei der Abfallbeseitigung

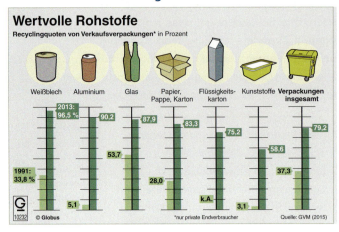

M1 Recyclingquoten in Deutschland 1991 und 2013

> **ⓘ Recycling**
>
> Das Wort kommt aus dem Englischen und bedeutet Rückführung. Benutzte Materialien werden wiederverwertet und wiederaufbereitet, um neue Produkte herzustellen. Recycling bezeichnet also die stoffliche Verwertung von Abfällen zur Schonung der knapper werdenden Rohstoffe.

Mülltrennung ist heutzutage eine Selbstverständlichkeit. Wir geben die Reste des Pausenbrots in die Biotonne, den Pizzakarton in die Papiertonne, die gelesene Zeitung zum Altpapier oder den leeren Saftkarton in den gelben Sack. Es ist kaum vorstellbar, dass es bis Mitte der 1980er-Jahre in deutschen Haushalten nur eine einzige Mülltonne für den gesamten Abfall gab. Nach der Abholung wurde er einfach auf eine Mülldeponie gekippt und mit Erde abgedeckt.

Die deutsche Abfallpolitik wurde seitdem ständig weiterentwickelt. Seit 2012 gilt das neue Kreislaufwirtschaftsgesetz. Dessen Ziel ist eine nachhaltige Verbesserung des Umwelt- und Klimaschutzes. Erreicht werden soll dies durch Abfallvermeidung, Stärkung des Recyclings und vor allem durch eine effizientere Nutzung von Rohstoffen. Deshalb lautet das Motto des Kreislaufwirtschaftsgesetzes: „Abfall nutzen – Ressourcen schonen".

Kreislaufwirtschaft → www

Seltene Metalle wie Gold, Silber, Platin oder die sogenannten seltenen Erden werden immer knapper und damit auf dem Weltmarkt immer teurer. Die Industrie benötigt diese aber im Hightech- und Elektronikbereich, um z. B. Handys, Motoren oder medizinische Geräte herzustellen. Um nicht allein von der Einfuhr dieser teuren Rohstoffe abhängig zu sein, versucht man, diese Metalle aus Elektroschrott zurückzugewinnen.

> *Die Kreislaufwirtschaft wird [durch das neue Abfallrecht] zu einem wichtigen Baustein für die konsequente Verbindung von Ökonomie und Ökologie. Die Zukunft gehört einer Wirtschaft, die Ressourcen nicht verschwendet, sondern intelligenter produziert – mit einer Ökonomie, die Abfall noch viel stärker als echten Wertstoff nutzt.*

M2 Aus einer Pressemitteilung des Bundesumweltministeriums (2011)

---

1 a) Nenne die übergeordneten Ziele der Kreislaufwirtschaft (Text).
   b) 👥 Recherchiert, wie die Mülltrennung in eurer Gemeinde organisiert ist.
   c) ❓ Beschreibe wie sich die Recyclingquoten der einzelnen Wertstoffe in Deutschland von 1991 bis 2013 entwickelt haben (M1)
   d) Begründe, warum das Motto des Kreislaufwirtschaftsgesetzes dem Prinzip der Nachhaltigkeit entspricht (Text, M1).

2 Erkläre, warum Abfall als Rohstoffquelle der Zukunft bezeichnet wird (Text, M2).

3 Erörtere, inwiefern Ökonomie und Ökologie in der deutschen Abfallpolitik miteinander verbunden sind (Text, M1, M2).

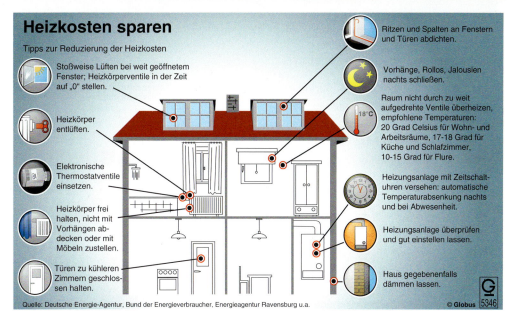

M3 Der richtige Umgang mit Heizenergie

Nachhaltig handeln – beim Energieverbrauch

Wir alle verbrauchen täglich Energie und alles wird nach verbrauchter Menge bezahlt. Somit müsste es im Interesse jedes Einzelnen liegen, Strom zu sparen, sparsam zu heizen, maßvoll mit Wasser umzugehen oder das Auto möglichst wenig zu nutzen. So wird die Umwelt geschützt und gleichzeitig der eigene Geldbeutel. Doch das im Alltag gezeigte Umweltverhalten der Menschen ist oft anders – und das, obwohl das Umweltbewusstsein in Deutschland insgesamt hoch ist. Sind also die Grundprinzipien einer nachhaltigen Entwicklung nur allgemein akzeptiert, solange sie nicht den eigenen Alltag betreffen?

> Ein Spielecomputer ... kann bei vier Stunden Betrieb am Tag 767 Kilowattstunden pro Jahr benötigen. Das ist vergleichbar mit dem Stromverbrauch von sieben modernen Kühlschränken! Oft laufen Computer und Drucker Tag und Nacht, obwohl sie nicht immer benötigt werden. Allein das gezielte Ausschalten spart etwa 40 Euro Strom im Jahr. Das Internet ist inzwischen zu einem Stromschlucker geworden. So verbraucht eine einzige Suchanfrage etwas vier Watt – so viel wie eine LED-Energiesparlampe in einer Stunde.

M4 Energieverbrauch von Computer und Internet

4 a) Zähle 15 Anlässe auf, bei denen du täglich Energie nutzt (Text, M3, M4).
b) Berichte, ob der Energieverbrauch bzw. das Energiesparen bei dir zu Hause ein Gesprächsthema ist/war. Wenn ja: Worum geht/ging es dabei?

5 a) Lest die in M3 aufgelisteten Möglichkeiten und beurteilt sie unter den zwei Gesichtspunkten „Umsetzbarkeit" und „Kostenfaktor".
b) Liste Verbesserungsmöglichkeiten im Umgang mit Heizenergie für euren Privathaushalt auf.

6 Vermutet, warum es immer noch viele Menschen gibt, die im Alltag verschwenderisch mit Energie umgehen.

7 Nimm Stellung zu der Aussage: „Umweltbewusstsein führt auch zu Umweltverhalten."

Nachhaltig handeln – beim Konsum

Für alle Waren, die wir im Supermarkt kaufen können, wurde bereits Energie verbraucht. Obst und Gemüse aus südlichen Ländern wurden in der Wachstumsphase über ein Bewässerungssystem mit Wasser und Nährstoffen versorgt. Die Pumpen, mit denen das Wasser zu den Pflanzen transportiert wurde, haben Strom verbraucht. Für die Herstellung oder Zubereitung anderer Waren haben die Produktionsmaschinen in den Unternehmen Strom benötigt. Die verpackten Waren wurden anschließend per Flugzeug, Schiff, Bahn oder Lkw zum Händler transportiert. Vielen Menschen ist dieser versteckte Energieverbrauch gar nicht bewusst, dennoch wirkt er sich auf die Klimabilanz aus.

Nachhaltig zu konsumieren bedeutet, bewusster, anders und gelegentlich auch weniger einzukaufen; oder sogar ganz auf den Kauf eines bestimmten Produkts zu verzichten. Jedes Jahr landen in deutschen Privathaushalten pro Kopf ungefähr 50 kg Lebensmittel einfach in der Mülltonne. Sehr oft werden noch genießbare Lebensmittel wegen kleinerer Mängel entsorgt, zum Beispiel weil ein Apfel eine Druckstelle hat, das Mindesthaltbarkeitsdatum kurz überschritten oder das Brot nicht mehr ganz frisch ist.

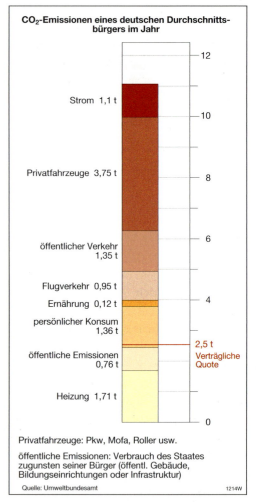

M1 Klimabilanz eines Durchschnittsdeutschen (umgerechnet in Tonnen CO_2)

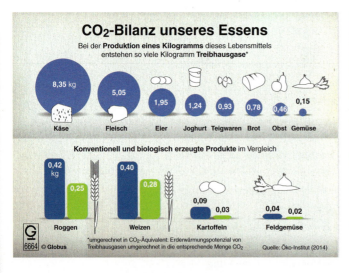

M2 Treibhausgasemissionen bei der Produktion von Lebensmitteln

M3 Hinweisschild zum Einkauf von Erdbeeren. Im Winter kommen die Erdbeeren auch oft aus Südafrika und damit aus einer Entfernung von 14 500 km. Für diese Strecke werden 4 800 ml Erdöl benötigt.

Umwelt und Wirtschaft im Widerstreit?

1. Einkaufsliste schreiben
So behaltet ihr den Überblick und müsst am Ende keine Lebensmittel wegwerfen, weil ihr zu viel eingekauft habt.

2. Tasche mitnehmen
Verzichtet auf Plastik- und Papiertüten und nehmt einen festen Stoffbeutel mit, den ihr wiederverwenden könnt.

3. Weniger, dafür besseres Fleisch kaufen
Ein Tier aufwachsen zu lassen, kostet viel Wasser und Energie. Lest die Angaben zur Haltung und Fütterung der Tiere auf den Verpackungen.

4. Auf Biosiegel achten
Wählt Produkte aus ökologischem Anbau, bei dem auf den Einsatz von synthetischen Pflanzenschutzmitteln und leicht löslichen mineralischen Düngemitteln verzichtet wird.

5. Saisonal und regional einkaufen
Achtet auf kurze Transportwege für die Produkte, denn diese bedeuten im Allgemeinen einen geringeren Energieverbrauch.

6. Mehrwegflaschen kaufen
Bevorzugt beim Getränkekauf energiesparende Mehrweg-PET-Flaschen. Lasst Einwegflaschen im Regal stehen.

M4 Tipps für einen nachhaltigen Einkauf von Lebensmitteln

Für immer mehr Verbraucher spielen Umweltschutz und Nachhaltigkeit bei ihren Kaufentscheidungen eine Rolle. Diese Verbraucher bestimmen so letztlich durch ihr Einkaufsverhalten auch über den wirtschaftlichen Erfolg oder Misserfolg von Unternehmen mit. Unternehmen sind deshalb gezwungen, sich auf die kritischen und aufgeklärten Verbraucher von heute einzustellen und ihre Geschäftstätigkeiten stärker auf ihre ökologische Verantwortung hin auszurichten.

Akteure	Prozent
Umweltverbände, z. B. durch Beeinflussung der öffentlichen Meinung	32,1
Verbraucher, z. B. durch Einkaufsverhalten	23,1
Wirtschaft, z. B. durch ressourcenschonende Produktion	21,8
Politik, z. B. durch Gesetzgebung	15,4

M5 Welchen Akteuren wird am ehesten zugetraut, den Klimawandel aufzuhalten (Umfrage 2012)

1 a) Nenne die drei Bereiche der Klimabilanz eines Durchschnittsdeutschen, die den größten CO_2-Ausstoß verursachen (M1).
b) Ordne die einzelnen Punkte von M1 den folgenden übergeordneten Lebensbereichen zu: (1) öffentlicher Konsum, (2) Wohnen, (3) Mobilität, (4) Ernährung, (5) persönlicher Konsum. Berechne anschließend den gesamten Co_2-Ausstoß dieser fünf Bereiche.
c) Erkläre den Begriff „versteckter Energieverbrauch" an einem Beispiel (Text).

2 a) Nenne die fünf Lebensmittel, bei deren Entstehung das meiste CO2 freigesetzt wird, und vergleiche deren Werte untereinander (M2).
b) Überprüfe mithilfe von M2 die Aussage: „Konventionell erzeugte Lebensmittel produzieren immer mindestens doppelt so viel CO2 wie Bioprodukte."
c) Formuliert mithilfe von M2 und M3 vier Grundsätze für einen klimafreundlichen Einkauf.

3 a) Begründe, inwiefern jeder Einkaufstipp der Idee der Nachhaltigkeit entspricht (Text, M4).
b) Bildet Gruppen zu den in Aufgabe 1b genannten Lebensbereichen und fertigt Plakate mit Tipps zum nachhaltigen Handeln an. Stellt diese in der Klasse vor.

4 Fasse den Inhalt von M5 in vier Sätzen zusammen.

5 Diskutiert, ob die Verbraucher im Vergleich zu den anderen Akteuren tatsächlich so viel Macht und Einfluss haben (M5).

Wie „grün" sind Unternehmen wirklich?

	Der Blaue Engel war das erste Umweltzeichen und kennzeichnet seit 1978 umweltverträgliche Produkte. Bei der Herstellung wird ressourcenschonend gearbeitet und schädliche Substanzen sollen vermieden werden.
	Das 2010 eingeführte Biosiegel der Europäischen Union ist für alle in Europa erzeugten Bioprodukte verpflichtend. Mindestens 95 Prozent aller Zutaten stammen aus ökologischem Anbau. Dies wird jährlich von einer unabhängigen Kontrollstelle überprüft.
	Die Euroblume ist ein europäisches Umweltsiegel. Die Produkte (z. B. Haushaltsgeräte, Elektrogeräte) sollen sich durch besondere Umweltverträglichkeit und geringe Gesundheitsbelastung auszeichnen.
	Das Fairtrade-Siegel kennzeichnet fair gehandelte Produkte. Die Arbeits- und Lebensbedingungen der produzierenden Kleinbauern in anderen Ländern sollen verbessert werden. Dies bedeutet: keine Kinderarbeit, keine Diskriminierung von Frauen und ein festgelegter Mindestpreis für die Rohstoffe.
	Das sog. FSC-Siegel soll eine nachhaltige Waldbewirtschaftung sicherstellen. Es soll nicht mehr Holz geschlagen werden als nachwächst, seltene Tiere sollen geschützt und auf gentechnisch veränderte Pflanzen soll verzichtet werden.
	Das MSC-Siegel kennzeichnet Produkte aus nachhaltiger Fischerei. Das bedeutet, dass die Bestände in einem guten Zustand sind und negative Auswirkungen der Fischerei auf das Meeresökosystem verringert werden.

M1 Anerkannte Umweltlabels und ihre Bedeutung

Bei der Suche nach umweltverträglichen und nachhaltigen Produkten orientieren sich Verbraucher an den sogenannten Umweltsiegeln, auch Umweltlabels genannt. Für „grüne Produkte" sind Verbraucher sogar mehrheitlich bereit, an der Kasse einen höheren Preis zu zahlen. Unternehmen haben diesen Trend erkannt und werben gezielt mit der Umweltverträglichkeit ihrer Produkte. So finden sich mittlerweile unzählige Siegel auf den Verpackungen. Für die Verbraucher ist es nicht leicht, zu beurteilen, welche davon vertrauenswürdig sind, denn unabhängige Kontrollen gibt es nicht immer. Teilweise bescheinigen sich die Unternehmen die Umweltverträglichkeit ihrer Produkte selbst und entwerfen eigene Siegel dafür.

In nahezu jedem Supermarktprospekt, jedem Werbespot, jedem Werbeplakat und auch auf den Homepages von Firmen wird mit grünen Aspekten geworben. Diese Form der Öffentlichkeitsarbeit soll dem Unternehmen ein umweltfreundliches Image geben und suggeriert, dass das Unternehmen insgesamt eine gute Umweltbilanz vorweisen kann. Doch nicht immer gibt es dafür hinreichende Grundlagen.

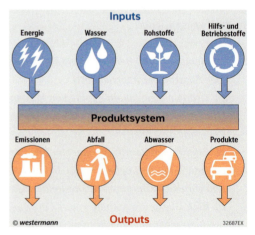

M2 Bestandteile einer Umweltbilanz

ⓘ Umweltbilanz

Sie umfasst sämtliche Umweltbelastungen eines Produktes, angefangen mit der Herstellung über den Gebrauch bis hin zur stofflichen Verwertung. Umweltbilanzen werden auch zur Bewertung von Unternehmensaktivitäten herangezogen.

Manchmal werden einzelne, umweltverträgliche Unternehmensaktivitäten überbetont, während nach wie vor wichtige Geschäftsfelder des Unternehmens für eine insgesamt schlechte Umweltbilanz sorgen. Man arbeitet mit Halbwahrheiten, erfindet und verwendet eigene Labels oder wirbt für seine Produkte mit gut klingenden, aber letztlich inhaltsleeren Aussagen. Versuchen Firmen, sich mit diesen Mitteln ein grünes Image zu geben, spricht man von Greenwashing. Während einige Menschen Greenwashing als eine mittlerweile gängige Vermarktungsstrategie ansehen, ist es für andere schlichtweg Betrug. Sicher ist jedenfalls, dass Greenwashing bei den Verbrauchern Misstrauen entstehen lässt. Handfeste Umweltskandale wie beispielsweise der VW-Abgasskandal sorgen dafür, dass der Glaube in umweltverantwortliches Handeln von Unternehmen weiter schwindet.

Greenwashing → www

> Die Strategie von Greenwashing ist, besser dazustehen, als man eigentlich dasteht. Man kann das in Deutschland besonders bei den großen Energiekonzernen sehen, die alle relativ wenig zur Energiewende beigetragen haben – aber so tun, als wenn sie diejenigen wären, die das Thema anführen.

> Die Bahn wendet einen Rechentrick an: Ungefähr ein Zehntel der Fahrleistung der Bahn ist im Fernverkehr. Wenn man jetzt aus dem Gesamtbilanzkreislauf den Ökostrom rausnimmt und nur auf den Fernverkehr umlegt, dann stimmt das – 70 bis 80 Prozent der Fernzüge fahren mit Ökostrom. Aber die Nahverkehrszüge, die den wesentlichen Verkehr der Bahn ausmachen, fahren komplett mit Kohlestrom – das ist natürlich Greenwashing!

> Ein Beispiel aus dem Supermarkt ist die Bioplastiktüte. Diese Tüte suggeriert, dass man einen Umweltnutzen hat. Aber die Versuche, dass diese tatsächlich verrottet, gibt's nur im Labor, die funktionieren in der Natur nicht. Und die Energie, die eingesetzt wird, um die Tüte zu produzieren, ist natürlich nicht recyclebar. Bioplastik ist Greenwashing, zumindest so, wie es heute praktiziert wird.

M3 Der Umweltjournalist Nick Reimer nennt Beispiele für Greenwashing.

1. a) Erkläre, welchen Zweck Umweltsiegel jeweils für die Verbraucher und für die Unternehmen erfüllen (Text, M1).
   b) Begründe, warum der Trend zu Umweltsiegeln nicht nur positive Folgen hat (Text).
   c) Sammelt Siegel, die ihr auf Verpackungen und in Prospekten findet und informiert euch über sie. Tragt eure Ergebnisse in der Klasse zusammen.
2. Erkläre, was man unter dem Begriff Umweltbilanz versteht. (Text, M2).
3. Ihr seid Unternehmer und wollte ein Produkt (einen Staubsauger, Fischstäbchen in Pappschachtel o. Ä.) mit einer möglichst guten Umweltbilanz herstellen. Sammelt Ideen, wie ihr den Produktionsprozess gestaltet könntet (M2).
4. Beschreibe die Mittel und Ziele von Greenwashing (Text, M3).
5. Nenne Beispiele für Greenwashing und erläutere sie kurz (M3).
6. Der Umweltjournalist Nick Reimer bezichtigt Energiekonzerne, Greenwashing zu betreiben. Recherchiert nach Belegen für seine Behauptung.
7. Nimm Stellung zu der Aussage: „Greenwashing ist kein Betrug, sondern eine normale Strategie, um im Konkurrenzkampf bestehen zu können."

Wir entwickeln eine Schulagenda

Um umweltpolitisch aktiv zu werden und einen Beitrag zur nachhaltigen Entwicklung zu leisten, kann jede Schule selbst eine Agenda mit Handlungsempfehlungen entwerfen. Tragt eure Ideen der Schülervertretung, dem Hausmeister, dem Schulvorstand, dem Schulträger oder Fachleuten vor. Umweltschutzideen finden leicht Unterstützer. Für Schulen gibt es im Rahmen des Projekts „Umweltschule" überdies die Möglichkeit, die Auszeichnung „Umweltschule in Europa" zu erlangen.
So geht ihr vor:

M1 Logo Umweltschule in Europa

Schritt 1 •

Beobachtungen sammeln

Bestimmt sind euch an eurer Schule oder auf dem Schulgelände im Alltag schon Dinge aufgefallen, die im Sinn einer nachhaltigen Entwicklung verbessert werden können: Klassenräume, in denen stets zu hohe Temperaturen herrschen, hell erleuchtete Räume, in denen sich niemand aufhält, oder der komplett versiegelte Schulhof. Erkundet das Gebäude und das Schulgelände. Notiert alle eure Beobachtungen.

M2 Schülerinnen und Schüler suchen in ihrer Schule nach Missständen.

Schritt 2 ••

Beobachtungen in Themenfelder einteilen

Ordnet eure Beobachtungen verschiedenen Themenbereichen wie beispielsweise Energie, Müll, Verkehr oder Schulhof zu. Sucht euch zunächst zwei oder drei Themen aus, zu denen ihr Arbeitsgruppen bildet und die ihr in eure Agenda aufnehmen wollt.

Schritt 3 •••

Agenda erstellen

→ Formuliert die aufgelisteten Missstände oder Mängel in positive Ziele um.
→ Ergänzt in eurer Agenda anschließend weitere Ideen.

> *Unabhängig von ihrer Ausgangssituation und ihrer Schulform können alle Schulen die begehrte Auszeichnung ... erhalten, wenn sie innerhalb der zweijährigen Projektzeit ein selbst entwickeltes Konzept zur Verbesserung ihrer Umweltverträglichkeit erfolgreich umsetzen konnten ... Eine Vielzahl von Themen und Inhalten eignen sich dafür, im „Umweltschule"-Projekt bearbeitet zu werden:*
> *– Abfall, Recycling, Vermeiden und Vermindern von Müll,*
> *– sparsamer Umgang mit Energie, alternative Energienutzung,*
> *– Artenvielfalt auf dem Schulgelände oder im regionalen Umfeld,*
> *– sparsamer Umgang mit Wasser, Wasser als kostbares Gut.*

M3 Das Projekt „Umweltschule in Europa"

Missstände
- Viele Räume werden überheizt.
- Die Schüler verursachen zu viel Müll.
- Das Wasser an den Waschbecken läuft oft unnötig, weil einige Schüler den Wasserhahn nicht abdrehen.
- Im Umfeld der Schule liegt sehr viel Müll herum.

Unsere Ziele
- Wir wollen sinnvoller heizen.
- Wir wollen den Müllberg verkleinern.
- Wir wollen sparsamer mit Wasser umgehen.
- Wir wollen ein sauberes Schulumfeld.

Schritt 4 ●●●●

Maßnahmen planen

Mithilfe eurer formulierten Ziele könnt ihr nun Maßnahmen zur Lösung der bestehenden Probleme entwickeln. Recherchiert dazu im Internet. Viele Schulen engagieren sich bereits in diesem Bereich und haben konkrete Handlungsprogramme entwickelt.

Einige Vorschläge werden sich ganz einfach umsetzen lassen, wie beispielsweise das Einrichten von Energiesparteams oder das Anbringen von Hinweisschildern, die daran erinnern, beim Verlassen des Raumes das Licht auszuschalten. Aufwendigere Vorhaben brauchen mehr Zeit und verlangen mehr Vorbereitung.

> www.umweltschulen.de
> www.foerderverein-umweltschule.de
> www.greenpeace.de
> www.wwf.de
> www.bund.net
> www.nabu.de

M4 Hilfreiche Internetseiten zum Thema

Schritt 5 ●●●●●

Maßnahmen umsetzen

Legt namentlich fest, wer für die Ausführung der einzelnen Maßnahmen verantwortlich ist und bis wann sie umgesetzt sein sollen. Verbindliche Absprachen sind notwendig, damit die Umsetzung der Agenda an eurer Schule ein Erfolg wird.

Richtig lüften, gesund wohnen

- Richtiges Lüften vermeidet Feuchtigkeitsschäden in Wohnräumen
- Falls Fenster auf der Innenseite anlaufen, sofort kräftig lüften
- Auch in wenig benutzten Räumen die Radiatoren nicht abstellen
- Intensiv lüften nach jedem Duschen, Baden oder Kochen mit geschlossener Türe
- Luftzirkulation von Heizkörpern nicht behindern
- Keine Wäsche in der Wohnung trocknen
- Möbel nicht an Aussenwände stellen

Stosslüftung
Korrektes, effizientes Lüften
Zeit: 5–10 Minuten
3-mal täglich

Querlüftung
Korrektes, effizientes Lüften
Zeit: 5–10 Minuten
3-mal täglich

Dauerlüftung
Geringe Wirkung (Fenster in Kippstellung)
Sehr hoher Energieverlust
Schimmelbildung an der Decke möglich
3-mal täglich

M5 So könnte ein Plakat für den Klassenraum aussehen.

M6 Angeschaffte Behälter zur Mülltrennung

Beispiele für Maßnahmen:	verantwortlich	kurzfristig umsetzbar	langfristig umsetzbar
1) Anschaffung von Behältern zur Mülltrennung	Lara		X
2) Bildung von Energiesparteams in allen Klassen	Tim	X	
3) Gestaltung von „Richtig-lüften"-Plakaten für alle Klassen	Deniz	X	
4) Ausstellung „umweltfreundliche Schultasche" organisieren	Eda		X
5) Umstellung auf energiesparende Leuchtmittel im Gebäude	Marie		X

205

Umwelt und Wirtschaft im Widerstreit?

1 Begriffspuzzle

① Als magisches Viereck

② Energiewende

③ Ökonomie

④ Nachhaltigkeit

⑤ Ökologie

⑥ Nichtregierungsorganisationen

⑦ Agenda

⑧ Konsum

⑨ Greenwashing

ⓐ ... bedeutet „was zu tun ist". Der Begriff bezeichnet eine Liste von Gesprächs- und Verhandlungspunkten oder Maßnahmen, die zu erledigen sind.

ⓑ ... bezeichnet den Wechsel hin zur stärkeren Nutzung erneuerbarer Energien bei gleichzeitiger Abkehr von fossilen Energieträgern.

ⓒ ... meint den Ge- und Verbrauch von Nahrungsmitteln oder Waren.

ⓓ d ... ist die abwertende Bezeichnung für den Versuch von Firmen oder Institutionen, sich umweltbewusster darzustellen, als sie tatsächlich sind.

ⓔ ... ist die Wissenschaft von den Wechselbeziehungen zwischen den Lebewesen und ihrer Umwelt. Gleichzeitig bezeichnet der Ausdruck den ungestörten Haushalt der Natur.

ⓕ ... bezeichnet man die vier Hauptziele der staatlichen Wirtschaftspolitik.

ⓗ ... ist der Fachbegriff für Wirtschaftsgeschehen und bezeichnet alle Einrichtungen und Handlungen, die der planvollen Befriedigung der Bedürfnisse dienen.

ⓖ ... gilt als Leitbild für eine zukunftsfähige Entwicklung. Diese befriedigt die Bedürfnisse der heutigen Generation, ohne zu riskieren, dass künftige Generationen ihre Bedürfnisse nicht befriedigen können.

ⓘ ... sind von staatlichen Stellen unabhängige Gruppen und Verbände, die gemeinsame Interessen vertreten, ohne dabei geschäftliche Ziele zu verfolgen.

2 Richtig oder falsch?

Notiere in deinem Arbeitsheft, welche der Aussagen richtig (r) und welche falsch (f) sind. Korrigiere die falschen Aussagen.

Aussage	r/f
1. Das magische Viereck ist seit dem Zustandekommen im Jahr 1967 unverändert geblieben.	
2. Die vier Ziele des magischen Vierecks sind hoher Beschäftigungsstand, außenwirtschaftliches Gleichgewicht, Wirtschaftswachstum und Preisstabilität.	
3. Der Begriff Wirtschaftspolitik umfasst sämtliche Maßnahmen der Unternehmen, um das Wirtschaftsleben in ihrem Sinn zu steuern und zu ordnen.	
4. Der Bundeskanzler bzw. die Bundeskanzlerin hat in Deutschland die Richtlinienkompetenz und gibt dadurch die Richtung der Regierungspolitik verbindlich vor.	
5. In Ausnahmefällen dürfen sich die Fachministerien den Richtlinien widersetzen.	

3 Karikaturen auswerten

Wähle eine der beiden Karikaturen und werte sie aus.

M1 Karikatur von Horst Haitzinger

M2 Karikatur von Gerhard Mester

4 Aktiv werden für die Umwelt

Du bist über ein Wochenende bei Familie Verschwendung zu Besuch und beobachtest verschiedene Verhaltensweisen (Bilder A bis D), die dich den Kopf schütteln lassen.

Notiere, was du den einzelnen Personen sagen würdest.

Grundbegriffe:

Emission
Energiewende
erneuerbare Energien
fossile Brennstoffe
globale Erderwärmung
Greenwashing
Konsum
Kreislaufwirtschaft
Lokale Agenda 21
magisches Viereck
Nachhaltigkeit
Nichtregierungs-
organisationen (NGOs)
Ökologie
Ökonomie
Recycling
Ressourcen
Umweltbewusstsein
Umweltbilanz
Umweltlabel

Internationale Sicherheit

Internationale Sicherheit

M2 Kämpfer des sogenannten Islamischen Staates marschieren durch Raqqa in Syrien (2014)

M3 Bundeswehrsoldaten sind im Auftrag der ISAF (Internationale Sicherheitsunterstützungstruppe Afghanistan) unterwegs (2007).

→ Was bedeutet „Krieg" heute?
→ Wo liegen Ursachen für bewaffnete Konflikte?
→ Welche Konflikte bedrohen den Frieden?
→ Wie soll Sicherheit weltweit gewährleistet werden?
→ Welche Akteure gibt es in der weltweiten Sicherheitspolitik?
→ Welche Rolle spielt die Bundeswehr?

M1 „Non Violence" – die Plastik des Künstlers Carl Frederick Reuterswaerd vor dem UN-Gebäude in New York ist ein Geschenk Luxemburgs an die Vereinten Nationen.

M1 Afghanische Sicherheitskräfte sichern das Parlament nach einem Anschlag der Taliban (2015).

Kriege und gewaltsame Konflikte heute

Neue Gesichter des Krieges

Kriege haben im 21. Jahrhundert kein einheitliches Gesicht mehr. Die meisten Kriege werden nicht mehr zwischen Staaten geführt. An deren Stelle treten andere Kriegsparteien. Das Gewaltgeschehen spielt sich mehr und mehr im Inneren der Staaten ab. Dort kämpfen Widerstandsgruppen gegen den Staat oder gegen andere Gruppen. Die Konfliktparteien werden häufig von außen unterstützt.

Diese Konflikte werden als Neue Kriege bezeichnet. Es gibt keine klaren Fronten mehr, an denen gekämpft wird. Heute wird der Krieg überall hingetragen. Autobomben, Anschläge, plötzliche Überfälle, Entführungen prägen das Bild der Neuen Kriege.

Vom Kriegsgeschehen zunehmend betroffen ist die Zivilbevölkerung, die häufig der Gewalt schutzlos ausgeliefert ist.

Neue Kriege
Da seit den 1990er-Jahren in verstärktem Maß Kriege ausgetragen wurden, die nicht der üblichen Definition von „Krieg" entsprechen, bezeichnet man diese als Neue Kriege.

Neue Kriege → www

ⓘ Krieg

Ein Krieg ist eine gewaltsame Auseinandersetzung zwischen verschiedenen Staaten. Wenn es sich um einen Krieg zwischen sozialen Gruppen der Bevölkerung innerhalb eines Staates handelt, nennt man das „Bürgerkrieg". In Kriegen gibt es immer viele Verletzte und Tote sowie große Zerstörungen.

> Was aber ist neu an den „Neuen Kriegen"? Münkler macht zwei wesentliche Unterscheidungsmerkmale gegenüber herkömmlichen Konflikten aus. Erstens ist zumindest einer der Hauptakteure kein Staat, sondern ein privater Gewaltunternehmer („Warlord"). Dessen Kriegsziele sind gewöhnlich rein privatwirtschaftlicher Art ...
> Als zweites Charakteristikum der Neuen Kriege benennt der Autor ihre Finanzierung. Der Nachschub von Finanzmitteln und Kriegsmaterial wird durch den Zugang der Gewaltunternehmer zum Weltmarkt sichergestellt. Durch die Vergabe von Schürf- und Bohrrechten in ihrem Machtbereich, mittels illegaler Drogen- und Waffengeschäfte oder auch durch Menschenhandel können die (Kriege) am Laufen gehalten werden ... Das Fehlen eines politischen Ziels und die globalisierte Finanzierung sorgen dafür, dass Neue Kriege sich verstetigen und endlos andauern.

M2 Ein Journalist über ein Buch des Wissenschaftlers Herfried Münkler (2003)

1 *Beschreibe die neuen Gesichter des Krieges (Text, M1, M2).*
2 *Unterscheide zwischen „alten" und „neuen" Kriegen.*
3 *Nenne die Kennzeichen der Neuen Kriege (Text, M2).*

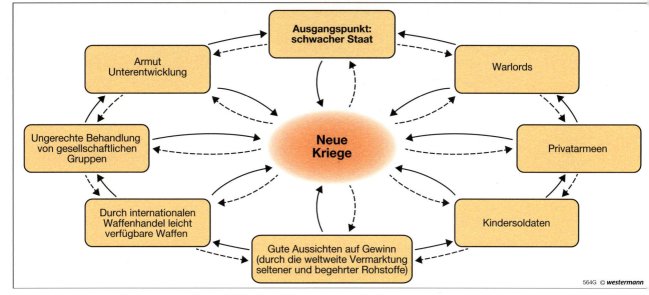

M3 Kennzeichen der Neuen Kriege

Ob die Bezeichnung dieser Kriegsform als „neu" gerechtfertigt ist, war von Beginn an umstritten. Kritiker ... wiesen zu Recht darauf hin, dass die genannten Merkmale und Eigenschaften letztlich gar nicht neu seien ...

Unbestritten sind jedoch zwei Trends: Erstens werden innerstaatliche Kriege immer öfter <u>asymmetrisch</u> geführt. Rebellen stellen sich dem staatlichen Militär nicht offen und vermeiden größere Schlachten. Sie verwenden klassische Guerillataktiken, schlagen aus dem Hinterhalt zu und verstecken sich danach in der Zivilbevölkerung. Vielfach setzen sie auch terroristische Taktiken wie Bombenanschläge ein.

Zweitens hat sich die Finanzierungsstruktur bewaffneter Gruppen geändert. Konnten diese während des Ost-West-Konflikts darauf hoffen, durch einen der beiden Blöcke Unterstützung zu erhalten, sind sie heute darauf angewiesen, die Mittel zur Fortsetzung ihres Kampfes selbst zu erwirtschaften. Dies tun sie zumeist durch den Handel mit Konfliktgütern: Diamanten, Drogen, Öl, Edelhölzer, Mineralien usw. Der liberianische Warlord Charles Taylor nahm z. B. zwischen 1990 und 1994 jährlich rund 450 Mio. US-$ aus dem Verkauf von Diamanten und anderen Rohstoffen ein, während die liberianische Regierung in diesem Zeitraum nur über ein Jahresbudget von rund 20 Mio. US-$ verfügte. Diesen Aspekt sollte man jedoch nicht überinterpretieren – bloß weil sich alle Konfliktakteure irgendwie finanzieren müssen, bedeutet das nicht, dass sie allein aus wirtschaftlichen Motiven kämpfen.

Asymmetrie bezeichnet eine Entwicklung hin zu einer Ungleichheit, Ungleichmäßigkeit.

M5 Rebellen in Darfur im Sudan

M4 Der Politikwissenschaftler Daniel Lambach über „Neue Kriege" (2014)

4 Wertet M2 und M4 nach folgenden Gesichtspunkten aus: Beteiligte, Finanzierung, Waffen, militärische Taktik, Leidtragende der Konflikte.

5 Recherchiere heutige „Neue Kriege" mithilfe der genannten Kriterien.

6 Vergleiche heute geführte Kriege mit dem Zweiten Weltkrieg und beurteile, inwieweit die Bezeichnung „Neue Kriege" zutreffend ist.

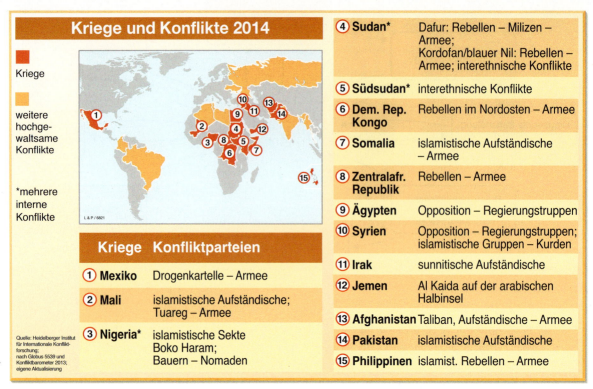

M1 Kriege und Konflikte 2014

Konfliktursachen

Weltweit gibt es eine Vielzahl von Kriegen und Konflikten. Bei den meisten Konflikten handelt es sich um Bürgerkriege. Diese Auseinandersetzungen haben häufig religiöse Gründe, oder sie werden zwischen verschiedenen Volksgruppen geführt, die sich um die Macht in einem Staat streiten. Von Bürgerkriegen sind vor allem Staaten in Asien und Afrika betroffen. In Staaten wie z. B. Somalia gibt es praktisch keine funktionierende staatliche Einrichtung mehr. Heftiger Streit entbrennt in Afrika auch wegen der Kontrolle über wertvolle Rohstoffgebiete. Vielfach findet eine Politik statt, die den Zusammenhalt in der Gesellschaft zerstört, z. B. wenn Regierungsmitglieder sich auf Kosten der Allgemeinheit bereichern. Je ärmer ein Land und je größer die Wohlstandsunterschiede, desto eher kann ein Bürgerkrieg ausbrechen.

Armut führt oft zu Wanderungsbewegungen (Migration) in andere Regionen, Staaten oder in Städte. Das verschärft dort die Konflikte um Wasser, Ackerland oder Rohstoffe.

Politische Ideen und religiöse Überzeugungen lösen oft einen Fanatismus aus, die eigenen Vorstellungen gewaltsam auszubreiten. Beispiel dafür sind der sogenannte Islamische Staat oder die Taliban in Afghanistan.

In einigen Staaten haben sich Herrschaftsgruppen gebildet, die nur eigene politische und wirtschaftliche Interessen verfolgen. Sie versuchen, ihre Machtposition zu sichern, indem sie durch außenpolitische Konflikte von innerstaatlichen Problemen ablenken.

Islamischer Staat Eine terroristische Organisation mit zehntausenden Mitgliedern, die das Ziel hat, den Kalifat (Gottesstaat) im Nahen Osten zu errichten

Konflikte weltweit → www

1. Liste die weltweiten Kriege und Konflikte (M1) nach Kontinenten auf.
2. Fertige eine Grafik an, die die Konfliktursachen anschaulich darstellt.
3. Ordnet die Konflikte in M1 den Bereichen religiös, politisch, wirtschaftlich motiviert oder Sonstiges zu. Begründet eure Entscheidungen.
4. Wähle einen Konflikt aus M1 aus und beschaffe dir nähere Informationen dazu. Analysiere den Konflikt nach der Anleitung aus S. 213. Präsentiere deine Ergebnisse.

Einen gewaltsamen Konflikt analysieren

Viele Menschen sind daran interessiert, dass die Welt friedlicher wird. Dann muss man sich ein Bild machen, warum es zu gewaltsamen Konflikten kommt und worum es bei Konflikten in der Welt geht. Konflikte müssen genau untersucht und analysiert werden.
So gehst du vor:

Schritt 1 ●
Vorbereitung
→ Lege dich auf einen gewaltsamen Konflikt fest.
→ Beschaffe dir Informationen zu diesem Konflikt (z. B. Fachbücher, Internet).

Schritt 2 ●●
Durchführung
Stelle fest, welches die **Konfliktparteien** sind.
Zum Beispiel:
→ Stehen sich Staaten in diesem Konflikt gegenüber, oder handelt es sich um einen Konflikt innerhalb eines Staates?
→ Welche unterschiedlichen Gruppen sind beteiligt?
→ Bedrohen oder terrorisieren Aufständische die Bevölkerung oder Teile der Bevölkerung?

Erläutere die **Ziele der Konfliktparteien**.
Zum Beispiel:
→ Was sind die Ursachen und der Anlass des Konflikts?
→ Worin besteht der Konflikt?
→ Was wollen die Konfliktparteien erreichen und welche Interessen stoßen aufeinander?

Benenne die eingesetzten **militärischen Mittel**.
Zum Beispiel:
→ Handelt es sich um einen Militäreinsatz mit schweren Waffen (Heer, Luftwaffe, Marine)?
→ Sind Milizen mit leichten Waffen beteiligt?

→ Werden terroristische Anschläge verübt?
→ Ziehen raubende, plündernde, mordende Söldnertruppen durchs Land?
→ Welche Schäden wurden verursacht? Wie viele Opfer gab es?

Beschreibe die **Reaktion der Weltöffentlichkeit**.
→ Sind andere Staaten oder Bündnisse direkt oder indirekt beteiligt und welche Interessen haben sie?
→ Wie reagieren die Medien? Wie reagieren die Weltmächte/Bündnisse?

Schritt 3 ●●●
Auswertung
Erläutere **Lösungsmöglichkeiten**.
Zum Beispiel:
→ Welche Kompromisse sind möglich?
→ Müssen internationale Organisationen helfen?
→ Welche friedenssichernden Maßnahmen müssen ergriffen werden?

M2 Ein Bewaffneter durchstreift ein Nahrungsmittelausgabezentrum des UN-Welternährungsprogramms in Somalia (2006).

Terrorismus
von lat. terror = Furcht, Schrecken); darunter versteht man Gewalt und Gewaltaktionen zur Durchsetzung von politischen Veränderungen. Ein Mittel ist das ungezielte Töten unschuldiger Menschen mit der Absicht, Angst zu verbreiten. Dabei nehmen Terroristen u. U. keine Rücksicht auf ihr eigenes Leben.

Terrorismus → www

M1 Anschlag mit Passagierflugzeugen auf das World Trade Center in New York (11. Sept. 2001)

Terrorismus – Gefahr für den Frieden

Am 11. September 2001 steuerten Terroristen zwei voll besetzte entführte Verkehrsflugzeuge in die Türme des Wolkenkratzers World Trade Center in New York. In den über hundert Stockwerken hielten sich zu diesem Zeitpunkt Tausende von Menschen auf. Die beiden „Twin Towers" stürzten ein. Mehr als 3000 Menschen fanden den Tod. Der Anschlag war lange geplant. Verantwortlich waren religiös motivierte islamistische Extremisten, die zu der Terrorgruppe al-Qaida gehörten. Dieses Terrornetzwerk entstand Ende der 1980er-Jahre und bedroht seitdem Menschen und Staaten vor allem aus der westlichen Welt.

„Nichts wird mehr sein, wie es war." Diese spontane Reaktion auf die Anschläge vom 11. September 2001 ging um die Welt … Bereits einen Tag nach den Anschlägen verabschiedete der UN-Sicherheitsrat eine Resolution, in der diese als eine „Bedrohung des Weltfriedens" verurteilt wurden. Die NATO beschloss am 4. Oktober zum ersten Mal in ihrer Geschichte den Bündnisfall. Auch die damalige US-Regierung unter Präsident George W. Bush reagierte auf die Anschläge umgehend …: Die erste militärische Maßnahme war die Operation „Enduring Freedom". Zu dieser gehörte der Einmarsch der NATO-Truppen in Afghanistan … Knapp zwei Jahre nach Beginn des Afghanistan-Einsatzes marschierten US-Streitkräfte und deren Verbündete im März 2003 ohne UN-Mandat in den Irak ein. Die Invasion löste weltweit eine Diskussion über die Rechtmäßigkeit und Notwendigkeit des präventiv geführten „Kriegs gegen den Terror" im Irak aus.

M3 Aus einer Veröffentlichung der Bundeszentrale für politische Bildung (2012)

M2 Karikatur von Martin Erl (2002)

1 Beschreibe M1.
2 Erkläre, warum der 11. September 2001 die Welt veränderte (Text, M3).
3 Beschreibe die Karikatur M2 und erläutere ihre Aussage.

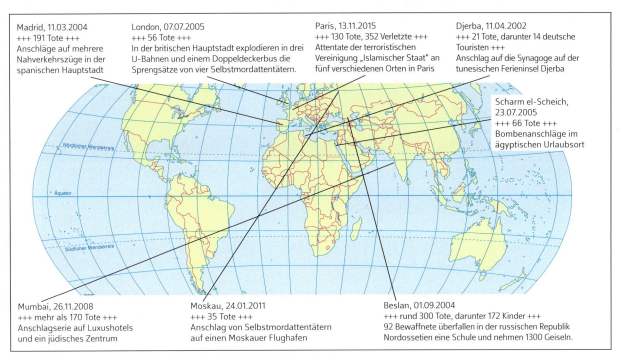

M4 Terroristische Anschläge weltweit seit 2002 (Auswahl)

Terror bedroht die Sicherheit weltweit

In Deutschland sind nach den Anschlägen vom 11. September 2001 mehrere Antiterrorgesetze verabschiedet worden. So wurden die Sicherheitsüberprüfungen im Luftverkehr verschärft, Ausweispapiere verbessert und Befugnisse der Sicherheitsbehörden erweitert. Die neuen Gesetze schränkten die persönliche Freiheit der Bürger ein.

M5 Osama bin Laden, Führer der al-Qaida, in einer Videobotschaft (2001)

> Terroristen versuchen, selbstdefinierte höhere Ziele mit Gewalt durchzusetzen. Die Taten sind systematisch geplant, und sie werden von außerstaatlichen Gruppen begangen. Diese sind, gemessen an der Stärke des Staates, schwach, sodass sie keine offene Konfrontation mit ihm suchen können. Terroristische Gewalt ist eine Provokation der Macht: Sie soll den Staat zu einer Überreaktion verleiten. Sie kommt unerwartet und richtet sich gegen Unbeteiligte. Nicht so sehr ein Anschlag selbst, sondern seine vermeintliche Willkür und Brutalität erzeugen ein Klima der Furcht. „Es kann jeden von euch jederzeit und überall treffen", lautet die Botschaft der Terroristen.

M6 Terroristische Gewalt (Bericht in den Tagesthemen vom 18. Juni 2004)

4 Beschreibe die Ziele der Terroristen mithilfe von M4.

5 Erläutert mithilfe von M6 die Strategie der Terroristen.

6 Informiere dich über die Antiterrorgesetze in Deutschland und erläutere sie. Bewerte die Maßnahmen.

7 Recherchiere über die Terrororganisation al-Qaida. Berichtet der Klasse.

M1 Diamantenabbau in Sierra Leone

M3 Krisenregionen in Afrika

Konfliktpotenziale in Afrika

Schon in der Kolonialzeit war Afrika Rohstofflieferant für die Kolonialmächte. Die Lagerstätten großer Teile der bekannten Weltvorkommen wichtiger Rohstoffe liegen in Afrika. Die Industrienationen benötigen immer mehr Rohstoffe, der Kampf darum wird härter.

Zahlreiche der jährlich rund 200 gewaltsamen Konflikte werden in Afrika ausgetragen. Dabei geht es um politische Macht, aber auch um den Zugriff auf Rohstoffe, darunter Erdöl, Diamanten, Gold, Kupfer, Coltan, oder auf fruchtbares Land.

Coltan
Coltanerz enthält u. a. Tantal. Dieses Metall ist sehr temperaturbeständig und widerstandsfähig. Deshalb wird es in der Industrie vielfältig verwendet.

Konflikte in Afrika → www

Von 1991 bis 2002 wurde in Sierra Leone ein grausamer Bürgerkrieg ausgetragen. Sowohl die Rebellenbewegung ... wie auch die Regierung finanzierten ihre Waffen und Truppen durch den Handel mit Diamanten ... Während der Kämpfe kamen mindestens 20 000 Menschen zu Tode, Tausende wurden grausam verstümmelt ...
Alle Kriegsparteien waren für ihren Waffennachschub auf Geldmittel angewiesen. Die internationalen Abnehmer (der Diamanten) sicherten diese Finanzierung, indem sie den Kriegsparteien den Zugang zu globalen Märkten öffneten. Im Gegenzug profitierten die internationalen Konzerne von den günstigen Preisen für die begehrten Rohdiamanten.

M2 Informationen der Hilfsorganisation medico international (2012)

An steilen Hängen und in Erdlöchern wühlen (Menschen in Afrika) mit stumpfen Hacken und bloßen Händen nach dem Mineral, das Tantal enthält, ein seltenes Metall, das für den Bau winziger Kondensatoren in Mobiltelefonen verwendet wird ... Händler (bezahlen) gutes Geld für jeden Sack Coltan, den die Arbeiter unter großen Mühen aus dem Boden Afrikas holen. Viele dieser Minen befinden sich im Osten des Kongo und werden von Rebellen kontrolliert, die in der Ausbeutung dieser Schätze eine ihrer wichtigsten Einnahmequellen gefunden haben. Sie finanzieren damit neue Waffen, um ihre Terrorherrschaft zu stützen und weiter auszubauen.

M4 Aus einem Artikel in „Bild der Wissenschaft" (2010)

1 Beschreibe den Diamantenabbau in Sierra Leone (M1).
2 Erkläre den Zusammenhang zwischen Diamantenabbau und Bürgerkriegen (M1, M2, M3).
3 „Rohstoffe sind sowohl Ziele als auch Hilfsmittel der Kriegsführung in Afrika." – Erläutert diese Aussage (M2, M3, M4).
4 Erstellt einen Steckbrief der drei wichtigsten Rohstoff exportierenden Länder Afrikas (Atlas).

M5 Ehemalige Kindersoldaten in einem Wiedereingliederungszentrum in Burundi (2004)

M6 Kinder in Konflikten

Kinder als Soldaten

Weltweit werden Schätzungen zufolge ungefähr 250 000 Kinder als Soldaten eingesetzt. In Kriegs- und Konfliktgebieten erleben die Kinder Gewalt und Zerstörung in ihrer Umgebung. Viele wachsen in extrem ärmlichen Verhältnissen auf. Manche dieser Kinder schließen sich den Kampftruppen freiwillig an. Sie hoffen auf Sicherheit und Versorgung. Diese Kinder sind völlig verzweifelt und hoffnungslos, z. B. weil sie Waisen sind.

Etwa die Hälfte der Kindersoldaten wird zwangsrekrutiert. Diese Kinder werden entführt und dann zum Töten gezwungen. Viele der Kinder werden im Kampf getötet, andere verlieren Arme und Beine. Wer unverletzt überlebt, hat noch Jahre danach Angstträume. Hilfsorganisationen wie UNICEF versuchen, ehemalige Kindersoldaten nach Hause zurückzubringen und ihnen einen neuen Anfang zu ermöglichen.

Um auf das Elend der Kindersoldaten hinzuweisen, findet jährlich der Internationale Tag gegen den Einsatz von Kindersoldaten statt. Mit roter Fingerfarbe setzen Kinder ihre Handabdrücke auf Papier. Die vielen roten Hände sollen Gesellschaft und Politik auffordern: „Stopp! Kein Einsatz von Kindern als Soldaten!".

> Mit 15 Jahren musste Kindersoldat Sylvère (in Burundi) zum ersten Mal morden. Mit Drogen und Gehirnwäsche wurde er zum Killer geformt ...
> „Töte ihn, oder wir töten dich, sagten meine Männer. Sie hielten Kalaschnikows im Anschlag. Da habe ich zugestochen", berichtet der junge Hutu mit müder Stimme ... Bauernsohn Sylvère arbeitete als Koch, als 13 schwerbewaffnete FNL-Kämpfer ihn entführten ...
> Théodora Nisabwe, Psychologie-Professorin in der Hauptstadt Bujumbura hat für die UN eine Studie zu Kindersoldaten verfasst. Einige ihrer Erkenntnisse: Kindersoldaten waren billiger als reguläre Soldaten, besonders oft wurden Straßenkinder zwangsrekrutiert. Mädchen dienten oft als Sexsklaven der Soldaten ...
> „Wie kann das sein? Wir haben gemordet und sind ermordet worden. Für nichts. Allen geht es schlechter als vorher" sagt Sylvère, der sich geschworen hat, nie wieder eine Waffe in die Hand zu nehmen.

M7 Aus einem Artikel in DIE WELT über Kindersoldaten in Burundi (2012)

M8 Das Symbol des Red Hand Day, der jährlich am 12. Februar begangen wird

Aktion Rote Hand
→ www

---

[5] Beschreibe, wo Kinder als Soldaten eingesetzt werden (M6).
[6] Erkläre, warum Kinder Soldaten werden und als Soldaten eingesetzt werden (Text, M7).
[7] Erläutere die Aussage „Kindersoldaten – Opfer und Täter" (Text, M7).
[8] Recherchiert weitere Informationen zum „Red Hand Day". Erstellt ein Lernplakat (M8).
[9] Erstelle eine Mindmap, in der du aufzeigst, was es für die Kinder bedeutet, als Soldaten eingesetzt zu werden.

Nahostkonflikt
→ www

Israel und die Palästinenser

Westjordanland
- Palästinensischer Zivil- und Sicherheitsverwaltung sowie gemeinsame israelisch-palästinensische Sicherheitsverwaltung
- israelische Zivil- und Sicherheitsverwaltung, Zugang für Palästinenser verboten/beschränkt
- israelische Zivil- und Sicherheitsverwaltung
- Israel. Grenzziehung (z.T. Mauer)
- Green Line (Grenze aus dem Waffenstillstandsabkommen 1949)

Gazastreifen
2005: Abzug der Israelis; unter Hamas-Kontrolle

M1 Israel und die Palästinenser

M2 „Wir waren schon immer hier!" – Karikatur von Fritz A. Behrendt

Gründung Israels
Die UN beschloss 1947, Palästina in einen Staat für die Juden und die Palästinenser zu teilen. Die Juden gründeten daraufhin Israel, die arabischen Staaten lehnten dagegen den UN-Beschluss ab. Es kam zu mehreren israelisch-arabischen Kriegen.

PLO
engl. Palestine Liberation Organization; die Palästinensische Befreiungsorganisation wurde 1964 gegründet, um den Palästinensern eine eigene Stimme zu verschaffen.

Konflikte im Nahen Osten

Israelis und Palästinenser

Der heutige Staat Israel liegt in Palästina. Nach der Gründung Israels 1948 mussten viele Palästinenser fliehen und kamen in Flüchtlingslagern in arabischen Ländern unter. Viele dieser in erbärmlichen Verhältnissen lebenden Menschen unterstützten den Freiheitskampf der PLO, der Organisation zur Befreiung Palästinas. Im PLO-Programm war der bewaffnete Kampf gegen Israel festgeschrieben, dessen Existenzrecht wurde bestritten. Terror war ein Mittel des Widerstandskampfes der PLO. Die radikalislamische Hamas-Bewegung steigerte noch Terror und Gewalt gegen Israel. Die israelische Armee schlug hart zurück. Bei dem Konflikt wird Israel besonders von den USA, die Palästinenser vor allem von der arabischen Welt unterstützt. Hauptkonfliktpunkte zwischen Israelis und Palästinensern sind:
– die Forderung der Palästinenser nach einem eigenen Staat mit der „Green Line" als Grenze;
– die Forderung Israels an die Palästinenser, das Existenzrecht Israels zweifelsfrei bzw. überhaupt anzuerkennen.

> Israel hat seit seiner Gründung 1948 neun Kriege, wenn man die erste und die zweite Intifada der Palästinenser in den besetzten Gebieten hinzurechnet, gegen seine arabischen Nachbarn geführt. Militärisch hat der Staat Israel am Ende alle diese Kriege gewonnen oder zumindest nicht verloren. Was aber hat sich für Israel durch all diese Kriege seit seiner Gründung strategisch verändert? Die Antwort lautet: nicht allzu viel.
> Bis heute bleibt die zentrale Frage für beide Seiten unbeantwortet: Wo beginnt, wo endet Israel, wo Palästina?
> Ohne einen Kompromiss über die Aufteilung des Territoriums zwischen Israel und den Palästinensern wird der Konflikt endlos weitergehen, denn er wird von beiden Seiten als existenziell angesehen.

M3 Der ehemalige deutsche Außenminister Joschka Fischer in einem Zeitungsartikel (2009)

---

1 Beschreibe die Karikatur M1 und erläutere ihre Aussage.
2 Werte die Karte M2 aus.
3 Stellt Ursachen und Streitpunkte des Palästinakonfliktes zusammen (Text, M1 – M3).

M4 Kämpfer des IS im Irak (Foto aus einem Video des IS, 2014)

M5 Der „Arabische Frühling"

Islamischer Staat (IS)

Aus friedlichen Protesten der syrischen Bevölkerung gegen die Macht von Präsident Assad entwickelte sich 2011 zwischen Regierungstruppen und Gegnern des Präsidenten ein bewaffneter Kampf. Dabei wurden Städte verwüstet, Tausende Zivilisten wurden zu Opfern der Kampfhandlungen. Viele Menschen flohen vor dem Krieg in andere Länder.

Seit 2013 nutzt die Terrororganisation „Islamischer Staat" (IS) die Wirren des syrischen Bürgerkriegs. Im Nordosten Syriens und entlang des Euphrats bis in den Irak errichtete sie ihr sogenanntes Kalifat. Ihr Ziel ist es, weitere Gebiete der arabischen Welt zu erobern und einzugliedern. Der IS unterwirft die Bevölkerung mit grausamen Maßnahmen. Alle Andersdenkenden und Andersklebenden werden vom IS bekämpft. Auch in Europa verübten IS-Kämpfer Anschläge, so zweimal in Paris im Jahr 2015.

Seit Juli 2014 bekämpfen US-Truppen mit Luftschlägen Stellungen des IS. 2015 griffen weitere Staaten in die Kämpfe ein: z. B. Russland, Frankreich und Großbritannien. Auch Deutschland beteiligt sich seit November 2015 am Kampf gegen den IS.

(In den eroberten Gebieten) gelten die Gesetze der Scharia, Frauen werden unter Androhung ihres Todes gezwungen, einen Schleier zu tragen. Der UN-Weltsicherheitsrat, die USA, Großbritannien und Deutschland haben die ... Gruppe als terroristische Vereinigung eingestuft ...

Die Islamisten sprechen Recht nach dem Gesetz der Scharia, aber sie versuchen auch, die Bevölkerung mit dem Nötigsten zu versorgen ... Mit bestialischer Grausamkeit vernichten sie ihre „Gegner", d. h. alle, die sie als ungläubig ausmachen, ob Jesiden, Christen oder Schiiten, ob Männer, Frauen oder Kinder. Mit Körperstrafen, willkürlichen Hinrichtungen und brutaler Verfolgung Andersdenkender und -gläubiger sichern die sunnitischen „Gotteskrieger" ihre grausame Herrschaft ... Der IS soll bis zu 50 000 Kämpfer rekrutiert haben und es werden noch mehr. 4000 Terroristen sollen aus Europa stammen ... Die Organisation besitzt dazu viel Geld. Wo es herkommt, darüber wird viel spekuliert.

M6 Aus einem Artikel der Landeszentrale für pol. Bildung Baden-Württemberg (2015)

1 **Arabischer Frühling** Bezeichnung für die Massen-
5 proteste gegen die herrschenden Regierungen in den arabischen Staaten ab 2011

10 **Islamischer Staat** → Seite 212

Scharia Bezeichnung für
15 das islamische Recht

4 Wertet die Grafik M5 aus. Nennt die ersten Ergebnisse des „Arabischen Frühlings".
5 Benennt die Ziele des Islamischen Staates auf (Text).
6 Beschreibe die Organisation und Vorgehensweise der Terrororganisation Islamischer Staat (Text, M4, M6).
7 Recherchiere, welche Ursachen der „Arabische Frühling" hatte und wie sich seit 2011 die Lage in den einzelnen arabischen Ländern entwickelt hat. Berichte der Klasse.

M1 Soldaten ohne Hoheitsabzeichen in Simferopol auf der Krim (Foto, 5. März 2014)

M2 Karikatur von Paolo Calleri vom 4. März 2014

Ein Konflikt in Europas Nachbarschaft

Konflikt auf der Krim

Nachdem die ukrainische Regierung am 21. November 2013 ein geplantes Abkommen zur Zusammenarbeit mit der EU gestoppt hatte, fiel das Land in eine tiefe Krise. Präsident Janukowitsch wollte lieber mit Russland zusammenarbeiten. Dagegen protestierten viele Menschen monatelang auf dem Maidan-Platz in Kiew. Die Protestaktionen ergriffen schließlich das ganze Land. Vor allem die im Westen des Landes lebende Bevölkerung demonstrierte für eine Annäherung an die EU und erhoffte sich dadurch eine Verbesserung der Bürgerrechtssituation und der wirtschaftlichen Lage. Die überwiegend russisch sprechende Bevölkerung im Osten des Landes demonstrierte hingegen für ein Bündnis mit Russland. Da die damalige Regierung es sich mit keinem der potenziellen Partner verderben wollte, wurden die Demonstrationen im Land gewaltsam unterdrückt, wobei es zu vielen Verletzten und Toten kam. Schließlich musste die Regierung jedoch abdanken. Das Parlament setzte eine Übergangsregierung ein, die langfristig die Zusammenarbeit mit der EU suchte.

Weil Russland seine Interessen bedroht sah, entzündeten sich im Osten der Ukraine und auf der Halbinsel Krim neue Konflikte. Russischsprachige Einheiten ohne Hoheitsabzeichen besetzten nach und nach die gesamte Halbinsel Krim. Viele westliche Staaten warfen Russland ein völkerrechtswidriges Verhalten vor. In einem Volksentscheid sollten die Bewohner der Krim schließlich selbst wählen, ob die Krim weiter ein Teil der Ukraine sein sollte oder ob es zu einer Vereinigung mit Russland kommen sollte. Die überwiegend russischen Bewohner der Halbinsel entschieden sich für die Vereinigung mit Russland. Die europäischen Staaten und die USA erkannten die Abstimmung allerdings nicht an. Aus der Sicht dieser Staaten war die Abstimmung durch massive Militärpräsenz, mangelnde Berichterstattung und Spenden aus Russland manipuliert worden. Ebenso sei die Autonomie der Krim durch Russland verletzt worden. Daher reagierten die EU und die USA mit Sanktionen gegen Russland.

> **Sanktionen**
>
> Sanktionen bezeichnen belohnende oder bestrafende Reaktionen auf bestimmte Verhaltensweisen. In den internationalen Beziehungen sind Sanktionen völkerrechtliche Zwangsmaßnahmen wirtschaftlicher (Zollerhöhung, E...), politischer (Einschränkung oder Abbruch diplomatischer Beziehungen) oder militärischer Art, mit denen die Einhaltung von Vereinbarungen erzwungen werden soll.

1. Fasse die Vorgänge in der Ukraine mit eigenen Worten zusammen.
2. Stelle dar, wie EU und USA auf die Vorgänge in der Ukraine reagieren.
3. Werte die Karikatur M3 aus.
4. „Sanktionen sind ein Mittel der Diplomatie". Nehmt Stellung zu dieser Aussage.

M1 Screenshot einer Sendung des Morgenmagazins zum Ukraine-Konflikt

M2 Screenshot einer Sendung der Tagesschau zum Ukraine-Konflikt

Eine themengebundene Medienrecherche

Wir leben in einer Informationsgesellschaft und unser Wissen vermehrt sich täglich. Neben den klassischen Medien wie Zeitung, Rundfunk und Fernsehen haben die digitalen Medien wie das Internet oder etwa die Verbreitung von Kurznachrichten über Portale wie Twitter in den letzten Jahren ständig an Bedeutung gewonnen. Um sich in der Vielzahl der Medien zurecht zu finden, ist ein systematisches Vorgehen bei einer Recherche zu einem bestimmten Thema hilfreich.

So geht ihr vor:

Schritt 1 ●

Thema festlegen

→ Überlegt genau, was ihr sucht. Je genauer ihr das Ziel der Recherche festlegt, umso besser könnt ihr am Ende die gefundenen Informationen beurteilen.
→ Fertigt eine schriftliche Formulierung der Fragestellung oder Fragestellungen an.

Schritt 2 ●●

Auswahl der Medien

→ Überlegt, in welchen Medien ihr zu eurem Thema recherchieren wollt.

→ Bildet Gruppen, die jeweils ein bestimmtes Medium gezielt nach Informationen durchsuchen.
→ Legt fest, wie die Suchergebnisse gesichert werden sollen.

Schritt 3 ●●●

Durchführung der Recherche

→ Durchsucht Inhaltsverzeichnisse von Büchern oder Zeitungen/Zeitschriften, Programmhinweise von Radio- und Fernsehsendern, im Internet mithilfe von Such-maschinen nach geeigneten Medien.
→ Dokumentiert die Ergebnisse in der vereinbarten Form.

Schritt 4 ●●●●

Auswertung und Beurteilung der Rechercheergebnisse

→ Tauscht die Ergebnisse untereinander aus.
→ Entscheidet, ob das Gefundene bei der eingangs formulierten Fragestellung hilft.
→ Überprüft, ob es sich bei den Quellen um seriöse Quellen handelt.
→ Entscheidet, zu welchen Fragestellungen weitergesucht werden muss.

M3 Titelseite von DER SPIEGEL

M4 Twitter-Logo

1 „Führt in der Klasse eine Medienrecherche zu einem aktuellen Konflikt (z. B. Konflikt in der Ukraine) durch.

Akteure der Sicherheitspolitik

„Weltpolizei" UNO

M1 Der Sicherheitsrat der UNO tagt.

Gegen Ende des Zweiten Weltkrieges machten sich der damalige Präsident der USA Franklin D. Roosevelt und der britische Premierminister Winston Churchill Gedanken darüber, wie der Weltfrieden nach den beiden Weltkriegen dauerhaft gesichert werden könnte.

Im Jahr 1945 gründeten die USA, Großbritannien und weitere 51 Staaten die UNO (United Nations Organization). Heute gehören fast alle Staaten der Erde der UNO an. Nur die Länder Taiwan, Westsahara, Kosovo und der Vatikanstaat sind nicht UNO-Mitglied.

Die Hauptaufgabe der UNO besteht darin, die Welt vor Krieg zu bewahren. Um friedenserhaltende Maßnahmen durchzuführen, werden beispielsweise Truppen in Konfliktregionen entsandt. Da die UNO über keine eigenen Soldaten verfügt, müssen die Mitgliedsstaaten Truppen zur Verfügung stellen. Man erkennt diese Truppen an ihren blauen Helmen. Daher kommt auch der Ausdruck Blauhelmmission. Die Entscheidung über eine mögliche Friedensmission fällt der UN-Sicherheitsrat. Man unterscheidet zwischen drei unterschiedlichen Arten von Einsätzen: Humanitäre Einsätze helfen Menschen in Not, zum Beispiel nach Erdbeben oder Hungerkatastrophen. Friedenserhaltende Maßnahmen werden ergriffen, wenn ein Krieg unterbunden werden soll. Bei friedensschaffenden Missionen kämpfen bewaffnete UNO-Truppen gegen einen Aggressor, um den Frieden wiederherzustellen.

Darüber hinaus leistet die UNO auch Hilfe, indem sie Polizisten ausbildet, Kämpfer entwaffnet, demokratische Wahlen vorbereitet oder den Wiederaufbau ganzer Gemeinwesen unterstützt.

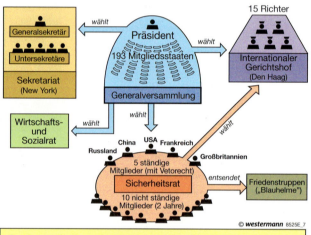

M2 Aufbau der UNO

M3 Das Emblem der UNO

UNO → [www]

ⓘ Sicherheitsrat der Vereinten Nationen

Der UNO-Sicherheitsrat ist das bedeutendste Gremium der Vereinten Nationen. Seine Aufgabe ist die Wahrung des Weltfriedens und der internationalen Sicherheit. Seine fünf ständigen Mitglieder (Großbritannien, Frankreich, USA, Russland, China) und die (wechselnden) zehn nichtständigen Mitglieder können als einziges Gremium der UNO Beschlüsse fassen, die von allen Mitgliedsstaaten der UNO befolgt werden müssen.

Sicherheitsrat → S. 224

1. *Benenne den äußeren Anlass zur Gründung der UNO.*
2. *Nennt die wichtigsten Ziele/Aufgaben der UNO*
3. *Stelle die drei Arten der UN-Friedensmissionen in einer Zeichnung mit Symbolen dar (Text).*
4. *Erkunde, wo und auf welchem Staatsgebiet der Hauptsitz der UNO liegt, wer zur Zeit Generalsekretär der UNO ist und welche Staaten zur Zeit den Sicherheitsrat bilden.*
5. *„Die UNO – mit Waffen für den Frieden kämpfen?" Nehmt Stellung zu dieser Frage.*

M4 Blauhelmeinsätze der UNO weltweit

Ein weiterer wichtiger Teil der Arbeit der UNO ist die Lösung wirtschaftlicher, sozialer und humanitärer Probleme. Dazu hat die UNO Sonderorganisationen geschaffen. Hierzu gehören zum Beispiel die WHO oder die UNESCO. Außerdem gibt es Hilfsprogramme der UNO, wie zum Beispiel das Kinderhilfswerk UNICEF, das Flüchtlingskommissariat UNHCR oder das Umweltprogramm UNEP und das Welternährungsprogramm WFP.

WHO (World Health Organization) Die Weltgesundheitsorganistaion hat ihren Sitz in Genf in der Schweiz.

UNESCO (United Nations Educational, Scientific and Cultural Organization) Die Organisation der Vereinten Nationen für Erziehung, Wissenschaft und Kultur hat ihren Sitz in Paris.

> Die Vereinten Nationen setzen sich folgende Ziele:
> 1. den Weltfrieden und die internationale Sicherheit zu wahren und zu diesem Zwecke wirksame Kollektivmaßnahmen zu treffen, um Bedrohungen des Friedens zu verhüten..., Angriffshandlungen ... zu unterdrücken und internationale Streitigkeiten ... durch friedliche Mittel nach den Grundsätzen der Gerechtigkeit und des Völkerrechtes ... beizulegen
> 2. freundschaftliche, auf der Achtung vor dem Grundsatz der Gleichberechtigung und Selbstbestimmung der Völker beruhende Beziehungen zwischen den Nationen zu entwickeln ...

M5 Auszug aus Kapitel 1 der Charta der UNO – Ziele und Grundsätze

6. Erkläre die Grundsätze und den Aufbau der UNO (M2, M5).
7. Erläutere, warum es im Sicherheitsrat nur fünf ständige Mitglieder gibt (M2).
8. Jedes der fünf ständigen Mitglieder im Sicherheitsrat hat bei Beschlüssen zu Friedenseinsätzen ein Einspruchsrecht. Überlegt, was das für die Handlungsfähigkeit der UNO bedeutet.
9. Recherchiere und berichte über einen Blauhelmeinsatz (Ort, Gründe, Zahl und Herkunft der UN-Soldaten, Dauer des Einsatzes, Ergebnis) und beurteile ihn (M3).
10. Recherchiere im Internet und berichte über eine Sonderorganisation oder ein Hilfsprogamm der UNO (Text).

M1 Der Sicherheitsrat der Vereinten Nationen

M3 UN-Blauhelmsoldat der Mission MONUSCO auf Patrouille im Kongo (2013)

Der UN-Sicherheitsrat und seine Missionen

Für Maßnahmen der Vereinten Nationen zur Einhaltung oder Wiederherstellung des Weltfriedens ist der UN-Sicherheitsrat zuständig. Dem Sicherheitsrat gehören fünf ständige Mitglieder an. Die nicht ständigen Mitglieder werden für jeweils zwei Jahre gewählt.

Bei Entscheidungen müssen sich die fünf ständigen Mitglieder einig sein, denn jedes Mitglied kann durch sein Veto (Einspruch) eine Entscheidung verhindern.

Der Sicherheitsrat kann bei Konflikten vermitteln oder UN-Friedenstruppen („Blauhelme") entsenden, wenn die Konfliktparteien damit einverstanden sind. Die Vereinten Nationen haben keine eigenen Kampftruppen, deshalb beauftragen sie Mitgliedsstaaten für „Blauhelmeinsätze". Diese Truppen dürfen keine militärische Gewalt ausüben, sie dürfen nur friedenserhaltend wirken wie z. B. einen Waffenstillstand überwachen.

Neuerdings sind den Vereinten Nationen auch Druckmittel wie eine Blockade oder ein Embargo (Verbot von Wirtschaftsbeziehungen) möglich. Im äußersten Fall kann ein „robustes Mandat" ausgesprochen werden, das bei UN-Friedensmissionen auch militärische Gewalt erlaubt.

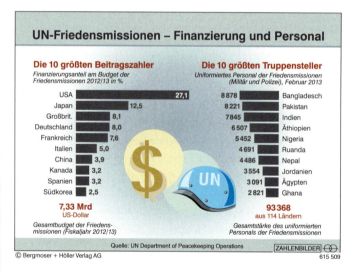

M2 Friedensmissionen der Vereinten Nationen

---

1. Nenne Zweck, Aufbau und Mittel des UN-Sicherheitsrates (Text, M1).
2. Erkläre, warum warum die Handlungsfähigkeit des Sicherheitsrates durch das Vetorecht der fünf ständigen Mitglieder stark eingeschränkt ist.
3. Werte die Grafik M2 aus.
4. Recherchiere einen aktuellen Einsatz von UN-Friedenstruppen und präsentiere das Ergebnis.

M4 Flüchtlinge in einem UNHCR-Lager in Somalia

M5 Karikatur von Thomas Plaßmann

Menschen auf der Flucht – ein weltweites Problem

Weltweit werden Millionen von Menschen durch Krieg, Bürgerkrieg, Verfolgung, Naturkatastrophen, Hunger und Elend zur Flucht getrieben. Flucht ist häufig der einzige Ausweg aus ihrer Not. Weil die Flucht oft mühsam, anstrengend und gefährlich ist, erleiden viele Flüchtlinge schwere Schicksale. Flüchtlinge sind häufig nicht gern gesehen, sodass zahlreiche Länder ihre Grenzen schließen. So endet die Flucht nicht selten in Lagern, Zeltstädten und Sammelunterkünften, die von den Vereinten Nationen eingerichtet und unterhalten werden. Für viele Flüchtlinge sind die Flüchtlingslager von UNHCR, dem Flüchtlingshilfswerk der Vereinten Nationen, der erste und oft einzige sichere Platz, den sie finden können. Dort werden die Menschen mit dem Lebensnotwendigsten versorgt. Sie erhalten etwas zu essen, sauberes Trinkwasser und eine Unterkunft. Auch UNICEF, eine andere Organisation der Vereinten Nation, hilft.

Andere Flüchtlinge versuchen, in Länder zu fliehen, wo sie sich ein friedliches, besseres Leben erhoffen, so zum Beispiel nach Europa und Deutschland.

Die UN-Flüchtlingskonvention ist ein internationaler Vertrag, in dem unter anderem steht, dass kein Flüchtling in Gebiete zurückgewiesen werden darf, in denen sein Leben oder seine Freiheit bedroht ist. Deutschland hat mit 120 anderen Staaten die Genfer Flüchtlingskonvention unterschrieben. Daher erhalten Bürgerkriegsflüchtlinge vorübergehend Schutz in Deutschland.

M7 Das Logo des UNHCR

Die sechsjährige Leloz musste aus ihrer Heimat fliehen – ein Schicksal, das sie mit mehr als 1,6 Millionen Menschen aus Syrien teilt. Zusammen mit ihrer Familie ist Leloz im Domiz Camp im Norden des Irak untergekommen, einer Zeltstadt mit rund 40 000 Menschen ... UNICEF kümmert sich darum, dass syrische Kinder wie Leloz mit dem Nötigsten versorgt werden. Sowohl in Syrien selbst als auch in den Nachbarländern Jordanien, Libanon, Irak und Türkei helfen wir Millionen Menschen – zum Beispiel mit Trinkwasser und Medikamenten ... Wir richten kinderfreundliche Orte ein, an denen Mädchen und Jungen in sicherer Umgebung spielen können. Und wir kümmern uns darum, dass syrische Kinder zur Schule gehen und einen geregelten Alltag wiederfinden können.

M6 Aus einer Nachricht von UNICEF (2015)

UNICEF (United Nations Childrens Emergency Fund) Kinderhilfswerk der Vereinten Nationen

5 Beschreibe, warum das Leben vieler Flüchtlinge so schwer ist (Text, M4).
6 Stelle zusammen, wie UNICEF syrischen Flüchtlingskindern zu helfen versucht (M6).
7 Interpretiere die Karikatur M5 und nimm dazu Stellung.
8 Recherchiere über die aktuelle Situation von Flüchtlingen in Deutschland und berichte darüber.

M1 Der frühere Milizchef Thomas Lubanga in einem Dorf im Kongo (2003)

M2 Thomas Lubanga vor dem Internationalen Strafgerichtshof in Den Haag (2011)

Internationale Gerichtshöfe

Bereits im Jahr 1946 wurde der Internationale Gerichtshof als ein Teil der Vereinten Nationen gegründet. Er besteht aus 15 Richterinnen und Richtern, die aus unterschiedlichen Ländern stammen und jeweils für neun Jahre gewählt werden. Die Aufgaben des Internationalen Gerichtshofs sind verschieden. Er kann beispielsweise Streitigkeiten zwischen Staaten schlichten. Das geht allerdings nur dann, wenn die beteiligten Staaten den Gerichtshof dazu auffordern.

Eine andere wichtige Aufgabe besteht darin, für die Vereinten Nationen zu prüfen, ob in einem bestimmten Krieg Kriegsverbrechen begannen wurden.

M3 Das Logo des Internationalen Strafgerichtshofs

Internationaler Strafgerichtshof → www

Da der Internationale Gerichtshof nicht gegen Einzelpersonen vorgehen kann, wurde 1998 zusätzlich ein Internationaler Strafgerichtshof (ICC) eingerichtet. Dieser ist nicht Teil der UNO, sondern eine unabhängige Organisation und seine Aufgabe ist die Verfolgung und Bestrafung schwerster Verbrechen wie zum Beispiel Kriegsverbrechen, Völkermord und Verbrechen gegen die Menschlichkeit. So musste sich beispielsweise der kongolesische Ex-Milizenführer Thomas Lubanga, der Massaker, Vergewaltigungen und die Rekrutierung von Kindersoldaten befohlen hatte, vor dem Internationalen Gerichtshof verantworten. Dem ICC sind mittlerweile 123 Staaten beigetreten.

> Seinen Soldaten werden schwerste Verbrechen zur Last gelegt, jahrelang verbreitete die Miliz von Thomas Lubanga im Kongo Angst und Schrecken. Nun ist der ehemalige Anführer verurteilt worden. Nach dem Spruch des Internationalen Strafgerichtshof in Den Haag muss er für 14 Jahre ins Gefängnis. (…) Lubanga war bereits im März schuldig befunden worden, im Kongo Hunderte Kinder als Soldaten missbraucht zu haben. (…)

M4 Aus DER SPIEGEL vom 12. Juli 2012

ⓘ Internationaler Strafgerichtshof (IStGH)

Der IStGH in Den Haag ist ein ständiges internationales Strafgericht, zuständig für Völkermord, Verbrechen gegen die Menschlichkeit und Kriegsverbrechen. Es hat mit der UNO ein Kooperationsabkommen. Das Gericht ist nicht durch den UN-Sicherheitsrat, sondern durch einen internationalen Vertrag („Rom-Statut") 2002 gegründet worden, 139 Staaten unterzeichneten den Vertrag; u. a. die USA, Russland und die Volksrepublik China haben den Vertrag nicht ratifiziert. Der IStGH kann nur über Individuen, nicht über Staaten zu Gericht sitzen. Zur Rechenschaft gezogen werden kann ein Täter nur dann, wenn er einem Staat angehört, der das Statut unterschrieben hat.

1. Beschreibe die Entstehung und die Aufgaben des Internationalen Gerichtshofes (Text).
2. Nennt die Aufgaben des Internationalen Strafgerichtshofs (Text, Infokasten).
3. Recherchiere im Internet und berichte ausführlich über das Verfahren gegen Thomas Lubanga (Text, M4).

M5 Demonstration von „Amnesty International" in Hannover (2013)

M6 Menschenrechtsverletzungen weltweit

Nichtregierungsorganisationen im Kampf für Menschenrechte

Fast täglich werden weltweit Menschenrechte verletzt. Es gibt nur wenige Staaten, in denen Menschenrechte nicht verletzt werden. Selbst in demokratischen Rechtsstaaten kommt es immer wieder zu Übergriffen. Die Mehrzahl aller Menschenrechtsverletzungen ereignet sich jedoch in Schwellen- und in Entwicklungsländern. Neben der Anwendung der Todesstrafe und Folterungen kommt es in vielen Ländern zu gravierenden Verletzungen der Bürgerrechte wie zum Beispiel der Meinungs- und Versammlungsfreiheit.

Bei der Aufdeckung vom Menschenrechtsverletzungen spielen Nichtregierungsorganisationen (NGOs) wie „Amnesty International" eine wichtige Rolle. Sie bemühen sich unter anderem darum, das Verschwinden von Menschen, willkürliche Verhaftungen und Hinrichtungen sowie Folterungen publik zu machen. Ebenso werden religiöse Intoleranz, Rassismus, Fremdenfeindlichkeit und die Diskriminierung von Frauen angeprangert.

Dabei unterstützen die NGOs die UN-Institutionen und versorgen diese mit Informationen zu Menschenrechtsverletzungen. Erst durch die Aktivitäten von NGOs kommen bestimmte Themen auf die politische Agenda. Ebenso werden dadurch internationale Abkommen auf UN-Ebene vorangebracht. Insbesondere im Bereich der Menschenrechte haben NGOs wesentlich zum Fortschritt internationaler Normen und Standards beigetragen.

> Art. 1 Alle Menschen sind frei und gleich an Würde und Rechten geboren. Sie sind mit Vernunft und Gewissen begabt und sollen einander im Geiste der Brüderlichkeit begegnen ...
> Art. 3 Jeder Mensch hat das Recht auf Leben, Freiheit und Sicherheit der Person ...
> Art. 5 Niemand darf der Folter oder grausamer, unmenschlicher oder erniedrigender Behandlung oder Strafe unterworfen werden.

M7 Auszug aus der Erklärung der Menschenrechte der UNO 1948

NGOs englisch = non-governmental organisations, Nichtregierungsorganisationen

Menschenrechte

Jeder Mensch besitzt lebenslange Rechte, die der Staat zu achten und zu schützen hat. Dazu gehören z. B. das Recht auf Gleichbehandlung vor dem Gesetz, Unversehrtheit, Eigentum, Meinungs- und Glaubensfreiheit. In Deutschland sind diese Menschenrechte in den Grundrechten des Grundgesetzes verankert.

---

4 Erläutere die Kernaussagen der Plakate von Amnesty International (M5).

5 Stellt die Bedeutung von Nichtregierungsorganisationen beim Kampf gegen die Verletzung von Menschenrechten dar (M6, Infotext, Text).

6 Recherchiere und erstelle eine Liste mit Menschenrechtsorganisationen. Wähle eine Organisation aus und stelle sie genauer vor.

Globale Akteure USA, Russland und China

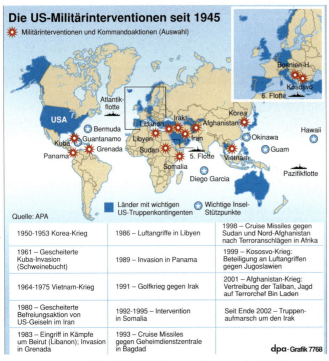

M1 US-Militärinterventionen seit 1945 (Auswahl)

Nach dem Ende des Ost-West-Konfliktes blieben die USA als alleinige Großmacht übrig. Sie übernahmen die Rolle einer internationalen Führungsmacht, gerieten aber wegen ihres Vorgehens immer wieder in die Kritik. Ihnen wird vorgeworfen, sie nutzten für ihre Sicherheitsinteressen zu oft militärische Mittel.

Die Volksrepublik China ist in den letzten 20 Jahren nicht nur wirtschaftlich, sondern auch politisch bedeutsamer geworden. Sie positioniert sich als ernst zu nehmende Akteurin und entwickelt sich zu einer Konkurrentin der USA. Auch Russland beginnt sich wieder in die internationale Sicherheitspolitik einzuschalten. Neben den USA nehmen diese beiden Mächte als ständige Mitglieder im UN Sicherheitsrat eine wichtige Rolle in der globalen Sicherheitspolitik ein.

Rang 2014	Land	2014 V. R. (in Mrd. $)	Weltanteil (in %)
1	USA	609,91	34,52%
2	V. R. China	216,37	12,25%
3	Russland	84,46	4,78%
4	Saudi-Arabien	80,76	4,57%
5	Frankreich	62,29	3,53%
6	Grossbritannien	60,48	3,42%
7	Indien	50,03	2,83%
8	Deutschland	46,45	2,63%
9	Japan	45,78	2,59%
10	Südkorea	36,68	2,08%
11	Brasilien	31,74	1,80%
12	Italien	30,91	1,75%

Quelle: SIPRI; Zahlen in rot sind Schätzungen.

M2 Rüstungsausgaben 2014

> Die Ereignisse des 11. September (2001) haben zu einer neuen Sicherheitsarchitektur und zur Neubestimmung der sicherheitspolitischen Rolle der USA geführt. Die Kennzeichen dieser neuen Struktur sind eine enge Fokussierung (Eingrenzung) des US-Sicherheitsverständnisses auf den militärischen Bereich und ein Anspruch Amerikas auf eine uneingeschränkte internationale Führungsrolle. Das Ziel dieser Sicherheitspolitik ist es, andere Staaten am Aufbau von Streitkräften zu hindern, die denen der USA ebenbürtig sind.

M3 Der Historiker Georg Schild über die Sicherheitspolitik der USA (2006)

1. Nenne Militärinterventionen der USA seit 1945 und ordne sie nach Kontinenten (M1).
2. Erläutere die US-Sicherheitspolitik (Text, M3).
3. Wertet die Tabelle M2 aus. Stellt die Militärausgaben der Staaten für 2012 in einem Säulendiagramm dar.
4. Beschreibe die Interessen Chinas und Russlands in der Sicherheitspolitik.
5. Russland sowie China und andere Schwellenländer erhöhen ihre Rüstungsausgaben auch angesichts innenpolitischer Probleme. Bewerte diesen Trend.

Die NATO – ein Militärbündnis im Wandel

1999 – Jugoslawien
Luftschläge
1999 – Kosovo
Friedensunterstützung
2001 – Mazedonien
Friedensunterstützung
2003 – Afghanistan
Luftschläge und Bodentruppen
2011 – Libyen
Luftschläge

M4 Out-of-area-Einsätze der NATO (Auswahl)

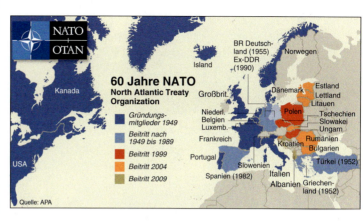

M6 Die Entwicklung der NATO

Die NATO versteht sich heute als Wertegemeinschaft freier demokratischer Staaten zum Schutz von Demokratie und Menschenrechten. Sie entstand 1949 als Verteidigungsbündnis als Reaktion auf die Ausdehnung des sowjetischen Machtbereichs auf Osteuropa. Während des „Kalten Krieges" war das Bündnis vor allem ein Schutzbündnis Westeuropas sowie der USA und Kanadas vor Angriffen von außen.

Nach Ende des Kalten Krieges stellte sich die NATO zusätzlich der Aufgabe, auch außerhalb ihres Gebietes Konflikte zu verhüten und Stabilität zu schaffen. Zahlreiche Staaten des ehemaligen Ostblocks sind inzwischen der NATO beigetreten oder haben einen Antrag auf Beitritt gestellt. Zurzeit sind NATO-Verbände z. B. in Afghanistan, auf dem Balkan oder am Horn von Afrika eingesetzt.

> Die Parteien vereinbaren, dass ein bewaffneter Angriff gegen eine oder mehrere von ihnen in Europa oder Nordamerika als ein Angriff gegen sie alle angesehen wird; sie vereinbaren daher, dass im Falle eines solchen bewaffneten Angriffs jede von ihnen ... der Partei oder den Parteien, die angegriffen werden, Beistand leistet, indem jede von ihnen unverzüglich für sich und im Zusammenwirken mit den anderen Parteien die Maßnahmen, einschließlich der Anwendung von Waffengewalt, trifft, die sie für erforderlich erachtet, um die Sicherheit des nordatlantischen Gebiets wiederherzustellen und zu erhalten.
> Von jedem bewaffneten Angriff und allen darauf getroffenen Gegenmaßnahmen ist unverzüglich dem Sicherheitsrat Mitteilung zu machen.

M5 Auszug aus dem Nordatlantikvertrag vom 4. April 1949, Artikel 5

6 a) Stelle mithilfe von M6 die Bündnisstaaten der NATO in einer Tabelle zusammen.
b) Ermittle und notiere jeweils das Beitrittsdatum der Bündnisstaaten.
7 Erläutere den Bündnisfall im Nordatlantikvertrag.
8 Wähle einen der Out-of-area-Einsätze der NATO in M4. Recherchiere hierzu und schreibe einen Artikel über diesen Einsatz für die Schülerzeitung.

M1 EUFOR-Soldaten bringen Piraten vor der Küste Somalias auf (2009).

> **2003: Mazedonien**
> Sicherung des Waffenstillstands nach dem Bürgerkrieg
> **2006: Kongo**
> Schutz der demokratischen Wahlen
> **2008: Tschad**
> Schutz der Flüchtlinge in der Grenzregion zum Süden
> **Seit 2008: Gewässer vor Somalia**
> Schutz der Schifffahrt vor Angriffen von Piraten

M3 EUFOR-Einsätze (Auswahl)

Die Europäische Union (EU) als globaler Akteur

EUFOR
von engl. European Union Force; multinationale Militärverbände der Europäischen Union, die jeweils für bestimmte Operationen zusammengestellt werden

Die Gemeinsame Sicherheits- und Verteidigungspolitik (GSVP) ist das militärische Instrument der Europäischen Union (EU). Die Mitglieder der EU einigten sich auf vier Aufgabenbereiche: humanitäre Aufgaben, Rettungseinsätze, friedenserhaltende Aufgaben und Kampfeinsätze zur Bewältigung von Krisen. Zur Durchsetzung dieser Ziele werden EUFOR-Truppen aufgestellt.

Die europäische Sicherheitspolitik wird aber noch immer von nationalstaatlichen Interessen überlagert. Das hat die uneinige Haltung der Europäer in der Libyen-Krise gezeigt.

> Die Europäische Union engagiert sich weltweit im Krisenmanagement. Ihrem Selbstverständnis zufolge agiert sie als Friedensmacht. Der EU-Vertrag benennt deren ... Grundlagen: Frieden, Demokratie, Rechtsstaatlichkeit, Menschenrechte, aber auch Wahrung der grundlegenden Interessen sowie der Unabhängigkeit und Unversehrtheit der Union. Im Spiegelbild ist die EU bereits ein globaler Akteur, dessen friedens- und sicherheitspolitische Handlungsfähigkeit angesichts der Herausforderungen und Bedrohungen des 21. Jahrhunderts verbessert werden müsste. Andere beklagen ihre militärische Schwäche und politische Uneinigkeit insbesondere in Gewaltkonflikten wie in Libyen.

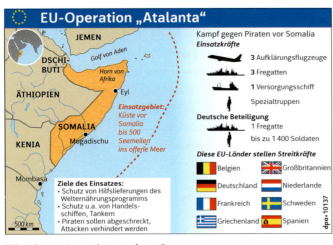

M2 Die EU-Operation „Atalanta"

M4 Die EU: Friedens- oder Militärmacht?

ESVP → www

1 Erkläre mit eigenen Worten die Abkürzung und den Begriff EUFOR.
2 [?] Erläutere die Operation „Atalanta" (M2, M3).
3 Erklärt, welche Ziele die EU mit der europäischen Sicherheitspolitik verfolgt (Text, M4).
4 Informiere dich mithilfe der Medien über einen EUFOR-Einsatz (M1) und präsentiere dein Ergebnis.

M5 Rückkehr von Flüchtlingen nach Kriegsende in das Kosovo (1999)

M7 Norwegische Polizeilehrer der OSZE mit Studenten der Polizeiakademie im Kosovo

Die OSZE – Friedenssicherung mit zivilen Mitteln

Deutschland ist Mitglied der Organisation für Sicherheit und Zusammenarbeit in Europa (OSZE) mit Sitz in Wien. Diese Organisation hat sich vor allem zum Ziel gesetzt, ohne Waffen den Frieden in Europa zu sichern, Wahlen zu beobachten und Verbesserungsvorschläge zur Demokratisierung zu machen. Sie überwacht die Einhaltung der Bürger- und Menschenrechte in den 57 Mitgliedsstaaten aus Europa, Asien und Nordamerika. Dazu gehören der Aufbau demokratischer Verhältnisse, der Schutz von Minderheiten oder die Lösung von Konflikten zwischen Volksgruppen. In der OSZE herrscht das Konsensprinzip. Das heißt: Alle Beschlüsse müssen von den Mitgliedern einstimmig gefällt werden.

> Die Mitglieder der OSZE ... beobachten das Konfliktgeschehen in Europa und warnen vor eskalierenden Konflikten; sie sollen einen Beitrag zur Vorbeugung und Eindämmung gewaltsamer Konflikte leisten und nach Ende eines Krieges zur Versöhnung und zum Wiederaufbau beitragen. Die finanziellen Ressourcen der OSZE sind allerdings äußerst beschränkt.

M8 Aufgaben der OSZE

> Seit 1999 engagierte sich die OSZE als Teil eines internationalen Krisenmanagements für eine Konfliktlösung im Kosovo. Die Arbeit der Mission findet in verschiedenen politischen und gesellschaftlichen Bereichen statt. So wurden Maßnahmen für den Aufbau der Demokratie, wie zum Beispiel die Unterstützung beim Aufbau politischer Parteien und die demokratische Schulung gewählter Politiker, und einer zivilen Verwaltung ergriffen. Auch kümmerte sich die OSZE insbesondere um Minderheiten und bisher benachteiligte Gruppen. Die OSZE führte auch Maßnahmen durch, um freie und faire Wahlen, unabhängige Medien, einen funktionierenden Rechtsstaat, eine unparteiische und durchsetzungsfähige Polizei und den Schutz der Menschenrechte zu gewährleisten. Zu diesen Maßnahmen gehörten u. a. die Schulung und Beratung von Juristen und die Eröffnung einer Polizeiakademie. Ziel ist der Aufbau eines Rechtssystems und einer Polizei, die dem Schutz der Rechte und Freiheiten aller Menschen im Kosovo verpflichtet sind.

M6 Mission der OSZE im Kosovo seit 1999

[5] Beschreibt die Verhältnisse im Kosovo 1999 (M5, M6).
[6] Nennt Maßnahmen des Engagements der OSZE im Kosovo (M6, M7).
[7] Notiere die wichtigsten Aufgaben und Ziele der OSZE (Text, M6, M8).
[8] Begründe, warum die OSZE Probleme hat, ihre Ziele zu erreichen (Text, M8).

Die Bundeswehr im internationalen Einsatz

Deutschland beteiligt sich derzeit mit rund 3 120 Soldaten an internationalen Einsätzen

Nr.	Einsatz	Einsatzgebiet	aktuelle Truppenstärke/Obergrenze
1	**Kosovo Force (KFOR)** Friedenstruppe der Nato	Kosovo	903/1 850
2	**EUNAVFOR MED** EU-Mission gegen Schleuser	Mittelmeer	409/950
3	**ATALANTA** Anti-Piraterie-Mission der EU	Horn von Afrika	159/950
4	**RSM** Int. Sicherheitsunterstützungstruppe der Nato	Afghanistan, Usbekistan	917*/850
5	**OAE** Nato: Seeraumüberwachung u. Terrorismusabwehr	Mittelmeer	0/500
6	**Active Fence** Luftverteidigung der Nato (Patriot-Raketen)	Türkei	229/400
7	**EUTM** Trainingsmission der EU	Mali	210/350
8	**UNIFIL** Friedensmission der UN	Libanon	93/300
9	**MINUSMA** Friedensmission der UN	Mali, Senegal	9/150
10	Ausbildungsunterstützung	Nordirak	104/100
11	**UNMISS** Friedensmission der UN	Südsudan	18/50
12	**UNAMID** Friedensmission der UN und Afrikan. Union	Darfur, Sudan	8/50
13	**EUTM SOM** Trainingsmission der EU	Somalia	12/20
14	**MINURSO** Beobachtermission der UN	Westsahara	4/20
15	**UNMIL** Friedensmission der UN	Liberia	5/5
16	**UNAMA** UN-Unterstützungsmission	Afghanistan	1/-

*inkl. Personal für den Rückbau des Stützpunkts Termes (Usbekistan)
dpa-22745   Quelle: Bundeswehr   Stand 30. Nov. 2015

M1 Internationale Einsätze der Bundeswehr (2015)

Wandel der Bundeswehr

Nach dem Zweiten Weltkrieg war die Abneigung gegen eine Armee in der deutschen Bevölkerung sehr verbreitet. Nach erbitterten Protesten entstand 1955 die Bundeswehr. Eine allgemeine Wehrpflicht gab es ab 1957. Seit 2001 können Frauen in allen Waffengattungen der Bundeswehr Soldatinnen sein. Die Wehrpflicht wurde 2011 außer Kraft gesetzt. Seitdem ist die Bundeswehr eine Freiwilligenarmee.

Die Hauptaufgabe der Bundeswehr bestand bis zum Ende des Ost-West-Konfliktes 1990 in der Landesverteidigung. Heute übernimmt Deutschland mehr sicherheitspolitische Verantwortung in der Welt.

Deutsche Sicherheitsinteressen ergeben sich aus unserer Geschichte, der geografischen Lage in der Mitte Europas, den internationalen politischen und wirtschaftlichen Verflechtungen des Landes und der Ressourcenabhängigkeit als Hochtechnologiestandort und rohstoffarme Exportnation. Sie sind nicht statisch, sondern veränderlich in und mit internationalen Konstellationen und ihren Entwicklungen.

Die sicherheitspolitischen Ziele Deutschlands sind:
– Sicherheit und Schutz der Bürgerinnen und Bürger Deutschlands;
– territoriale Integrität und Souveränität Deutschlands und seiner Verbündeten;
– Wahrnehmung internationaler Verantwortung.

Zu den deutschen Sicherheitsinteressen gehören:
– Krisen und Konflikte zu verhindern, vorbeugend einzudämmen und zu bewältigen, die die Sicherheit Deutschlands und seiner Verbündeten beeinträchtigen;
– außen- und sicherheitspolitische Positionen nachhaltig und glaubwürdig zu vertreten und einzulösen;
– die transatlantische und europäische Sicherheit und Partnerschaft zu stärken;
– für die internationale Geltung der Menschenrechte und der demokratischen Grundsätze einzutreten, das weltweite Respektieren des Völkerrechts zu fördern und die Kluft zwischen armen und reichen Weltregionen zu reduzieren;
– einen freien und ungehinderten Welthandel sowie den freien Zugang zur Hohen See und zu natürlichen Ressourcen zu ermöglichen.

M2 Aus den „Verteidigungspolitischen Richtlinien" für die Bundeswehr (2011)

Aufgabe

1. Liste die Einsätze der Bundeswehr im Ausland auf (M1).
2. Berichte über die Entwicklung der Bundeswehr.
3. Erläutert den heutigen Auftrag der Bundeswehr (Text, M2).
4. Informiere dich im Internet über einen Auslandseinsatz der Bundeswehr und berichte der Klasse.

Friedenssicherung in Afghanistan

Nach den Anschlägen am 11. September 2001 in New York griff die US-Armee das Taliban-Regime in Afghanistan an, weil die Taliban den Terroristen des al-Qaida-Netzwerkes einen Rückzugsraum boten. Nach dem Sturz des Taliban-Regimes wurde im Auftrag der UNO die internationale Truppe ISAF im Land stationiert. Sie sollte die afghanische Regierung bei der Wahrung der Menschenrechte sowie bei der Herstellung der inneren Sicherheit unterstützen. Auch Deutschland stellte Soldaten, zeitweilig waren über 5000 dort im Einsatz. Sie waren für den Norden Afghanistans zuständig. Die Soldaten sorgten für Stabilität und Sicherheit.

Neben dem Kampf gegen die Taliban half die Bundeswehr bei der Herstellung der inneren Sicherheit und der Versorgung der Bevölkerung mit Nahrungsmitteln. Sie schützte zivile Maßnahmen wie zum Beispiel die Ausbildung von Polizisten oder den Bau von Brunnen. Auch Bildungsprojekte wie beispielsweise der Unterricht für Mädchen wurden von Deutschland finanziell unterstützt.

Der Einsatz der Bundeswehr in Afghanistan endete am 31. Dezember 2014. Aufgrund der weiter unsicheren Lage bleiben aber Soldaten der Bundeswehr als Berater zur Unterstützung der afghanischen Armee weiter im Land.

ⓘ Taliban

Die Taliban sind eine radikale, islamische Gruppe in Afghanistan. Sie wollen, dass alle Menschen streng nach den Regeln des Koran, der heiligen Schrift des Islam, leben. Das Taliban-Regime gewährte Mitgliedern von Terrororganisationen Unterschlupf. Nach dem US-Angriff 2001 zogen sich die Taliban in den Untergrund zurück und leisten von dort aus Widerstand durch Terroranschläge und Überfälle.

M3 Deutsche Soldaten patrouillieren im Norden Afghanistans (2005).

> *Der Kampfeinsatz der Bundeswehr zusammen mit unseren Partnern im Nordatlantischen Bündnis in Afghanistan ist notwendig. Er trägt dazu bei, die internationale Sicherheit, den weltweiten Frieden und Leib und Leben der Menschen hier in Deutschland vor dem Übel des internationalen Terrorismus zu schützen. Das stand am Anfang dieses Einsatzes, und das gilt bis heute. Das fand und findet die Zustimmung der afghanischen Regierung und wir wissen, wie viele einfache Afghanen uns immer wieder bitten, sie im Kampf gegen die Taliban nicht alleinzulassen.*

1 ISAF
International
Security
Assistance Force
= Internationale
5 Sicherheitsunter-
stützungstruppe

M4 Bundeskanzlerin Merkel zum Einsatz in Afghanistan (2009)

M5 Unterricht für Mädchen in Afghanistan – geschützt durch militärische Präsenz (2012)

---

5 *Nennt die Aufgaben der deutschen Soldaten beim ISAF-Einsatz in Afghanistan (Text, M3, M5).*

6 *Erkläre die Ursachen des Kriegs in Afghanistan (Text, Infotext).*

7 *Nenne Gründe für die Beteiligung Deutschlands am ISAF-Einsatz in Afghanistan (M4).*

Internationale Sicherheit

1 Lückentext zu den Vereinten Nationen

Schreibe den Text unten in dein Heft und trage dabei die folgenden Begriffe richtig ein:

Charta der Vereinten Nationen – Weltfriedens – Blauhelme – freundschaftlicher Beziehungen – Vetorecht – Präambel – ständigen – Mitgliedstaaten – Sicherheitsrat – 1945

Im Jahr _____, unmittelbar nach dem Ende des Zweiten Weltkriegs, wurde die _____ von 51 Staaten unterzeichnet. Sie setzten sich die Erhaltung des _____ und die Entwicklung _____ zwischen den Nationen zum Ziel. Das ist formuliert in einer _____ dieses Vertrags, der inzwischen von 193 _____ unterzeichnet worden ist.
Die UNO hat eine Reihe von Einrichtungen, die jeweils besondere Aufgaben wahrnehmen.
Der _____ kann Friedensmissionen und Kriegseinsätze beschließen. Allerdings darf dann keines der _____ Mitglieder von seinem _____ Gebrauch machen. Die eingesetzten Soldaten werden als _____ bezeichnet.

2 Ein Schaubild zur UNO ergänzen

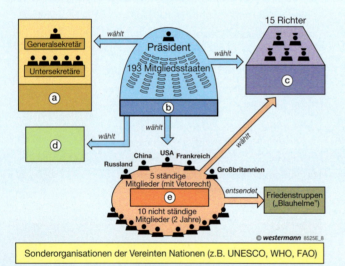

In dem Schaubild sind fünf Organe der UNO nicht eingetragen (a bis e). Notiere, um welche Organe es sich handelt.

3 Eine Karikatur deuten

Interpretiere die Karikatur von Thomas Plaßmann zum Einsatz der Bundeswehr in Afghanistan.

4 Zusammenhänge herstellen

Notiere die folgenden Oberbegriffe in dein Heft und ordne ihnen dann jeweils fünf zugehörige Begriffe aus der Liste unten zu

Terrorismus _____
Neue Kriege _____
Kindersoldaten _____
Akteure der Sicherheitspolitik _____

Angstträume – Warlords – Anschläge – ungezieltes Töten von Menschen – Akteure leben vom Krieg – China – Kinder aus extrem ärmlichen Verhältnissen – 11. September 2001 – Rebellengruppen gegen Regierungsarmeen – UN-Sicherheitsrat – keine klaren Fronten (mehr) – sklavenähnliche Arbeitsbedingungen – UNICEF – Attentäter – Russland – leidende Zivilbevölkerung – religiöse Fanatiker/Extremisten – Führungsmacht USA – Zwangsrekrutierung – NATO

5 Aufgaben der NATO benennen

a) Erläutere in einem kurzen Text, warum die NATO gegründet wurde.
b) Stelle dar, wann der Bündnisfall eintritt.

6 Lösungsvorschläge entwickeln

Die UNO hat für das 21. Jahrhundert Bedrohungen für die internationale Sicherheit zusammengestellt. Notiere in wenigen Sätzen, welche Möglichkeiten du siehst, um den Bedrohungen entgegenzuwirken und wer sich jeweils hauptsächlich verantwortlich fühlen müsste.

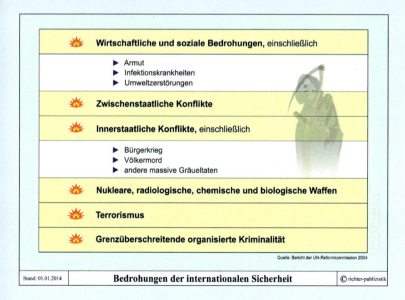

Grundbegriffe:

Arabischer Frühling
Blauhelme
Bürgerkriege
Bundeswehr
Charta der Vereinten Nationen
Friedenssicherung
Menschenrechte
Militärintervention
Nahostkonflikt
NATO
Rüstungsausgaben
Sicherheitspolitik
Sicherheitsrat
Terrorismus
UNO
Veto

Hilfen

Hier findest du zu allen Aufgaben mit diesem Symbol [?] Hilfen zur Bearbeitung der Aufgaben.

Die nationalsozialistische Diktatur

Seite 10, Aufgabe 3
Im Artikel 48 der Weimarer Verfassung wird folgender Sonderfall geregelt: „Der Reichspräsident kann, wenn im Deutschen reiche die öffentliche Sicherheit und Ordnung erheblich gestört oder gefährdet wird, die zur Wiederherstellung der öffentlichen Sicherheit und Ordnung nötigen Maßnahmen treffen, erforderlichenfalls mithilfe der bewaffneten Macht einschreiten. Zu diesem Zweck darf er vorübergehend die in den Artikeln 114, 115, 117, 118, 123, 124 und 153 festgesetzten Grundrechte ganz oder zum Teil außer Kraft setzen."

Seite 15, Aufgabe 2
Notiere zur Lösung zunächst die Gebiete, die Hitler nennt, und kläre die Frage, auf welchem Wege diese Gebiete in deutschen Besitz gelangen können.

Seite 15, Aufgabe 5a
Überlege zunächst, was du dir unter einem schönen oder guten Tod vorstellst und stelle dann den Vergleich an.

Seite 17, Aufgabe 6
Hinweis: Als „intime Kontakte" wurden damals bereits Umarmungen oder Küssen angesehen.

Seite 19, Aufgabe 7
Berücksichtige bei deinen Überlegungen, dass die meisten Eltern in der Zeit nach der Weltwirtschafts-krise es sich nicht leisten konnten, mit ihren Kindern in Urlaub zu fahren. Man verbrachte die Ferien gewöhnlich zu Hause.

Seite 21, Aufgabe 8
Beginne deinen Text etwa so: „Die Diskriminie-rungsmaßnahmen der Nationalsozialisten begannen zunächst mit dem Aufruf zum Boykott ..."

Seite 23, Aufgabe 2
Beginne deine Quellenauswertung, indem du die Quelle vorstellst: „Bei der vorliegenden Textquelle handelt es sich um die Deportationsverfügung an die Wunstorfer Juden vom 26.03.1942. Die Verfügung nennt nicht die Deportation beim Namen, sondern beschönigt sie mit dem Begriff „Evakuierung. Aufgelistet werden danach die Dinge, die ..."

Seite 25, Aufgabe 3
Beachte: Die Skizze muss nicht exakt die Umrisse der genannten Staaten zeigen. Du kannst hier stark vereinfachen und eine Faustskizze erstellen, wie du es im Erdkundeunterricht gelernt hast.

Seite 29, Aufgabe 2
Verwende als Suchbegriffe „Alliierte Zweiter Welt-krieg" und „Achsenmächte Zweiter Weltkrieg".

Seite 30, Aufgabe 2
Versucht, bei eurer Aufzählung auch zu erklären, was „Endlösung", „...ausfallen wird" und „... müssen entsprechend behandelt werden" in Wirklichkeit bedeutet. Findet dafür Begriffe, welche die wahre Bedeutung wiedergeben.

Seite 35, Aufgabe 1
Kläre zunächst, welcher Personengruppe (Privatleute, Jugendliche, Geistliche, Mitglieder verbotener Parteien, Militärs) die Personen angehörten. Beschreibe dann, was diese Menschen getan haben, um Widerstand zu leisten.

Seite 38, Aufgabe 1
Berücksichtigt bei der Lösung, was jedes der vier Ds mit dem Nationalsozialismus zu tun hatte.

Seite 39, Aufgabe 7
Du kannst deine Anklageschrift wie folgt beginnen: „Dem Angeklagten Adolph Hitler, deutscher Reichskanzler von 1933 bis 1945, Chef der NSDAP werden folgende Vergehen zur Last gelegt: ..."
Jedes der von dir genannten Verbrechen musst du an Beispielen aus diesem Kapitel belegen.

Geteilte Welt und Kalter Krieg

Seite 47, Aufgabe 2
Verwende die Suchbegriffe „Kommunismus" und „Karl Marx".

Seite 49, Aufgabe 4
Berücksichtige, welche Position der Verfasser inne-hat und auf welcher Seite er somit steht. Überlege weiter, wer hier wem antidemokratisches und imperialistisches Verhalten vorwirft.

Seite 51, Aufgabe 6
Beginne etwa so: „Die Karikatur zeigt die Staatschefs der UdSSR (Chruschtschow, links) und der USA (Kennedy, rechts) beim Armdrücken. Mit der jeweils freien linken Hand ..."

Seite 53, Aufgabe 5a
Rechenbeispiel Emden:
7000 zerstörte Wohnungen : 74 x 100

Seite 53, Aufgabe 5b
Wähle bei der Erstellung der Säulendiagramme unterschiedliche Farben für „Wohnungen vor der Zerstörung" und „zerstörte Wohnungen".

Seite 61, Aufgabe 5b
Beginne deinen Text etwa so: „Die Nationale Front der DDR wirft der Bundesrepublik vor, die West-mächte zu unterstützen. Ferner ..."

Seite 62, Aufgabe 1
Fertige das Säulendiagramm auf einem DIN-A-4-Blatt und wähle den Maßstab 100 000 Flüchtlinge = 10 cm.

Seite 64, Aufgabe 2
Bedenke: In der Zahl von 1,2 Millionen Besuchen sind auch Mehrfachbesuche enthalten.

Seite 67, Aufgabe 3
Berücksichtige dabei die Informationen von S. 54/55, besonders dort M1.

Der Weg zur deutschen Einheit

Seite 74, Aufgabe 1
Denke daran, wie die Mütter und Väter des Grund-gesetzes die Rolle der Menschen in der SBZ sahen.

Seite 78, Aufgabe 4
Schlage auf den Seiten 52/53 nach und vergleiche die Bilder dort mit denen auf S. 78.

Seite 79, Aufgabe 9
Wähle als Vergleichspunkte zwischen beiden Wirtschaftssystemen a) die Rolle des Staates, b) das Eigentum an Produktionsstätten, c) die Regelung des Angebotes, d) Versorgung der Bevölkerung.

Seite 81, Aufgabe 4
Wandelt die Stunden : Minuten – Angaben in Minu-ten – Angaben um, damit ihr die Arbeitszeiten exakt miteinander vergleichen könnt.

Seite 85, Aufgabe 4
Die Veränderungen und Folgen für die Partnerländer der UdSSR werden deutlicher, wenn ihr der Politik Gorbatschows die Politik Breschnews (M3) gegenüberstellt.

Seite 86, Aufgabe 4
Wiederhole, was du über die Planwirtschaft in der DDR erfahren hast. Schlage dazu nach auf S. 79, Text, M5 und Aufgabe 5

Seite 89, Aufgabe 1
Wiederhole, was du über den Kommunismus / Sozialismus erfahren hast. Schlage dazu nach auf S. 47, Text und Aufgabe 2. Berücksichtige auch die Lage in der DDR und im Ostblock.

Seite 91, Aufgabe 4
Kläre dabei die Frage, ob die Protestbewegung in der DDR ohne Gorbatschows Forderungen so stark geworden wäre.

Seite 93, Aufgabe 2
Die DDR-Staatspartei SED hatte sich in PDS (Partei des demokratischen Sozialismus) umbenannt. Heute heißt sie „Die Linke".

Seite 95, Aufgabe 7
Kläre die Bedeutungen a) des Begriffs „Beitritt" sowie b) des Grundgesetzes.

Seite 97, Aufgabe 1
Verwendet auch die Informationen von der Seite 86.

Begegnung der Kulturen in Europa

Seite 105, Aufgabe 2
So kannst du beginnen: „Das Thema der Karte lautet ... . Sie beschreibt den Zeitraum ... . Dargestellt ist die Entstehung des Islam zwischen Medina und Mekka in der ersten Hälfte des 7. Jahrhunderts. Von dort aus breitete er sich..."

Seite 107, Aufgabe 7
So kannst du den Warnbrief beginnen: „Verehrter ibn Nagrella, auf dem Markt heute ist mir zu Ohren gekommen, dass euer Sohn Yehosef wieder einmal – bunt bekleidet mit den seltensten und kostbarsten Stoffen – große Reden geschwungen hat. Solcher Art großspuriger Reden über ... missfiel ..."

Seite 111, Aufgabe 3b
So könnt ihr beginnen: „Ich, der durchlauchtigste Fürst von Bingelstein, ersuche jüdische Kaufleute aus allen Landen, die einen festen Handelsplatz suchen, sich in meinem Herrschaftsbereich niederzulassen. Ich gewähre ihnen Schutz durch ... Ich erwarte ..."

Seite 113, Aufgabe 2
So könnt ihr die Rede beginnen: „Meine Herren, ich spreche zu Ihnen als deutscher Bürger und Gleich-berechtigter unter Ihnen. Ja, ich bin jüdischen Glau-bens, so wie Sie Christ sind. Ich bin ebenfalls ein vollwertiger Deutscher wie Sie! Ich verwahre mich dagegen, dass alle Menschen jüdischer Religion verantwortlich für die Missetaten einiger weniger gemacht werden ..."

Seite 115, Aufgabe 5
So könnte der Brief beginnen: „Lieber Moshe, ich hoffe, es geht dir und der Familie gut. Wie du weißt, mache ich mit Hannah gerade eine kleine Reise nach Frankfurt. Heute wollten wir das Kaiser-Wilhelm-Denkmal aufsuchen. Dabei kamen wir an einem Kiosk vorbei, an dem auch Ansichtskarten verkauft wurden ..."

Seite 116, Aufgabe 1
Folgende Punkte solltet ihr bei der Auflistung der Gründe bedenken:
- Grenzverschiebungen zwischen Frankreich und deutschen Gebieten beiderseits des Rheins schon im 17. Jh.,
- Sehnsucht nach einem einigen deutschen Heimatland während der napoleonischen Kriege,
- Gründung des Deutschen Reiches im Spiegelsaal von Versailles, ...

Seite 117, Aufgabe 4
So könnte der Text zu dem Foto beginnen: „Gestern wurden die Reservisten aus unserer Stadt am Bahnhof verabschiedet. Unsere Soldaten waren in bester Stimmung und hatten ...."

Demokratie in Deutschland

Seite 125, Aufgabe 1
Du kannst deine Meinung festhalten, indem du den folgenden Satz ergänzt oder veränderst: „Ich finde die Äußerung ... richtig/gebe besonders der Meinung recht ..., denn (gerade weil) ..."

Seite 125, Aufgabe 4
Tipp: Denke daran, dass man die Abgeordneten im Bundestag auch „Volksvertreter" nennt.

Seite 127, Aufgabe 1a
Du kannst den Satz folgendermaßen beginnen: „Ich meine, Streit (auch zwischen Menschen) ist nicht wichtig/ ist wichtig, damit/denn ..."

Seite 131, Aufgabe 1
Vervollständige die folgenden Sätze und ergänze die Texte zu den letzten beiden Bildern: „Die Wahl beginnt mit ... durch eine Partei. Diese machen im Wahlkampf ihre Meinung deutlich und werben für die Positionen ihrer Partei. Gleichzeitig wird die Wahl ... . Am Wahltag gibt jeder Wahlberechtigte ..."

Seite 133, Aufgabe 5
Erstelle dazu einen Stundenplan für alle Wochentage von Montag bis Sonntag. In diesen Wochenplan trägst du die Tätigkeiten mit ungefähren Uhrzeiten ein.

Seite 137, Aufgabe 7b
Prüfe dazu, wer im Gesetzgebungsverfahren über Entwürfe abstimmt oder Gesetze unterzeichnen muss. Schaue dir dazu insbesondere die Etappen der Beratung im zuständigen Ausschuss, im Plenum des Bundestages, im Bundesrat bzw. im Vermitt-lungsausschuss an.

Seite 142, Aufgabe 4
Berücksichtigt, dass die politischen Parteien in Krisenzeiten meistens besonders gegensätzliche Positionen vertreten.

Seite 144, Aufgabe 1
Du kannst deine Beschreibung so beginnen: „Die Karikatur trägt den Titel .... Dargestellt sind eine Gruppe ... und ..., die als Teilnehmer einer ..."

Seite 145, Aufgabe 7
Beginne etwa so: „Die Grafik zeigt vier Möglichkeiten auf, wie Interessenverbände und ideelle Vereinigungen Einfluss auf ... und ..."

Europa – das sind wir

Seite 155, Aufgabe 1
Du kannst den Text so beginnen: „Die Idee des französischen Außenministers sah vor, die gesamte französische und deutsche Kohle- und Stahlproduk-tion einer gemeinsamen Behörde zu unterstellen. So konnte Frankreich ..."

Seite 156, Aufgabe 1
Tipp: Für deine Aufzählung verwendest du folgende Punkte: Wirtschaftspolitik, Außen- und Sicherheitspolitik, Innen- und Justizpolitik, Unionsbürgerschaft. Dann musst du aus dem Text herausschreiben, was zu diesen Bereichen genannt wird.

Seite 157, Aufgabe 5
Erstelle dazu eine Tabelle nach dem folgenden Muster:

Jahr des Beitritts	Staaten
1958	Belgien, Bundesrepublik Deutschland, Frankreich, Italien, Luxemburg, Niederlande
1973	...
...	

Seite 159, Aufgabe 1
Tipp: Gehe bei deiner Erklärung auf die folgenden Bereiche ein: Reisen, Ausbildung, Arbeitsplatz.

Seite 163, Aufgabe 3
Du kannst dazu eine Tabelle nach diesem Muster erstellen und diese dann erläutern:

	EU-Ziele 2020	EU-Ziele 2030
CO_2-Reduktion um ...		
...		
...		
Weitere Ziele		

Seite 164, Aufgabe 1
So kannst du beginnen: „Die EU-Kommission unterbreitet dem EU-Parlament und dem Ministerrat (= Rat) einen Gesetzesvorschlag. Das Parlament formuliert in der 1. Lesung des Gesetzes seinen Standpunkt. Die Kommission nimmt danach eventu-ell vorgeschlagene Änderungen des Parlamentes und legt dann den Entwurf dem Ministerrat zur Entscheidung vor. Hat der Rat keine Änderungswünsche, kann er das Gesetz beschließen. Andernfalls ..."

Seite 165, Aufgabe 5
Tipp: Liste die genannten Regelungen so auf:
- Standardfrist von sechs Monaten zur Bearbeitung von Asylanträgen (mit begrenzten Ausnahmen)
- ...

Seite 166, Aufgabe 1
So kannst du beginnen: „Die EU Kommission setzt sich aus Kommissaren aus allen EU-Staaten zu-sammen. Innerhalb der Kommission ..."

Seite 171, Aufgabe 1
Nennt Beispiele aus dem Alltag für die vier Freiheiten in M1. Die Beispiele findet ihr im Text.

Seite 171, Aufgabe 2
Erstelle dazu eine Tabelle nach folgendem Muster:

Freiheit	Beschreibung
Freier Warenverkehr	Waren können …
…	…

Seite 172, Aufgabe 1
Tipp: Die Informationen zur Bearbeitung der Aufgabe findest du im Text rechts oben auf der Seite.

Seite 174, Aufgabe 1
Verwende die folgenden Begriffe: Ziel einer gemeinsamen Währung – gemeinsame Währungspolitik – einheitliche und stabile Währung – Konvergenzkriterien.

Seite 176, Aufgabe 1
Tipp: Suche eine Atlaskarte, die in etwa den gleichen Ausschnitt zeigt, dann kannst du die Namen der Staaten leichter finden.

Umwelt und Wirtschaft im Widerstreit?

Seite 183, Aufgabe 4a
In den gelben Kästen findest du die Ziele der deutschen Wirtschaftspolitik. Erläutere sie mit eigenen Worten.

Seite 185, Aufgabe 2b
Formuliere zunächst den Inhalt der vier weißen Kästen in entsprechender Reihenfolge in vollständigen Sätzen. Die Folgen sind mit gelben Kreisen gekennzeichnet.

Seite 189, Aufgabe
Oft hilft es, ein Problem „auf den Kopf zu stellen". Stellt euch vor, wie ein Unternehmen handeln könnte, das seine Arbeitsbedingungen (Lohn, Beförderungschancen, Gleichbehandlung usw.) extrem ungerecht gestaltet, wirtschaftlich hochgradig risikofreudig handelt (Ausgabenpolitik, Handel, Konkurrenzverhalten usw.) und überhaupt nicht an die Umwelt denkt (Energieverbrauch, Ressourcenverbrauch, Fuhrpark, Einkaufspolitik usw.). Anschließend leitet ihr aus diesen Negativbeispielen Verbesserungsvorschläge ab.

Seite 193, Aufgabe 1b
Folgendes sollte die Auswertung enthalten: Anfangswert mit Jahreszahl, Endwert mit Jahreszahl, errechnete Differenz für den dargestellten Zeitraum (z. B. in Prozent), kurze Beschreibung des Kurvenverlaufs.

Seite 196, Aufgabe 2
Die Werte von ‚gut' und ‚schlecht' ergeben pro Jahr für jede der drei Bezugsebenen insgesamt 100. Beschreibe zunächst die Entwicklung jeder einzelnen Ebene und stelle fest, wie sich die Einschätzung der Umweltqualität verändert hat. Als letzten Schritt vergleichst du die Einschätzungen der drei Bezugsebenen miteinander und formulierst Auffälligkeiten.

Seite 197, Aufgabe 5b
Tipp: Lies das Schaubild M5 man von oben nach unten.

Seite 197, Aufgabe 5c
Wende auf jede Maßnahme die Frage an: „Inwiefern kommt diese Maßnahme der Umwelt (langfristig) zugute bzw. inwiefern entspricht sie dem Ziel einer nachhaltigen Entwicklung?"

Seite 198, Aufgabe 1c
Vergleiche jeweils die Werte von 1991 und 2013 für die sechs Verkaufsverpackungen, sowie den Verpackungen insgesamt. Berechne jeweils die Differenz und ermittle die dadurch erreichte Quotensteigerung.

Seite 199, Aufgabe 5a
Lege eine Tabelle nach folgendem Muster an:

Möglichkeit zum Heizkosten sparen	Umsetzbarkeit (sehr leicht; eher leicht; eher schwer)	Kostenfaktor [keine Kosten; (eher) niedrig; (eher) hoch]
Türen schließen	sehr leicht	keine Kosten
Heizkörper freihalten	eher leicht	…
…	…	…

Seite 201, Aufgabe 2b
Tipp: In der biologischen/ökologischen Landwirtschaft wird auf den Einsatz von synthetischen Pflanzenschutzmitteln, Mineraldünger und Gentechnik weitgehend verzichtet. In der konventionellen (herkömmlichen) Landwirtschaft hingegen kommen diese zum Einsatz. Die konventionell erzeugten Produkte sind in der unteren Hälfte der Grafik in blauer Farbe dargestellt.

Seite 203, Aufgabe 2
Unter „Inputs" (Einspeisung, Eingabe) versteht man hier die materiellen Mittel, die zur Herstellung eines Produktes notwendig sind. Unter „Outputs" (Ausstoß, Ausgabe) fasst man sämtliche Produkte zusammen, die durch den Produktionsprozess gewollt oder auch ungewollt entstehen. Eine Bilanz gibt nach einer Gegenüberstellung einen abschließenden Überblick.

Internationale Sicherheit

Seite 210, Aufgabe 3
So kannst du beginnen: „Ein wichtiges Kennzeichen der Neuen Kriege ist der Ausgangspunkt für einen solchen Krieg: ein schwacher Staat. Der Staat besitzt nicht mehr das Gewaltmonopol, stattdessen ..."

Seite 212, Aufgabe 2
Du kannst dazu eine Mindmap entwerfen. Eine große Linie steht für Konflikte zwischen Staaten, eine andere für Konflikte innerhalb von Staaten (Bürgerkriege). Von diesen Linien werden einzelne Linien abgezweigt, an die du die Ursachen schreibst.

Seite 214, Aufgabe 3
Überlege, warum die Schriftform für www.terror. gewählt wurde, um weltweiten Terror zu beschreiben. Erkläre dann, warum der Zeichner die W-Fragen notiert hat.

Seite 217, Aufgabe 7
Tipp: Notiere zunächst, wie Kinder zu Soldaten gemacht und dabei gedrillt und erzogen werden. Stelle dieser Phase gegenüber, wie sie sich dann als Soldaten verhalten und wie sie handeln.

Seite 220, Aufgabe 3
Tipp: Verfolge auf einer Atlaskarte den Verlauf der Erdgaspipelines aus Russland.

Seite 223, Aufgabe 7
Tipp: Beachte, welche Rolle die Staaten am Ende des Zweiten Weltkriegs hatten, die heute einen ständigen Sitz im Sicherheitsrat haben.

Seite 224, Aufgabe 2
Tipp: Finde heraus, welche Positionen die ständigen Mitglieder des Sicherheitsrates zu einem aktuellen politischen Konflikt haben. Schildere dann, was passiert, wenn eines der ständigen Mitglieder wiederholt von seinem Vetorecht Gebrauch macht.

Seite 227, Aufgabe 5
Tipp: Beachte, dass NGOs globale Organisationen sind, die über Staatsgrenzen hinaus aktiv sind.

Seite 228, Aufgabe 2
Denke an die Rolle der USA nach dem Ende des Ost-West-Konflikts. Wie haben die USA ihre Sicherheitsinteressen durchgesetzt? Welche Rolle spielen Russland und China in der Sicherheitspolitik der USA?

Seite 230, Aufgabe 2
Gehe bei deinen Erläuterungen auf die Ziele der Operation Atalanta, das Einsatzgebiet, die Teilnehmer und die deutsche Beteiligung ein.

Seite 232, Aufgabe 2
Gehe chronologisch vor. Erläutere die Bedeutung der Jahreszahlen 1955, 1957, bis 1990, ab 1990 für die Entwicklung der Bundeswehr. Dazu kannst du eine Tabelle nach diesem Muster erstellen:

Jahr	Entwicklung der Bundeswehr
1955	...
...	...

Minilexikon

A

Ablass
Vergebung von Sünden gegen Geldzahlung

absolut
uneingeschränkt

absolute Mehrheit
eine Stimme mehr als 50% aller abgegebenen Stimmen

Agenda → S. 188

Agenda 21 → S. 197

Aggressor
Angreifer

Akademisch
wissenschaftlich

Akteur
Handelnder

Alleinvertretungsanspruch → S. 61

Alliierte
Verbündete im Kampf; oft werden damit die Großmächte benannt, die sich im Zweiten Weltkrieg zum Kampf gegen Hitler-Deutschland zusammengeschlossen hatten.

Analphabet
jemand, der nicht Lesen und Schreiben kann

Analyse
Untersuchung

Antisemitismus → S. 14, 114

Arabischer Frühling → S. 219

Arbeitsdienst
freiwillig ausgeübte oder gesetzlich angeordnete Arbeit zum Nutzen der Allgemeinheit

Arier
nach der Ideologie der Nationalsozialisten waren die Arier als „Herrenrasse" dazu ausersehen, andere Rassen zu beherrschen oder sogar auszulöschen.

Aspekt
Gesichtspunkt

assimiliert → S. 114

Asyl
Zufluchtsort

Asymmetrie → S. 211

atlantisch
in der Politik: den Atlantik überbrückend

Atombombe → S. 36

Aufklärung (militärisch)
jede Art von Erkundung des Gegners, z.B. seiner Waffensysteme oder seiner Stellungen

Aufklärung → S. 112

Außerparlamentarische Opposition (APO)
eine Gruppe, die außerhalb des Parlaments ihre politischen Ziele erreichen wollte, z. B. mithilfe von Demonstrationen

Ausnahmezustand
Außerkraftsetzen von Grundrechten

Ausweisung
Verwaltungsakt mit dem Ziel, die Anwesenheit des Betroffenen im jeweiligen Land zu beenden

Autarkiepolitik
Streben nach weitestgehender Selbstversorgung

Avantgarde
Vorkämpfer für neue Ideen

Babyjahr
Umgangssprachliche Bezeichnung für Elternzeit = Zeitraum unbezahlter Freistellung von der Arbeit nach der Geburt eines Kindes für Eltern.

B

Basis
Grundlage

Befreiungskriege
Zusammenfassende Bezeichnung aller kriegerischen Aktivitäten zwischen 1813 und 1815 zur Beendigung der napoleonischen Herrschaft in Europa

Bekennende Kirche
Widerstandsbewegung evangelischer Christen in der Zeit des Nationalsozialismus

Benelux
Sammelbegriff für Belgien, die Niederlande und Luxemburg

bespitzeln
einem Nachrichtendienst oder der Polizei Informationen über Personen, Gruppen oder Organisationen liefern

Bildende Kunst
Sammelbezeichnung für alle bildhaft gestaltenden Künste, wie Baukunst, Bildhauerei, Malerei und Grafik

Binnenmarkt
Handel innerhalb eines Landes

BIP
Bruttoinlandsprodukt, Wert aller in einem Land erzeugten Waren und Dienstleistungen

Blauhelmmission
Einsatz von Friedenstruppen der UNO

Bleiberecht
Recht zum befristeten oder dauerhaften Aufenthalt in einem Land

Blitzkrieg
Militärische Strategie, bei der ein Gegner durch schnelle und unerwartete Angriffe überrascht und in kurzer Zeit besiegt wird

Blockade
Abriegelung eines Gebietes mit militärischen Mitteln

Boom
plötzlicher, heftiger Wirtschaftsaufschwung

Boykott → S. 20

Breschnew-Doktrin → S. 84

Bruttonationaleinkommen (BNE) → S. 172

Budget
Haushaltsplan

Bürgerinitiative → S. 80

Büttel
Veraltet für: Polizist

Bund Deutscher Mädel (BDM)
NS-Jugendorganisation für Mädchen von 10 bis 18 Jahren

Bundesarbeitsgericht
oberstes Gericht, das Streitigkeiten zwischen Arbeitgebern und Arbeitnehmern entscheidet

Bundesfinanzhof
oberstes Gericht für Steuer- und Zollsachen

Bundesgerichtshof
oberstes deutsches Gericht und letzte Instanz in Zivil- und Strafverfahren

Bundeskanzler/-in
Chef der Bundesregierung – bestimmt die Richtlinien der Politik

Bundespräsident
Staatsoberhaupt

Bundesrat
Teil der Legislative – besteht aus Vertretern der Bundesländer

Bundesregierung
Teil der Exekutive – besteht aus Kanzler/Kanzlerin und Ministern/Ministerinnen

Bundessozialgericht
oberstes Gericht, das in letzter Instanz Streitigkeiten z. B. bei Arbeitslosengeld, Kindergeld oder Renten entscheidet

Bundestag
Teil der Legislative – beschließt alle Gesetze

Bundesverfassungsgericht
Hüter der Verfassung, überprüft alle Akte der Staatsgewalt

Bundesversammlung
Gremium aus Vertretern des Bundestages und der Länder, wählt den Bundespräsidenten

Bundesverwaltungsgericht
oberstes Gericht für Angelegenheiten der öffentlichen Verwaltung (z. B. Entscheidungen der Gemeinden)

Byzantinisches Reich → S. 105

Byzanz
alter Name von Istanbul

C

CARE → S. 52

Care-Paket
die Hilfsorganisation CARE verschickte aus den USA nach dem Zweiten Weltkrieg rund 10 Mio. Lebensmittelpakete.

CE-Kennzeichnung → S. 170

Coltan → S. 216

D

Debatte
Diskussion mit anschließender Abstimmung

Definition
Begriffserklärung

Delegation
Gruppe von Abgeordneten

Demokratie → S. 125

Demontage
Abbau von Industrieanlagen

Deportation → S. 23

Devisen
ausländische Währung

Dezernent
Abteilungsleiter in einer Behörde

DFJW → S. 118

Dhimma → S. 106

Diäten
Versorgungsbezüge von Abgeordneten

Dialog
Gespräch zwischen zwei oder mehr Menschen

Diaspora
Gebiet, in dem eine Religion in der Minderheit ist

Diktatur
unkontrollierte Alleinherrschaft einer Person

Dimension
Ausmaß

Dioxin
hochgiftige chemische Verbindung

Dissident
ein Andersdenkender, der in einer Diktatur oder einem totalitären Staat seine Meinung, die nicht mit der Politik der Regierung übereinstimmt, öffentlich vertritt

Doktrin
Lehrsatz, Lehrmeinung

DPJW → S. 119

Drachme → S. 109

Drama
in Akte gegliedertes Theaterstück; auch Bezeichnung für ein trauriges Geschehen

Drill
harte Ausbildung beim Militär

Dschihad
im Islam Bezeichnung für die Anstrengung auf dem Wege zu Gott; heute oft in der einschränkenden Übersetzung „heiliger Krieg" gebraucht

E

Edikt
fürstlicher Erlass

effizient
wirksam

effektiv
wirksam

Einheitsliste
Wahlliste mit Kandidaten aller Parteien, meist in kommunistischen Staaten

Einparteiendiktatur
politisches System, bei dem eine Partei allein die Regierungsgewalt besitzt; Oppositionsparteien sind nicht zugelassen.

Einsatzgruppen → S. 31

Eintopfsonntag → S. 16

Eiserner Vorhang
durch Sperranlagen gesicherte Grenze zwischen West- und Osteuropa im Kalten Krieg

Élysée-Vertrag
deutsch-französischer Freundschaftsvertrag vom 22. Januar 1963

Emanzipation → S. 122

Emigration
Auswanderung, emigrieren = auswandern

Emission → S. 185

Entartung
zwischen ca. 1850 und 1950 verbreitete Vorstellung, dass es bei den Menschen eine Abweichung vom Naturzustand gäbe, die bekämpft werden müsse

entmilitarisiert
frei von Militär

Entnazifizierung → S. 38

Entwicklungsland
ein Land, das sich wirtschaftlich, sozial und politisch auf einem relativ niedrigen Stand befindet

Epidemie
Massenerkrankung

Erasmus → S. 158

Erbfeind → S. 118

Erneuerbare Energien
Energieträger, die praktisch unerschöpflich zur Verfügung stehen; dazu zählen Bioenergie, Erdwärme, Wasserkraft, Meeresenergie, Sonnenenergie und Windenergie.

Erosion
Bodenabtragung an der Erdoberfläche, z. B. durch Wasser oder Wind

eTwinning → S. 159

EUFOR → S. 230

Euthanasie → S. 15

EURATOM → S. 155

Euro-Rettungsschirm (ESM)
der ESM unterstützt überschuldete Mitgliedstaaten der Eurozone durch Kredite und Bürgschaften, um deren Zahlungsfähigkeit zu sichern.

Europäische Gemeinschaft für Kohle und Stahl (EGKS) → S. 154

Europäischer Rat → S. 162

Europarat → S. 162

Exekutive
ausführende Gewalt

Extremismus → S. 146

F

Fanatismus, fanatisch
von einer Idee besessen

Fehde
direkte rechtliche Auseinandersetzung zwischen Geschädigtem und Schädiger ohne Einschaltung von Gerichten

fiktiv
angenommen, erdacht

Föderalismus
politisches System, bei dem bei dem die einzelnen Bundesstaaten eine Eigenständigkeit besitzen, aber insgesamt zu einem Bundesstaat zusammengeschlossen sind

Föderation
Staatenbund

Fonds
Geldmittel, Anleihe

Fraktion → S. 132

Französische Revolution
eine der folgenreichsten Ereignisse der jüngeren Geschichte; dabei wurde die Gesellschaftsordnung in Frankreich nach den Ideen der Aufklärung umgestaltet.

Frauenbewegung
weltweite Bewegung zur Durchsetzung der Gleichberechtigung der Frauen

Freibetrag → S. 136

Freizügigkeit
das Recht zur freien Wahl des Wohnortes

Führerprinzip
Konzept des Nationalsozialismus: eine Gruppe ordnet sich einem Führer bedingungs- und kritiklos unter.

G

Gaskammern
Räume mit Einrichtungen zur Tötung von Menschen in Konzentrationslagern

Geheime Staatspolizei (Gestapo)
politische Polizei der Nationalsozialisten zur Ausschaltung aller Gegner

Gelber Fleck → Judenfleck

Gelber Hut → S. 110

Gemeinwohl → S. 125

Generalgouvernement → S. 26

Genossenschaft
Zusammenschluss von Personen, die gemeinsam ein Geschäft betreiben

Geschützte Ursprungsbezeichnung → S. 171

Gestapo → S. 12

Gewaltenteilung → S. 11

Gewerbefreiheit
Grundsatz, nach dem jedermann eine gewerbliche Tätigkeit ausüben darf

Glasnost → S. 84

Gleichschaltung
Vorgang der Auflösung bestehender Organisationen (Parteien, Gewerkschaften, Verbände) und ihrer Eingliederung in NS-Organisationen; damit verbunden war die Ausrichtung auf die Ziele der Nationalsozialisten.

grassieren
sich schnell ausbreiten (von Seuchen)

Gremium
Ausschuss

Großgrundbesitzer
Person mit umfangreichem Landbesitz

Großindustrie
Sammelbezeichnung für große Industrieunternehmen

Grundgesetz
die Verfassung der Bundesrepublik Deutschland; sie wurde am 23. Mai 1949 verkündet und gilt seitdem.

Grundnahrungsmittel
Nahrungsmittel, die den Bedarf der Menschen an notwendigen Nährstoffen decken

Grund- und Menschenrechte
allgemeine Freiheitsrechte, die jedem Menschen zustehen und in Verfassungen garantiert werden

Guerillataktik
Kampf im Untergrund

H

Haushalt (Etat, Budget)
Zusammenstellung der Einnahmen und Ausgaben eines Jahres

Hitlergruß → S. 11

Hitlerjugend (HJ)
Jugendorganisation der NSDAP für 10- bis 18-jährige Jungen

Hochverrat
Straftat, die gegen den Bestand eines Staates oder dessen Verfassung gerichtet ist

human
menschlich

Hypothek
Beleihung einer Immobilie

I

iberisch
aus der südwestlichen Halbinsel Europas südlich der Pyrenäen stammend

Ideologie → S. 14

Immigrant
Einwanderer

Imperialismus
Streben eines Staates nach Weltgeltung und Großmachtstellung

Import
Einfuhr

Impuls
Anstoß

Individuum
einzelne Person

Indochina
Region in Südostasien

Inflation
starkes Ansteigen der Preise, damit verbunden Geldentwertung

Infrastruktur
alle öffentlichen Einrichtungen, aber auch Verkehrswege, Telekommunikationsnetz usw.

Initiative
erste Anregung zu einer Handlung

Initiativrecht
das Recht von Organen eines Staates, einen Gesetzentwurf einzubringen

Innovation
Neuerung

Institution
öffentliche Einrichtung

Institutionelle Stabilität → S. 176

Minilexikon

Integration
Eingliederung

Internationaler Strafgerichtshof (IStGH)
→ S. 226

Invasion → S. 27

Investition
Kapitalanlage

Islamischer Staat
→ S. 212

Islamist
militanter Moslem

Israel → S. 218

J

Judenfleck → S. 111

Judenstern → S. 23, 111

Judikative
Rechtsprechende Gewalt

Jugendweihe
in der DDR 1955 eingeführt, um Jugendliche auf die Ziele des Sozialismus zu verpflichten

juristisch
die Rechtssprechung betreffend

K

Kalifat
Reich eines Herrschers im Orient

Kalorie
Maßeinheit für Nährwert von Lebensmitteln

Kampagne
Aktion

Kapitalismus
Wirtschaftsform mit Marktwirtschaft

Kaufkraft
verfügbares Einkommen einer Person

Kapitulation
Übergabe, Aufgabe, Einstellen der Kämpfe

KfW → S. 195

Koalition
Bündnis auf Zeit von zwei oder mehreren Parteien

Kohlenstoffsenken
→ S. 186

Kollektiv
Team, Gruppe

kommerziell
geschäftlich

kommunal
die Gemeinde betreffend

Kommunismus → S. 47

Komödie
Theaterstück mit heiterem Ablauf und glücklichem Ende

Kompromiss
Einigung, bei der beide Seiten nachgeben

Konflikt
Auseinandersetzung, weil Interessen, Wertvorstellungen oder Zielsetzungen von Personen, Gruppen oder sogar Staaten nicht vereinbar erscheinen

Konkurrenz
Wettbewerb verschiedener Anbieter

Konsens
Übereinstimmung

konstruktives Misstrauensvotum → S. 132

Konsultation
Befragung, Beratung durch andere

Konsument
Verbraucher

Konsumgut
Verbrauchsgegenstand

Kontrollrat
höchste Regierungsgewalt der Alliierten in den Besatzungszonen

Konvention
Abkommen, Brauch

Konvergenz
Annäherung, Zusammenlaufen

Konvergenzkriterien
→ S. 174

Konzentrationslager
→ S. 10

Konzession
Behördliche Genehmigung, Zugeständnis

Koordinierung
aufeinander abstimmen

Kooperation
Zusammenarbeit

Koran
heiliges Buch des Islam

Korruption
Bestechlichkeit

Kreditbrief
schriftliche Vereinbarung über geliehenes Geld

Kreisauer Kreis
bürgerliche Widerstandsgruppe während der Zeit des Nationalsozialismus, die Ideen für eine Neuordnung nach dem Ende der Naziherrschaft entwickelte

Krematorium
Anlage für Feuerbestattungen

Kreuzzüge
im Mittelalter unternommene Kriegszüge gegen Staaten oder Gruppierungen, die von Christen als Feinde des Glaubens angesehen wurden

Krieg → S. 210

Kriegsbündnisse im Zweiten Weltkrieg
→ S. 28

L

Landesliste → S. 130

Landtag
Parlament eines Bundeslandes

Lateinamerika
Sammelbezeichnung für alle amerikanischen Staaten, in denen Spanisch oder Portugiesisch gesprochen wird

Lebensraum
in der Ideologie der Nationalsozialisten benutzter Begriff zur Begründung von Gebietsansprüchen

Legislative
Gesetzgebende Gewalt

Legislaturperiode
Zeitraum, für den die Abgeordneten eines Parlaments gewählt werden

Leibeigener
Bauer, der persönlich von seinem Grundherrn abhängig ist

Lesung
Beratung im Rahmen des Gesetzgebungsprozesses

liberal
politische Grundeinstellung, die der persönlichen Freiheit des Einzelnen stets Vorrang einräumt

Liquidierung
ungesetzliche Beseitigung von Personen

Lobby → S. 144

lokal
für einen bestimmten Ort geltend

Luftbrücke
Versorgung Berlins mithilfe von Flugzeugen während der Blockade

M

magisches Viereck
→ Stabilitätsgesetz von 1967

Management
Führung einer Firma

Mandat
Auftrag, Ermächtigung

Marktwirtschaft
Wirtschaftsform mit freiem Wettbewerb und Privateigentum an Produktionsmitteln

Marshallplan (ERP)
→ S. 58

Massenmedium
Kommunikationsmittel, mit dem Informationen schnell an eine hohe Zahl von Nutzern weitergegeben werden können, z. B. Zeitungen, Fernsehen, Hörfunk, Internet

Massenorganisation
Sammelbezeichnung für Organisation mit vielen Mitgliedern, z. B. Gewerkschaften

Massenvernichtungswaffen
besonders zerstörerische Waffen; dazu zählen atomare, biologische und chemische Waffen.

Menschenrechte
→ S. 227

Ministerium für Staatssicherheit → S. 87

Ministerrat
Gremium der EU, Mitglieder sind die jeweiligen Fachminister aller Mitgliedsstaaten

Monopol
ein alleiniger Anbieter einer Ware oder Dienstleitung hat ein Monopol

Montagsdemonstrationen
Massendemonstrationen, die seit dem 4. September 1989 in Leipzig im Anschluss an die jeweils für Montag anberaumten Friedensgebete in der Nikolaikirche stattfanden

Montanunion → Europäische Gemeinschaft für Kohle und Stahl

N

Napalmbomben → S. 50

Nationale Front → S. 61

NATO → S. 49

Nettozahler/-empfänger → S. 172

Neue Kriege → S. 210

NGO → S. 227

Nomade
Wanderhirte

Notstandsgesetze
→ S. 82

Novemberpogrome
→ S. 22

NSDAP
Nationalsozialistische Deutsche Arbeiterpartei

Nürnberger Gesetze
auch „Rassengesetze" genannt; sie kleideten die antisemitischen Vorstellungen des NS-Staates in Gesetzesform.

Nürnberger Prozesse
Dazu zählen der Nürnberger Prozess gegen die Hauptkriegsverbrecher vor dem Internationalen Militärgerichtshof sowie zwölf sogenannte Nachfolge-Prozesse vor einem US-amerikanischen Militärgerichtshof zwischen 1945 und 1949 in Nürnberg

O

Oder-Neiße-Linie
→ S. 54

Minilexikon

247

Ökonomie
Lehre von der Wirtschaft

Ökosystem → S. 184

Oktoberrevolution
Machtübernahme durch die Kommunisten unter Lenin 1917 in Russland

Opposition → S. 132

osmanisch
zum türkischen Reich gehörig

Ostblock
Bezeichnung im Kalten Krieg für die Sowjetunion und die von ihr abhängigen europäischen Satellitenstaaten

P

Palästina
Gebiet zwischen Mittelmeer und Jordan

Parlamentarischer Rat → S. 74

Petition → S. 125

Philosoph
Wissenschaftler, der nach Erkenntnis strebt

PLO → S. 218

Politbüro
Führungsgruppe in kommunistischen Parteien

Pogrom → S. 109

Politischer Kommissar
im Zweiten Weltkrieg in der UdSSR Parteifunktionär bei der kämpfenden Truppe

Potsdamer Abkommen
es war das Ergebnis der Potsdamer Konferenz im Sommer 1945; darin wurden von den Alliierten die vier Ds (Denazifizierung, Demilitarisierung, Demokratisierung, Dezentralisierung) verabschiedet.

Prager Frühling
die tschechoslowakische kommunistische Partei unter Dubcek gewährte 1968 den Bürgern mehr Freiheiten

Präsidialkabinett
in der Weimarer Republik: Regierung, die nicht vom Parlament gewählt war, sondern vom Staatspräsidenten ernannt worden ist

Präventionsgesetz → S. 141

Premierminister
Bezeichnung für Regierungschef Großbritanniens

Prinzip
Grundsatz

Privileg
Vorrecht

Propaganda → S. 13

Protektorat
ein unter Schutzherrschaft stehendes Gebiet

Provisorium
vorläufige Einrichtung; provisorisch = vorläufig

Q

qualifiziert
für etwas befähigt

Quellen → S. 98

R

Rassismus, rassistisch
Rassendenken, das Personen aufgrund ihrer Herkunft benachteiligt und diskriminiert

ratifizieren
Bestätigung, Anerkennung von Verträgen

Rechtsakt
Vorgang aufgrund eines Gesetzes

Rechtsextreme Parteien → S. 40

Rechtsextremismus
Rechtsextreme wollen den Staat gewaltsam verändern und orientieren sich häufig bei ihren Vorstellungen am Nationalsozialismus.

Rechtsstaat → S. 143

Reconquista → S. 105

Recycling → S. 198

Reform
Langsame friedliche Veränderung

Regime
diktatorische Herrschaft

Reichsarbeitsdienst
nationalsozialistische Organisation

Reichsrat
in der Weimarer Republik: Vertretung der Länder

Reparationen → S. 58

Republik → S. 125

repräsentative Demokratie
politische Entscheidungen werden nicht unmittelbar durch das Volk, sondern durch gewählte Abgeordnete getroffen.

Ritualmord → S. 11

Römische Verträge → S. 155

Rote Armee Fraktion (RAF)
Linksextremistische, terroristische Vereinigung

S

SA
Sturmabteilung, NS-Organisation

Sanktionen → S. 220

sanitär
die Gesundheit betreffend

Satire
ironisch witzige Darstel-

lung menschlicher Schwächen

SBZ → S. 38

Scharia → S. 219

Schießbefehl → S. 64

Schuldbrief
schriftliche Vereinbarung über geliehenes Geld

Schutzbrief → S. 112

Schutzmacht
ein bedeutender Staat, der einen kleinen beschützt

Schwarzer Markt, Schwarzmarkt
Illegale Tauschwirtschaft

Schwerindustrie
Sammelbezeichnung für Eisen- und Stahlindustrie sowie Bergbau

SED → S. 92

Seeblockade
Abriegelung eines Gebietes mithilfe von Kriegsschiffen

Sektor
Teil eines Gebietes

Sinti
Angehöriger eines Zigeunerstammes

Skepsis
leichtes Misstrauen

Skeptizismus
ständige Überprüfung, grundsätzlich zweifelnd

Söldner
gegen Bezahlung angeworbene Soldaten

Solidarnosc → S. 85

Solidarpakt II → S. 96

Soziale Marktwirtschaft
Wirtschaftsordnung, die einerseits freien Wettbewerb zulässt, in der andererseits der Staat durch Eingriffe für sozialen Ausgleich sorgt

Sozialisierung
Abschaffung von Privateigentum an Produktionsmitteln

Sperrklausel → S. 131

Spießbürger
engstirniger Mensch

SS
Schutzstaffel, nationalsozialistische Organisation

Staatsrat (der DDR)
Staatsoberhaupt der DDR

Stabilitätsgesetz
dieses bundesdeutsche Gesetz von 1967 schreibt als Staatsziel das Erreichen des gesamtwirtschaftlichen Gleichgewichts (Preisniveaustabilität, hoher Beschäftigungsstand, außenwirtschaftliches Gleichgewicht; dies bei angemessenem und stetigem Wirtschaftswachstum) fest.

Stasi, MfS (Ministerium für Staatssicherheit)
Auslands- und Inlandsgeheimdienst der DDR, vor allem ein Unterdrückungs- und Überwachungsinstrument gegenüber der DDR-Bevölkerung

Statut
Satzung, Grundgesetz

Strafzoll
Abgabe auf eingeführte Waren, um Preisdumping zu verhindern

„Stürmer"
nationalsozialistische Propaganda-Zeitung

Subvention
an einen bestimmten Zweck gebundene finanzielle Unterstützung aus öffentlichen Mitteln

supranational
mehrere Staaten umfassend

Synagoge
Jüdisches Gebetshaus

Synthese → S. 115

T

Taliban → S. 233

Terror
gewaltsame Aktion zur Erreichung politischer Ziele

Terrorismus → S. 214

Toleranz
Zulassen fremder Meinungen und Verhaltensweisen

Transit
Personen- und Warenverkehr durch fremdes Staatsgebiet

Treibhausgase
gasförmige Stoffe in der Luft, die zum Treibhauseffekt beitragen und sowohl einen natürlichen als auch einen vom Menschen verursachten Ursprung haben können

Trend
Entwicklungsrichtung

Treuhandgesellschaft
Verwaltung fremder Rechte und Vermögen

Trizone → S. 60

Tyrannei
Gewalt- und Willkürherrschaft

U

überkonfessionell
nicht auf eine Glaubensrichtung beschränkt

Umweltbilanz → S. 202

UNESCO → S. 223

UNICEF → S. 225

Unionsbürgerschaft → S. 156

UNO → S. 222

V

Verfassung der DDR → S. 75

Verfassungsgericht
überprüft die Übereinstimmung von Gesetzen mit der Verfassung

Verfassungsorgane → S. 140

Vernichtungslager → S. 31

Versailler Vertrag
Friedensvertrag nach dem Ersten Weltkrieg

Veto
Einspruch mit verhindernder Wirkung

Vietcong → S. 50

Vietminh
Vietnamesische Unabhängigkeitsbewegung unter kommunistischer Führung

Visum
Ein- und Ausreiseerlaubnis

Völkerrecht
Lehre, die sich mit dem Verhältnis von Staaten befasst

Völkischer Beobachter → S. 29

Volksempfänger
Radioapparat zur NS-Zeit

Volksentscheid
Alle Wahlberechtigten entscheiden, nicht das Parlament

Volksgemeinschaft
die Nationalsozialisten verstanden darunter die einheitliche soziale Gemeinschaft aller Volksgenossen. Alle, die nach dem Verständnis der Nationalsozialisten keine Volksgenossen waren, gehörten nicht zur Volksgemeinschaft.

Volksgerichtshof → S. 34

Volkskammer
Parlament der DDR

Volkssturm
militärischer Verband am Ende des Zweiten Weltkriegs, der aus Kranken, Jugendlichen und alten Männern bestand

Vorderasien
Gebiet östlich des Mittelmeers

W

Waffen-SS
seit 1939 zusammenfassende Bezeichnung für alle SS-Einheiten

Währungsreform
Einführung einer neuen Währung

Wahlpflicht
In bestimmten Staaten ist die Beteiligung an Wahlen gesetzlich vorgeschrieben.

Wahlurne
Versiegelte Kiste zur Aufnahme der Stimmzettel

Wannseekonferenz
bei dieser Konferenz in einer Villa am Berliner Wannsee organisierten führende NS-Politiker den bereits begonnenen Holocaust.

Warschauer Pakt → S.49

Wechsel
Wertpapier, das geliehenes Geld dokumentiert

Weiße Rose
eine studentische Widerstandsgruppe im Nationalsozialismus, die sich besonders auf christliche und humanistische Werte berief.

Weltmarktpreis
Preis einer Ware weltweit

Weltwirtschaftskrise
wirtschaftliche Probleme aller Industriestaaten mit Rückgängen bei der Produktion und steigender Arbeitslosigkeit

Wertpapier
Aktie

WHO → S. 223

Widerstandskämpfer
Menschen, die aktiv gegen eine Diktatur vorgehen

Wiener Kongress
Konferenz europäischer Staaten nach dem Ende der Herrschaft Napoleons

Wohlfahrt
materielle Sicherheit aller

Z

Zar
früher: höchster Herrscher in Russland

Zentralkomitee
Führungsgruppe kommunistischer Parteien

Zeugen Jehovas
christliche Religionsgemeinschaft

Zoll
Abgabe auf importierte Waren

Zwei-plus-vier-Vertrag
Friedensregelung zwischen der Bundesrepublik und der DDR einerseits und den alliierten Siegermächten des Zweiten Weltkriegs andererseits; er markiert das Ende der Nachkriegszeit.

Textquellen

10 **M2** zit. nach: Conze, W.: Der Nationalsozialismus, Bd. 1, Klett, Stuttgart 1972, 62f.

11 **M3** Michaelis, H. (Hg.): Ursachen und Folgen, Dokumenten-Verlag Wendler, Berlin o. J., 146f.
M4 Autor: Martin Lücke.

12 **M2** Reichsgesetzblatt I 1934 Seite 529 I
M3 Aleff, E.: Das Dritte Reich, Fackelträger, Hannover 1970, 57.
M4 https://www.dhm.de/lemo/kapitel/ns-regime/ns-organisationen/gestapo/ (Zugriff: 11.12.2015).

14 **M2** Meier-Benneckenstein, P. (Hg.): Dokumente der deutschen Politik, Bd. 2, Juncker & Dünnhaupt, Berlin 1938, 18.
M3 Hitler, A.: Mein Kampf, Eher, München 1932, S.420.
M4 Hitler, A.: Mein Kampf, Eher, München 1936, 318, 324, 329.

15 **M6** Hitler, A.: Mein Kampf, Eher, München 1936, 742.
M7 https://www.dhm.de/lemo/kapitel/zweiter-weltkrieg/holocaust/euthanasie/ (Zugriff: 11.12.2015).

16 **M2** Francois-Poncet, A.: Botschafter in Berlin 1931-1938, Kupferberg, Berlin 1962, 308.
M3 Weltkriege und Revolutionen 1914-1945, bearb. von Günter Schönbrunn, 3. Aufl., BSV, München 1979 (=Geschichte in Quellen, Bd. 6), 294.

17 **M6** Burkhardt, B.: Eine Stadt wird braun, Hoffmann und Campe, Hamburg 1980, 142.

18 **M2** Elster, H. M.: Liebe und Ehe, Rudolph, Dresden 1940, 237f.

19 **M3** Arbeitskreis Stadtgeschichte Salzgitter e.V. (Hg.): Unterrichtsheft „Jugend-Nationalsozialismus in Salzgitter", Arbeitskreis Stadtgeschichte ,Salzgitter 1996, 1ff.
M6 Soenke, J.: Die Reden des Führers nach der Machtübernahme, Eher, Berlin 1939, 176.

20 **M4** Streicher, J. (Hg.): „Der Stürmer", Nürnberg 1934.
M5 Bein, Reinhard (Hg.): Juden in Braunschweig, Döring-Dr., Braunschweig 1983, 206.

21 **M6** Reichsgesetzblatt 1935, T. 1, Nr. 100, 1146f.
M8 Bernhard und Astrid Parisius: „Rassenschande" in Norden. Zur Geschichte von zwei Fotos, die das Bild Jugendlicher von der NS-Zeit prägen, in: Ostfreesland. Kalender für jedermann 87 (2004), 129.

22 **M4** Stadtarchiv Nürnberg (Hg.): Schicksal jüdischer Mitbürger in Nürnberg 1850-1945, Stadtrat, Stadtarchiv, Nürnberg 1965.
M5 Kühnl, R.: Der deutsche Faschismus in Quellen und Dokumenten, Pahl-Rugenstein, Köln 1987, 296f.

23 **M6** Praxis Geschichte 6/95, 21.

24 **M4** Vierteljahrshefte für Zeitgeschichte, Heft 2/1955, 204ff.

25 **M6** Goebbels, J.: Tagebücher 1924 -1945, hg. v. Ralf Georg Reuth, Bd. 3, Piper, München1992, 933-935.
M7 Autor: Martin Lücke.

26 **M2** Vierteljahrshefte für Zeitgeschichte, Heft 2/1958, 182.
M4 Autor: Martin Lücke.

27 **M6** Kühnl, R.: Der deutsche Faschismus in Quellen und Dokumenten, Pahl-Rugenstein, Köln 1975, 352.

29 **M5** Boelcke W.: Wollt Ihr den totalen Krieg?, dtv, München 1969, 436f.

30 **M2** Praxis Geschichte 6/95, 5.

31 **M4** Klee, E. u. a.: Schöne Zeiten, Fischer, Frankfurt/M. 1988, 69f.

32 **M2** Broszat, M. (Hg.).: Rudolf Höß. Kommandant in Auschwitz, Stuttgart 1958, 166.
M3 Knopp, G.: Holokaust, München 2000, 268.
M4 Roth, H. (Hg.): Verachtet, verstoßen, vernichtet, Arena, Würzburg 1995, 170.

34 **M1** Text des Autors Martin Lücke.
M2 Rosenthal, H.: Zwei Leben in Deutschland, Lübbe, Bergisch Gladbach 1980, 61.
M3 Bayer, I.: Ehe alles Legende wird, Arena, Würzburg 1995, 198.

35 **M6** Hofer, W.: Der Nationalsozialismus, Dokumente 1933-1945, Fischer, Frankfurt 1957, 164.
M7 Hofer, W.: Der Nationalsozialismus, Dokumente 1933-1945, Fischer, Frankfurt 1957, 333f.
M8 Aleff, E.: Das Dritte Reich, Fackelträger, Hannover 1970, 230.

36 **M2** Hofer, W.: Der Nationalsozialismus, Dokumente 1933-1945, Fischer, Frankfurt 1957, 265f.
M3 Hachiya, M.: Hiroshima-Tagebuch, Hyperion, Freiburg i. Br. 1955, S.1 ff.

37 **M5** Klemperer, V.: Ich will Zeugnis ablegen bis zum letzten, Tagebücher Januar bis Juni 1945, Aufbau, Berlin 2006, 143.

38 **M2** Cornides, W./ Volle, H.: Um den Frieden mit Deutschland, Europa-Archiv, Oberursel 1948, 58 ff.

39 **M5** Der Prozess gegen die Hauptkriegsverbrecher vor dem Internationalen Militärgerichtshof, Bd. 1, Nürnberg 1947, 11f.
M6 Hildesheimer Allgemeine Zeitung vom 16. Juli 2015, 3.

40 **M2** www.hanisauland.de/lexikon/r/rechtsextremismus.html (Zugriff: 11.12.2015).
M4 www.tagesschau.de/inland/rechtsextrememordserie104.html (Zugriff: 11.12.2015).

43 **Aufg. 4** Jacobsen,H.-A.: Kommissarbefehl, in: M. Broszat u. a.: Anatomie des SS-Staates, Bd. 2, Walter, Olten 1965, 138.

46 **M1** Adams, A./Paul, W. (Hg.): Die Amerikanische Revolution in Augenzeugenberichten, dtv, München 1976, 262.
M2 Carnegie, A.: Wealth, in: North American Review 148, 665f, übers. von Klaus Langer.

47 **M4** zit. nach: Altrichter, H./ Haumann, H. (Hg.): Die Sowjetunion, Bd. 2, dtv, München 1987, 109f.
M5 zit. nach: Altrichter, H. (Hg.): Die Sowjetunion, Bd. 1, dtv, München 1986, 87ff.

48 **M2** Gasteyger, C. (Hg.): Einigung und Spaltung Europas 1942-1965, Fischer, Frankfurt 1965, 175f. (Quelle bearbeitet).
M3 zit. nach: Huster, E.-U. u.a.: Determinanten der westdeutschen Restauration, Suhrkamp, Frankfurt 1972, 338-340.

50 **M1** www.spiegel.de/spiegel/print/d-65414148.html (Zugriff: 11.12.2015).

51 **M5** nach: Görtemaker, M.: Die unheilige Allianz, C. H. Beck, München 1979, 44 (Quelle bearbeitet).

52 **M4** Steininger, R.: Deutsche Geschichte 1945-1961, Darstellung und Dokumente in zwei Bänden, Bd. 1, Fischer, Frankfurt/M.1983, 87 ff.

53 **M9** Steininger, R.: Deutsche Geschichte 1945-1961, Darstellung und Dokumente in zwei Bänden, Bd. 1, Fischer, Frankfurt/M.1983, 87 ff.

54 **M2** Hohlfeld, J. (Hg.): Dokumente der deutschen Politik und Geschichte von 1948 bis zur Gegenwart, Bd. 6, Dokumenten-Verlag, Berlin/München o. J., 26f.

55 **M3** www.zeitzeugenforum.de/Krieg%20-%20 Nachkriegszeit,BI/siteeckard.htm (Zugriff: 11.12.2015).

56 **M2** Rudzio, W.: Die organisierte Demokratie, Parteien und Verbände in der Bundesrepublik, Metzler, Stuttgart 1977, 82.
57 **M3** Wucher, A. (Hg.): Wie kam es zur Bundesrepublik? Politische Gespräche mit Männern der ersten Stunde, Herder, Freiburg, Basel, Wien 1968, 38 ff.
M6 zit. nach: E. Deuerlein (Hg.): DDR, 1945-1970, dtv, München 1971, 83 ff.
58 **M2** Kleßmann, C. u. a.: Das gespaltene Land, C. H. Beck, München 1993.
59 **M5** Autor: Martin Lücke.
60 **M2** www.bpb.de/geschichte/deutsche-einheit/deutsche-teilung-deutsche-einheit/43652/die-50er-jahre-entscheidungen (Zugriff: 11.12.2015).
61 **M4** Adenauer, K.: Reden 1917-1967, DVA, Stuttgart 1975, 170f.
M5 Weber, H.: Dokumente zur Geschichte der DDR, dtv, München 1986, 167f.
63 **M5** Stern, C.: Ulbricht. Eine politische Biographie, Kiepenheuer & Witsch, Köln 1963, 231.
64 **M2** Flemming, T./Koch, H.: Die Berliner Mauer, be.bra Verlag, Berlin 1999, 38.
M5 www.hdg.de/lemo/kapitel/geteiltes-deutschland-modernisierung/neue-ostpolitik/passierscheinabkommen.html (Zugriff: 11.12.2015).
65 **M7** Interview mit der Zeitzeugin Frau Ginzel durch Schülerinnen und Schüler der Renataschule, Hildesheim 2004.
66 **M2** Weber, H.: DDR, dtv, München 1986, 251.
M3 Autor: Klaus Langer.
M4 Wilharm, I. (Hg.): Deutsche Geschichte 1962-83, Bd. 2, Fischer, Frankfurt/M. 1985, 28.
67 **M7** DIE ZEIT Nr. 4 vom 28.01.1972. www.zeit.de/1972/04/cdu-lehnt-ostvertraege-ab (Zugriff: 11.12.2015).
68 **M2** www.spiegel.de/einestages/willy-brandt-in-warschau-a-946886.html (Zugriff: 11.12.2015).
69 **M3** www.mdr.de/damals/archiv/transitabkommen102.html (Zugriff: 11.12.2015).
74 **M3** Bundesgesetzblatt, 1.
76 **M4** Autor: Martin Lücke.
77 **M6** DDR- konkret, Olle & Wolter, Berlin 1981, 67-71.
78 **M2** Hoffmann, J./Ripper, W. (Hg.): Deutschland im Spannungsfeld der Siegermächte, Diesterweg, Frankfurt/M. 1982, 178.
M4 Abelshauser, W.: Die langen fünfziger Jahre, Schwann, Düsseldorf 1987, 115f.
79 **M7** Kleßmann, C. u. a.: Das gespaltene Land, C. H. Beck, München 1993, 508.
80 **M2** www.bpb.de/internationales/europa/tuerkei/184981/gastarbeit (Zugriff: 11.12.2015).
81 **M6** Wolfgang Klein: Ihr Kinderlein kommet! Dem Klapperstorch Flügel machen, in: Werner Filmer/Heribert Schwan (Hrsg.): Alltag im anderen Deutschland, Econ, Düsseldorf/Wien 1985, 130 f.
M7 Geiling-Maul, B. u. a.: Frauenalltag. Weibliche Lebenskultur in beiden Teilen Deutschlands, Bund-Verlag, Köln 1992, 97f.
82 **M3** www.hdg.de/lemo/html/DasGeteiltesDeutschland/NeueHerausforderungen/Linksterrorismus/reaktionenDesStaates.html (Zugriff: 11.12.2015).
83 **M5** zit. nach: Weber, H.: Kleine Geschichte der DDR, Verlag Wissenschaft und Politik, Köln 1980, 126.
M7 Der Spiegel 40 (1983). www.spiegel.de/spiegel/print/d-65431725.html (Zugriff: 11.12.2015).
84 **M3** www.fordham.edu/Halsall/mod/1968brezhnev.asp (Zugriff: 11.12.2015); übersetzt von Klaus Langer.

M5 Gorbatschow, M.: Erinnerungen, Siedler, Berlin 1995, 284 und Gorbatschow, M.: Perestroika, Die zweite russische Revolution, Droemer Knaur, München 1987, 40ff.
85 **M6** www.dw.com/de/r%C3%BCckblick-vor-25-jahren-wurde-die-solidarnosc-gegr%C3%BCndet/a-1691063 (Zugriff: 11.12.2015).
M7 www.rp-online.de/politik/deutschland/ungarn-oeffnet-den-eisernen-vorhang-aid-1.2299391 (Zugriff: 11.12.2015).
M8 Autor: Klaus Langer.
86 **M3** BStU (Bundesbeauftragte für die Unterlagen des Staatssicherheitsdienstes der ehemaligen DDR), Archiv der Außenstelle Suhl, AKG/29 Bd. 2.
87 **M4** http://de.wikipedia.org/wiki/Inoffizieller_Mitarbeiter (Zugriff: 11.12.2015).
M5 Autor: Klaus Langer.
M6 Autor: Klaus Langer.
88 **M2** Rein, G.: Die Opposition in der DDR, Wichern, Berlin 1989, 13f.
M5 Liberal-Demokratische Zeitung vom 23.09.1989.
89 **M7** Mitschrift von Klaus Langer des Filmbeitrages in den Nachrichten am 3.10.1989.
M9 Mitschrift von Klaus Langer des Filmbeitrages in den Nachrichten am 6.10.1989.
90 **M1** Kaulfuss / Schulz: Dresdner Lebensläufe, GNN-Verlag, Schkeuditz 1993, 201f.
M2 www.ski-eisfasching.de/drupal/geschichte (Zugriff: 11.12.2015).
M3 Kaulfuss / Schulz: Dresdner Lebensläufe, GNN-Verlag, Schkeuditz 1993, 205f.
91 **M4** E. Kuhn, Der Tag der Entscheidung, Ullstein, Berlin 1992, 28.
M6 Lindner / Grüneberger: Demonteure – Biographien des Leipziger Herbst, Aisthesis-Verlag, Bielefeld 1992, 256.
92 **M2** Thaysen, U.: Der Runde Tisch oder: Wo blieb das Volk?, Westdeutscher Verlag, Opladen 1990, 174f.
93 **M5** taz (Hg.): DDR-Journal zur Novemberrevolution, Berlin 1989, 154.
M6 www.chronikderwende.de/lexikon/glossar/glossar_jsp/key=10-punkte-plan.html (Zugriff: 11.12.2015).
M8 zit. nach einem Artikel in der Frankfurter Rundschau vom 20.03.1990.
M9 zit. nach: Bender, P.: Deutschlands Wiederkehr, bpb, Bonn 2008, (= Schriftenreihe Band 698), 256.
94 **M2** Thatcher, M.: Downing Street No. 10, Die Erinnerungen, Econ, Düsseldorf, 1993, 1095 f.
M4 Interview mit George Bush vom 24. Oktober 1989, in: New York Times vom 25. Oktober 1990, entnommen: Informationen zur politischen Bildung, Der Weg zur Einheit, Deutschland seit Mitte der achtziger Jahre, Heft 250, bpb, Bonn 1996, 38 f.
M5 Gorbatschow, M.: Erinnerungen, Siedler, Berlin 1995, 717.
95 **M8** archiv.jura.uni-saarland.de/Vertraege/Einheit/ein1_m0.htm (Zugriff: 11.12.2015).
97 **M3** Hildesheimer Allgemeine Zeitung vom 23. Juli 2015, 3.
98 **M1** Praxis Geschichte 4 (1993), 31.
105 **M2** Muñoz Molina, A.: Stadt der Kalifen. Historische Kreuzzüge durch Córdoba, 4. Aufl., Rowohlt, Reinbek 2007, 35.
M3 zit. nach: Hottinger, A.: Die Mauren, Arabische Kultur in Spanien, Reprint Verlag Neue Züricher Zeitung, Zürich 2005, 49.

106 **M2** Hottinger, A.: Die Mauren, Arabische Kultur in Spanien, Reprint Verlag Neue Zürcher Zeitung, Zürich 2005, 424.
M3 Muñoz Molina, A.: Stadt der Kalifen. Historische Kreuzzüge durch Córdoba, 4. Aufl., Rowohlt, Reinbek 2007, 70, 71.

107 **M5** zit. nach: Hottinger, A.: Die Mauren, Arabische Kultur in Spanien, Reprint Verlag Neue Zürcher Zeitung, Zürich 2005, 63.
M7 Bossong, G: Das maurische Spanien, C. H. Beck, München 2007, 38.

108 **M2** zit. nach: Mayer, H. E.: Geschichte der Kreuzzüge, 10. Aufl., Kohlhammer, Stuttgart 2005, 124.

109 **M3** zit. nach: Pernoud, R. (Hg.): Die Kreuzzüge in Augenzeugenberichten, 5. Aufl., dtv, München 1980, 101 f. (Quelle vereinfacht).
M4 zit. nach: Gabrieli, F. (Hg.): Die Kreuzzüge aus arabischer Sicht, dtv, München 1976, 49f. (Quelle vereinfacht).

110 **M3** zit. nach: Gabrieli, F.: Mohammed in Europa – 1300 Jahre Geschichte, Kunst, Kultur, Bechtermünz, Augsburg 1997, 56.
M4 Stemberger, Günter (Hg.): Die Juden: ein historisches Lesebuch, C. H. Beck, München 1990, 120.

111 **M6** Gidal, Nachum T.: Die Juden in Deutschland von der Römerzeit bis zur Weimarer Republik, Bertelsmann Lexikon Verlag, Gütersloh 1988, 40.
M7 zit. nach: Geschichte lernen 11/1989, 63.

112 **M2** www.heinrich-heine-denkmal.de/dokumente/edikt1812.shtml (Zugriff: 11.12.2015).

113 **M4** Loewenfeld, R.: Schutzjuden oder Staatsbürger? Schweitzer & Mohr, Berlin 1893.
M5 Heinrich-Heine-Säkularausgabe, Nationale Forschungs- und Gedenkstätten der klassischen deutschen Literatur in Weimar / Centre National de la Recherche Scientifique in Paris (Hg.), Bd. 20, Akademie Verlag, Berlin 1984, 234.

114 **M1** Autorin: Carmen Mucha.
M2 zit. nach: M1 Gidal, Nachum T.: Die Juden in Deutschland von der Römerzeit bis zur Weimarer Republik, Bertelsmann Lexikon Verlag, Gütersloh 1988, 358.

115 **M4** Gidal, Nachum T.: Die Juden in Deutschland von der Römerzeit bis zur Weimarer Republik, Bertelsmann Lexikon Verlag, Gütersloh 1988, 422, 425.

116 **M3** zit. nach: Lautemann, Wolfgang/ Schlenke, Manfred (Hg.): Geschichte in Quellen, Bd. 4, Bayerischer Schulbuchverlag, München 1981, 589f.

118 **M2** Kronenberg, V.: Grundzüge deutscher Außenpolitik 1949–1990, in: Informationen zur politischen Bildung Nr. 304/2009.
M3 https://www.dfjw.org/dfjw (Zugriff: 11.12.2015).

119 **M5** http://politikbeobachter.wordpress.com/tag/kriegerdenkmal/ (Zugriff: 11.12.2015).

120 **M2** www.j-zeit.de/archiv/artikel.80.html; Autor: Uwe Scheele (Zugriff 14.11.2013).

124 **M1** www.handelsblatt.com/politik/deutschland/molotowcocktail-geworfen-brandanschlag-auf-fluechtlingswohnung-bei-hameln/12246662.html (Zugriff: 11.12.2015).

125 **M3** www.gesetze-im-internet.de/bundesrecht/gg/ (Zugriff: 11.12.2015).

126 **M2** www.gesetze-im-internet.de/partg/ (Zugriff: 11.12.2015).

127 **M3** www.mitmischen.de/verstehen/wissen/wahl-uebersicht/parteien/index.jsp (Zugriff: 11.12.2015); bearbeitet.

129 **M3** www.gesetze-im-internet.de/bundesrecht/gg/ (Zugriff: 11.12.2015).

133 **M2** Autorin: Gabriele Lösekrug-Möller.

134 **M4** (Finanzausschuss) www.bundestag.de/presse/hib/2015_02/-/362652 und (Innenausschuss): www.bundestag.de/presse/hib/2015_09/-/386754 (Zugriff: 11.12.2015).

138 **M2** www.gesetze-im-internet.de/bundesrecht/gg/ (Zugriff: 11.12.2015).

139 **M3** http://archiv.bundesregierung.de/Content/DE/Artikel/2015/07/2015-07-29-beschaeftigungsverordnung-kabinett.html (Zugriff: 11.12.2015).
M4 www.bmas.de/DE/Presse/Pressemitteilungen/2015/erleichterter-zugang-praktika-junge-asylbewerber-und-geduldete.html (Zugriff: 11.12.2015).
M5 www.buerger-in-wut.de/blog,324,mehr-praktika-fur-asylbewerber-und-geduldete (Zugriff: 11.12.2015).

140 **M2** www.gesetze-im-internet.de/bundesrecht/gg/ (Zugriff: 11.12.2015).

141 **M4** www.bundesrat.de/DE/plenum/plenum-kompakt/15/935/935-pk.html (Zugriff: 11.12.2015).

142 **M2** www.bundespraesident.de/SharedDocs/Reden/DE/Horst-Koehler/Reden/2005/07/20050721_Rede.html (Zugriff: 11.12.2015).

143 **M3** www.spiegel.de/politik/deutschland/heidenau-verfassungsrichter-kippen-versammlungsverbot-a-1050505.html (Zugriff: 11.12.2015).
M5 www.gesetze-im-internet.de/bundesrecht/gg/ (Zugriff: 11.12.2015).

144 **M3** Thurich, Eckart, pocket politik. Demokratie in Deutschland. Neuausgabe 2006, Bundeszentrale für politische Bildung, Bonn 2006.
M4 www.hanisauland.de/lexikon/i/interessenverbaende.html (Zugriff: 11.12.2015).

145 **M6** https://www.lobbycontrol.de/2015/11/26-377-schulverweise-an-rwe-ueberreicht/ (Zugriff: 11.12.2015).

146 **M2** Hannoversche Allgemeine vom 6.10.2015.

147 **M3** www.amadeu-antonio-stiftung.de/die-stiftung-aktiv/themen/gegen-as/antisemitismus-heute/chronik-antisemitischer-vorfaelle-2015/ Eintrag zum 1.1.2015 (Zugriff: 11.12.2015).
M4 www.hanisauland.de/lexipopup/rechtsextremismus.html (Zugriff: 11.12.2015).
M5 www.hanisauland.de/lexipopup/linksextremismus.html (Zugriff: 11.12.2015).
M6 www.bpb.de/politik/innenpolitik/76672/glossar (Zugriff: 11.12.2015).

152 **M2** Autorin: Sonja Giersberg.
M3 Autorin: Sonja Giersberg.

153 **M4** Autorin: Sonja Giersberg.
M5 Autorin: Sonja Giersberg.

154 **M2** Siegler, H. (Hg.): Dokumentation der Europäischen Integration mit besonderer Berücksichtigung der Verhältnisse EWG-EFTA, Siegler, Bonn, Wien, Zürich 1961, 4f.
M3 www.konrad-adenauer.de/dokumente/interviews/interview-kingsbury-smith (Zugriff: 11.12.2015).

155 **M5** http://eur-lex.europa.eu/de/treaties/dat/11957E/tif/TRAITES_1957_CEE_1_XM_0174_x111x.pdf (Zugriff: 11.12.2015).

160 **M1** www.bpb.de/politik/hintergrund-aktuell/164274/1-juli-kroatien-tritt-der-eu-bei-28-06-2013 (Zugriff: 30.11.2015).
M3 www.sueddeutsche.de/politik/eu-wir-muessen-draussen-bleiben-1.2633029 (Zugriff: 30.11.2015).

162 **M3** www.bmwi.de/DE/Presse/pressemitteilungen,did=665754.html (Zugriff: 30.11.2015).
165 **M4** www.europarl.europa.eu/news/de/news-room/20130606FCS11209/12/Parlament-verabschiedet-gemeinsames-europ%C3%A4isches-Asylsystem (Zugriff: 11.12.2015).
M5 www.handelsblatt.com/politik/international/gemeinsames-eu-asylsystem-gleicher-schutz-fuer-alle-fluechtlinge-fehlanzeige/11332738.html (Zugriff: 11.12.2015).
166 **M2** www.welt.de/wirtschaft/webwelt/article134123655/EU-will-Nutzer-bei-Providerwechsel-einschraenken.html;(Zugriff: 1.12.2015).
167 **M4** www.zeit.de/kultur/film/2013-07/eugh-urteil-fussball-bezahlfernsehen (Zugriff: 11.12.2015).
168 **M3** www.tagesschau.de/ausland/eu-datenschutz-richtlinie-103.html (Zugriff: 11.12.2015).
170 **M4** www.zeit.de/wirtschaft/unternehmen/2014-08/betriebe-lehrstellen-ausbildungsplaetze (Zugriff: 30.11.2015).
171 **M5** www.badische-zeitung.de/wirtschaft-3/rumaenen-und-bulgaren-wandern-oft-in-arbeit-ein-x1x--114538734.html (Zugriff: 1.12.2015).
M6 www.spezialitaeten-aus-niedersachsen.de/heidschnucke.html (Zugriff: 1.12.2015).
172 **M3** www.auswaertiges-amt.de/sid_DD858DDB-2239C26564F5D4EC63D03FC7/DE/Europa/WiSoFin/Finanzrahmen/Uebersicht_node.html (Zugriff: 11.12.2015).
173 **M4** www.zeit.de/2013/28/europa-eu-haushalt (Zugriff: 11.12.2015).
175 **M4** www.lpb-bw.de/finanzkrise_griechenland.html (Zugriff am 2.12.2015).
M5 www.faz.net/aktuell/wirtschaft/eurokrise/iwh-studie-profitiert-deutschland-von-griechenland-krise-13743187.html (Zugriff: 2.12.2015).
176 **M2** www.europarl.at/resource/static/files/mein-europa-30102013.pdf, 48 (Zugriff: 11.12.2015).
177 **M3** Aussagen von Elmar Brok und Johannes Kahrs: www.zeit.de/politik/ausland/2013-06/tuerkei-eu-beitritt-debatte (Zugriff: 11.12.2015). Christian Feiland und Ismail Ertug: jungeseuropa.de/wp-content/uploads/2011/10/Turkei-23_6_11.pdf (Zugriff: 11.12.2015). Aussagen, die nicht mit Namen versehen sind: www.hoelzel.at/_verlag/rgw/rgw6/pdf/tuerkei_pro_kontra.pdf (Zugriff: 11.12.2015). Alle anderen: http://www.stern.de/politik/ausland/pro-contra-der-tuerkei-streit-525073.html (Zugriff: 11.12.2015).
182 **M1** Autorin: Melanie Eßer.
183 **M2** www.bmwi.de/DE/Ministerium/aufgaben-und-struktur,did=163434.html (Zugriff: 11.12.2015).
184 **M4** nach: http://www.spiegel.de/wissenschaft/natur/umweltfolgen-deepwater-horizon-schaedigt-korallen-im-golf-von-mexiko-a-824013.html (Zugriff: 11.12.2015).
M5 www.focus.de/wissen/natur/weltnaturerbe-in-australien-great-barrier-reef-droht-langsames-sterben_aid_761595.html (Zugriff: 11.12.2015).
187 **M4** www.deutschlandradiokultur.de/un-gipfel-in-paris-staaten-beschliessen-welt-klimavertrag.1895.de.html?dram:article_id=339613 (Zugriff: 15.12.2015).
188 **M2** https://www.nachhaltigkeit.info/artikel/definitionen_1382.htm (Zugriff: 11.12.2015).
189 **M4** www.wwf.de/themen-projekte/klima-energie/unternehmenspolitik/business-und-klimawandel/ (Zugriff: 11.12.2015).
191 **M2** www.zeit.de/wirtschaft/2012-03/globale-mittelschicht/seite-2 (Zugriff: 9.1.2016).
193 **M4** www.sueddeutsche.de/wirtschaft/eeg-umlage-diese-firmen-profitieren-vom-oekostrom-rabatt-1.1886240 (Zugriff: 11.12.2015).
194 **M2** www.umweltbundesamt.de/daten/umwelt-wirtschaft/umweltbezogene-steuern-gebuehren (Zugriff: 11.12.2015).
197 **M4** www.dadalos-d.org/nachhaltigkeit/grundkurs_3.htm (Zugriff: 11.12.2015).
M6 www.mainz.de/medien/internet/downloads/teil_02_handlungsprogramm_2001.pdf (Zugriff: 11.12.2015).
198 **M2** www.bmub.bund.de/presse/pressemitteilungen/pm/artikel/roettgen-mehr-effizienz-mehr-wettbewerb-mehr-buergernaehe (Zugriff: 11.12.2015) Text gekürzt.
199 **M4** www.daserste.de/information/wissen-kultur/wissen-vor-acht-ranga-yogeshwar/sendung-ranga-yogeshwar/2011/wie-viel-energie-verbraucht-ein-computer-folge-481-100.html (Zugriff: 11.12.2015).
201 **M4** Autorin: Melanie Eßer.
203 **M3** www.br.de/nachrichten/wirtschaft-oeko-image-100.html (Zugriff: 11.12.2015).
204 **M3** www.umweltschule-niedersachsen.de/index.php?seite=projekte_informationen (Zugriff: 11.12.2015).
210 **M2** www.eurasischesmagazin.de/artikel/Die-neuen-Kriege-von-Herfried-Munkler/111603 (Zugriff: 11.12.2015).
211 **M4** www.bpb.de/internationales/weltweit/innerstaatliche-konflikte/54556/veraenderte-konflikte (Zugriff: 3.12.2015).
214 **M3** www.bpb.de/politik/hintergrund-aktuell/68721/9-11-und-die-folgen (Zugriff: 11.12.2015).
215 **M6** Jan Oltmanns, zit. nach: www.tagesthemen.de/ausland/meldung234052.html (Zugriff 3.2.2010).
216 **M2** www.medico.de/themen/menschenrechte/rohstoffe/dokumente/reichtum-ohne-wohlstand/4197/ (Zugriff: 11.12.2015).
M4 www.wissenschaft.de/home/-/journal_content/56/12054/54908/ (Zugriff: 11.12.2015).
217 **M7** www.welt.de/politik/ausland/article13855626/Die-Naechsten-zu-toeten-war-nicht-mehr-schwer.html (Zugriff: 4.12.2015).
218 **M3** www.sueddeutsche.de/politik/aussenansicht-sieben-kriege-und-nichts-gewonnen-1.483362 (Zugriff: 11.12.2015).
219 **M6** www.lpb-bw.de/islamischer-staat.html (Zugriff: 5.12.2015).
223 **M5** www.unric.org/de/charta (Zugriff: 11.12.2015).
225 **M5** www.unicef.de/spenden/unicef-pate/so-wirkt-ihre-hilfe-als-unicef-pate (Zugriff: 8.12.2015).
226 **M4** www.spiegel.de/politik/ausland/kindersoldaten-thomas-lubanga-muss-14-jahre-ins-gefaengnis-a-843534.html (Zugriff: 11.12.2015).
227 **M7** Auszug aus: www.un.org/depts/german/menschenrechte/aemr.pdf (Zugriff: 11.12.2015).
228 **M3** www.bpb.de/izpb/8706/anspruch-und-last-internationaler-fuehrung-die-usa?p=all (Zugriff: 11.12.2015).
229 **M5** www.nato.diplo.de/Vertretung/nato/de/04/Rechtliche__Grundlagen/Nordatlantikvertrag.html (Zugriff: 11.12.2015).

230 **M4** Nach: Ehrhardt, H.-G.: Quo vadis EU: Friedens- oder Militärmacht?, in: Margret Johannsen u.a. (Hgg.): Friedensgutachten 2011, LIT Verlag, Münster 2011, 179.
231 **M6** Nach: Jäger, U.: Pocket global Globalisierung in Stichworten, Bpb, Bonn 2004, 100-101.
M8 Nach: Wegler, P.: Die Mission der OSZE im Kosovo: was hat die OSZE geleistet? In: Wochenschau, Nr. 1/2, Jan. – Apr. B010, 84-85.
232 **M2** www.bmvg.de/resource/resource/MzEzNTM4M mUzMzMyMmUzMTM1MzMyZTM2MzEzMDWwM zAzMDMwMzAzMDY3NmY2ODMyNzU3OTY4NjIyM DIwMjAyMDIw/Verteidigungspolitische%20Richtlini en%20(27.05.11).pdf (Zugriff: 11.12.2015).
233 **M4** www.bundesregierung.de/nn_246856/Content/ DE/Regierungserklaerung/2009/2009-09-08-reger- kl-merkel-afghanistan.html (Zugriff: 11.12.2015).

Bildnachweis

Abenaa Design 2.18, Dresden: 216 M1. |ADAC e. V., Landsberg a. Lech: 144. |akg-images GmbH, Berlin: 5, 11 M5, 12 M1, 16 M4, 20 M3, 30 M1, 32 M1, 33 M6, 35 M10, 36, 58 M1, 58 M3, 77 M7, 100 .3, 102, 110 M1, 111 M8, 114 M1 li.. 115 M3, 117 M4, 117 M5; A. Paul Weber / VG Bild-Kunst, Bonn 20xx 42 o.; ap 50 M2; Erich Höhne 37 M7; Erich Lessing 103 M2; Jürgen Georg Wittenstein 34; Jérôme da Cunha 108 M1; Werner Formann 105 M4. |alamy images, Abingdon/Oxfordshire: Granger Historical Picture Archive 107 M4, 109 M5. |Alternative für Deutschland (AfD), Berlin: 148 5. |Amnesty International Deutschland e.V., Berlin: 144. |Ansgar Heveling, Berlin: 134 M3. |APA-PictureDesk GmbH, Wien: APA-Grafik, EPA 216 M3. |ARD, München: 221 M2. |AWO Bundesverband e.V., Berlin: 144. |Baaske Cartoons, Müllheim: Fritz Alfred Behrendt 218 M2. |Bergmoser + Höller Verlag AG, Aachen: 94 M1, 140 M1, 141 M3, 142 M1, 163 M4, 174, 174 3, 224 3. |Bildagentur Geduldig, Maul- bronn: 192 M1 o.re.. |Bildagentur Schapowalow, Hamburg: Weisser 192 M1 u.li.. |Blickwinkel, Witten: Henning, M. 200 M3. |bpk-Bildagentur, Berlin: 4, 15 M9, 23 M7, 29 M4, 37 M6, 44, 52 M1, 53 M8, 57 M4 li., 111 M5, 115 M5; Alex Waidmann 62 M1; Arthur Grimm 9 M2; Bayerische Staatsbibliothek 18 M1; Engel, Vinzenz 55 M4; Gerhard Kiesling 47 M6; H. Hubmann 74, 100; Karl Sturm 31 M5; Kurt Bosse 21 M9; L. Aufsberg 19 M5; Orthen, Milly 32 M5; SMB/Kunstbibliothek 14 M1; V. Döhring 83 M4; W. Fischer 30 M3. |Bredol, Martin Heinrich, Marburg: 152 M2, 153, 153. |Bridgeman Images, Berlin: Hamburger Kunsthalle 113 M3. |Bundesarchiv Berlin, Berlin: BArch DA 5/3273 77 M5. |Bundesministerium der Finanzen/Referat Postwertzei- chen, Berlin: 35; Gestaltung: Antonia Graschberger, München 35. |Bundeszentrale für politische Bildung, Bonn: 174 1. |BÜNDNIS 90/DIE GRÜNEN, Berlin: 127, 148 M1 u.li.. |Calleri, Paolo, Ulm: 220 M2. |CDU Deutschlands, Berlin: 127 oben, 148 1. |Dägling, Andreas, Wardenburg: 136, 136 M1. |Das Bundesarchiv, Koblenz: Bild 183-1989-1112-010// ADN/ZB/Jürgen Ludwig 88 M1; Plak 100-015-052 57 M4 re.. |ddp images GmbH, Hamburg: 184 M1; Michael Kappeler 233 M3. |Deutsch-Polnisches Jugendwerk, Potsdam: Tobias Tanzyna 119 M6. |Deutscher Bundestag, Berlin: A. Melde 133 M3, 134 M1, 134 M2. |Deutscher Kinderschutzbund Bundesverband e.V., Berlin: 144. |Deutsches Historisches Museum, Berlin: 103 M3, 121 M3. |DGB Bundesvorstand, Berlin: 144. |DIE LINKE, Berlin: 127, 148 M1 Mi.. |Druwe & Polastri, Cremlingen/Weddel: 204 M2. |Eling, Stefan, Köln: Das junge Politik-Lekikon, Bundeszentrale für politische Bildung.www.HanisauLand. de 144 M1. |Erl, Martin, Ingolstadt: 214 M2. |Europäische Kommission, Brussels: 158 1, 166 M1. |Europäische Union, Berlin: 171 M8; © European Union, 2019 202 M1.2. |Europäisches Informations-Zentrum (EIZ) Niedersachsen, Hannover: 159 M2, 159 M4. |European Union, Brüssel: Christos Dogas 162 oben. |Express Syndication and Licensing/Mirrorpix, London: Bill Caldwell 94, 100. |Fabian, Michael, Hannover: 126, 126 M1. |Forest Stewardship Council (FSC) Deutschland, Freiburg: 202 M1.5. |fotolia. com, New York: Marco Klaue 194 M3; Minerva Studio 152 M3; Tony4turban 235. |Fredrich, Volker, Hamburg: 41, 41 M5. |Getty Images, München: AFP/Stringer 213 M2, 217 M5; AgStock Images/Jim Wark 181 M3; Atlantide Phototravel/M. Borchi 5, 122; Bettmann 53 M5, 192 M1 u. re.; Fred Morley 22 M3; U.S. Coast Guard 184 M2. |Göttin- ger Tageblatt GmbH, Göttingen: 20 M2. |Haitzinger, Horst, München: 88, 101, 207 M1. |Haus der Geschichte der Bundesrepublik Deutschland, Bonn: Peter Leger 123 M3; Wolfgang Hicks 67 M6; Wolter, Jupp 188 M1. |Interfoto, München: TV-Yesterday 97 M4; TV-Yesterday/W. M. Weber 78 M3. iStockphoto.com, Calgary: track5 99 M3. |JOKER: Fotojournalismus, Bonn: Haefele, Erich 192 M1 o.li.. |Karto-Grafik Heidolph, Dachau: 120. |Keystone Presse- dienst, Hamburg: 39 M4, 62 M2. |Koufogiorgos, Kostas, Stuttgart: 160 M4. |laif, Köln: Christoph Bangert/Stern 209 M3; Langrock/Zenit 6, 180. |Landesbund für Vogelschutz in Bayern e.V. (LBV), Hilpoltstein: 204. |Langner & Partner Werbeagentur GmbH, Hemmingen: 38 M1, 56 M1, 100 o., 130 M1, 137 M2, 165 M3, 169 M2, 224 M1. |LobbyContol e.V., Köln: 145 M7. |Lücke, M., Hildesheim: 65 M6. |LUFF (Rolf Henn), Hennweiler: 126 M1 Mi.. |Maiwald, K., Bückeburg: 33 M7. |Marine Stewardship Council (MSC), Berlin: 202 M1.6. |Mester, Gerhard, Wiesbaden: 207 M2. |Mevs, Anja, Neumünster: 169 M2. |nelcartoons.de, Erfurt: 101 .7, 128 M2. |Niedersächsisches Landesarchiv, Wolfen- büttel: 20 M1. |Ostkreuz Bildagentur, Berlin: Hauswald 91, 101. |Picture-Alliance GmbH, Frankfurt/M.: AA/Haroon Sabawoon 210 M1; AFP/AL-JAZEERA 215 M5; akg-images 16 M1, 80 M1, 154 M1; AP 209 M2; AP Photo 219 M4; AP

Photo/Petros Giannakouris 175 M6; AP/Drew, Richard 222 M1; AP/Lionel Cironneau Titel; BeckerBredel 139 M3; CPA Media Co. 22 M2; DB Bundeswehr 230 M1; dpa 61 M3 Mi., 83 M6, 151 M2, 168 M2; dpa infografik 223 M4; dpa-Bildarchiv 45; dpa-infografik 146 M1, 166 M3, 170, 185 M6, 186, 186, 187 M3, 191 M3, 192 M2, 193 M3, 194 M1, 198 M1, 199 M3, 200 M2, 217 M6, 218 M1, 227 M6, 228 M1, 229 M6; dpa-Infografik 230 M2; dpa-infografik 232 M1; dpa/afp 84 M4; dpa/Frank Rumpenhorst 76 M3; dpa/Franz-Peter Tschauner 167 M6; dpa/Gerig, Uwe 106 M1; dpa/Henning Kaiser 171 M7; dpa/M. Brunnert 123 M2; dpa/M. Scholz 203 M3; dpa/Maurizio Gambarini 138 M1; dpa/N. Treblin 124 M2; dpa/Nicolas Armer 170 M3; dpa/Nietfeld, Kay/© VG Bild-Kunst, Bonn 2019 132 M1; dpa/P. Grimm 129 M4; dpa/Patrick Seeger 179 o.re.; dpa/Petit Tesson, Christophe 118 M4; dpa/Roessler, Boris 225 M4; dpa/Roland Scheidemann 40 M3; dpa/Schmitt, Jörg 155 M6; dpa/U. Deck 143 M4; dpa/Uwe Zucchi 135 M1; dpa/W. Steinberg 205 M6; dpa/Weihs, Wolfgang 93 M4; dpa/Wilhelm Bertram 82, 101; dpa/Yannick Tylle 224 M3; empics/Twitter 221 M4; epa/ Andreea Anca-Strauss 231 M7; EPA/J. Undro 179 u.; epa/PA Ockenden 231 M5; Fishman, Robert B. 196 M4; Illingworth, Leslie/Daily Mail/SOLO Syndication 51 M4; imagestate/HIP/Jewish Chronical 110 M2; Imaginechina 181 M2; nach Globus Grafik 5539 212 M1; NurPhoto/ Minelli, C. 165 M6; PIXSEL/Kasap, Daniel 5, 150; Presse-Bild-Poss 80 M3; Reuters/M. Kooren 226 M2; Süddeutsche Zeitung Photo/Stephan Rumpf 151 M3; Tone Koene 233 M5; W. Rothermel 189 M5; ZB/R. Hirschberger 195 M4; ZUMAPRESS/Daniel Van Moll 220 M1. |Plaßmann, Thomas, Essen: 225 M5, 234 u.. |Presse- und Informationsamt der Bundesregierung - Bundesbildstelle, Berlin: B 145 Bildd00167040/Bundesregierung/L. Schaack 69 M4. |REUTERS, Berlin: A. Njuguna 226 M1; Adair 214. |Richter-Publizistik, Bonn: 172, 172 1; C. Richter 179 o.li.; Claus Richter 235 u.. |Schiffmann, Günter, Brannenburg: 144. |Schwarzbach, Hartmut /argus, Hamburg: 76 M2. |Ski- & Eisfasching Geising e.V., Altenberg: 90 M2. |Spangenberg, Frithjof, Konstanz: 128, 128, 128, 128, 128 M1, 207, 207, 207, 207. |SPD-Parteivorstand, Berlin: 127 2.v.oben, 148 M1 o.re.. |SPIEGEL-Verlag Rudolf Augstein GmbH & Co. KG, Hamburg: Nr. 11/2014 221 M3; Nr. 9/2015 184 M3. |Stadt Kassel, Kassel: 40 M1. |Stadtarchiv Braunschweig, Braunschweig: 10 M1. |Stadtarchiv Hildesheim, Hildesheim: 9 M3. |Stadtarchiv Stadthagen, Stadthagen: 22 M1. |Stuttmann, Klaus, Berlin: 196 M1. |Süddeutsche Zeitung - Photo, München: 4, 8, 24 M1, 24 M2, 48 M1, 64 M1, 82 M2; Hans-Peter Stiebing 73; Rue des Archives/AGIP 118 M1; Scherl 19 M4, 29 M3. |Süddeutsche Zeitung Content, München: 161 M1. |swisswindows AG, St. Gallen: www.swisswindows.ch 205 M5. |taz, Berlin: 161 M2. |terre des hommes Deutschland e.V., Osnabrück: 217 M8. |Tonn, Dieter, Bovenden-Lenglern: 42, 42, 43, 70, 70, 70, 71, 71, 100, 100, 100, 101, 101. |TransFair e.V., Köln: 202 M1.4. |ullstein bild, Berlin: 15 M5, 15 M8, 35 M9, 37 M4, 52 M3, 59 M4, 61 M3 li., 61 M3 re., 114 M1 Mi., 114 M1 re.; AISA 107 M6; Andrey Sosnin 227 M5; AP 89 M6; BPA 68 M1; Chronos Media GmbH 63 M2; D.R. Fitzpatrick 26 M3; David Low 26; ddp 17 M7; dpa 55 M5, 66 M1 re.; Foto Press Hamburg 95, 101; Frentz, Walter 53; Gerig 86 M2; Granger Collection/New York 112 M1; Heinrich von der Becke 79 M6; Herbert Maschke 78 M1; Imagebroker.net/N. Michalke 86 M1; Imagno 11 M6; Jung 64 M3; Klaus Winkler 97 M5; Melde Bildagentur 6, 208; Nowosti 84 M2; Pachot 52 M2; Probst 87 M8; Reuters/A. Bronic 160 M2; Roger-Viollet 116 M1; Sauerbier 89, 101; Stiebing 4, 72; Sven Simon 66 M1 li.; Teutopress 13 M5; The Granger Collection 28 M1; TopFoto 21; Wolfgang Bera 64 M4. |Umweltbundesamt, Dessau-Roßlau: 202 M1.1, 202 M1.3. |UNHCR Germany, Berlin: 225 M7. |United Nations Photo Library/Department of Public Information, New York: 222. |Universitäts- und Landesbibliothek Darmstadt, Darmstadt: Hs 1971, Bd. 23, fol. 122 111 M9. |Visum Foto GmbH, München: Rudi Meisel 81 M4; Zeitenspiegel/Pueschner 211 M5. |wikimedia.commons: Afrank99 226; jgaray 87 M7. |www.etwinning.net: 159 M3. |ZDF, Mainz: 221 M1. |© Wilhelm-Busch-Gesellschaft e. V., Hannover: Hanns Erich Köhler 67 M5.

Wir arbeiten sehr sorgfältig daran, für alle verwendeten Abbildungen die Rechteinhaberinnen und Rechteinhaber zu ermitteln. Sollte uns dies im Einzelfall nicht vollständig gelungen sein, werden berechtigte Ansprüche selbstverständlich im Rahmen der üblichen Vereinbarungen abgegolten.

Hilfreiche Satzanfänge beim Bearbeiten von Aufgaben

Beim Bearbeiten von Karten

Die Region erstreckte sich zur Zeit ... .
Das Gebiet liegt ... (nördlich von ...).
Die Stadt liegt (am/im) ... (strategisch günstig/ungünstig) ... .
Das Staatsgebiet lag zur Zeit ... .
Die Grenzen verlaufen ... .

Erläutern:
Die Karte thematisiert ... .
Die Staaten liegen ... (verstreut/gebündelt)...
... lässt sich vergleichen mit ... .
Das erkennt man vor allem daran, ...

Benennen:
Die Überschrift der Karte lautet ... .
Die Karte stellt ... dar (informiert über ...).
Es handelt sich um eine Karte von (über) ... .

Beurteilen:
... lässt den Schluss zu, dass ... .
Die Karte zeigt deutlich, ...
Zusammenfassend kann man feststellen, ...
Vieles (manches/ wenig) weist daraufhin, ...

Beschreiben:
Die Karte von ... .
Die Karte informiert über (veranschaulicht)... .
Dargestellt ist ... .

Beim Bearbeiten von Bildern, Grafiken und Zeichnungen

Erläutern:
Mithilfe der Bildunterschrift kann man feststellen, ...
Das Foto/das Bild/die Zeichnung verdeutlicht ... .
Die Zeichnung stellt die Verbindung zwischen ... und ... dar.
Das Bild verdeutlicht ... .
Vergleicht man das Bild mit ... .

Benennen:
Es handelt sich um ein Bild (Schwarz-Weiß-/ Farbfoto/farbige Zeichnung) von ... .

Bewerten:
Das Wichtigste auf dem Foto/dem Bild/der Zeichnung ist ... .
Das Foto/das Bild/die Zeichnung macht deutlich, dass ... .
Die Zeichnung verdeutlicht, dass ... .

Beschreiben:
Das Bild (das Foto/die Zeichnung) zeigt ... .
Im Vordergrund sieht man ... .
Im Hintergrund sieht man ... .
In der Bildmitte erkennt man ... .
Darüber (davor/dahinter/links/rechts) befindet sich ... .
Die Bild veranschaulicht ... .
Das Bild stellt die Situation dar, in der ... .
Im Vordergrund (in der Mitte/im Hintergrund) erkennt man ... .
Hinweise zu ... finden sich ... .

Beurteilen:
Besonders eindrucksvoll ist, ...
Das Bild zeigt die Problematik ... .